铁人三项运动全书

Complete Triathlon Guide

修订版

美国铁人三项协会（USA Triathlon） 编著

吴凌云 高胜寒 译 胡春煦 审校

人民邮电出版社

北京

图书在版编目（CIP）数据

铁人三项运动全书：修订版／美国铁人三项协会
（USA Triathlon）编著；吴凌云，高胜寒译. —— 2版
. —— 北京：人民邮电出版社，2022.9
ISBN 978-7-115-59587-4

Ⅰ. ①铁… Ⅱ. ①美… ②吴… ③高… Ⅲ. ①铁人三
项全能运动－运动训练 Ⅳ. ①G888.12

中国版本图书馆CIP数据核字（2022）第124894号

版权声明

免责声明

本书内容旨在为大众提供有用的信息。所有材料（包括文本、图形和图像）仅供参考，不能用于对特定疾病或症状的医疗诊断、建议或治疗。所有读者在针对任何一般性或特定的健康问题开始某项锻炼之前，均应向专业的医疗保健机构或医生进行咨询。作者和出版商都已尽可能确保本书技术上的准确性以及合理性，且并不特别推崇任何治疗方法、方案、建议或本书中的其他信息，并特别声明，不会承担由于使用本出版物中的材料而遭受的任何损伤所直接或间接产生的与个人或团体相关的一切责任、损失或风险。

内 容 提 要

本书由美国铁人三项协会多位世界知名训练学专家联合编写，汇集了铁人三项领域全新的训练原理、方法和技巧。全书分为4个部分，第1部分主要讲述与训练相关的内容，包括基础体能训练和针对三种运动的专项训练；第2部分介绍提高三种运动专项技能水平的方法；第3部分讲述提高比赛成绩的竞技策略；第4部分介绍铁人三项运动员如何协调训练、比赛与日常生活。

本书为运动员、教练和铁人三项运动爱好者安全有效地参与铁人三项运动和制订训练计划提供了重要参考。

- ◆ 著　　　［美］美国铁人三项协会（USA Triathlon）
　　译　　　吴凌云　高胜寒
　　责任编辑　刘日红
　　责任印制　马振武
- ◆ 人民邮电出版社出版发行　　北京市丰台区成寿寺路 11 号
　　邮编　100164　电子邮件　315@ptpress.com.cn
　　网址　https://www.ptpress.com.cn
　　北京隆昌伟业印刷有限公司印刷
- ◆ 开本：700×1000　1/16
　　印张：22.75　　　　　　　2022 年 9 月第 2 版
　　字数：456 千字　　　　　　2022 年 9 月北京第 1 次印刷
　　著作权合同登记号　图字：01-2017-4696 号

定价：168.00 元

读者服务热线：**(010)81055296** 印装质量热线：**(010)81055316**
反盗版热线：**(010)81055315**
广告经营许可证：**京东市监广登字 20170147 号**

目录

前言 ··· v

第1部分　训练

第1章　制订赛季训练计划 ································· 3

第2章　特定群体的专项训练 ···························· 17

第3章　瑜伽和柔韧性 ······································ 33

第4章　力量训练 ··· 43

第5章　铁人三项游泳训练 ································· 63

第6章　铁人三项自行车训练 ···························· 75

第7章　铁人三项跑步训练 ································· 91

第8章　训练过度和恢复 ··································· 101

第9章　铁人三项运动员的运动生理学 ················ 111

第10章　减量的科学与艺术 ······························ 131

第2部分　技巧

第11章　专业选手谈骑行操控技巧 ···················· 147

第12章　练习自行车踏频和跑步步频 ·················· 157

第13章　评估你的跑步姿势 ······························ 169

第14章　改善你的换项能力 ······························ 177

第15章　弥补自由泳的短板 ······························ 187

第3部分　比赛策略

第16章　公开水域游泳的比赛战术 ⋯⋯⋯⋯⋯⋯⋯⋯⋯ 197

第17章　可跟骑式与不可跟骑式骑行比赛的策略 ⋯⋯⋯ 207

第18章　通用小贴士 ⋯⋯⋯⋯⋯⋯⋯⋯⋯⋯⋯⋯⋯⋯⋯ 219

第19章　训练与比赛的心理战术 ⋯⋯⋯⋯⋯⋯⋯⋯⋯⋯ 227

第20章　前往比赛地点的旅途 ⋯⋯⋯⋯⋯⋯⋯⋯⋯⋯⋯ 237

第4部分　铁人三项运动员的生活状态及其他常见问题

第21章　忙碌生活中的铁人三项运动员 ⋯⋯⋯⋯⋯⋯⋯ 247

第22章　选择适宜装备 ⋯⋯⋯⋯⋯⋯⋯⋯⋯⋯⋯⋯⋯⋯ 257

第23章　教练的选择 ⋯⋯⋯⋯⋯⋯⋯⋯⋯⋯⋯⋯⋯⋯⋯ 271

第24章　培养青少年铁人三项运动员 ⋯⋯⋯⋯⋯⋯⋯⋯ 279

第25章　处理常见伤病 ⋯⋯⋯⋯⋯⋯⋯⋯⋯⋯⋯⋯⋯⋯ 287

第26章　耐力运动员的营养进食 ⋯⋯⋯⋯⋯⋯⋯⋯⋯⋯ 299

第27章　训练和比赛中的水分补充 ⋯⋯⋯⋯⋯⋯⋯⋯⋯ 309

第28章　其他类型的多项运动 ⋯⋯⋯⋯⋯⋯⋯⋯⋯⋯⋯ 319

第29章　铁人三项的长期发展 ⋯⋯⋯⋯⋯⋯⋯⋯⋯⋯⋯ 329

附录：美国铁人三项大学 ⋯⋯⋯⋯⋯⋯⋯⋯⋯⋯⋯⋯⋯ 339

参考文献 ⋯⋯⋯⋯⋯⋯⋯⋯⋯⋯⋯⋯⋯⋯⋯⋯⋯⋯⋯⋯ 341

关于美国铁人三项协会 ⋯⋯⋯⋯⋯⋯⋯⋯⋯⋯⋯⋯⋯⋯ 351

关于撰稿人 ⋯⋯⋯⋯⋯⋯⋯⋯⋯⋯⋯⋯⋯⋯⋯⋯⋯⋯⋯ 352

前言

欢迎阅读本书。随着越来越多的人通过参加铁人三项运动来强身健体、休闲娱乐，铁人三项运动正在以惊人的速度不断发展壮大。铁人三项运动员们兴致高涨，他们愿意学习有关这项运动的一切知识，以使自己成为更加优秀的运动员。为了赢得比赛，运动员们需要在游泳、自行车和跑步三项训练上保持一种独特的平衡。因此，训练也变得富有挑战性。本书为技能和经验水平处于不同层次的运动员和教练提供了完善的训练信息和比赛技巧，并且汇集了该运动领域专家的训练技巧和培训信息。对于一心想提高自身水平或想充分了解这项运动的人来说，本书是必备的参考。在讨论能否一起写这本书时，铁人三项教练组、训练组和比赛组的专家们表示愿意写一章他们最熟悉的内容，这令我们激动万分。他们每一位都有足够的知识储备和专业技能，能自己出书（他们当中的许多人已有著作），因此，专家们愿意在这本书中共享知识，我们很感激。

第1部分包括前10章。第1章主要介绍如何制订赛季训练计划，以帮助运动员理解训练的阶段性。第2章介绍了如何为初学者、青少年、有基础的运动员和女性运动员等群体量身定制训练内容。第3章介绍了做瑜伽的好处和瑜伽课程的类型，同时也介绍了一些可以在家里练习的瑜伽体式。第4章介绍了力量训练的概念、如何组织力量训练，并介绍了提高铁人三项运动员体能和表现水平的专项力量训练，以帮助运动员理解如何进行力量训练。从第5章开始介绍专项运动训练。第5章介绍针对游泳运动的训练，训练内容包括在泳池进行热身运动、技巧训练、常规动作分组练习和放松运动，以及在泳池中练习公开水域游泳技巧等。第6章详述了铁人三项中的自行车运动。第7章具体介绍了铁人三项跑步训练。第8章着重介绍了训练过度和伤后恢复，阐述了如何缓解受伤后所产生的心理压力以及如何预防训练过度。第9章奠定了本书的基础，详述了运动生理学的原理，涵盖人体的能量系统、肌肉系统和心肺系统的相关知识，并展示了如何通过调整训练量来改善人体的生理适应能力。第10章指出运动减量的几个关键点，包括如何在减量期间控制训练量、加强恢复、补充营养和水分，以及其他和运动减量有关的细节。

第2部分包括第11章至第15章。第11章介绍了自行车配件及其安装方法、公路骑行的基本技能和比赛技巧。第12章介绍了如何配置并提高自行车的性能，以及如何保持和训练跑步节奏。第13章介绍了评估跑步姿势的关键概念，包括头部姿势、颈部姿势、视线、呼吸方式以及从头到脚的身体姿势等。第14章阐述了正确换项的重要性，包括如何快速从游泳换项到自行车，从自行车换项到跑步，以及如何更好地开始游泳。第15章重点介绍了如何改善泳姿以及如何借助有效的游泳技巧来减少阻力并在水中产生推力。

第3部分包括第16章至第20章。第16章涵盖了有关公开水域游泳训练的相关知识：战术性比赛方位、比赛规则、预赛热身和游泳的具体策略。第17章介绍了在可跟骑式比赛和不可跟骑式比赛中比赛规则的区别，以及两种赛制中所使用的不同技巧。第18章论述了在比赛和训练中，运动员了解个人极限的重要性，以及如何发挥优点、弥补缺点、制订个性化的训练计划。第19章强调运动员赛前通过心理技巧调节自己心理的策略，以及教授运动员练习心理技巧的方法，从而帮助其为比赛日做好心理准备。第20章介绍如何帮助运动员以轻松的心态到达目的地，并迎接比赛。

第4部分包括第21章至第29章。第21章提供了一些策略，帮助运动员将训练融入日常生活中。运动员借助时间管理技巧和良好的人际关系能平衡日常训练和个人生活。第22章全面论述了铁人三项的关键技术，包括如何根据运动能力选择合适的游泳、自行车和跑步装备。第23章一方面介绍了运动员如何根据教练的教育背景、心理技能水平、从业经历为自己挑选合适的教练，另一方面介绍了教练如何在身心技能、健康评估、体能测试和时间管理方面帮助运动员。第24章介绍如何为孩子创造一个充满活力的童年，即如何让孩子开始参加铁人三项运动，如何培养出运动冠军和生活强者。第25章介绍了铁人三项运动员常见的伤病，包括在游泳、自行车和跑步三个项目中常见的具体病例，以及如何处理伤病、何时应寻求医疗专家的建议。第26章解释了如何利用营养周期，以及如何根据运动员的体能和训练阶段来制订饮食计划。第27章讨论了水对人体的生理作用和补水的影响，以及运动员在训练和比赛全程饮水量的具体需求，同时介绍了过度补水的不利影响。第28章介绍了其他类型的多项运动（不仅仅是铁人三项），包括铁人两项、越野铁人三项赛、冬季铁人三项和探险速度赛。第29章介绍了如何评估运动员的运动范围和运动极限，以及运动员如何通过安全有效的训练成为一名终身铁人三项运动员（本书数据截至英文版成稿）。

铁人三项运动员的大部分游泳训练在泳池里进行。在国际标准中，短距离泳池和长距离泳池都以"米"为单位。因此，本书选择"米"作为衡量泳池距离的单位。

本书为运动员安全有效地发展铁人三项运动和制订比赛计划提供了基本指导。对于那些对铁人三项运动跃跃欲试的运动爱好者，或者久经历练的教练和运动员来说，本书必不可少。编写本书的专家们花了数年时间收集了大量宝贵的训练信息。希望运动员、教练和铁人三项运动爱好者读完本书能有所收获，以及能更好地理解完成该项运动的日常训练和比赛所需要的知识。我们希望你喜欢这本书！

第 1 部分

训练

第1章

制订赛季训练计划

沙龙·阿哈龙

生活中的很多事情，诸如准备一场旅行、建造一栋木屋或者创业，都需要一个周密的计划，这甚至在很大程度上决定了成败。这个道理同样适用于运动训练，如本书所讲述的铁人三项运动的训练。对运动员来说，制订恰当的训练计划，是发挥最大潜力的关键。做好日常训练有助于运动员明确目标，了解当前是否已经准备就绪，并为自己量身打造一个训练方案。年度训练计划作为训练计划的大纲，不仅可以用于指导日常训练、提高运动员使用装备的熟练程度，还可以帮助运动员增强运动能力和调节心理状态。无论运动员的知识储备和经验水平如何，制订计划都是重要的提升办法。运动员只有在整个赛季中不停地反思自身的真实情况，才能做出更加合理的计划。同时，运动员还要不停地接收新的信息，并据此决定如何训练。

训练计划的目标是确保运动员在某一特定日期表现出最佳水平。这项任务极具挑战性，往往很难完成。例如，虽然训练计划如期执行，但休息过早很可能会导致运动员在比赛日之前就达到最佳状态；相反，训练量不足很可能会导致运动员在比赛日之后才达到最佳运动表现水平。充足的知识储备、有条不紊的训练和日积月累的经验，可以帮助运动员制订恰当的训练计划。失败的计划可能会导致运动员体能巅峰状态出现的时机不对；导致其训练的积极性受挫；在极端情况下，可能会导致训练过度，甚至引发伤病。

合理安排周期是制订年度训练计划的黄金法则。为了制订一个合理的训练计划，运动员首先要了解所要达到的目标，以及认清当前的身体状态。虽然周期的概念和年度训练计划的制订在各个运动领域有所不同，甚至不同的教练对同一运动也有不同的理解，但基本的道理是相通的。这一章会对相关知识进行详细说明。

理解"周期"的概念

在英语中，"周期"这一术语由"阶段"这个词衍生而来，"周期"的意思是把时间划分成几个阶段。在本书中，"周期"意味着把年度训练计划划分成较短的、更易管理的时间段。周期的概念并不新鲜，早在古代奥运会时期，就得到了充分的应用。在不同的运动项目中，尽管训练计划时间段的名称、数量和时长略有不同，但是许多教练实际上都已经引入了周期的概念。最常见的循环周期有三种：大周期、小周期和微周期。其主要区别在于时长不同。

大周期

大周期指的是长时间的训练期，强调达到一个总体目标或完成一场重要比赛。例如，如果奥运距离铁人三项赛是本赛季最重要的比赛，那么从赛季开始的首个训练日到比赛日的这段时间就是大周期。大周期由许多不同的小周期和微周期组成，时间长达几周乃至数月。

对于大多数运动员，尤其是新晋运动员来说，一个大周期往往涵盖了整个赛季。在大周期内，他们专注于一项大型比赛，努力练好基本功和提高竞技水平。水平高一点的运动员和顶级运动员每个赛季都会有2个或3个大周期。顶级运动员在每个赛季都会参加多项重要赛事，因为他们可能需要更多积分或争取年终总决赛的资格。在训练计划中安排几个大周期，主要取决于运动员在某个赛季内需要达到几次巅峰竞技水平。以将参加奥运会作为目标的优秀运动员为例，他们通常将训练计划的大周期设置为4年，并为每一年设定不同的目标，以提高比赛成绩。

小周期

小周期目前没有统一的概念，不同的教练对于小周期的理解也不相同。一般来说，小周期包含于大周期内，是一个时间较短的训练阶段，强调达到某一个具体目标。一个小周期往往为3～16周，在一个大周期内重复出现，每次都有不同的训练目标。教练常在年度训练计划中使用3种类型的小周期（阶段）：准备期、比赛期和恢复期。由于每个阶段的训练目标各不相同，这些阶段（在大多数情况下）可以划分为时间更短、更具体的子阶段。

准备期是运动员夯实身体基础、技术基础和心理基础的阶段，是为了能够更加顺利地开始下一阶段——比赛期。准备期分为2个子阶段：一般准备阶段和具体准备阶段。一般准备阶段运动员的目标是培养高水平的能力以适应训练和比赛的需求。具体准备阶段的目标在于提升运动员的能力水平以达到比赛要求。一些教练也把这些子阶段称为"准备阶段"和"基础阶段"。比赛期可以划分成2个子阶段：赛前阶段和赛中阶段。这一阶段运动员的目标是完善训练要素，确保比赛成功。在赛前阶段，利用比赛来评估运动员的能力。这是对运动员训练结果和准备水平的客观反馈。赛中阶段致力于最大限度地提升运动员的适应能力，让其表现出最佳水平。恢复期是位于训练周期之间或赛季之间的用于休息和恢复的阶段。

每个小周期或阶段的时长各不相同，主要和特定阶段的训练目标以及运动员在比赛中的位置有关。在准备期，运动员的训练目标是提高技术水平、增强耐力，为提升整体能力打下基础。提升这些能力需要很长的时间，因此准备期将是运动员年度训练计划中最长的阶段。比赛期专注于比赛、压力较大且时间较短，因此运动员的身体不可避免地会受到一些影响，但好在这些影响是有限的。本章将会介绍关于如何将赛季划分成几个训练阶段，并将它们合理地安排在大周期中的知识。

需要牢记的是，运动员的水平也会影响每个阶段的时长。例如，初级运动员往往需要时间很长的准备期。要打下坚实的基础，必要时，准备期可达22周，这样便于运动员日后接受更大的训练量以及更专业的训练。相应地，经过多年训练的顶级运动员运动基础良好，可能只需12 ~ 16周便可达到比赛的水平，进入比赛期需要的时间要短很多。

表1.1为如何将年度训练计划（大周期）划分为小周期（阶段），以及确定每个阶段的时长、训练强度和训练量提供了指导。表1.2为确定每个小周期内运动员的训练重点提供了指导。虽然每个阶段的训练重点对每个运动员来说都是相同的，但每个阶段的时长、训练强度和恢复时间都会根据运动员的目标、经验以及运动员适应训练压力的时间而改变。

表1.1

划分年度训练计划的阶段和训练安排

阶段	子阶段	周数*	训练强度	训练量
准备期	一般准备阶段	12 ~ 20	较低	较少
	具体准备阶段	4 ~ 12	适中	适中到多
比赛期	赛前阶段	3 ~ 8	高	适中
	赛中阶段	1 ~ 3	很高	较少
恢复期		十几天至6周	较低	较少

*总周数：22 ~ 49周。

表1.2

对各个小周期训练重点的指导

阶段	子阶段	训练重点
准备期	一般准备阶段	强调打下坚实的基础：增强有氧耐力、肌肉力量和提高竞技水平。训练主要通过提高有氧运动的强度推进。这一阶段从年度训练计划之初开始，持续12～20周。如果有一个以上的比赛期，该阶段会在第一次比赛之后重复，但增强体能基础的时间会相对较短
	具体准备阶段	重点是持续进行一般准备阶段的训练内容，保持完成目标比赛所需要的特定身体状态：增强肌耐力、无氧耐力和力量。该阶段持续4～12周，具体时长取决于运动员需要达到最佳表现的次数。这个阶段可能会在赛季后重复
比赛期	赛前阶段	重点是适应比赛节奏、掌握比赛策略、学会如何运用具体比赛技能以及满足比赛阶段的总体需求。这一阶段的目标通过控制训练强度、训练频率和训练时间来达到。这一阶段常用的训练方法是在保持甚至增加训练强度的同时，降低训练频率并减少训练时间，恢复身心状态，从而让运动员达到较高的适应水平。这一时期可能持续3～8周，在运动员需要达到最佳表现时，该训练阶段就会重复
	赛中阶段	重点是保持对比赛节奏的适应，为比赛做好完全的身心准备。该阶段的安排取决于主要赛事的时间表。该阶段一般持续1～3周，具体时长取决于运动员在连续几周内是否必须在一场比赛或几场比赛中达到最佳表现。在这一阶段和重大比赛之前，教练和运动员应专注于两个重点。第一点是减压或减量，重点是训练量较少和训练强度较低。这一步骤让身体得以完全恢复并产生超量恢复的效果。第二点强调为特定比赛做好准备。在此期间，运动员应发展完成特定比赛所需要的技术能力
恢复期		重点是休息和恢复身心健康。这一主动进行的恢复期具有以下特点：训练压力小，很少甚至没有有组织的训练。在该阶段结束时，新的训练周期即开始，运动员就要重新回到一般准备阶段或者具体准备阶段。这个阶段持续几天至6周，具体取决于该阶段是在赛季中期、下一训练周期前，还是在赛季后

微周期

　　微周期是在年度训练计划中多次重复的基本训练阶段。微周期是年度训练计划中时长最短的训练周期，它是根据每一个小周期的训练目标、训练量和训练强度设立的。微周期是最重要的功能性训练单位，因为其结构和内容决定了训练过程的质量。一个微周期可以持续3～10天，但在大多数情况下，微周期的时长为1周。分配微周期在小周期中所占的时间时，必须要考虑到训练和休息之间的平衡。如果没有适当的休息，太多的训练量会导致运动员训练过度甚至受伤。相反，训练量太少，休息时间太长，会导致运动员表现不佳。在一个微周期中，训练时间和休息时间的一般比例是3∶1或2∶1；然而，在一些极端的高压周（训练量和训练强度对身体造成极大的压力）中，训练时间和休息时间的比例是1∶1。从开始训练到训练后的休息调整这一个循环，我们称之为一个训练模块。

　　首先，运动员应该规划好每个微周期，而不是直接规划个人训练方案，应从思考自己在具体训练阶段想达到的生理适应水平开始。例如，在准备期，运动员的微周期将专注于提高耐力，因此这几周的训练时间较长，且采用能提高耐力的训练强度。在比赛期，目标是提高速度，因此训练时间应该更短，训练强度也更大。要确保训练计划在一周内的安排能达到预期的训练效果，且和训练目标有关。在准备期，运动员应该在开始长时间、状态稳定的训练之前计划几段短时间、高强度的训练，并在高强度训练日之间增加一天恢复日。然而，在赛前阶段，可能需要稍微修改每周的训练安排。在两个高强度训练日之间不再安排一天恢复日，而是先安排一天高强度训练，接着是一天长时间的耐力训练，然后再安排一天恢复日。这样做会增加运动员生理和心理的压力，并达到比赛阶段所要求的更高的适应水平。在本章之后的内容中，你将了解到更多有关制订周计划的知识。

　　除了考虑个人技术水平、以往的训练成绩，以及训练资源和设施资源外，微周期的安排应以训练原则（在训练特定技能前先训练一般技能，负荷的增加视运动员具体水平而定，安排恢复期以减少疲劳和增强身体活力，为生理适应留够时间……）为基础。不要一次性制订超过4个详细的微周期计划，因为训练的进展并不总是像预期的那样顺利。此外，还要经常评估训练进程，因为训练进程和训练效果因人而异，个体差异十分大。

　　此外，微周期内安排的训练计划应根据运动员在各个阶段的需求做出改变，并确保训练取得进展。运动员的生理需求和心理需求每4～6周就应改变一次，从而确保运动员能继续适应训练。这可以通过改变周计划来完成：把游泳训练提前一天、跑步训练延后一天，交换跑步训练日和自行车训练日，在早上举重而不是在晚上举重，或者只是改变休息日在计划表中的位置。这些微小的变化会对激励训练产生很大的影响。此外，正如前面所提到的，运动员只有平衡好训练和休息之间的微妙关系，才能在训练周内完成这些调整。

制订年度训练计划

现在运动员已经对年度训练计划的组成部分有了概念上的理解，可以开始使用周期来规划自己的赛季和构建个人年度训练计划。将周期应用于制订年度训练计划的过程，是指制订一个带有训练模块的计划，其中每个模块都有利于运动员为下一个更高层次和更具体的训练期做好准备。运动员还要有耐心、细心，不要急于求成。准备期训练不足将导致运动员无法最大限度地提高技术水平，同时受伤风险还更高。

制订年度训练计划的最佳时机是在长达几周的恢复期内，即新训练季（大周期）开始之前。运动员完成最后一场重要比赛后，休息几周至关重要，这样心理和情绪能够得以恢复，运动员也能在后续训练中保持理性。虽然运动员可能很想立刻完善在去年的训练中自身的不足，但只有有耐心才能制订出更好的计划。

制订年度训练计划有两个主要步骤。第一，分析以往的表现，为设定下一个训练季的总目标和训练目标做准备。这是一个很容易被忽视，却又十分重要的步骤。做完这一步，就应该能清楚地了解到自身真正的优势和劣势，明确新训练季的比赛目标，最终明确实现这些目标需要采取哪些行动。完成第一步后，第二步便是设定总目标、训练目标以及明确训练模块。这一步结束后，运动员会对训练季计划表有一个清晰的认识，知道自己有哪些训练模块以及各模块的持续时长，并清楚进行基准测试的时机（本章后面会有更多介绍），最终理解周训练计划的结构。

分析以往的表现

为了精准地预测下一年的最佳表现，运动员有必要关注并分析自己前一两年的训练成果。分析内容应该包括以往的比赛成绩、基准测试结果以及成绩和训练计划之间的关系。哪些训练模块产生了效果？哪些训练模块没有产生效果？自己是否一直坚持执行训练计划？各个训练阶段对自己的运动表现有什么影响？这些问题都有助于运动员认识到自己在铁人三项运动中的优势和劣势，并据此调整训练计划。例如，如果运动员在以往的比赛中，骑自行车时总是慢于竞争对手，那么可以在新训练季的准备期增加一些自行车的专项训练模块。相反，如果在上一个赛季中针对自行车训练花了大量时间，却没有很大的进展，那么要考虑改变自己的训练计划和训练进度，或者调整自行车训练的具体安排，甚至换一辆自行车。

　　关注往年的基准测试。测试成绩进步了吗？基准测试是准确地预测了比赛结果，还是和自己在关键比赛中的表现无关？例如，如果运动员发现自己在两次测试中有所进步，但比赛成绩没有提高，那么可能是因为使用了错误的测试方法，或是没有把训练状态调整到竞技状态。此外，运动员可能需要完全改变以往的测试方法，因为那些测试方法和自己的训练状态无关。这一过程十分重要，也是影响训练目标达成的重要因素。

设定总目标、训练目标

　　虽然总目标和训练目标两者相关，但内涵不同。总目标是指最终目标（例如，何时参加关键比赛、预期比赛时长、预期比赛名次）。而训练目标是指完成总目标过程中需要达到的阶段性目标，是从总目标中分化出的较小的目标，完成这些小目标会提高成功实现总目标的概率。

　　设定目标并不容易，运动员应根据自身情况和现实情况设定弹性目标。目标不仅要符合运动员当前的运动状态、运动时间和运动条件，还要有利于运动员切实提升运动能力。一个实际且保守的目标并不能激励运动员训练。一个和目前运动水平差距很大、不切实际的目标，会让运动员感到气馁并压力倍增。因此，目标必须是切合实际的。而且运动员要暗示自己可以完成目标，这样才会有强大的动力为之努力。如果运动员不相信自己可以完成目标，就不会为之努力。糟糕的目标会带来焦虑和压力，而好的目标则会让人感到满足、自信和平静。在进行耐力训练时，尤其是费时费力的铁人三项运动训练，良好的心理状态可以让人平静。运动员需要勇气和强大的自制力，才能设定出正确的目标。

　　设定正确的目标应遵循以下两个原则。

1. 使目标具体化和量化。例如，目标可以是在 2 小时 5 分或更短的时间内完成奥运距离铁人三项赛。这个目标列出了所需要的所有细节。现在运动员就明白自己想做什么以及何时去做。

2. 让目标更有弹性和可行性。例如，在 2 小时 5 分的时间内完成奥运距离铁人三项赛是你之前从未达到过的成绩。然而，你知道只要在准备过程中努力训练，提升某些方面的能力，就能达到这个目标，这个目标就是正确的。

　　一旦设定了总目标，就需要设定训练目标。如前所述，训练目标是指完成总目标过程中需要达到的阶段性目标或较小的目标。以在 2 小时 5 分的时间内完成奥运距离铁人三项赛这一目标为例，子目标的设定源于运动员对自己以往表现的分析和结合自身优缺点所确定的训练需求。训练目标将指导运动员进行所需要的训练，以克服劣势并巩固优势。就像总目标一样，训练目标必须是具体的、可量化的、有弹性的和可行的，且按照同样的书写格式排列。表 1.3 给出了总目标和训练目标的样本。

表1.3

训练计划的总目标和训练目标样本

总目标	训练目标
把1 500米游泳的时间缩短1分20秒	• 在4月30日前，参加一门游泳技巧课程 • 在5月31日前，完成3个游泳专项训练模块
增强骑自行车时的肌耐力	• 在4月30日前，提高功能性阈值功率（Functional Threshold Power，FTP）至250瓦 • 在6月15日前，完成40千米自行车测试，时间在1小时内
在38分30秒内跑10千米	• 在5月前，以比赛的跑步节奏在30分钟内跑8千米以上 • 在6月26日，以35分50秒或更短时间跑完10千米

表1.4所示的是一个模板，运动员可以使用它来设定自己的总目标和训练目标。首先要写下3个总目标，然后在这3个总目标后，列出3个相关的训练目标。

表1.4

总目标和训练目标模板

总目标		训练目标	
1		A	
		B	
		C	
2		A	
		B	
		C	
3		A	
		B	
		C	

源自：USAT, 2012, *Complete triathlon guide* (Champaign, IL: Human Kinetics).

设定自己的比赛日程

比赛日程是决定年度训练计划的重要因素之一。首先，运动员要根据个人需求、技术水平、运动条件和心理准备状态，选择适合自己的赛事。比赛日程时，可参考本章末尾处的年度训练计划模板（见表1.5）。

关键比赛（我们称之为"A赛"）是影响训练阶段划分的主要因素。首先，在年度训练计划上写上自己的关键比赛。虽然次要比赛和训练性质的比赛（我们分别称之为"B赛"和"C赛"）在运动员准备关键比赛和提高运动水平的过程中扮演着重要的角色，但它对训练阶段的划分影响较小。在年度训练计划中，这些比赛大多散布在关键比赛的战略期，位于一个训练模块（3～8天的微周期）之后或在关键赛事的前一两周。

比赛不应该安排在准备期的早期，因为此时训练的重点是发展体能和运动技能。此外，比赛会对身体造成极大的负担。如果在准备期过早地进行比赛，运动员可能会受伤。在年度训练计划中安排次要比赛是为了针对目标赛事增加训练量。例如，某位运动员的短板是长跑，如果将半程马拉松作为B赛，那么他应该早早地将这项赛事安排到训练计划的准备期，为适当的训练留足时间。B赛和C赛的次数应该根据运动员的体能水平、恢复能力和赛后恢复训练的能力而定。比赛安排太多会打断训练并导致运动员的巅峰表现过早来临。比赛安排太少则会导致运动员在关键赛事中表现不佳。此外，减少运动量、增加恢复时间也尤为重要，尤其是在B赛和C赛（它们会对A赛产生影响）之后。第8章将介绍更多有关恢复的内容，第10章将介绍有关减量的内容。本书建议初学者和经验较少的运动员只需在第一个或第二个训练季里达到一次巅峰表现，把大部分训练时间用来提升基础耐力、力量和技术。更专业和更有经验的运动员可以更多次达到巅峰表现。

一旦制订好比赛计划，尽量不要改动，因为整个训练计划以此而定。如果要改变比赛计划，就必须重置训练阶段。如果想要增加或去掉一场B赛或C赛，那么只需要稍稍调整计划就行。然而，如果是调整A赛，那么运动员就需要重新评估整个计划，但是不要忘记自己的总目标和训练目标。

把自己的训练季划分成训练阶段

确定自己的训练阶段并设定各阶段的进步梯度，是制订年度训练计划中最重要的任务。第15页的表1.5可以帮助运动员确定自己的训练阶段，以及各个阶段的周数。运动员应该根据比赛日程和在下一个训练季达到最佳表现的次数来划分训练阶段。

再次以表1.5为例，首先，确定年度训练计划模板适用于当年的计划，再把训练季划分成几个阶段。在"周的日期"那一列，写下一整年中每个周一的日期，从训练计划中的第一个周一开始填写。接着，在"周的日期"左侧"月"的那一列，填写每个周一对应的月份。然后就可以用这个模板来计划一年的训练。在模板上，填上自己的赛事。选取不同的颜色来区分各个比赛（例如，A赛、B赛或C赛）的重要性。隔开关键比赛和次要比赛（以防运动员多次达到巅峰表现）。然后开始填写"每周重点"那一列。在比赛期，可以安排2～3周的赛中阶段，然后安排3～8周的赛前阶段。

至于准备期，我建议运动员在训练季开始时，用3～5周来适应训练，根据恢复期的体能水平逐渐增加训练量。接着，开始标记3周或4周一循环的训练模块，一直标记到计划中的赛前阶段。在训练季早期，每周的训练量不大，运动员可能还可以接受4周一循环的训练周期。但是，随着训练周数的增加，运动员可能要使用3周一循环的训练周期。同时，还要调整最后一个训练模块的周数，因为一年的周数不会正好等于训练周期的周数。计划好了第一场A赛后，运动员就要以同样的方式计划好B赛。然后继续划分整个训练季，一直划分到微周期。

下一步是评估自己的初始能力。运动员可以问自己3个简单的问题。

1. 我现在能游多远？

2. 我能轻松地骑自行车多久？

3. 我能轻松地跑多久？

根据自己的初始能力，运动员能大致确定在最初几周每项训练的时长安排。我建议运动员从低于初始能力的训练量开始，因为新的训练计划和完成日常训练任务所产生的综合影响可能会加大训练负荷，一个完整训练计划中的60分钟长跑组合可能比一个连续的60分钟长跑更难完成。

接下来，制订自己的每周计划。先选择一天当作休息日，然后再安排游泳日、自行车日、跑步日和举重日。在大多数情况下，运动员偏向于在两天高强度训练之间安排一天轻松一点的恢复日。但是，如前所述，这种情况会随着训练计划的推进而改变。

最后，根据自己的每周训练内容和训练模块，在"阶段"那一列标记自己的小周期。如你所见，训练计划和每个训练模块的重点，从头到尾都是由A赛、训练目标、体能水平和个人经验决定的。

进步梯度一般以3～4周为一个周期，但是根据训练阶段，也可以2周为一个周期。准备期之初，若以3周为一个周期，在第一周中，运动员将承载30%～40%的最大训练量；第二周，训练量会持续增加10%～20%；到了第三周，训练量将减少6%～7%。在准备期，运动员应持续按照这种方式逐步调整训练量。到了一般准备阶段结束和具体准备阶段开始时，要最大限度地增加训练量，并持续1～3个周期。届时，每个周期将减少5%～10%的训练量。在比赛期，训练量会稳定在最大训练量的75%～80%。在减量过程中，训练量将会降低至最大训练量的50%。

另一方面，在年度训练计划中，训练强度应随着训练量的变化而变化。先从最大训练量的25%开始，并保持这个水平3周或4周。此后，每2周或每3周训练量增加15%。而训练强度应以相同的方式递增，并在具体准备阶段末期达到最大值。此时，训练强度将刚好低于训练量。在某些情况下，两者可能会持平。在赛前阶段和赛中阶段，训练强度将维持一定的水平，受恢复期和高强度的模拟赛影响而稍有变化。比赛期结束后，训练强度应下降至最大训练强度的60%左右。

每位运动员的终极目标是在关键比赛中表现出最佳水平。仔细地规划年度训练计划，适当地推进训练周期，就能达到这一目标。在训练季的前期，运动员要在准备期和比赛期巩固自己的技术基础、生理基础和心理基础。在比赛期的后期，运动员要大幅度提升自己的技术以达到最佳水平。在赛前的1～4个微周期内，调整训练量、训练频次和训练强度可以达到快速进步或减量的效果，从而降低整体的训练负荷和最大化运动员的适应能力。减量可持续1～4周，具体时长取决于运动员本身、减量前的训练量和比赛距离。在大多数情况下，一场超长距离铁人三项（俗称"大铁"）比赛前的减量时间长达3周或4周。如果关键赛事是奥运距离铁人三项赛，那么减量时间则会持续1周或2周。在减量期间，运动员应保持训练强度以避免训练不足，同时降低训练量至减量前的40%～60%，并将训练频次维持在减量前的80%。适当地减量能使运动员的比赛表现水平提高3%左右。

建立基准测试

测试是年度训练计划的一个重要组成部分，应该在整个赛季中系统地、持续地进行测试。测试的主要目标是帮助运动员明确自身的优势和劣势、训练进度，并生成数据，以计算训练区间、训练节奏和训练负荷。测试结果可以用于指导训练计划，让运动员朝着实现目标的方向前进。基准测试应在每项运动项目开始后的3～5周内进行，后续每隔3～10周进行一次。

为了让测试结果更有意义，请确保测试内容是自己的训练内容，即测试的数据可用于计算未来训练的心率区间、训练节奏和功率区间。不要寄希望于在进行有氧训练的同时提升无氧耐力。此外，保持训练目标和总目标一致。为了让运动员了解自己的训练状态，许多实验室测试和现场测试都会对比运动表现和比赛数据。因此，用一场自己最满意的训练来参加测试，一次自我感觉良好的自行车训练或游泳训练是衡量进步程度的绝佳标准。

测试的时间对于产生准确的测试结果至关重要。大多数测试应该在准备期进行，以确保运动员适应训练。在比赛期，运动员很难有时间完成测试并得出准确的结果。因此，最佳测试时间是在恢复期的末期或恢复期结束后。

制订自己的每周训练计划

如上所述，微周期，或者换句话说，每周的训练计划，是年度训练计划中最重要的一个部分。它的设计和内容是年度训练计划的基石。运动员应该把每周的训练计划看作一个7天的训练计划（少则3天，多则10天，但7天是最常见的），以此来实现预期的生理适应。基于训练季的总目标和训练目标，每周训练计划应随训练阶段而改变，增加不同阶段所需要的训练负荷。安排训练计划的一个重要原因是平衡训练和恢复的时间。训练量太大，而休息太少则会造成训练过度和受伤。与此相反，训练量太小，而休息太多则会导致进步速度大打折扣，而且会阻碍运动员达到最佳表现。

制订年度训练计划的方法有很多。运动员应寻找或制订一个对自己最有效的年度训练计划。没有年度训练计划就像在黑暗中行走，走路的人不明白为什么自己看不见任何东西。运动员如果没有年度训练计划，就没有努力的方向，从而无法掌控比赛，甚至会搞砸比赛。因此，运动员应在年初花时间收集适当的信息、设定总目标、设立训练目标和制订详细的年度训练计划。

年度训练计划模板

年度训练计划模板有助于运动员记录和整理所收集的信息，并将不同的训练阶段划分成几个时间段。表1.5展示了我所制订的最符合我的需求的年度训练计划模板。这个模板以"周"为单位，包含了全年的计划。读者可以在年度训练计划中安排每周计划和训练模块。该模板还允许运动员调整训练阶段，并添加自己所需要的各种必要信息，最终构建出一个完整的年度训练计划。

表1.5

年度训练计划模板

姓名：_____　年份：_____

每周计划

项目	一	二	三	四	五	六	日
游泳训练							
自行车训练							
跑步训练							
力量训练							

项目	训练季初始能力水平（初级、中级、高级）	力量水平（优秀、良好、普通、差）
游泳		
自行车		
跑步		

阶段	月	周的日期	游泳训练	自行车训练	跑步训练	力量训练	每周重点	赛事名称和日期

训练符号
A 有氧训练
T 节奏训练
TH 阈值训练
$\dot{V}O_{2max}$ 最大摄氧量
MX 最大努力
F 任意变速训练
R 休息恢复

TC 技巧训练　＿ _____
T1 游泳/自行车训练　＿ _____
T2 自行车/跑步训练　＿ _____
TR 换项跑步　＿ _____
OP 公开水域游泳　＿ _____

源自：USAT, 2012, *Complete triathlon guide* (Champaign, IL: Human Kinetics).

第2章

特定群体的专项训练

克里斯蒂娜·帕姆奎斯特

好的教练在为每位运动员解决训练难题时，很快就能发现每位运动员都是独一无二的，需要根据各个运动员的优缺点制订具体的训练方案。优秀的教练能够事先为各个运动员制订具体的训练方案。当然，除了要考虑运动员的个体差异外，教练还需要考虑某些铁人三项运动员的具体特征，如初学者、青少年、中年运动员或女运动员。深刻了解这些特殊群体与典型成年男性运动员的区别，有助于教练避免潜在的错误。

虽然铁人三项运动员在各群体中的相似度高于差异度，但教练仍需要从个体的角度看待每个运动员。本章论述了运动员群体之间潜在的差异性和相似性，并通过提供训练实例来帮助所有运动员实现个人目标。

训练初学者

对教练来说，没有什么事情比指导初学者完成铁人三项更有成就感。教练是初学者的伙伴，真正见证了运动员生活的改变。优秀运动员如若能在教练的指导下走上领奖台，便是对教练最大的奖赏，但这实属不易。

初学者的训练重点

铁人三项运动正不断蓬勃发展。在2011年的前三个季度，美国铁人三项协会加入了57 555名新会员。同年，该协会批准了641场新赛事（共2 353场赛事）。首先，初学者的训练重点是：安全并愉快地完成目标赛事、提升技术和增强体能。初学者的训练安排和比赛安排旨在激发其对运动的热爱和对未来比赛的渴望。

简而言之，初学者获得成功的关键如下。

- 允许他们对训练计划提出意见。
- 安排简短、易于完成的训练课程。
- 训练早期的目的主要是让运动员学习如何训练，而不是增强体能，因此教练要有耐心。
- 不要以加快训练节奏和延长训练时间为目标。
- 专注于学习技能并达到安全完成比赛所需要的体能水平。

允许初学者对训练计划提出意见

初学者之前可能没有接受过系统性的训练。记住，他们是习惯自己制订个人计划的成年人。刚开始，初学者可能会对失去自主权感到不舒服。教练要经常和他们交流如何把训练融入生活中，这一点十分重要。教练应听取意见，给初学者一点权利决定训练计划。教练需要了解初学者每周的最佳训练时间，并允许他们调整。最终，制订出符合运动员计划的训练方案。如此，初学者也将尽可能完成所有训练，并对此感到乐观和自信。教练要意识到，随着运动员渐渐地将游泳、自行车和跑步训练融入工作和家庭生活中，他们会经常改变主意。因此，在训练的前几周，教练每周都要和运动员沟通一次，或者视情况而定。

保持训练的可控性

在和经验丰富的运动员待了几个赛季后，教练容易高估初学者所能承受的训练负荷。虽然对一名经验丰富的运动员来说，一小时的游泳、自行车或跑步训练很简单，但初学者可能需要从时长极短（短到运动员训练后不会出汗）的训练开始。例如，在赛季早期的训练中，可以给初学者安排10分钟的跑步，或以技巧讲解为主的200 ～ 300米游泳练习。即使初学者在最初表现出极大的热情，教练也要安排他们可以顺利完成的训练任务，这样他们才会渴望尝试更多的训练，一步一步地将他们的日常生活转变成铁人三项运动员的日常。先让初学者在早期训练中花一部分时间熟悉泳池、学习掌控自行车、感受自行车的舒适度和安装适合的车座，以及为每次训练选择适合的服装和鞋。教练宁可少安排训练量，也不要挫败运动员的信心，要确保他们在训练早期体会到成功的滋味。

教授运动员训练的方法

初学者第一次参加铁人三项比赛时，心情会非常复杂。他们需要购买大量的比赛装备并学习使用方法。教练需要教授游泳技巧，帮助运动员真正地克服对游泳的恐惧。大多数初学者刚学会骑自行车或正处于尝试阶段，因此，他们需要教练详细地指导如何选择骑车地点和如何骑自行车（一般是新车）。指导初学者跑步时，教练还要教他们如何补充营养和水分、保持跑步节奏以保存体力完成比赛。训练初学者的原则是：假设他们对铁人三项运动的规则一无所知。从零开始，为他们提供清晰、详细的说明以防他们产生误解。运动员和教练之间的双向交流或电话沟通，相比于发电子邮件，能更好地解决所有问题。

不要以结果为目标

不要以比赛结果、训练时间和训练强度为目标，因为习得技能、增强体能从而安全地完成比赛才是初学者的最终目标。初学者通过比赛终点时，应该感到爆发力十足，而不是像在跑步和骑车过程中保持匀速前进。好的比赛目标如下：游泳时保持冷静；骑车途中喝一瓶水；在赛程的前一千米内保持轻松地慢跑。初学者若能完成上述目标，将获得更好的比赛成绩。

传授技巧

如果经验尚浅的初学者拥有安全完成比赛的技术和耐力，他们或许能在第一场比赛中取得不错的成绩。在初始阶段，初学者应多花时间练习换项技能，而不是提升速度。多练习有效的换项技能可以帮助初学者为比赛做好准备：学习如何换胎和保养自行车；在安全的、有人监管的条件下，积累在公开水域游泳的经验。同时，教练要指导初学者选择适合铁人三项运动的具体服饰和装备，以及装备的使用方法。此外，教练还要指导初学者在比赛或各个训练阶段中学会补充水分和能量。训练课程应涉及心理技能、节奏策略、训练语言和训练区间的基本知识。指导初学者是令人激动的挑战。首次比赛的完成会让教练和运动员激动不已。

初学者训练注意事项

为初学者规划训练意味着设置简单的短期训练，让初学者了解各种训练模式。第一次游泳训练应以课堂的形式进行；第一次自行车训练的内容应有关于如何调整自行车舒适度和检查装备；第一次跑步训练应根据初学者的经验和体能采用跑步和走路交替进行的模式。前几周的训练可包含6～9次训练课，每次持续30～60分钟，共计3～9小时。初学者第1～第3周的训练计划较为简单，示例如表2.1所示。

如果初学者顺利地完成了前几周的训练计划，便会有信心和动力继续为比赛训练。接着，便可开始增加训练量，进行类似于比赛的训练。这些训练有助于运动员继续磨炼铁人三项技能、增强体能，以及为长距离游泳、长距离自行车和长距离跑步做好准备。在泳池和公开水域中游泳时，运动员应增强不间断游泳的能力，以在比赛中拉开自己和其他运动员之间的距离。如果对运动员来说游泳是弱项，那么教练应多安排游泳训练，如一周4～5次。这样安排可以更快地增强运动员游泳时的体能。运动员的骑行距离也应逐步增加至比赛距离。至于跑步方面，运动员应增强持续长跑的能力。如果有必要，可以采用跑步和走路交替进行的模式训练，这种模式也适用于比赛。

表2.1

示例：初学者第1~第3周的训练计划

项目	周一	周二	周三	周四	周五	周六	周日
游泳	游泳课（30分钟）			游泳课（30分钟）			休息
自行车		轻松骑行、检查自行车（30分钟）			轻松骑行、学习骑行技巧（30分钟）		
跑步			跑步-走路交替性训练（30分钟）			跑步-走路交替性训练（30分钟）	

前几周的训练次数不变（每周训练6~9次）。但每次训练时长可略有增加，大多为30~90分钟。对大多数初学者来说，一周的总训练时间在5~10小时。初学者第4~第12周的训练计划示例如表2.2所示。

表2.2

示例：初学者第4~第12周的训练计划

项目	周一	周二	周三	周四	周五	周六	周日
游泳	3×400米游泳；每一泳程练习一次视野观察技术（45分钟）		20分钟不间断游泳；每一泳程练习一次视野观察技术（45分钟）		在公开水域，与同伴一起练习游泳；练习视野观察技术（30分钟）		休息
自行车		在起伏的山丘上骑自行车；在上坡路段冲刺（45分钟）		快节奏地轻松骑行；大多数时间保持90转/分钟（45分钟）		匀速骑行75~90分钟；练习在骑行过程中补水（90分钟）	
跑步	跑步-走路交替性训练（每跑4.5分钟，走30秒）；练习在走路休息过程中补水（45分钟）		以较快的节奏重复4×60秒上坡跑步训练；下坡时走路，以恢复体力（45分钟）		轻松地不间断长跑，如果有需要，可增加30秒走路休息的时间（最多4次）（45分钟）	完成骑行后立即开始轻松地跑步（10分钟）	

到了比赛期的第3、第4周（比赛期的后期），运动员应可以独立完成接近比赛距离的游泳、自行车和跑步训练。这段时间内，他们也需要完成和比赛距离接近的游泳-自行车、自行车-跑步的训练模块。铁人三项术语"模块"指的是在一个训练阶段内完成多个训练项目。运动员可能会先完成一场和比赛节奏相同的训练，紧接着进行自行车训练，两次训练之间的换项时间十分短暂。自行车-跑步模块有助于运动员在骑行后，逐渐习惯用疲惫的双腿跑步。此外，教练还要指导他们在模拟比赛阶段学会适当补充营养、保持比赛节奏。初学者赛前3周的训练计划示例如表2.3所示。

表2.3

示例：初学者赛前3周的训练计划

项目	周一	周二	周三	周四	周五	周六（模拟比赛训练模块）	周日
游泳	4×200米匀速游泳（45分钟）			3×500米匀速游泳（60分钟）	休息	以比赛距离不间断游泳（30分钟）	
自行车		轻松骑行（30分钟）				中速骑行（30分钟）	匀速骑行（60分钟）
跑步	跑步-走路交替性训练（30分钟）		跑步-走路交替性训练（30分钟）			跑步-走路交替性训练（30分钟）	

最后两个减量周的安排是：休息、练习换项技巧、整理和调整装备，并结束对饮食搭配和运动节奏的讨论。在比赛周，教练应额外花时间和运动员打电话或是当面说清楚比赛的每个步骤。教练应帮助运动员辨别比赛的好时机和坏时机并给出相应对策，这一点尤为重要。最后，教练要确保运动员知道教练支持他们并为他们付出的努力感到骄傲，然后退回看台，与他们同享完成比赛的喜悦之情。

指导青少年运动员

青少年铁人三项正不断地快速发展。2011年，美国铁人三项协会拥有42 626名青少年成员，约29.07%的成员为7～19岁。在小学低年级，赛事主办方就为青少年举办了许多铁人三项比赛，并配备了安全课程和设定了适龄的比赛距离。青少年铁人三项运动队伍在美国不断发展壮大，为青少年运动员提供了一起训练、成为专业运动员的机会。但是，请记住，不要简单地认为青少年运动员只是身材矮小的成年人。为这些特殊的铁人三项运动员开设训练课时，需要考虑许多不同之处。第24章详细地介绍了如何指导青少年运动员。

青少年运动员的训练注意事项

指导青少年运动员时，需要考虑以下特殊因素（不仅限于这些因素）：安全性、心理恐惧、运动协调性、身心成熟度、注意力范围、对天气条件的生理反应、父母的担忧、生长发育问题、营养问题、与其他运动的冲突、团队动力、团队建设、信心建设、准备程度，以及三项运动的基本技能和换项技能。新手教练不适合指导该群体。这个群体需要一名经验丰富的教练。教练应当知道如何适当地指导青少年运动员，且出席每一次训练。在指导这一年轻、特殊的群体时，教练很快就会发现，训练他们是具有挑战性的工作，也是让人颇有成就感的工作。综合考虑所有因素，指导青少年运动员的首要任务是培养他们对这项运动的热爱。如果运动员喜欢铁人三项，那么他就会喜欢和训练相关的练习和学习任务。简而言之，青少年运动员成功的关键如下。

- 提升技能和速度。
- 确保安全。
- 让训练保持有趣。
- 保持开放式沟通。
- 传授补充营养的知识。

提升技能和速度

指导青少年运动员的首要任务是提升技能。为中小学生设立的每一堂训练课都应该涉及技能训练：训练跑步以形成良好的运动姿势；训练骑行以更好地控制自行车；训练游泳以提升冲刺的技能。这些技能训练是铁人三项运动的基础。青少年运动员在生理上已经做好了学习更多技能的准备。

教练必须认识到，青少年阶段是最容易习得运动模式的阶段。一旦习得，这些运动模式就会被储存在中枢神经系统中。致力于提升速度的年轻运动员很快就能成为一名速度更快的成熟运动员。此外，青少年时期是运动员形成某些肌纤维（尤其是快肌纤维）和神经肌肉模式的绝佳时机，这些肌纤维可以让运动员跑得更快。因此，青少年运动员要花大量时间练习短跑、提高速度和调整姿势。

此外，还要注意：随着运动员的长大，他们的骨骼会开始生长，骨骼周围的软组织也会生长，最终导致运动员能力下降和压力增加。教练应当注意到运动员的快速成长，减少该阶段的训练压力。在生长发育期，孩子自己、家长和教练可能会发现他在训练和速度上反而倒退了。教练应尽快意识到这种情况，并尊重成长规律，毕竟有些人成长得早，有些人成长得晚。同时，还需要注意不要过于关注和认可成长较早的运动员。因为，在教练的耐心指导和鼓励下，成长较晚的运动员可能也是很有天赋的运动员。

相比成年人，青少年运动员难以坚持完成几分钟的高强度持续训练，因为他们的运动能力弱，不能有效释放身体里的热量，难以储存和使用肌糖原。青少年运动员的心输出量和有氧代谢能力都低于成年运动员，因此他们的心率在休息和训练期间要高得多。随着运动员进入青春期并度过青春期，这些不足将得到改善。但对于未进入青春期的运动员来说，他们并不适合进行成人耐力训练和成人耐力比赛。在铁人三项训练中，重点是找到与年龄相匹配的比赛距离，着重于训练乐趣和短跑速度，而不是高强度训练。

确保安全

训练青少年运动员时，教练必须考虑每一个潜在的安全隐患。年轻的铁人三项运动员应通过游泳筛查并定期训练游泳。对年龄较小的铁人三项运动员来说，参加青少年游泳队是个很好的开端。因为其可以提供技术指导；以比赛的形式训练游泳；在拥挤的泳道内训练游泳；安排大量训练。即使有游泳队的背景，很多游泳者都会在进行第一次公开水域游泳时感到惊慌。因此，在公开水域的游泳实践至关重要。教练应在安全的环境中定期组织训练，并且配备救生员和足够的成年人全程观察和监督每位游泳者。

骑自行车是另一项有安全隐患的危险运动。大多数青少年铁人三项运动员都会有摔车的经历。因此，运动员应有一个急救包和完善的应急计划。青少年运动员必须在一个完全不受交通影响的地方骑自行车，同时，这个地方的山地地形应当在其骑行能力范围之内。如果是在自行车道上，教练需要教会运动员如何礼貌并安全地通过行人。进行小组骑行时，应把能力相当的骑手安排在一起，并考虑谁可能需要单独骑行，或谁的周围需要更多的空间以确保安全。最好安排一名成年骑手和一群孩子一起骑车。此外，教练还需要教每位运动员如何安全刹车、何时和如何换挡、如何转弯、如何与其他运动员协调停车或减速，以及如何正确佩戴头盔。

教授一堂安全教育课可以确保孩子们安全地进行跑步训练。在确保落脚点地况良好的同时，找一个能够提供各种跑步表面（小径、草地、沥青、丘陵）的训练场地。跑步训练应远离公共道路，且方便教练监督。运动员也可以和一个或多个伙伴一起跑步。

一名优秀的青少年教练会根据天气条件调整训练。教练应该有一个应对糟糕天气的计划，一旦出现天气不好的迹象，就准备实施计划。青少年运动员的出汗效率不如成年人高，他们更容易患上与散热不足相关的疾病。同时，青少年运动员也更容易受到体温过低的影响。因此，教练需要教青少年运动员根据天气条件学会适当地补充水分和增减衣物。

让训练保持有趣

一名优秀的青少年教练会在每一节练习中融入游戏和有趣的挑战。做游戏是帮助青少年运动员提升跑步能力的好方法，做游戏还可以增强团队力量、帮助青少年运动员保持较小的注意力范围、提高速度和灵活性，并培养对铁人三项的热爱（这一点对培养一名优秀的青少年运动员来说非常重要）。

比赛和比赛练习是激励青少年运动员的好方法。例如，贴一张美国地图，计算团队每周需要跑多少千米，才能"横跨全国"；每周进行一次赛跑或时间测试，完成所有训练的运动员可以得到一个水果味冰棍；挑选一名本周最佳运动员，给他一个小小的奖励；或者给每个孩子取一个与他的个性相匹配的昵称，这个昵称应能够传达出他的力量、技能或速度水平。团队游戏、团队歌曲和团队欢呼声都提醒着这些运动员，他们不仅是为自己训练，还是为了团队而训练。

保持开放式沟通

沟通对于教练与运动员和其父母之间形成良好的关系至关重要。教练每周至少应和运动员及其父母打一次电话或发一次邮件，和他们沟通下一次训练课的内容、赛程安排和团体所关注的其他问题。教练根据运动员的个人目标和目前成绩发送个性化的电子邮件，会让运动员感到自己与众不同，这样运动员才会在日常训练中更加投入。

传授补充营养的知识

教练应教育青少年运动员为比赛和训练适当地补充营养。如果没有良好的营养，所有的训练都会白费，而且还可能导致健康问题。负责任的教练会教孩子们如何选择富含能量的健康食物，让他们具有充沛的能量并保持健康。年纪较小的运动员和他的父母可能并不了解在训练前、训练期间和训练后补充食物和水分的重要性。孩子们倾向于根据口味、外观和是否方便购买来选择食物，因此教他们规划早餐和购买健康的小吃很重要。孩子们不会感知口渴的信号，不知道自己需要喝水。因此，教他们学会补充水分至关重要。教练可以给孩子们发几个透明水瓶，水瓶上标注着两盎司（60毫升）的水位，教他们学习补水的概念，并定期练习补水。

在运动员进入青春期时，营养教育变得更加复杂。女运动员在青春期会自然发育、长胖，女孩们都会注意到自己胸部的发育。这时她们因为体重增加而失去原有的跑步速度。教练需要强调这个现象是正常的，并引导运动员通过适当补充营养来帮助她们度过这一时期。男运动员在长高之前体重会增加，也会经历一个类似的阶段。教练对"变肥"或"需要减肥"的不敏感的评论可以改变孩子们长期的饮食紊乱。作为一个受人尊敬的权威人物，教练可以在这段尴尬时期里为孩子提供正面的信息和衷心的建议，帮助他们做出积极的改变。

青少年运动员的训练注意事项

早期（准备期）的训练内容应形成一个训练程序，并且在整个赛季中保持一致。训练应准时开始，且开始时要组织一个有时间弹性的训练活动，这个活动可以让迟到者（通常是年长的运动员）不会错过训练。功能性动态热身和伸展运动适合在训练的前10～15分钟进行。队员们学会训练程序后，年长的运动员可以轮流带领队员热身，而教练需向每个运动员问好，并阐述当天的训练内容。

在训练季早期，训练是准备性质的，应根据孩子们的能力和技能水平由简单逐渐变难。与其让这些运动员筋疲力尽或冒着受伤的风险进行训练，不如对他们进行相对保守的训练。教练应确保运动员恢复良好，而且能积极面对训练。如果运动员没有做好准备，就要减少训练、多休息。

教练必须牢记，孩子们有快速增强体能的潜力。教练可以把高强度的训练安排到比赛期，而在训练早期和赛前几个月致力于帮助孩子们提升能力、养成安全习惯、提高速度、增强力量和树立自信。对于12岁及以下的运动员来说，每周的训练时间是4～8.5小时；至于12岁以上的运动员，每周训练总时长不应多于16小时。青少年运动员要将一半以上的训练时间花在游泳上，因为提升游泳技巧需要大量的练习。而且游泳不易受外界干扰，是增强耐力的好方法。一般来说，游泳队常规训练适合该年龄段的运动员，对他们大有裨益。

青少年运动员应经常练习接近比赛距离的训练模块，在一节训练课内完成一个或多个训练模块。该类练习训练了运动员从游泳切换到自行车，然后从自行车切换到跑步的技巧。此外，对于青少年运动员来说，诸如在换项期间穿鞋子和戴头盔、骑上和跳下自行车等技能是有难度的，因此换项训练有利于他们形成宝贵的经验。此外，就算是年轻的运动员，他们也需要一些力量训练。当然，教练应以力量训练的形式来帮助运动员增强力量并且在克服自身重量时保持平衡。动态热身跑步练习、跳绳、简单的增强式训练，例如单足蹦跳和原地蹦跳、跑坡等都是很好的力量训练。

对于12岁及以下的青少年运动员来说，早期训练周每周都应各安排3次游泳、自行车、跑步和力量训练。12岁及以下青少年运动员早期训练周计划示例如表2.4所示。

表2.4

示例：12岁及以下青少年运动员早期训练周计划

项目	周一	周二	周三	周四	周五	周六	周日
游泳	游泳队常规训练：冲刺、潜泳、速度和耐力（60～90分钟）		游泳队常规训练：冲刺、潜泳、速度和耐力（60～90分钟）		游泳队常规训练：冲刺、潜泳、速度和耐力（60～90分钟）		休息
自行车		技巧和速度（35分钟）		技巧和耐力（35分钟）		自行车-跑步训练模块（30分钟）	
跑步		技巧和耐力（30分钟）		技巧和速度（30分钟）		自行车-跑步训练模块、长跑技巧（30分钟）	
换项训练		10分钟		10分钟		15分钟	
力量训练		15分钟		15分钟		10分钟	

表2.5中的计划更适合12岁以上的青少年运动员。随着运动员开始进行针对12岁以上青少年运动员的训练，教练要更有耐心，因为该年龄组的某些运动员仍会比以前表现得更好。除了每周各进行4次游泳、自行车和跑步训练外，运动员每周还需参加3次功能性力量训练，并根据需要进行短时间换项训练。

表2.5

示例：12岁以上青少年运动员早期训练周计划

项目	周一	周二	周三	周四	周五	周六	周日
游泳	耐力训练（60分钟）	速度训练（60分钟）		抗阻训练（60分钟）	速度训练（60分钟）		休息
自行车		技能训练（60分钟）	速度训练（45分钟）	力量训练（60分钟）		速度训练（60分钟）	
跑步	节奏训练（45分钟）		节奏训练（50分钟）		简单训练（45分钟）	速度训练（45分钟）	
换项训练			10分钟			15分钟	
力量训练	15分钟		15分钟		15分钟		

在比赛期，运动员每周应进行2～3次专项比赛训练。专项比赛训练可以让运动员感受比赛节奏和比赛距离。在该训练中，教练应以目标比赛的节奏来训练运动员。有时候可以用比赛代替这样的训练，但要注意，不要频繁地安排比赛（因为比赛会损害运动员的身心健康）。此外，教练还应减少赛季期间的总训练量，只有这样运动员才能从训练中得到额外的休息和恢复。

12岁及以下青少年运动员赛季训练周计划示例，如表2.6所示。在比赛期，12岁及以下的青少年运动员的训练周中，中间的训练较为轻松，这有利于运动员恢复，从而为周末的赛事或模拟比赛训练做好准备。对于12岁以上的青少年运动员，安排专项比赛训练的原理同上，先安排高强度的比赛或模拟比赛训练，然后再安排简单的练习，让运动员的身体得以恢复，其赛季训练周计划示例如表2.7所示。

本书展示的训练周计划的示例是十分常见的。在现实中，教练需要根据每个运动员的技能和劣势调整训练，并仔细监控每个运动员的体能水平。教练要平衡学校、家庭、娱乐和训练之间的关系。一名快乐的运动员才是一名健康的运动员。

表2.6

示例：12岁及以下青少年运动员赛季训练周计划

项目	周一	周二	周三	周四	周五	周六*	周日
游泳	速度训练和技巧训练（60分钟）		耐力训练和技巧训练（60分钟）		力量训练和技巧训练（60分钟）	比赛或模拟比赛训练（30～60分钟）	休息
自行车		模块训练和技巧训练（35分钟）		耐力训练和速度训练（35分钟）		比赛或模拟比赛训练（30～60分钟）	
跑步		模块训练和技巧训练（30分钟）		速度训练和技巧训练（30分钟）		比赛或模拟比赛训练（30～60分钟）	
换项训练		15分钟		15分钟		15分钟	
力量训练		5分钟		5分钟		5分钟	

*正式比赛可以代替这一天的训练安排。

表2.7

示例：12岁以上青少年运动员赛季训练周计划

项目	周一	周二	周三	周四	周五	周六*	周日
游泳	速度训练（60分钟）	耐力训练和技巧训练（60分钟）		抗阻训练和技巧训练（60分钟）		比赛或模拟比赛训练（30～60分钟）	休息
自行车		高强度小组骑行，包括冲刺骑行、比赛节奏骑行（60分钟）	轻松骑行、技巧训练（45分钟）	耐力训练和技巧训练（60分钟）		比赛或模拟比赛训练（30～60分钟）	
跑步	速度训练和技巧训练（45分钟）		比赛节奏跑步、技巧训练（60分钟）			比赛或模拟比赛训练（30～60分钟）	
换项训练			10分钟			15分钟	
力量训练	5分钟		5分钟		5分钟		

*正式比赛可以代替这一天的训练安排。

训练中年运动员

在铁人三项运动中，中年运动员指的是40岁及以上的运动员。截至2011年年底，39%的美国铁人三项协会成员都达到了这一标准。事实上，无论是男性还是女性，美国铁人三项协会年度成员中年龄最大的一个年龄组都是40～44岁。与青少年运动员相比，中年运动员可能会有更多时间和可支配收入来参加比赛。然而，无论我们如何努力保持年轻，随着年龄的增长，身体的确发生了某些生理变化。好消息是，适当的训练可以延缓甚至削弱这些变化。

中年运动员的训练重点

中年运动员应该着眼于每次训练的质量，并在开始下次训练前充分恢复和休息。他们应少花时间在节奏缓慢、时间长的耐力训练上，多花时间努力进行高强度训练和比赛，以保持现有的速度。40岁及以上的铁人三项运动员往往有丰富的比赛经验和训练经验，他们可以利用这些知识更加顺利地完成比赛和训练。

教练可以和运动员交流以往的比赛经历，指出其表现好的环节，并帮助他们从错误中吸取教训。中年运动员的心理成熟，能以健康和平衡的方式进行比赛和训练。此外，他们也有更多时间和金钱来支撑自己对比赛的激情。这些优势意味着，一些耐力强的中年运动员到了50多岁仍然可以创造个人最佳成绩。简而言之，中年运动员成功的关键如下。

- 定期进行力量训练。
- 做好充分恢复的计划。
- 注意潜在伤病。

定期进行力量训练

临近30岁，所有成年人的肌肉都会开始减少。骨骼肌以每年0.5%～1%的速度流失，这一现象即肌肉减少症。好消息是，锻炼身体和力量训练已被证实可以减缓肌肉退化的速度（Taaffe，2006）。对于这一特殊群体来说，安排适当的训练至关重要。中年运动员应定期把力量训练纳入自己的训练计划中。每周安排2～3次力量训练有助于运动员保持力量、平衡能力和速度。

做好充分恢复的计划

中年运动员在训练后需要更多的恢复时间。40岁及以上的运动员需要在训练计划中多安排一些休息日和休息周。30岁的运动员在连续训练3周后，只需安排1周的休息时间；而中年运动员训练1周后，就要休息1周。由于对恢复的需求增加，中年运动员应该将跑步天数（因为跑步的能量消耗很大）降至最低限度——通常每周安排3次，让身体得以恢复。

注意潜在伤病

到了40多岁，运动员可能已经在训练和比赛中经历过各种伤病。随着年龄的增长和身体状况逐渐变差，其中一些伤病可能会发展成慢性疾病。教练需要遵循康复专家的建议每周安排力量训练和拉伸训练，以解决运动员肌肉僵硬和肌肉不协调的问题。此外，教练还需要调整训练量，为运动员在两次训练之间留足恢复时间。中年运动员往往在训练量较少时表现最佳，因此他们可以把大多数训练时间花在高强度训练、抗阻训练和力量训练上。

关于中年运动员的潜在伤病，也有好的一面。运动员对受伤的看法会更加明智。由于经历过许多伤病，所以他们知道何时停止训练、何时休息、何时放慢训练节奏以避免受伤。如果受伤了，他们也会知道如何治愈，也有可靠的途径可以咨询。许多中年运动员在年长时所受的伤比年轻时要少。

中年运动员训练注意事项

经过数年的耐力训练，中年运动员有着很强大的运动基础。多年的自行车训练、游泳训练和长跑训练让他们获得了生理适应和运动基础。因此与青少年运动员或是经验少的运动员相比，中年运动员不需要花很多时间打基础。

要想维持短跑能力，运动员必须持续进行高强度训练和比赛。随着年龄的增长，运动表现不佳的主要原因在于有氧代谢能力下降，乳酸阈速度和功率也随之下降。虽然针对该问题的研究不多，但根据现有研究，如果中年运动员坚持参加重点训练和高水平的比赛，那么到了50多岁，其也可以维持有氧代谢能力、乳酸阈功率和运动能力（Trappe et al., 1996）。

在对27名优秀的耐力运动员进行长达15年的跟踪研究后发现，最活跃的运动员（定期参加短跑比赛的运动员）在15年中成功地保持了有氧代谢能力，甚至有所提高（Marti & Howald, 1990）。相反，业余运动员以每年1%的速度丧失有氧代谢能力，不爱运动的人以每年1.6%的速度丧失有氧代谢能力。这样看来，和比赛节奏类似的训练和比赛能够帮助年龄逐渐增长的运动员维持有氧代谢能力。另一项研究以2006年和2007年铁人三项世界锦标赛高年龄组的几名顶尖运动员为研究对象，研究了他们逐渐下滑的运动表现（Lepers et al., 2010）。在这三项运动中，随着年龄的增长，这些运动员的自行车运动表现水平的下降幅度最小，其次是游泳，跑步成绩的下降幅度最大。但最有趣的是，跑步运动员的有氧代谢能力（即最大摄氧量）下降得最少，铁人三项运动员的成绩下降幅度最大。这一发现似乎表明，运动员必须规划高强度训练和短距离比赛，以对抗随年龄增长而自然下降的有氧代谢能力。

例如，中年运动员进行高强度专项训练之前应先进行1～3个月的间歇训练，运动强度应该等于或略低于乳酸阈，每次运动时长共计20～40分钟。例如，在1小时比赛节奏的训练中，早期间歇训练的时间为3×3分钟，每周间歇训练时长逐渐增加。到了后期，在1小时比赛节奏的训练中，间歇训练的时间会达到4×10分钟。这些间歇训练也可以以游泳、骑行和跑步的形式进行——每周3项训练各进行1次。如果运动员轻而易举地完成了训练，他就可以进行一系列的有氧区间训练。表2.8展示了中年运动员比赛期后期有氧区间训练计划的示例。完成有氧区间训练后，运动员应多参加模拟比赛训练，达到和比赛距离相匹配的速度。例如，中年运动员可以骑1小时的自行车，间歇性地达到目标速度，然后再快速切换到跑步，以目标速度继续跑步。

运动员在40岁后也能取得个人最佳成绩。训练内容不应该只是简单的耐力训练，教练还应帮助运动员学会保存力量和维持速度。中年运动员可以根据个人经验充分发挥训练的作用。一个成功的训练计划将塑造出一名健康、强壮的运动员。他们到了50多岁仍能保持良好的运动表现，或只是略有衰退。

表2.8

示例：中年运动员有氧区间训练计划

项目	周一	周二	周三	周四	周五	周六	周日
游泳	耐力训练（60分钟）			6×300米快速游；每游一个泳程后，通过100米轻松游泳来恢复体能（60分钟）		力量训练和耐力训练（60分钟）	休息
自行车		5×5分钟有氧区间训练；通过每次间隔5分钟的轻松快速骑行来恢复体能（90分钟）		山地骑行（60分钟）		耐力训练（120分钟）	
跑步		完成骑行后立即换项到跑步（15分钟）	耐力训练（75分钟）		3×3分钟有氧区间训练；每一组后进行轻松慢跑以恢复体力（45分钟）		
力量训练	肌肉平衡训练（30分钟）		力量训练，重复次数应较少（30分钟）		核心训练（20分钟）		

指导女运动员

截至2011年，美国铁人三项协会年度成员中有38.46%是女性（56 404名女性）。如果与有经验的教练交谈，那么他们会告诉你，几乎没有什么特质与性别有独特的联系（除了怀孕和相关问题），因此，真的没有所谓的"女运动员训练计划"。相反，教练应该从个体的角度看待运动员，在指导运动员时要考虑她们的优点、弱点和目标，而不是性别。在训练女运动员时，教练必须从生理角度、营养角度和医学角度考虑两性差异。此外，女运动员进行比赛和训练时所用的心理技巧也不同。

女性生理问题

大部分女性的肌肉比男性少。随着年龄增长，女性的肌肉量逐渐减少。因此女运动员必须要进行常规力量训练，以减少肌肉流失量。稳定骨盆、肩关节、膝关节等核心关节的训练对于女性来说十分重要，因为大多数女性有着更为宽大的髋关节，这些训练可以避免宽大的髋关节对膝关节活动度的不利影响。在跑步中，能保持关节稳定的女性不易受伤。稳定的关节还有利于运动员进行跑步、骑行和游泳。

此外，女运动员还需配备一名对自行车舒适度在行的专家。有时，女性并不适应根据男性躯干和腿长设计的自行车。现在，自行车制造商逐渐意识到这一点，设计出针对女性的自行车。良好的自行车舒适度是提高骑行运动表现水平的重要因素。

女性营养问题

几乎所有耐力运动员在高运动量或高强度的训练中都容易出现热量亏损的情况。所有运动员也都可能受到饮食紊乱的影响，这在女运动员中更为常见。饮食紊乱和营养不良可能导致女运动员三联征（一个女性独有的生理疾病），它会对健康造成严重影响。女运动员三联征始于营养不良、饮食紊乱，或两者兼有，最后发展为闭经（月经量不足）和骨质疏松。这些都是教练很难解决的问题。女运动员可能并不会对教练坦白这些十分私人的问题。即使她们说出问题，大多数教练也没有能力充分解决这些问题。这时要把这些运动员引荐给自己信任的专家，然后和专家一起为训练制订营养目标。当然，瘦身不是训练的目标。相反，教练应该给运动员提供可靠、全面、有效的建议来帮助运动员提高训练和比赛成绩。

女性医疗问题

女性长跑运动员更容易受伤。根据记录，出现这种现象的主要原因在于女性的身体结构：骨盆较宽，因此从膝关节到骨盆区域的角度也更大，这可能导致髌股关节损伤和髂胫束综合征；受雌激素的影响，女性的韧带也更加松弛。松弛的韧带意味着没有良好的软组织支撑，关节会过度活动。这些生理结构会提高受伤的概率。通过强化和稳定髋关节和膝关节的肌肉，专项力量训练可以预防和治愈以上大多数伤病。

女性比男性更易产生应力性骨折和贫血。教练要提醒所有运动员食用富含钙、铁和维生素D的食物，并且敦促女性运动员通过每年进行血液测试来检查是否患有贫血。同时，运动员只能在医生的监督下补充铁元素，否则会危害人体健康。应力性骨折通常是营养不良或女运动员三联征造成的。

如果女运动员怀孕，应遵从医嘱安排训练。怀孕对每个运动员的影响不同。在医生的指导下，有些妇女直到生产前都可以跑步、骑行和游泳。而另外一部分人则真的需要为怀孕放弃大部分训练。在怀孕期间，女运动员应该考虑各项训练的安全性，以及它们对孩子和母体健康的影响。

女性心理问题

教练乔·弗里尔写了许多和耐力训练有关的书，他曾说："我发现女性在遵守比赛计划方面要好得多——有时简直完美，即使她们已经能在比赛时跑得更快，她们也会继续坚持训练计划；而男性首先想到的是要'超越'这个计划。"因此，好的教练会说服女运动员在需要的时候承担合理的风险，如指派她们在C赛或B赛中承担一个特定的风险（例如，让她们比平常更用力地骑行，看看对跑步有什么影响），让她们明白这场比赛的目标只是学习，允许她们在冒预计的风险时失败。

在指导女性时，教练应从运动员的角度考虑她的背景和经历。她是否有机会成为运动员？是否有人支持她的努力训练？许多女性从小就没有把自己当作运动员。因此，有时候训练这些女性的主要目标是让她们把自己当作运动员——敢于把自己描述成"运动员"。一旦达到这个目标，一切皆有可能。一名运动员如果没有意识到自己处于竞技状态，那么她怎么能发挥出自己的潜力呢？

此外，和男运动员一样，女运动员也需要努力平衡工作、家庭和训练。如果无法平衡，她就无法发挥出自己的潜力。教练应在运动员日计划、周计划、季度计划和年度训练计划中安排休息日、假期、工作周、亲子时间或家庭时间。运动员的职业生涯应该是无怨无悔的。退役后，当她回忆起生活中的这段时光时，经历了这么多年，什么才是弥足珍贵的？和亲人共度的时光；参与孩子的成长；参加提供情感支持、精神支撑和社会联系的活动——这些回忆和比赛训练一样，都应该是美好的回忆。

每位铁人三项运动员都是独特的个体，每个人的技能、缺点、计划安排、精力、目标和生活环境大相径庭。好的教练会理解每一位运动员，并选择能帮助他们发挥潜能的训练方法。

第3章

瑜伽和柔韧性

塞奇·朗特里

越来越多的运动员接触了瑜伽，许多人都把瑜伽作为训练的一个重要组成部分。从生理和心理的角度来说，练习瑜伽可以增强力量、提高柔韧性和集中注意力。虽然瑜伽中的肢体练习是大多数练习者的切入点，但是瑜伽也包括其他的练习，如冥想和呼吸，这些练习对运动员也有直接好处。瑜伽适用于耐力运动训练和比赛，要想了解更多有关瑜伽的内容，可以参考我写的书——*The Athlete's Guide to Yoga: An Integrated Approach to Strength, Flexibility, and Focus*。

瑜伽的好处

瑜伽可以提升身体的平衡性，这种平衡性在许多方面都发挥着作用。在生理层面上，瑜伽可以训练运动员的平衡感，如果运动员骑车时摇摇晃晃或跑步时迈错了步伐，他仍可以保持平衡。瑜伽还可以通过强化较弱的肌肉和伸展紧绷的肌肉来协调相互对抗的肌群。运动员若身体失去平衡、肌肉恢复能力达不到身体要求或一组肌肉比另一组更强壮或更紧绷，某些肌肉会因发力过大而受伤，而平衡肌力可以预防这种损伤。

瑜伽练习让运动员体会身心合一，配合呼吸练习，以促进身心平衡。呼吸既是一种自发性过程，也是一种非自发性过程。它能有力地把生理需求（吸入氧气、排出二氧化碳）和思维能力（深呼吸可以放松自己）联系在一起。我们可以控制呼吸以适应游泳节奏、骑行节奏和跑步节奏。呼吸时，我们会明白自己的身体状态，了解自身需求：有时，答案会是继续练习，但休息更为常见。这种自我意识是训练的重要组成部分。有时候，即使训练计划没有效果，运动员往往也会坚持下来，但这不利于恢复，也有损训练表现和比赛表现。

瑜伽的种类

无论是在训练课上练瑜伽，还是在家练瑜伽，运动员要确保瑜伽练习不仅仅是对训练的拓展，更是对训练的补充。运动员可能会在游泳、骑行和跑步上花很多心思，但值得一提的是，瑜伽练习并不会打乱日常训练计划，反而会帮助运动员精进技艺。运动员要明智地选择瑜伽课程，必要时可以更换课程。虽然瑜伽也有健身的功效，但训练中的运动员有着不同的需求：有的想在常规训练后放松和恢复身体；有的想健身或强化理疗后仍然薄弱的身体部位。汗流浃背和突破身体极限不是练习瑜伽的目标，因此，运动员不要抱有多多益善的心态，应适可而止。

在家练习一节瑜伽课程或一组瑜伽动作时，注意瑜伽的练习强度和铁人三项训练强度应成反比！也就是说，若是处在恢复期和准备期，即铁人三项训练强度和难度较低时，运动员可以练习强度较大、增强力量的瑜伽动作。这时候，练瑜伽是对力量训练的直接补充，甚至可以代替力量训练。但是，一旦开始准备关键比赛，就要降低瑜伽的练习强度。因为该阶段的重点是恢复肌力和保持身体柔韧性。到了比赛期，一旦运动员达到巅峰状态，瑜伽的练习强度必须比之前更低。这时是参加恢复性瑜伽课程的好时机，即通过练习呼吸和冥想来集中注意力，这些练习将会帮助运动员为比赛做好准备。

就如何选择对铁人三项运动和生活最有益的瑜伽课程（包括家庭练习），我想给你一些建议。这些建议将对铁人三项的训练和运动员的生活大有裨益。请记住，瑜伽不是一项竞技运动，而是一种平衡训练和休息的调整方式。

瑜伽课程

课堂是学习瑜伽的最佳地点，因为在这里运动员可以得到老师的反馈，也能远离来自家庭的干扰。如今，多数城市都有瑜伽会所，健身房里也有不错的瑜伽课程。由于没有统一的标准来区分和介绍瑜伽，所以运动员要允许自己在尝试和出错中摸索到适合自己的瑜伽课程。而且，挑选的瑜伽课程要可以弥补铁人三项运动训练的不足。尽管运动员更喜欢在非赛季期间参加一些温和、有活力、顺畅的瑜伽课程，但这类瑜伽课程更适合临近赛季时练习。对于竞争力强的运动员来说，这个安排虽好，但在课堂上控制强度和克制自己不容易。他们往往认为必须要尽量尝试所有能加大训练量或加大伸展程度的练习，但这个想法是错误的，这会导致伸展过度或恢复不佳。

练习者会在瑜伽会所的课程表中看到下列术语。

■ 阿斯汤加瑜伽——以初级课程或Mysore（老师在场的情况下，自行练习阿斯汤加瑜伽）的形式传授。课程通过一系列串联体位或动态动作指导运动员进行严格的练习。因为阿斯汤加瑜伽是力量型瑜伽，所以它适合运动员在非赛季练习或适合经验丰富的瑜伽练习者练习。

■ 比克若姆热瑜伽——一种专门的高温瑜伽。它包括26种特定的体式。练习瑜伽时，房间温度要超过100华氏度（38摄氏度）。

■ 哈他瑜伽——这个术语曾指任一瑜伽体位或体式，现指保持静态体式的慢节奏瑜伽。

■ 艾扬格瑜伽——强调体位动作的精确性，运用各种辅助的工具调整练习者的姿势。合格的艾扬格瑜伽教练对解剖学有详细的了解，可以帮助运动员恢复。

■ 恢复性瑜伽——一种需要辅助性道具的温和瑜伽。其虽然不是伸展性练习，却可以放松神经系统。恢复性瑜伽是休息日或比赛阶段训练的不错选择。

■ 流瑜伽——常常与连贯性、力量有关。流瑜伽以行云流水的动作组合，依靠有节奏的呼吸协调运动。这门课程节奏较快。通常流瑜伽适合处于恢复期和准备期的运动员，或练习过多类瑜伽、经验丰富的人。

▶ 高温瑜伽

由于地理位置的差异，人们会发现自己能接触到的部分瑜伽或所有瑜伽都是"高温瑜伽"。这种瑜伽在加热的房间内练习。高温瑜伽的爱好者钟爱高温，喜欢挑战高温。他们认为热量有利于提升柔韧性。对一个正进行正式训练的运动员来说，高温瑜伽也有安全隐患，应谨慎对待。

如果运动员选择练习高温瑜伽，要特别注意在课前、课中和课后补水。许多运动员一开始就处于脱水状态，升温只会使情况恶化。同时不要有柔韧性提升的错觉。在高温环境下，运动员可能会发现韧带拉伸程度超过了自然运动范围。小心，以免伤到自己！

此外，以下建议广为适用：相信自己的身体。某些瑜伽课的语言指导夸大其词，其告诫练习者要努力地做更多，要超越自己的柔韧性范围。不要对其言听计从，遵循安全练习的原则，不要进行违背身体状态和训练阶段的练习。练习强度始终保持和目标一致！

家庭练习

家庭练习是训练中不可或缺的一部分。和定期练习其他训练项目一样，运动员在家中定期练习瑜伽有利于提高自己在铁人三项中的运动表现水平。家庭练习让运动员有时间进行个性化训练、了解自己的身体、弥补自身的不足。坚持练习是取得成效的关键。家庭练习可以是短至5分钟的常规练习，也可以是长达50分钟的练习。随着时间的推移，运动员会发现哪类瑜伽练习有效果，哪类瑜伽练习符合自己的需求。当然，一定要尝试一些自己感到困难的瑜伽动作、冥想和呼吸练习，而不只是进行力量练习。通过家庭练习，运动员可以弥补自身的缺点，提升个人身体素质和运动技能。

一开始，运动员可能会对家庭练习感到无所适从，但其实有很多资源可以参考，也可以把本章介绍的瑜伽体式当作初次练习的动作，就像视频和网络课程教的那样。书籍也会有所帮助，我的书——The Athlete's Pocket Guide to Yoga，介绍了瑜伽对耐力型运动员的50种具体用途。

和课堂练习的注意事项一样，人们在家庭练习中也要注意身体的运动范围；注意呼吸的节奏，因为它是瑜伽练习中身体反应的向导。若出现喘息或无法呼吸的情况，很有可能是因为练习过度。

瑜伽体式

这一节介绍了一些课堂上常见的而且可以在家练习的瑜伽体式，同时还简要地介绍了练习瑜伽的益处和练习方法。在基础阶段，运动员在结束训练后可以单独练习这些体式（在训练巅峰期也可以练习这些体式，但要降低练习强度），也可以综合所有体式创造出一套适合自己的全身动作。具体的动作顺序，可以参阅我的书——The Athlete's Pocket Guide to Yoga。

山式站立

山式站立体式是所有瑜伽体式的基础。它有利于运动员在跑步和游泳中更好地保持平衡。好好学习这个体式，在镜子里检查自己的姿势，并向老师征求反馈。运动员应在练习和训练中定期回顾自己最好的山式站立体式，这样将会找到高效的发力方法，增强自己的耐力。

山式站立体式（见图3.1）：站直，双脚分开约一拳宽；髋关节、膝盖和脚保持在一条直线上并与地面垂直；保持骨盆中立，防止骨盆前倾或后倾；保持脊柱向上伸展，肩膀放松，下巴微收。练习者会感到身体稳定、力量强大。

图3.1　山式站立

后弯

我们乘坐汽车、伏案写作或者骑行时，由于身体前倾，后背肌肉会绷得很紧。而后弯动作有利于舒展身体前部的肌肉，强化背部肌肉。俯卧式后弯动作（腹部着地）强调了瑜伽的强化作用，是进行其他高难度后弯动作的前提。

蝗虫式后弯（见图3.2）：身体俯卧，保持骨盆中立以保护下背部；吸气，向后抬腿，背部肌肉发力，抬起上半身；双手自然放在身体两侧，高度低于肩膀，抬起双手；呼气时，肩胛骨向后缩。弓式瑜伽（见图3.3）：身体俯卧，用手抓住脚或脚踝；吸气时，上半身和双腿抬离地面，形成后弯动作；保持骨盆中立；呼气时，放松颈部。

图3.2 蝗虫式后弯

图3.3 弓式瑜伽

平板支撑

平板支撑即身体保持和重力方向不同的山式姿势，有利于加强核心力量。练习者可以用手或前臂完成平板支撑，脸可以朝下、朝侧面，甚至朝前。

基本支撑（见图3.4）：用手或肘部支撑肩膀，脚尖撑地，全身保持山式姿势；绷紧臀部，肩膀不要抬得太高。

侧支撑（见图3.5）：重心移至一侧，并拢双脚；一只脚可以搭在另一只脚上，两只脚也可以一前一后放置；可以用一只手手掌完成侧支撑（也可以用手肘和前臂稳固肩膀），另一只手竖直向上伸。

图3.4　基本支撑

图3.5　侧支撑

反向支撑（见图3.6）：身体仰卧，把手置于肩膀之下，指尖指向脚的方向，腹部向上并将臀部抬离地面。若想降低强度，可以保持膝关节弯曲；若想加大强度，可以伸直腿，脚趾紧贴地面。

图3.6 反向支撑

弓步式

弓步式可协调臀部肌肉。长时间保持弓步式可以提升屈髋肌、腘绳肌的柔韧性。弓步式在有利于运动员保持身体平衡的同时，还可以强化臀肌和稳定臀部。

前跨弓步式（见图3.7）：迈开腿，确保前腿的小腿和脚面垂直，从而使胫骨垂直于地面；后脚前脚掌撑地或用后腿膝盖支撑身体；手可以放在地板上、膝盖上或头顶；臀部和肩部在同一平面上并向前倾斜。

图3.7 前跨弓步式

前屈式

前屈式有利于伸展背部肌肉。使用这个体式，从小腿肌肉、大腿肌腱到背部和颈部肌肉都能得到有力拉伸。这个体式与后弯体式方向相反，是对后弯体式的补充。

做前屈式首先要骨盆前倾，只有这样腰部脊柱才不会过度弯曲。无论是采用站立前屈式（见图3.8），还是坐姿前屈式（见图3.9），练习者都应能够感觉到臀部的重心向前移动，而不是简单地向前弯腰。如果感觉强度太高，练习者可以弯曲膝关节以保护腘绳肌。

图3.8　站立前屈式　　　　　　　图3.9　坐姿前屈式

扭转

扭转体式指的是在脊柱旋转范围内转动脊柱并伸展胸部和臀部，这个动作拉伸了脊柱顶部和底部的肌群。扭转体式有助于平衡人体结构，促进身体平衡，缓解身体在不平衡状态下扭转的疼痛。这个体式可以让运动员更轻松地完成某些具体的铁人三项动作，如游泳中的双侧换气。

仰卧扭转（见图3.10）是一种以舒缓、轻松的动作伸展臀部、脊柱和胸部的体式。练习者先仰卧，弯曲膝关节，双膝倒向一边。若想加大强度，练习者可以双腿弯曲、并拢倒向一侧，肩部紧贴地面，头转向另一侧。若想降低强度，练习者可以放松腿部，慢慢将腿伸直。变式包括：一种是大腿弯曲，小腿伸直；另一种是大腿和小腿都弯曲。

图3.10　仰卧扭转

倒立

　　倒立改变了身体相对于重力的方向，能舒缓神经系统，给练习者带来不同的观察视角。此外，它还有助于排出腿部积液，利于身体恢复。

　　倒立，如头倒立式和肩部倒立式，最好在有经验的老师指导下进行，因为如果练习不当，这些姿势会给颈部造成过大的压力。安全的选择是快乐婴儿式（见图3.11），这是个向上弯曲腿部的姿势。身体仰卧，用手抓住双脚、脚踝、腿部或小腿，分开双膝，然后将膝盖拉向腋窝；尾骨和头都应紧贴地面。强度更大的安全倒立体式是腿向上靠墙式（见图3.12），或把小腿放在椅子上（见图3.13）、坐垫上或茶几上。练习这两种体式时，练习者都需要借助道具使膝盖位于臀部上方。此外，练习者可以以舒适的姿势放置手臂，从而放松胸部。

图3.11　快乐婴儿式

图3.12　腿向上靠墙式

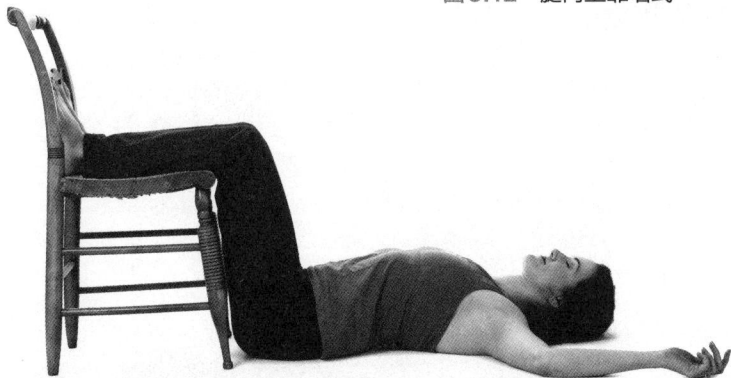

图3.13　小腿放在椅子上

休息体式

休息是对运动的补偿。当身体进行自我修复或是超量补偿时，随着训练量的增加身体会变得更加强壮。

得不到休息的运动员得不到成长。在瑜伽练习结束后进行休息，或单独练习休息体式，将帮助运动员更快、更完全地恢复，并有助于运动员舒缓神经、平衡生活。

仰卧放松功（见图3.14）：先仰躺，保持脊柱处于中立位，然后放松四肢；呼吸时，放松全身。当练习者感到紧张或有其他想法时，要释放自己的情绪，不去多想。

图3.14　仰卧放松功

除了对身体有益处之外，瑜伽还可以让人平静。即使在不断变化的环境中，练习者也能保持内心平衡。这一点对运动和生活都十分有用。运动员可以通过练习瑜伽体式获得某些好处，也可以通过练习呼吸和冥想获得另外一些益处。练习者应与当地瑜伽会所的教练交谈，寻找适合自己的学习资源。定期练习瑜伽将提升运动员的耐力、平衡感和对铁人三项运动训练的认知，并改善个人生活质量。

第4章

力量训练

乔治·达勒姆（博士）

关于力量训练对耐力运动的价值，体育专家、教练和运动员展开了一场旷日持久的争论。试图研究这一问题的早期科学研究并没有化解这场争论。因为早期研究发现，虽然力量训练有潜在的益处，但益处微乎其微。然而，最近更有说服力的研究表明，力量训练对耐力运动整体的训练计划至关重要，运动员要进行和铁人三项专项训练相结合的正确的、足量的力量训练。对在游泳、骑行和跑步方面变得越来越强的铁人三项运动员来说，这一进步源于更有效的运动模式——基本上意味着，如果运动员的肌肉更加有力，就能在训练中提高发力效率，更轻松地完成动作。

然而，要想有效地提升力量和运动的经济性，训练有素的成年人只有进行高阻力、大力量的训练才可能实现这一目标。结合力量训练和耐力长跑的研究表明，与单独的跑步训练相比，强化力量训练更能提高跑步成绩。研究中常用的练习包括基础深蹲、奥林匹克举重、各种跳跃和增强式训练，这些练习都是为了训练运动员形成类似于跑步的运动模式，体育专家称之为动作专项性。和基于器械的传统运动相比，施加阻力的运动更能增强运动员的力量和运动能力。如果只是重复铁人三项的训练内容，提升的运动能力往往会和其自然损耗相抵消。当然，如果运动员长时间坐着，损耗情况会变得更糟。

　　最近，一些关于自行车运动的研究也使用了类似的训练，证明了高强度抗阻训练对骑行有潜在的好处。尽管许多研究表明常规力量训练对游泳成绩的影响很小或根本没有，但仍有少数研究显示游泳专项力量训练有助于提高游泳成绩。成功的研究中倾向于使用类似于游泳训练的运动模式，例如教练瓦萨强调抬高肘部至抓抱水的位置对高效游泳非常重要。另外，各种针对核心肌群和上身活动的功能性运动也是如此。一些研究还将水阻力装置直接应用于游泳训练中。研究表明，要想成功地把强化的力量转化成更加优异的运动成绩，涉及两个关键因素：（1）在训练中进行的具体运动；（2）把实际耐力水平作为评判标准，而不是分析一些特殊的生理数据，例如最大摄氧量和乳酸阈。对铁人三项竞技运动员来说，除了单独进行常规耐力训练之外，接受足量且适合自己的专项力量训练，可以提升游泳、骑行和跑步的成绩。

　　本章重点介绍了既能帮助铁人三项运动员提高运动成绩，又能帮助其减少损伤的关键训练和具体练习。

力量训练的要素

　　铁人三项运动员和教练的首要目标是提升运动表现。为了实现目标且有效地进行抗阻训练，运动员和教练在规划力量训练时，必须要考虑下列要素。

专项性

　　为了最大化力量训练的成果，提升游泳速度、骑行速度和跑步速度，运动员要进行专项运动训练，而不单单是训练肌肉力量。这一概念被称为专项训练。要想在既定的力量训练中确保训练的专项性，运动员和教练应当考虑以下因素：全身的运动模式；在运用力量和恢复过程中身体的运动范围；运动模式的速度；肌肉收缩的性质；运动模式的性质（即同时发生和相继发生）；运动模式与重力、地面、水或自行车的关系；每一次重复运动模式产生推进力的性质。

　　例如，跑步时，运动员需要身体前倾，利用全身姿势来克服脚触地时的重力，然后利用反作用力抬起一只脚，把重心移到身体的另一边。推进力以微秒级的速度发生在非常有限的运动范围内，但涉及全身的肌肉，其中大部分肌肉以离心收缩的方式克服重力，或以等长收缩的方式来保持平衡。施力时（脚触地时），运动同时发生，即所有关节同时发生了移动。这些变化大多出现在下蹲时，特别是单腿蹲时。该运动模式模拟了跑步支撑阶段的身体位置，此时肌肉离心收缩（被拉长）以支撑身体。同时，该运动模式也需要通过发动肌肉力量来克服显著增加的重力。在运动员进行跳箱训练时，这一现象可能会更明显。跳箱训练要求运动员有相对较高的运动速度，类似于跑步时的速度。因此，将这类练习应用于力量训练，运动员的跑步成绩会有很大的提高。

虽然力量训练有积极作用，但是必须考虑游泳、自行车、跑步训练的专项性。如果做太多力量训练，就有可能改变运动员的运动模式，甚至造成伤害。

肌肉平衡

对抗肌群可以移动和稳定关节，保持它们之间适当的力偶关系，使运动员发挥出最佳水平。然而，高度重复的运动只利于发展推动运动员前进的力偶关系，而不利于发展使每个关节复位的力偶关系。结果，随着时间的推移，关节的基本位置发生了变化，最终失去运动能力。当人们在运动中或日常生活中保持不正常的身体姿势时，就会发生这种情况。因此，在教练为铁人三项运动员制订力量训练计划时，应当考虑每个动作的恢复和需要重复的运动姿势。当然，教练也可以通过观察运动员坐着或站立时的休息姿势来评估重复运动模式对身体姿势的影响。

以跑步为例，虽然蹲举是适用于跑步的专项力量训练，但它也适合作为非特定的恢复运动，因为训练中腿处于放松状态，没有直立。在跑步中，当脚从地面上移开时，运动员会把重心从前一条支撑腿上移开，利用重力驱使身体迈出另一条支撑腿。因此，这种重心转移和脚部抬升的组合应该成为跑步力量训练中的具体练习。此外，单脚跳练习和踝关节拉伸练习也是跑步方面的专项训练，也可以作为力量训练。为了帮助运动员提升或保持平衡支撑和恢复两个阶段的跑步技术，有效的力量训练方案中应包括某些类型的蹲举和跳深训练，以及某些类型的单脚跳和腿部拉伸，下一节将进一步说明平衡力量发展的重要性。

功能性

运动员在游泳、骑行和跑步时，需要按照复杂的顺序在一定时间内刺激肌群，以调整整个身体的肌肉结构。这样做有利于所有关节发挥出最佳性能。当运动员的一个或多个关节和相关肌肉不协调时，其他的肌肉和关节就会发挥更重要的作用，这被称为代偿运动。在运动员被迫使用代偿运动模式时，他们无法达到运动所需的控制程度、运动范围和力量，因此无法做出漂亮、有效的游泳、骑行和跑步动作，因而表现不佳。更糟糕的是，运动模式的改变往往会使代偿关节和肌肉超载并产生各种慢性损伤，导致铁人三项运动员不得不进行外科手术，甚至使铁人三项运动员的职业生涯结束。一个典型的例子是，当运动员在跑步时，每次脚落地都要承受重力，保持骨盆横向中立所需的稳定力必然丧失。结果，在脚落地期间，骨盆会下落和扭转，这既会抵消身体的重力，又迫使髋关节、膝关节和踝关节进行进一步的代偿运动，从而推动身体向前移动。然而人们常常忽视了正确运动所需的肌肉活动，例如臀肌的活动，由于人们坐得太久，臀肌会有惰性。

运动员发现自己因为重复不正确的游泳、骑行和跑步动作模式形成了代偿运动模式时，可以通过适当的功能性力量训练（现代理疗的基础，有一定的效果）来纠正它们。此外，虽然这个做法还没有足够的科学研究证据支撑，但合乎逻辑，即积极主动地进行这种练习不仅可以防止受伤，而且还有助于健康人群提升技术和能力。

力量和功率

运动员在运动模式中的力量指的是：在不考虑运动时间的情况下，产生抵抗阻力的力量以引起运动的能力。该概念运用下列公式定义了运动做功的能力。

$$功（运动能力）＝力量 × 距离$$

然而，在高效的游泳、骑行和跑步中，每一种力量的运用都必须在短时间内快速完成，因此施加力量的速度至关重要。这被称为功率（运动速率），以下为定义公式。

$$功率＝力量 × 距离 ÷ 时间$$

想要加快游泳、骑行和跑步的速度，力量和功率都非常重要。然而，提升功率和力量的训练条件有所不同。力量训练的理想方式是让运动员以慢动作完成高强度的抗阻训练。而理想的训练爆发力或提高功率的方式是使用较小的阻力，这样运动员就可以以接近运动状态的速度移动。运动过程的两个方面——力量和功率，都可以单独训练。因此，训练计划应包含这两方面的训练。运动员可能会这样计划整体训练：先通过加大阻力来增强力量，但这会牺牲速度。当力量更强时，运动员需要重新提升速度以提高功率。

这也可以应用于像蹲举这样的单项训练中，但要调整阻力大小和训练内容。使用较重的重量来增强力量和使用较轻的重量来提升功率（爆发性蹲举训练），两种训练方法下的蹲举有所不同。练习和蹲相似的跳跃动作可以进一步加强运动能力，从而帮助运动员达到与跑步或骑行时相同的功率。

稳定性

运动员在跑步、骑行和游泳过程中发力时，身体中的稳定肌通过等长收缩来让肢体、躯干保持稳定，与之相对的动作肌则通过收缩带动肢体、躯干进行运动。这是杠杆系统中稳定性的基本概念，当系统中的一个杠杆固定在适当的位置时，另一个移动的杠杆就可以更高效地运动。人们普遍认为，在运动中最重要的是要稳定躯干（稳定核心肌群）；然而，在游泳、骑行和跑步中，稳定更多是指全身性肌肉平衡。通过练习需要动态平衡的功能性动作，例如交替弓箭步，可有效地提升稳定性。

制订铁人三项力量训练计划

根据以下3个步骤设计的力量训练方案，可以提升运动员的运动表现，并预防伤害。（1）在训练时间最短和效率最高的情况下，选择一组有助于运动员在铁人三项中能产生最大力量、最高功率的功能性力量训练；（2）制订一个周期训练计划，使运动员在保持或提升运动功能性的同时，持续提升力量和功率，安排力量训练以加强基本的游泳、骑行和跑步训练；（3）确定一个指导训练强度和训练量的具体计划，从而使运动员最大限度地适应训练。

选择力量训练项目

在安排力量训练项目时，运动员应为游泳、骑行和跑步各选择一项专项力量训练和相应的恢复练习，同时还要练习3项功能性力量训练（力量训练动作练习从第51页开始介绍）。专项力量训练模拟了推动身体前进的动作。当运动员在跑步时为了支撑身体同时避免向前摔倒，身体会自然地前倾。骑行时，因为蹬踏的力量发生变化，踏板会向下转动，这时会出现身体向前倾的动作。自由泳中，当前伸手臂发力做出抓抱水动作或支撑动作时，也会出现这种情况。

恢复是指运动员让发力侧身体恢复到原来的状态，这样该侧身体就可以再次运动。在跑步中，当运动员抬起支撑脚，把身体重量转移到另一条下降的腿上时，腿部就会进入恢复阶段。骑行时，当运动员减轻对踏板的作用力或是放开踏板时，腿部也可以得到恢复。此时，上升的踏板可以把身体重量转移到下降的踏板上。自由泳中，当运动员抬起手臂，移向头前方的水中时，手臂便进入恢复阶段，然后开始下一轮的划水。

　　然而，通过几次力量训练并不能改变原先的运动模式，特别是复杂的运动模式，如游泳。此外，功能性力量训练可能对某些铁人三项运动员有益，潜在的获益人数也在不断增加。如果有更多的时间，接着可以为每项训练增加额外的专项组合（力量和恢复）练习，以及额外的功能性力量练习，以强化可能会在铁人三项训练中损伤的身体部位。随着运动功能性和力量的增强，额外的增强式训练（如跳箱、跳远）将进一步提高运动员的跑步成绩，因为在这种运动模式中，运动员的发力方式在本质上是不同的。

将力量训练纳入整体训练计划中

　　常见的错误是只在休息期进行力量训练。若只在休息期进行力量训练，虽然运动员的力量和功率在相对较短的时间内可能有所提升，但在训练季没有进行类似的力量训练，那么运动员会在相对较长的训练季内损失力量，最终力量既没有增强又没有损失。这是因为运动表现水平在没有训练时的下降速度比适应训练时的提高速度要快。现已成熟的科学研究认为，专项力量训练是提升整体耐力运动表现的一个重要方式，如果运动员认同这一观点，那么他只有把力量训练纳入全年训练计划中，才能年复一年地提升力量。

　　少有科学文献研究如何在整体训练阶段内更好地安排力量训练，然而，一些研究确实表明，定期训练的方法可能优于长期训练的方法。定期训练的训练周期较短，不同强度的力量训练定期交替进行。这与成功的耐力运动员交替进行耐力运动训练的方式非常相似，训练的重点在于定期进行耐力训练、比赛节奏训练和速度训练。长期训练强调在各个时间段分别完成不同的训练目标。

　　运动员可以通过改变各个阶段的训练内容来制订时间更长的周期计划或宏观周期计划，例如把一般性训练内容，如半蹲姿势训练，改成专项力量训练，如单腿四分之一蹲。如果在整个训练年度执行该运动计划，就必须制订与运动能力相匹配的力量和功率训练计划，只有这样运动员才能更好地适应游泳、骑行和跑步的专项训练。要做到这一点，只需保持当前运动负荷不变（在不疲劳的情况下，运动员目前所能完成的力量训练和其他训练），如果有必要，可以减少训练的频次。

　　耐力运动力量训练的重点是达到最大力量、最高功率和提升无氧耐力。除了这些重点，还可以增添功能性概念，尽管运动员可能会把这个概念直接纳入其他训练重点中，但主要取决于个人的时间和装备。

　　一个为期7天的力量训练微周期如下。

■ 第一天：专项力量训练和功能性力量训练。

■ 第二天：功率训练和功能性力量训练。

■ 第三天：无氧耐力训练和功能性力量训练。

- 第四天：休息日。
- 第五天：力量训练和功能性力量训练。
- 第六天：功率训练和功能性力量训练。
- 第七天：无氧耐力训练和功能性力量训练。

如你所见，训练之间至少有一天的恢复时间，一旦运动员适应了相对较高的力量训练水平，隔两三天进行力量训练也是有效的。遗憾的是，我们无法确定和耐力训练有关的力量训练在一天中的最佳训练时间。根据我的经验，耐力训练所产生的疲劳对运动员在力量训练中的表现影响较小，反之亦然，力量训练所产生的疲劳对运动员在耐力训练中的影响也较小。因此，力量训练可以安排在一天中的任何时候。此外，力量训练中人体的持续代谢强度较低。在运动员完成耐力训练后直接进行力量训练时，体温会逐渐下降。因此，力量训练不需要热身运动。将功能性力量训练安排在最后，这样结束训练时，运动员就会精力充沛，而不是筋疲力尽。

为了提升运动表现，也可以将高强度力量训练安排在耐力训练前。这在运动员高度适应力量训练，并通过减少训练量来预防过度疲劳时，效果最好。在耐力训练前，高度刺激运动员的神经肌肉，其会产生急性应激反应，最终提升在游泳、骑行或跑步时的运动表现。

确定训练强度

通常，力量训练强度取决于运动员一次重复最大重量（One–Repetition Maximum，1RM）的百分比，这是指运动员在特定练习中一次能举起的最大重量的百分比。一般来说，以85%1RM进行力量训练时，运动员需要重复训练6次或6次以下。训练爆发力时，运动员可以使用30%～70%1RM，尽可能快速地重复训练4～6次。训练短期无氧耐力时，运动员可以用40%～60%1RM，在30～60秒内完成10～20次重复训练。完成功能性力量训练只需极小的力量（通常一开始只需身体重量和过顶举杆的力量），训练重点几乎完全放在平衡和技术上。当然，随着时间的推移，这些练习都可以使用更大的阻力。以下是关于蹲举训练的几个例子，分别强调了力量、功率、无氧耐力和功能性。

训练内容的表达方式如"1×10次，80%1RM"。其中，数字"1"指的是训练组数，数字"10"指的是每组的重复次数，"80%1RM"指的是根据运动员已知或预估的1RM值所设置的强度目标。举个例子，在特定训练中，一个能一次性举起200磅（91千克）的运动员，接下来每一组练习都要使用200磅的80%的重量［160磅（73千克）］。

力量训练

使用半蹲或单腿四分之一蹲，完成下列训练。
- 1×10次，70%1RM。
- 1×10次，80%1RM。
- 3×5次，85%1RM。

功率训练

使用半蹲或单腿四分之一蹲，完成下列训练。
- 1×10次，70%1RM。
- 1×10次，80%1RM。
- 3×6次，50%1RM（在一定时间内以最快的速度完成）。

无氧耐力训练

使用半蹲或单腿四分之一蹲，完成下列训练。
- 1×10次，70%1RM。
- 1×10次，80%1RM。
- 1×20次，50%1RM。

功能性力量训练

使用过顶深蹲，完成下列训练。
- 3×10次，将杆子举过头顶，身体保持适当姿势。

以上例子中设定训练目标的方法是，假设运动员只能完成目标重量和目标重复次数，随着时间推移，运动员的1RM增大，目标重量也随之增加。当然，另一种传统的方法是力竭举重法，即一直举重直到运动员无法举起设定的目标重量。然而，有研究表明，练习者对控制性训练（即重复举起某一重量，举起的次数少于产生失败所必需的次数）的适应性反应十分明显，即随着时间的推移，练习者会感到明显的进步。从现实角度看，产生这个结果很可能是因为控制性训练减少了运动性疼痛和训练后的疲劳，并大大地刺激了特定的神经肌肉。这个说法可能看起来自相矛盾。然而，在一定的重量下，每组练习的时长越短，运动员就能完成更多组练习，每次重复动作时也不会那么疲劳。许多人认为要提高成绩就必须进行艰苦乃至痛苦的训练，但实际上只有适当的负荷和训练内容，才能真正有效刺激神经肌肉产生适应，而不是过度训练。

力量训练动作练习

　　以下是各项运动的力量训练动作练习，这些练习是按照运动专项性和功能性划分的。其目的是提供一组可供训练的练习，这些练习可以相互结合使用以缩短运动员完成铁人三项的时间。

　　一般而言，在进行任何一项练习时，应遵循以下两项原则。首先，运动员应该始终保持最佳的身体姿势。通过激活臀肌、收紧腹部肌肉来拉平骨盆（或肚脐），使腰椎、骶椎保持正常的曲线；活动背部中间的肌肉，把双肩往后拉，使胸椎保持正常的曲线；抬高并摆正头部，使颈椎保持正常的曲线。这样，每一次锻炼都有助于形成最佳身体姿势，而不是扭曲的身体姿势。其次，在每次练习中，运动员都应该保持关节位置和受力方向一致。例如，在负重练习中，如蹲举、弓箭步和跳跃练习，臀部的位置至关重要。只有臀部摆正，膝关节才能和脚的运动方向保持一致。

游泳专项力量训练

　　这些基本练习有利于运动员在自由泳（铁人三项运动员常用的游泳姿势）中恢复并增强力量。

拉力器双臂高肘推拉

　　这项训练有利于运动员练习自由泳中的抓抱水动作和推水动作。练习者最好能在图4.1所示的滑凳上完成这个动作。当然，也可以使用复合拉伸机。进行这项练习时，练习者需俯卧在滑凳上，双手保持游泳时弯曲的姿势，肘部高于手部，抬高肘部或保持向前的运动姿势（见图4.1A）。然后，试着把手往下推，保持肘部向上（见图4.1B）。

图4.1 拉力器双臂高肘推拉

双臂侧平举和肩上推举

这个练习进一步发展了运动员在自由泳中的恢复运动模式：在水中，手臂应从臀部位置划动至伸展位置。进行这项练习时，练习者保持站立，双脚分开，膝关节微曲。双手各拿一个哑铃，手臂放在腰部位置，肘关节弯曲（见图4.2A）。接着，同时抬起双臂至与肩同高（见图4.2B）。然后手臂完全伸直，越过头顶（见图4.2C）。肘关节从一开始就是弯曲的，直到手臂完全伸直越过头顶，这就像游泳中的移臂一样。

图4.2 双臂侧平举和肩上推举

自行车专项力量训练

这些基础练习有利于运动员在骑车时更有力地进行踩踏和更快速地恢复。

深蹲

这项练习有效地训练了运动员骑行时的发力动作，涉及一系列的臀部运动和膝部运动，有利于练习者发动全身肌肉进而增强运动能力。进行这项练习时，练习者手举杠铃置于肩上，保持站立，双脚分开，与肩同宽，双脚指向前方（见图4.3A）。接着，放低臀部，直到大腿与地面平行或接近平行，同时保持脊柱下部正常弯曲，保持头部直立，确保双脚所受重力均衡（见图4.3B）。保持脚踝、臀部和肩部对齐很重要。运动中，一旦这个姿势发生改变，练习者就要通过改变力量或者移动一个或多个关节来进行代偿。

图4.3 深蹲

坐姿腿后弯

这项练习有效地训练了运动员骑行时的提拉动作，较为简单。进行这项练习时，练习者需要坐在屈腿练习机上，保持身体直立，双手握住握柄（见图4.4A）。然后把脚跟向臀部方向拉动（见图4.4B）。注意，保持膝盖和脚对齐。如果有合适的设备，双腿可交替进行练习以获得更好的效果。

图4.4　坐姿腿后弯

跑步专项力量训练

跑步专项力量训练强调先注重输出力量和交替恢复，再提升跑步技巧。此外，增强式训练和跳跃练习进一步提升了身体爆发力和保持动态平衡的能力，对进行高效的跑步至关重要。

单腿四分之一蹲

这个练习对增强跑步时的抓地力十分有效。练习者可以在轻负重或零负重的情况下完成这项练习，这样做有利于增强对骨盆的控制力。一旦练习者可以控制骨盆，他就可以通过举起较重的重量来增强力量。进行蹲举练习时，练习者可以站在木板或箱子上（木板抬升了身体，模拟了运动员前脚掌落地的位置），然后借助史密斯训练机或类似的支撑架来完成练习。训练时，运动员双手举杠铃置于肩上，单腿站立，保持骨盆水平（见图4.5A）。接着，像双腿蹲一样，放低臀部，继续保持骨盆水平（见图4.5B），最后恢复到原来的姿势。支撑腿的膝盖应该与脚部在同一条垂线上，把重量放在前脚掌上。非支撑腿应保持弯曲的姿势，以进行休息。支撑腿大概弯曲至深蹲时的二分之一，这个姿势模拟了运动员跑步时脚落地的动作。最后，换腿重复上述练习。

图4.5　单腿四分之一蹲

站姿提踵

　　这个练习可以让腿部在跑步技巧训练中得以有效恢复。要想正确地进行这项练习，练习者可以使用跳箱或提踵器。脚踝从近地面处的一点开始运动，尽可能扩大运动范围，这样踝关节的运动方向就可以尽可能地垂直于地面。进行这项练习时，单腿站立，膝关节略微弯曲（就像跑步时的支撑腿一样），保持骨盆中立，伸直头部和躯干。将支撑腿的踝关节垂直地从地面上拉，接着放下脚踝，在脚跟触地前尽快开始下一轮练习（见图4.6）。每次重复时，尽可能最大限度地抬起踝关节，运动到最高处时，脚踝处于臀部下方，就像跑步者处于最高速度时的腿部动作一样。最后，换另一条腿重复上述练习。

图4.6　站姿提踵

双腿跳箱训练和单腿跳箱训练

　　跳箱训练模拟了运动员在跑步中身体前倾时所采取的全身性姿势（本书用跳凳进行动作示范）。练习时，脚部可以快速进入恢复状态。在落地过程中，跑步者通过提前拉伸推进肌肉来快速施加力量，而这类练习能锻炼运动员施加力量的能力。在练习者快速跳起时，会激活牵张反射，增加肌肉的收缩力。

　　进行这类练习时，练习者要站在跳箱上，双腿保持跑步时的支撑姿势（见图4.7A），然后向后跳到地面上（见图4.7B），接着尽可能抬起腿和踝关节，再一次跳上跳箱。轻盈地站在跳箱上，保持膝关节弯曲，骨盆中立，头部和上半身直立。有效进行跳箱训练的关键是尽可能快速地将脚从地上移开，落地和跳跃过程中不要停顿。当可以更协调地完成练习时，练习者可以通过增加负重（最好是一件负重背心）、增加跳跃高度或将两者结合来加大训练量。一旦有足够的力量和平衡能力，运动员也可以单腿进行上述练习，模拟跑步时的状态。

图4.7 双腿跳箱训练

单腿跳远训练和双腿跳远训练

重复跳远训练有利于运动员增强全身的协调性，使运动员在跑步中更加协调。在练习连续快速跳远时，训练效果会更加明显。连续快速跳远和跑步的运动机制类似，需要躯干保持直立。进行这项练习时，先以跑步时的支撑姿势站立。开始跳远时，双脚分开，身体逐渐前倾，膝关节微曲（见图4.8A），然后垂直地从地面上跳起，就像深蹲跳跃一样（见图4.8B）。每次连续跳跃时，前脚掌轻轻落地，然后快速抬起脚踝，开始下一次跳跃。

动作要点和深蹲动作一样，即每一次跳跃后要立即伸直双腿，同时还要保持平衡并达到最远距离。在跳跃过程中，练习者需要花更多力气刺激核心肌群以保持躯干直立，因此做这个动作比深蹲还费劲。一旦运动员有足够的力量和平衡性，也可以单腿进行这个练习，使练习更具有跑步专项性。

图4.8 双腿跳远训练

功能性力量训练

这些基本练习有利于提升运动员的灵活性、平衡性和力量，这些因素对长距离游泳、长距离骑行和长距离跑步至关重要。

过顶深蹲

这种蹲姿是一般功能性力量训练中最重要的一个姿势。它既是一种评估现有代偿模式的手段，又是一种纠正不足的训练项目。要想成功地完成这项练习，练习者几乎需要让所有矢状面（按照前后方向）关节动作处于正常状态。训练多年的铁人三项运动员，大多数在髋关节、踝关节和肩关节伸展运动方面存在不足，然而这三个部位的伸展能力是成功完成这项练习的必要条件。深蹲是人类的一项基本的进化技能，许多人可以毫不费力地完成深蹲，但由于现代人经常久坐，许多人已经失去了这种能力。一旦运动员恢复了深蹲的能力，跑步、骑行和游泳的成绩以及抗损伤的能力通常都会大大提高。

理疗师、教练和训练员经常用这项运动来测试运动员的全身功能，铁人三项运动员也可以以同样的方式使用这个练习。一旦确定了伸展运动的缺陷和由此产生的代偿模式，练习者便可以通过拉伸运动、肌肉强化运动和动态热身运动来提升关节伸展的能力。当成功地完成蹲举后，练习者可以用这项练习维持正常的关节功能，并逐步增强力量和控制身体的能力。

进行这项练习时，练习者先以蹲举开始时的姿势站立，双臂举过头顶，双手举着一根轻量级的杠铃杆（见图4.9A）。举杠铃杆时，两手距离比肩膀略宽，或当杠铃杆接触到头顶时，手臂和杆呈90度角。保持手臂位于头部上方偏后的位置，然后像传统蹲举一样尽可能降低臀部（见图4.9B），最后站直回到起始姿势。

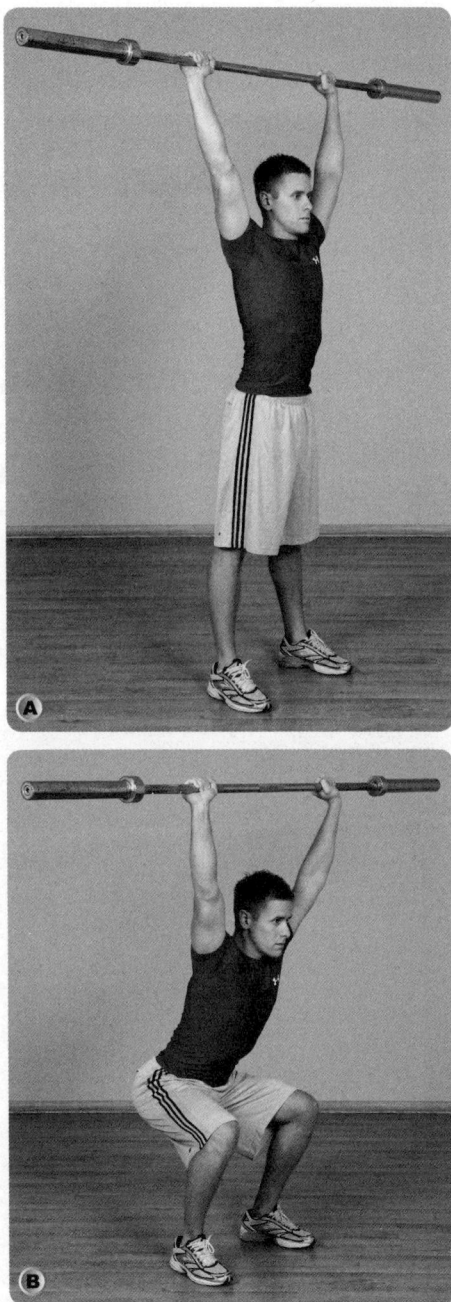

图4.9　过顶深蹲

过顶向前弓箭步、侧弓箭步、向后弓箭步

这一系列的全身功能性动作可以充分活动髋关节，并保持上半身的稳定和平衡。进行这项练习时，练习者先以蹲举开始时的姿势站立，双臂举过头顶，双手举着一根轻量级的杠铃杆。

首先，练习者先向前迈一步，做出弓箭步姿势（后腿的膝关节逐渐弯曲至接近地面），接着保持上半身直立，伸直手臂（见图4.10A），然后站直回到起始姿势。迈出的脚应尽量和身体中心处于同一直线上，同时确保膝关节位于脚的正上方。换腿重复上述练习。接下来先向侧面跨一步，弯曲伸展腿的膝关节，保持骨盆中立（见图4.10B），然后回到起始姿势，换腿重复上述练习。最后先向后退一步，然后弯曲前腿（见图4.10C），然后回到起始姿势，换腿重复上述练习。可通过加大肩部的压力、加大过顶向前弓箭步和向后弓箭步的躯干旋转角度，增加动作难度和提升全身协调性。

图4.10 过顶向前弓箭步、侧弓箭步、向后弓箭步

　　虽然初学者只要适应了游泳、骑行和跑步的训练量和训练强度，就能取得很大的进步，但是增加专项力量训练和提升抗损伤的能力最终将有助于提高铁人三项运动员的成绩，并延长他们的职业生涯。明智的选择和坚持力量训练计划，结合专项力量训练和预防损伤的功能性力量训练，可以提高铁人三项运动员的运动水平，确保他们在未来几十年仍有竞技能力。

第5章

铁人三项游泳训练

史蒂夫·塔皮尼安

虽然铁人三项中游泳是在公开水域（除泳池外）进行的，但在公开水域练习之前需要先在泳池练习，因为在泳池训练能最大限度地提高运动员的游泳技术，而且泳池的环境也不会分散运动员的注意力。此外，公开水域的距离难以测量，结果往往不精确。因此，在泳池内测量运动员的运动速度和运动效率，结果较为精确。间歇训练是游泳训练的重要组成部分，对要求精准的高质量间歇训练来说泳池是最好的选择。对于大多数运动员来说，由于地理位置，去公开水域进行长期游泳训练并不现实。

泳池训练的关键因素

为了使训练效果最大化，所有的泳池训练都应该包括下列内容。

- 热身运动。
- 技巧训练。
- 主项训练。
- 冷身运动。

热身运动

进行游泳训练热身运动的目的之一是让运动员适应水温。因此，泳池水温越低，运动员所需要的热身时间就越长。热身的其他原因和其他运动一样——加快心率，增加肌肉的血流量，使运动员为训练做好心理准备。通常，5 ~ 15分钟的热身就足够了，运动员可以通过自由泳或结合自由泳和非自由式游泳（参见"什么是非自由式游泳"以获得更多的信息）来完成热身运动。一般来说，运动员会在下一个训练环节专注于训练游泳技巧，因此热身是练习均匀呼吸的良机，这样运动员就可以在即将到来的技巧训练中尽可能放轻松。

▶泳池安全提示

运动员在泳池游泳或训练时，应采取基本的安全预防措施。以下是一些重要提示。

■ 水深。大多数泳池只允许游泳者在有人监督时去深水区游泳。因此，如果运动员无法确定泳池深度，可以脚先入水。

■ 注意水道线和提醒标志。多数泳池在距离墙5米的地方都有警告标志，提醒游泳者正在接近这堵墙。与此同时，水道线的颜色也会从交替色变成单一的颜色。因此，游泳者只需要观察侧面就可以知道离墙的距离，而不用转身观察。如果泳池有这些标志，快游到池壁时，运动员可以向前翻滚以触到池壁。如若没有这样的标志，那么运动员要想办法确保头部不会撞到池壁。

■ 共用泳道。在泳池里游泳时，游泳者习惯共用泳道。通常，当一条泳道上只有两名游泳者时，他们会把泳道一分为二（每位游泳者各在一侧）。当有两位以上游泳者时，绕圈游泳是不错的方法。每个游泳的人都在泳道的右侧活动，这样他们就可以在轮流触壁后游向泳道的另外一侧。当游泳者的速度相似时，这个方法特别管用。如果游泳者的速度不同，那么速度快的人会想超越速度慢的人。游得快的人可以以两种方式超越：第一，游得快的人可以轻拍他想要超越的人的脚，然后在触壁时超越他；第二，游得快的人可以游到泳道中间，绕过游得慢的人。采取第二种方法时，要注意安全。因为如果另一位游泳者也在做相同的事，两者头部可能会发生撞击，引起剧烈的疼痛感。所以，在泳池中超越其他游泳者时，务必小心！

技巧训练

技巧训练是游泳训练的一部分，训练过程中，运动员将集中关注任何能提升或改进自身游泳技术的技巧。相比骑自行车和跑步，游泳更加讲究技巧。事实上，一个运动员的游泳表现受限于个人的游泳技巧，而不是他的训练。此外，水的阻力系数更大（跑步和骑自行车时空气的阻力系数较小），因此，身体位置和身体角度的轻微变化会对游泳运动表现产生很大的影响。随着游泳者技能的提升，他们可以结合自己的生理适应能力和技巧训练效果尝试节奏更快的技巧训练。因此，运动员最好不要跳过技巧训练，如果不得不跳过某一部分的训练内容，可以跳过常规动作分组练习。

为了帮助运动员提高自由泳表现水平和掌握高效的自由泳技巧，本章介绍了几项常见的游泳练习（第15章强调了如何弥补自由泳的不足）。记住，这些都是常规的训练。如果某位运动员的教练可以根据个人条件适当地安排具体的训练内容，那么这些训练也可以代替普通训练。此外，尽管有许多设备可以辅助游泳训练，但是没什么能和泳衣、泳帽

▶什么是非自由式游泳

除了自由泳外，其他游泳形式都统称为非自由式游泳，包括仰泳、蛙泳和蝶泳。此外，掌握仰泳和蛙泳有利于运动员在公开水域游泳时确定游泳方向。仰泳时，运动员可以用眼睛观察太阳，从而知道自己的方向。运动员也可以利用仰泳来调整泳镜，或从短暂的换气中获得片刻休息。对许多初学者而言，换气是自由泳最大的挑战。遇到波浪时，运动员可以采取蛙泳的姿势，需要把头抬高，以便能够避开波浪。此外，蛙泳是4种泳姿中较省力的，因此对疲惫的游泳者来说，它的强度尚可。

（如果头发很长）及泳镜一样重要。除了这些显而易见的基本装备外，运动员还需要在泳袋内放一个装备，那就是短脚蹼。进行游泳训练时，这种类型的脚蹼对技巧训练十分有帮助。它们产生的额外推力能帮助运动员在训练中保持良好的身体位置。此外，短脚蹼还会让运动员更加注意脚和腿，保证脚、腿和身体处于同一滑流上，这样腿部拍水的动作就不会太大。握拳划水（见第67页）是唯一不需要用到脚蹼的泳姿，因为它会迫使运动员提前发力，通过抬高肘部来划水。

另外，还有很多其他道具可以用于游泳训练，有些道具如果使用得当会有所帮助，但有些道具也会导致受伤。例如，一种通过增加水下拉力来加大游泳阻力的划水掌，可以让游泳者变得更强壮。但是如果游泳者的技术动作不到位（例如，手臂划水时越过身体中部，这是相当常见的），这种额外的阻力很容易造成肩部受伤。有助于提升划水效率和游泳技巧的安全方法是在岸上进行阻力专项训练。

以下是每位游泳运动员都应该知道并定期进行训练的11种自由泳练习。前5种练习强调身体的位置和旋转角度，这样运动员在水中就可以保持正确的流线型姿势。大多数打水训练几乎不会用到手臂。这是因为运动员需要学习用脚和躯干来旋转身体。这并不意味着要用脚狠狠地打水，而是要用正确的方式有效地打水。后6种练习强调手臂的运动周期（通常称为划水），这些动作会直接加大游泳的推进力。按特定顺序排列这些练习的直接原因是前一个练习是后一个练习的基础，因此练习者最好按照建议的顺序来练习。

运动员应努力完成10组50米各项自由泳练习（直立打腿练习除外，它的练习时间为1分钟），从而在泳池中完成整套技巧训练。此外，动作的准确度也很重要。每次游完50米，中间要休息10～20秒，这样练习者不仅可以恢复体力，还能在实际触壁前提醒自己观察距离。在进行这些训练时，保持专注也至关重要。训练成功的关键是：正确地完成训练，才能达到预期的效果。就算运动员经常进行训练，如果他们一直在游泳过程中犯相同的技术性错误，那么他们就不会进步。

直立打腿练习

这项练习的目的是帮助练习者提升打水的效率和水中直立转体的能力。保持身体垂直，手臂放在身体两侧，轻轻打水，使头部高于水面。这部分练习主要训练腿部打水。练习者甚至可以向下看到自己的腿，确保膝关节不会过度弯曲，或避免弯向腰部；利用大腿肌肉，快速做一些轻轻打水的动作。一开始，练习者可能很难完成这个动作，甚至坚持不到 30 秒，但要努力训练以尽量坚持 1 分钟。

一旦运动员可以轻而易举地完成上述训练，他就可以开始训练直立转体。先保持相同的垂直姿势，每隔 3～5 秒全身旋转 90 度。从腿和髋部开始旋转整个身体，先向右旋转 90 度，回到原位；再向左旋转 90 度，再回到原位。重复这个动作 1 分钟，注意旋转是从腿和髋部开始的，而不是从上半身开始的。

转体练习

这个练习将帮助练习者找到一个平衡且舒适的身体位置，并提升水平俯卧转体的能力。这个练习的动作和直立转体的动作相同，只是开始练习时，练习者的身体是水平的。练习者双手放在身体两侧，注意是从腿和髋部开始旋转整个身体，头和肩膀不要动。进行这项练习时，身体旋转 180 度，这样练习者不是正面朝上就是背面朝上。正面朝上时，练习者可以保持头部后仰和臀部向上挺，从而使身体保持流线型姿势。练习者可以看天花板（正面朝上时）或泳池池底（背面朝上时）。练习者一定要慢慢来，头朝下时，呼气；头朝上时，试着放松并正常地呼吸。只要练习者愿意，他们可以长时间保持正面朝上或背面朝上的身体姿势，直到他们准备好开始正确地翻身。当到达泳池的两端时，记得要小心。

侧身打腿练习

这是个纠正身体位置的绝佳练习。侧身位置是人类在水中所能采取的最符合流线型的身体姿势。这项练习的目的是让练习者保持舒服的身体姿势：头靠在肩膀上，泳镜的一个镜片在水面上，另一个镜片在水面下。呼吸时，练习者的头部能保持在理想的位置。进行这个练习时，练习者先侧身，伸出下方的手臂，手臂靠在耳朵上。这只手臂应该略低于水平面，且平行于池底。上方的手臂应紧靠身侧。轻轻地用腿打水，努力保持泳镜一半在水上、一半在水下。练习者会自然而然地倾向于通过抬起头，露出嘴巴来呼吸。实际上，这个动作会让他们下沉并且游得更加费力。如果在保持正确的头部姿势时，呼吸还是很困难，那么应抬起头，吐出嘴里和鼻子里的水，以便保持呼吸。

侧身打腿一次划手

这个练习能够改变身体位置和转体方式。在做整套自由泳练习或者常规自由泳之前做侧身打腿一次划手练习。进行练习时，练习者先做侧身打腿动作，每隔 5 秒，身体转向另一侧时，换手练习。练习时要平稳地转体，并保持流线型的身体姿势。最好的方法是练习者先移动一侧手臂，保持侧身打腿的姿势，当入水臂经过脸颊时，应开始收回入水臂的肘部。随着原先休息的手臂进入水中，练习者要收回另一只手臂，并向另一侧旋转身体。保持颈部和脊柱对齐（不要抬头），这种长轴旋转运动是从练习者头顶开始的。重复动作，旋转身体到另外一侧。练习者要慢慢练习这个动作，在每段泳程初始阶段，可能只能转体一次。

侧身打腿三次划手

这项练习同样有助于改善自由泳的泳姿和转体方式。这个练习的动作和侧身打腿一次划手练习相同，但在这项练习中，练习者会通过三次划手来完成侧身旋转。每次划手都要求练习者完成一次完整的侧身旋转，用腿和髋部发力，而不是用头和肩膀发力。

前交叉练习

练习这个动作时，练习者会在头部前方用双手交替划水，确保始终有一只手臂在头部前方划水。这个动作会让身体变得更长，一般来说，身体越长在水里移动得就越快，就像快艇的长船体设计一样。此外，当双手在头部前方时，可以提醒练习者开始划水并旋转身体。如果练习者能双边换气，那么这项练习可以平衡他的旋转姿势。一只手臂在头部前方划水时，另一只手臂可以得到恢复；当两只手臂在头部前方完全伸展时，练习者接着要用另一只手臂划水。做这个练习有利于练习者在交换手臂前，保持双臂处于头前的位置并保持划水姿势。这个动作让练习者能在发力阶段适时抬高肘部并转体。和所有训练一样，练习者要慢慢来。因为练习时动作越慢、越准确，加速游泳时越容易保持正确的姿势。

握拳划水

这个练习能帮助练习者学会在抱水时提前弯曲肘部。许多游泳者从这项练习中获益甚微，因为他们缺乏正确进行训练的知识。当练习者开始划水时，需要慢慢做这个动作，并仔细感受水对前臂的压力。这表明练习者在划水时，肘部弯曲得足够早，因此才能感觉到前臂的压力。这项练习的目的是让游泳者的手不再发力，从而迫使他们弯曲肘部用手臂来划水。如果练习者急于划水，那他犯的错和平时游泳所犯的错没什么两样。训练全程不要一直握着拳头，时常张开双手，感受肘部处于高处时产生的更强的力量。这种积极反馈会把用肘部发力的方式延续到练习者的普通游泳训练中。由于练习者需要在泳池中多游一会儿，才能感受到前臂的压力，所以，练习时最好如前文所说，不要使用脚蹼。

手臂胸前摇橹练习

这是另一项有利于划水的训练。手臂胸前摇橹练习是指练习者不断向两侧移动手臂，从而产生浮力，和人们踩水的动作类似。这一微妙的技巧可以帮助练习者感受到人们所说的那种难以捉摸的"水感"。练习的目的是让游泳者感受到从指尖到肘部的力量。进行练习时，先伸开手臂，肘部弯曲，然后双肩从中间向两侧旋转，这样就能使指尖朝下。前臂和手就像一个桨，肘部就是铰链。接着先划动手和前臂，再收回手和前臂，每隔3～5秒重复一次。然后像正常游泳一样，换几次气。准备好后再重复上述动作。进行手臂胸前摇橹练习时，颈部一定要保持中立，因此，游泳者只能在两次练习之间进行常规游泳时呼吸。

单边划水练习

这项练习的目的是让游泳者每次划水时只专注于一只手臂。进行练习时，练习者先用右臂游完一段泳程，然后用左臂游下一段泳程。这个练习对自由泳的5个阶段都有帮助（参见"自由泳的5个阶段"以获取更多的信息）。这个练习有点困难，许多运动员会同时完成自由泳的5个阶段，而没有进行任何具体的训练，导致运动员在训练或比赛中仍会犯和平时游泳一样的错误。然而，如果练习者只关注双臂划水（一只手臂向前划水，另一只手臂收回）过程中的一个方面或一个阶段，就能取得惊人的效果。如果运动员不知道要专注于哪一个阶段，那么在开始划水时提前抬高肘部是最好的选择，因为这个动作常常出现问题，解决这个问题将使运动员从中受益。如果运动员通过录像分析了自身的游泳表现，那么可以在脑海中审视一遍其他需要纠正的错误，例如错误的入水或不适当的移臂，然后在下一次自由泳中更关注那个阶段。

触摸大腿抓抱水练习

这项练习能帮助运动员更好地完成划水。在划水前，双手自然下垂，用拇指接触大腿；每次完成划水动作后，练习者都要让拇指接触大腿上和划水前相同的位置。这项练习也适合练习者划完水后放松肩部，因为触摸会让练习者记起放松的动作。

▶ 自由泳的5个阶段

自由泳有5个阶段，以下介绍这些阶段。

1. 入水和伸展。在这个阶段，手开始划水，手臂在水面下向前伸展，就像在水面下慢慢戴上长手套一样，手臂平行于水面。

2. 抬高肘部或开始抓抱水。在手臂完全伸展后，下一阶段涉及肩部向内旋转和抬高肘部。这一步骤为运动员像桨一样使用前臂做好了准备，准备好向后施加力量，推动身体前进。

3. 推水。在这一阶段，练习者会给水施加向后的力，从而让身体游过入水臂的位置。这个阶段也可以被称为动力阶段，因为游泳中大部分向前的动力和推进力都来自这个阶段。

4. 转肩放松。练习者在前几个阶段一直用手臂沿着身体一侧划动。当划水结束时，是时候通过向外转动肩部来放松肩关节。这样做可以让手臂在下一阶段更自由地移动。

5. 移臂。肩部放松后，练习者可以把手伸出水面，重新回到入水和伸展的阶段。

移臂指尖入水训练

这个追赶式训练主要针对移臂和手部的入水。进行这项训练时，练习者先保持侧身姿势，在空中移臂时，指尖擦着水面慢慢移动。在理想的情况下，当手臂距离头部20～30厘米时，练习者可以看见自己的手掌。从放松环节开始，练习者的指尖应当一直处于水中，直到手臂做入水动作时，才会露出水面。入水后，入水臂会在肩部前方完全伸展，并配合另一只伸展的手臂。

▶ 游泳效率指数（SWOLF）

SWOLF是用来测量游泳运动员的技术和能力的指标。建议运动员每月进行一组50米游泳来测量游泳能力。在一组简单的50米游泳中，运动员可以自己计算划水次数和游泳时长。把游泳时长和划水次数相加，总数可以反映游泳能力。运动员可以努力减小这个数字，以刷新个人纪录。此外，运动员还可以通过调整游泳速度和划水距离来测试这个数字能有多小。例如，假设一个人在40秒内游了50米，划水45次，那么总数便是85。在下一个50米中，他游得更快一些，花了35秒，划水48次，总数就是83。继续进行50米测试，调整速度和划水次数，从而找到最高效的游泳方法。随着运动员游泳能力的提升，他的个人纪录也会被刷新。

我建议运动员每月都要进行一次6×50米的SWOLF测试。只是计算划水的次数可能会引起误解，因为测试者可以通过过度滑行身体和延迟划水来减少划水次数。结果就是测试者因为划水次数过少而游得很慢。

运动员的某些游泳姿势可能不正确，甚至可能会漏掉某些姿势。视频分析通常可以告诉运动员需要更加关注哪一部分的游泳技巧。如果运动员有直臂抱水的姿势，那么增加单边划水练习和握拳划水练习会对他有帮助。大多数运动员都会犯一些常见的错误。通过分析视频，运动员可以看到所有错误，并专注于纠正这些错误，然后通过具体练习或组合练习来纠正这些错误。后续的视频分析和测试中最新的个人纪录有助于运动员评估自己的成绩，并确保训练产生积极效果。在理想情况下，水面正上方和水面正下方的视频片段是最好的，因为从这两个角度可以看到运动员各个方面的动作；而教练可以从侧面看到更多画面，能看见运动员在水下如何用手臂划水。

主项训练

在人们眼里，游泳训练的分组间歇训练可能才是真正的训练，通常情况下，其是为达到一定的训练目标而设置的。其被称为主项训练是因为这个训练的具体项目几乎全都是间歇训练。游泳的间歇训练是指间隔一定时间完成规定泳程的训练。例如，我们用R表示完成的次数，用D表示每次游泳的距离，用T表示间隔时间，那么间歇训练内容可以表示为$R×D/T$。根据这个公式，$10×100/2:00$的意思是：运动员每隔2分钟完成一次100米或100

码（91米）的游泳距离，单位取决于泳池的距离单位，共完成10次。如果运动员在1分42秒内就游完了100米，那么在开始下一次游泳前，他将有18秒的休息时间。有些教练可能会在热身后安排间歇训练，但几乎所有教练都会在技巧训练后安排间歇训练。

在主项训练中，训练强度比游泳技巧更重要，因此，很多训练都是建立在分组间歇训练之上的。间歇训练也成了所有游泳项目的核心训练之一，有利于运动员了解自己的速度并记录游泳距离。尽管游泳距离、重复组数和间歇时间的组合是无限多的，但是一般来说，每周训练计划中常采用以下三种组合。

■ 短距离间歇训练，如25米、50米和100米，有利于运动员提高速度。

■ 中等距离间歇训练，如100米、200米、300米和400米，有利于运动员提高速度并增强耐力。

■ 长距离间歇训练，如500米或更长的距离，有利于运动员增强耐力和完成长距离游泳，也有助于运动员感受比赛的距离（在这种情况下，主项训练实际上更像是一次性完成长距离游泳，而不是分组练习）。

实际上，这意味着如果整体的训练重点是提高速度，那么分组练习应采用短距离间歇训练。如果整体训练的重点是增强耐力，那么一组减少停顿和休息时间的长距离间歇训练将满足要求。

在某些情况下，例如运动员刚学会游泳，或主要目标极大程度依赖于运动员的游泳技巧，每周至少一次的主项训练应包含技巧训练，而不是只包含前面列出的各种间歇训练（短距离、中距离和长距离）。训练时可以重复技巧训练的内容，也可以只进行一两节专注于提升某一方面技巧的训练或者专注于某运动员某一方面的游泳训练。例如，假设某位运动员需要提升水下划水能力，尤其是手臂抓抱水能力。为了达到这个目标，主项训练可以为以下20组×50米的练习：5组握拳划水练习、5组手臂胸前摇橹练习、5组单边划水练习和5组手臂抓抱水技术练习。记住，只做练习是不够的——正确完成才是关键。如果运动员没有教练，那么可以让救生员或朋友录像，这样就可以评估自己是否正确地完成了技巧训练。

冷身运动

冷身运动指的是帮助运动员缓慢降低心率，逐渐恢复正常呼吸和技术动作节奏的运动。冷身运动也是练习非自由式游泳的较好的训练，例如增加几组50米的仰泳和蛙泳。这不仅可以降低身体温度，还可以锻炼其他肌肉，并放松训练过程中用到的肌肉。在训练中安排一次或两次冷身运动可以让运动员以最佳技术完成每一次游泳训练。注意，不要跳过这个训练，因为它有利于运动员在下一场训练中取得优异表现。成功的训练都是循序渐进的，每进行一项练习都是为下一次训练做准备。

在泳池中练习公开水域游泳技巧

对于在公开水域游泳经验很少或根本没有经验的游泳者来说，在泳池中练习公开水域游泳技巧可以让前几次公开水域游泳变得更加安全、高效。和主项的分组训练不同，在短距离、中距离和长距离间歇训练中，若训练的重点是帮助运动员为公开水域游泳做准备，那么运动员可以使用下列方法。

进行下列练习通常需要运动员向泳池管理人员、教练或救生员提出请求，因为这些练习涉及使用多条泳道。

视野观察技术

在公开水域游泳的一项关键技能便是判断方向。要想正确地判断方向，运动员需要时刻观察。运动员可能会认为自己在泳池中的游泳路线是直线，但实际上运动员可能会因为沿着池底的水道线游，看见或撞上泳道线而无意识地不断纠正路线。在公开水域中，没有这些辅助性的线条和水道，水下能见度也很低；此外，运动员还需要应对来自风或潮汐的水流，这些水流会让运动员略微偏离路线或大大偏移路线。在观察公开水域时，运动员在判断方向时可以改用蛙泳或踩水，并根据具体需求调整泳姿。虽然这样可以观察到方向，但是会减缓运动员的速度，当游泳的人很多时，运动员还可能会被其他人撞到。因为以上两个缺点，运动员并不经常进行观察，但这也意味着运动员会偏离路线更久。运动员偏离路线越久，游的距离也就越远，比赛结果当然不理想（更多有关观察方向的内容见第16章）。以下是运动员可以在泳池中练习的一些视野观察技术。

- 把视野观察融入10×25米自由泳中。运动员可以采用前进距离较短的自由泳或头部高出水面的蛙泳，通过在游泳过程中观察浮标或其他物体来练习视野观察技术。在公开水域游泳时，运动员每完成三四次划水可能就想进行视野观察。运动员要有耐心，因为只有学完几节课才能掌握它的诀窍。初学者应当不断练习这项技术，直到可以轻松游完500米直线泳程。如果运动员还没有掌握呼吸技巧，那么这项练习只会让其更加焦虑。

- 把视野观察融入连续的自由泳中。你可能会觉得这是最好的练习方法，也是最难掌握的方法。实际上，只要运动员在泳池中稍加练习，就可以轻松掌握这个方法。这个练习的关键是运动员要抬起头，让眼睛刚好露出水面（不需要高到可以呼吸）。接着，当运动员的手臂经过头顶进入移臂状态时，要低下头，像往常一样向另一侧转动身体进行呼吸，就像没有抬头看方向一样。采取这个方法，运动员就不会因为把头完全探出水面而影响身体位置，并且仍然可以看见路线。因为这种方法不会减慢运动员游泳的速度，所以每划水两次，就可观察一次；即使运动员并没有每次都看清方向，这种观察频率也可以让他一直向正前方游。

■ 为了练习视野观察技术和过人（或是被他人超越）技术，运动员可以模仿蛇的游泳轨迹。这项练习旨在让一大群人一起进行不间断的长距离游泳，并练习视野观察和过人技术。这项练习需要用到多条泳道，如果可以使用整个泳池则效果最佳。运动员们按照速度从快到慢，每隔5～10秒，依次进入水中。运动员们从泳道的一侧开始游泳，游到另一侧时返回，然后游到邻近的泳道再重复上述练习，从而像蛇一样穿过泳池。如果运动员们在一个6泳道的25米泳池中练习，那么每次游的距离便是300米。运动员可以在30分钟内尽可能多游几个泳道。在完成300米的游泳距离后，每位运动员都要走出泳池，从泳池的另外一端，开始做下一个300米游泳练习。

跟游练习

跟游练习最好先在泳池里面进行，实际上任何成熟的训练方案中都会有跟游练习，因为比赛中肯定会有多名运动员在同一条泳道上。跟游练习的关键是运动员要尽可能接近前面的运动员，并且不能用手碰到他们的脚。要做到这一点，运动员必须要调整游泳的姿势，进入空间大一些的水域或通过减慢速度来保持正确的游泳位置。当前面的运动员的速度比自己快大约10%的时候，跟游的效果最佳；如果前面的运动员的速度快得多，那么就需要通过提升无氧强度来跟上前面的人；如果他们的速度差不多或一样慢，就不能发挥出自己的最快速度。这个概念和自行车的跟骑十分相似。在骑行中，跟骑可以节约10%～30%的能量。而在游泳中，跟游可以节约5%～15%的能量，所节约的能量还是非常可观的。

虽然跟游会激发人的竞争意识，但专门跟在别人后面游会显得比较鲁莽。最好的方法是自己游泳，如果运动员碰巧遇到一位游泳者以相同的速度，或稍快的速度，或更快的速度游泳，那么可以跟在那位游泳者后面游一段时间。时刻注意两件事：前面的人的游泳路线应是直的，这样运动员跟游时既不会太费劲也不会轻松；以小组的形式几个人一起游泳是练习跟游的最佳方式。

出发练习

虽然运动员可以在一条泳道内单独练习如何从深水区或与胸同高的水域出发，但是如果能去掉几条泳道线，在裁判员大喊"开始"或吹口哨之前，让6名或更多的运动员在附近踩水，练习就更有效果。接着，所有的运动员都一起游到泳池的另一端。这项练习需要在深水区进行。如果是练习从与胸同高的水域出发，那么练习者应该从泳池水位较浅的那一端出发。这些训练让运动员有机会和一群人在水中练习出发，如此就能习惯这样的出发条件，例如不断划动手臂。

浮标转弯练习

取出泳道线，并在离池壁约5米的地方放置一个浮标（可以是绑着绳子或其他重物的救生圈）。游泳者（最好6人或6人以上一组）从泳池的另一端开始游，绕过浮标。如果可以取出一些泳道线，并与一群游泳者一起游泳，那么运动员可以以间歇训练的方式完成出发练习和浮标转弯练习。这是一个有趣的练习，对初学者和高级运动员来说，这也是引导他们开始公开水域游泳的理想练习。

在很拥挤或比赛条件恶劣的情况下，运动员在公开水域划水的技巧主要是：在划水过程中，手臂在移臂阶段需要抬得更高、伸展更宽，这样可以帮助运动员推开波浪，并防止运动员遭到其他人的手臂撞击。在泳池里练习的这些公开水域游泳技巧可以让运动员认识到这种防御性游泳姿势的价值。

游泳训练策略

游泳和骑行、跑步的一个重要区别是：游泳的训练强度和训练频次总体而言相对较高，因为游泳时能量消耗较少，训练强度过高或训练频次过高不会给身体带来风险。游泳的一个优势是可以让运动员习得新的神经肌肉运动模式。此外，在游泳时控制训练强度并不像在骑自行车和跑步时控制训练强度那么重要，因此运动员可以根据训练节奏和主观感知的用力程度来确定训练的强度。游泳者也不需要担心生理监测等方面的问题，例如心率监测，因为在游泳中很难实现实时监测。

安排铁人三项游泳训练计划时，教练在确定训练强度和训练频次前要先考虑各个训练阶段。各个训练阶段的所有可变因素可能要一整本书才能写完。一般来说，早期的训练目标是增强耐力，此时训练强度低的项目间歇时间较短。随着比赛的临近，教练应增加训练强度高的间歇训练，以帮助运动员在比赛中加快速度和保持合适的节奏。

以下是10×100米游泳训练在6个阶段的训练强度和频次。

- 准备阶段——间歇训练应包含短暂的休息，训练强度相对较低。每周训练一次。
- 基础阶段——训练内容类似于准备阶段，但该阶段的训练目标是每周的间歇训练不止进行一次，甚至可能会增加训练量（如12×100米）。
- 强化阶段——每周进行几次强度更高的训练（如15×100米）。
- 巅峰阶段/减量阶段（减量期）——减少间歇训练次数，例如进行强度高、间歇休息时间长的100米、3×100米、5×100米训练。
- 赛中阶段——每周训练一次，强度增加，间歇休息时间也增加。

■ 非赛季阶段——根据运动员的目标（例如，进行一套技巧训练；提升非自由式游泳的练习强度；恢复到准备阶段的训练强度和频次以保持身体健康），该阶段的练习有多种发展方向。要注意的是，游泳是非赛季期间最好的活动，因为这个阶段是提升技术的绝佳时期。对于在跑步和骑行过程中过度负荷的肌肉来说，水有利于肌肉恢复。运动员在游泳过程中过度使用肌肉不会对身体造成太大伤害，所以在一定范围内游得越多越好！

此外，测试训练有利于运动员保持运动状态，测试训练中收集的数据可作为技巧、速度和耐力的基准数据，它能确保运动员达到预期的训练效果。例如，让运动员以阈值速度完成10×100米间歇训练，每一组训练之间休息10～15秒，这就是一个好的测试训练。测试训练能很好地反映运动员的健康水平，因为当运动员身体健康强壮时，那么他完成训练的平均速度就更快，间隔时间也会更短。但是如果运动员的成绩并没有提高，这可能意味着教练需要调整训练，或表明运动员身体不适或训练过度，或正处于瓶颈期。这时候教练就需要有耐心。以上是执教和运动艺术的一部分——能够发现训练测试和比赛结果反映的实际问题，然后根据问题适当地调整训练。

不错的测试训练还包括对关键距离的时间测试，关键距离如100米、200米、500米、1 000米、1 500米、2 000米和3 000米。每一位认真的运动员都应当记录这些距离的个人时间纪录以跟踪训练进展。运动员可以把这些时间纪录（尤其是比较长的时间，如在1 500米和3 000米测试中所花费的时间）确定为间歇训练的目标阈值速度。例如，如果一位运动员在45分钟内完成了3 000米测试，那么阈值速度是每100米耗时1分30秒。这样教练就能要求这位运动员以1分45秒的时间完成一套100米×10组的测试训练，目标是以1分30秒或更短的时间游完100米，每组之间可休息15秒或更长时间。此后，这个速度可以作为短距离间歇训练的目标。测试时速度越快，训练时速度也会越快。

这一章强调了为泳池游泳训练规划详细训练计划的重要性，这不仅能让游泳者为首次进行公开水域游泳做好准备，也能向经验丰富的游泳者展示不断改进游泳训练的重要性。除了能精确计算游泳距离和游泳时间以外，泳池的可控环境使其成为进行技巧训练和公开水域准备训练的理想选择。前文介绍了11种非常受欢迎、有效的训练，我建议运动员把这些训练融入4部分训练模板中。以上提到的常规性动作分组训练的确能够帮助读者根据个人水平和赛季的阶段设置高效的分组训练。现在，教练应该能够为水平不同的运动员制订高效的游泳训练计划，使其为参加铁人三项比赛做好准备。

最后一个提示：无论运动员在泳池中的表现有多好，或在公开水域的游泳经验有多丰富，仍然需要在公开水域中练习几次游泳，从而为赛事做好准备。尤其对初学者来说，必须有在公开水域训练的经历。

第6章

铁人三项自行车训练

乔·弗里尔

对于许多铁人三项运动员来说，自行车的舒适度关系到他们的比赛成绩。如果运动员十分适应自行车，那么在骑行中既能保证速度，又能节省体力，在接下来的跑步中，双腿才不会感到沉重。而自行车不合适的运动员虽然也可以保证骑行速度，但是会在跑步阶段感到更加疲惫，因为他们在骑自行车阶段消耗了大量体能。

为了能够让骑行变得更加轻松，通常铁人三项运动员会在自行车项目中花一半的训练时间，因此可以说自行车训练耗时最久。要想快速完成比赛，运动员首先要加快骑行速度。本章的目标就是指导运动员提高骑行速度（至少要保证达到比赛阶段骑行的基本速度，而本章会对铁人三项运动员如何在骑行阶段保持速度加以说明）。

自行车训练组成部分

无论铁人三项运动员处于何种水平，自行车训练的三个组成部分（持续时间、训练频次和训练强度）对所有运动员的体能和在比赛中的表现至关重要。

持续时间

在什么时间进行自行车训练，或要训练多久才能出效果，取决于几个因素，其中最重要的因素是目标赛事的距离，比赛距离越长，训练时间也越长。此外，训练阶段也决定了运动员的训练时长，这一点已经在第1章中介绍过。一般来说，高强度快速骑行的时间比低强度慢速骑行的时间短，但是如果一定要衡量骑行时间，那么无论运动员参加哪种比赛，骑行时间至少应该是90分钟。半程大铁和大铁运动员的骑行时间通常是这个时间的2～4倍。每周进行一次这样的长时间骑行，对于大多数铁人三项运动员来说就足够了，因为还有其他训练内容,非职业运动员还要承担工作任务或学校任务、家庭责任和其他责任。

训练频次

新手运动员每周通常训练2～3次,经验丰富的中级运动员每周通常训练3～4次,而具有竞争力的高级运动员通常每周训练4～6次。为了最大限度地提高自行车适应度,运动员每周应该至少骑3次自行车。然而,如果每周训练量不变,每周训练4次更有利于增强体能。有趣的是,研究表明,当每周训练次数超过4次时,速度的提高幅度较小。换句话说,如果运动员每周骑车5～6次而不是4次,他的体能可能有所提升,但是提升的速度并不像从训练3次到训练4次变化那么大。然而,竞争意识强的铁人三项运动员通常会尽力寻求进步,因此,虽然5次或5次以上的训练对体能的提升效果并不明显,但是他们还是只关注提升的那部分体能。当然,由于训练和生活的冲突以及个人的训练能力,运动员在自行车训练项目上的训练频次是有限的。如果运动员生活忙碌,或者容易疲劳,那么训练频次就不能过高。

训练强度

对于新手铁人三项运动员来说,提高水平的关键在于训练的持续时间——训练时间的长短。然而,许多经验丰富的运动员从来没有改变过这个观念,一直认为训练效果更多地取决于训练时长、完成的千米数,而忽略其他因素。研究表明,当运动员获得更多经验,变得更加优秀时,提升成绩的关键在于训练强度。换句话说,当运动员刚开始进行铁人三项训练时,进行大量的慢速训练有利于保持良好的身体状态;但是对经验丰富的铁人三项运动员来说,要想发挥潜力,关键在于训练强度。

这并不意味着运动员在所有自行车训练中都需要全力以赴或加快速度,有时这样会适得其反。训练强度要与目标赛事的训练紧密结合。短跑比赛的高强度训练和铁人三项比赛的高强度训练完全不同。高级运动员应该逐渐增加自行车训练强度,直至等于或略高于比赛强度。换句话说,随着训练季的推进,训练强度应该逐渐向比赛强度靠拢。

在准备期,训练强度不像比赛时那么高。这时,短距离铁人三项运动员会进行低于比赛强度的自行车训练,长距离铁人三项运动员也是如此。在准备期后期,运动员可以进行快速间歇训练,但是训练强度不及长距离比赛的强度。然而,在目标赛事开始前的最后12周,无论对短距离铁人三项运动员还是长距离铁人三项运动员来说,训练强度都应该和预计比赛强度相当。这就意味着短距离铁人三项运动员的训练速度相对于基础阶段后期会变得更快,而长距离铁人三项运动员会以适当的速度完成更多远距离训练。此外,运动员明白随着比赛日临近,每周只需要进行1～2次类似于比赛强度的训练,剩余时间可以用来休息或维持能力(本章稍后将详细地介绍这一点)。

速度，或者说配速，是衡量跑步强度的标准，并不适用于衡量骑行强度。因为风，甚至是微风都会对骑行速度产生很大的影响。在逆风而行的情况下，即使运动员努力骑行，速度还是很慢。另一方面，如果运动员顺风而行，不需要很用力速度就相当快。衡量骑行强度较为准确的标准是主观疲劳评定量表（Rating of Perceived Exertion, RPE）、心率和功率。

RPE是最简单、最容易理解的标准。当然，它也是最便宜的，只需要运动员用数字1～10来主观地评价骑行时的努力程度，数字1表示极其轻松，数字10表示极其费力（关于RPE的具体内容请见第119页）。经过几个星期的训练，运动员将十分擅长主观评价。但是缺点在于如果只参考RPE，那么运动员无法知道自己的体能是否有所提升。

基于心率的训练在跑步中非常常见，这对自行车训练也同样有效。运动员所需要做的就是根据功能性心率阈值确定自己的心率区间。要想测量功能性心率阈值，运动员要先热身，然后用尽全力骑行30分钟——像参加比赛一样。根据30分钟中最后20分钟的平均心率能十分准确地预测运动员的功能性心率阈值。现在运动员需要做的就是利用表6.1来做一些数学运算，然后得到骑行的心率区间。接着，把刚刚得到的功能性心率阈值和表6.1中的百分比相乘（例如，对于区间2的运动员来说，他应该先把功能性心率阈值乘以81%得出最低心率，然后将其乘以89%得出最高心率）。运动员可以依据表格中的百分比数据来算出6个心率区间。

表6.1

自行车训练的功能性心率阈值百分比和心率区间

功能性心率阈值百分比	心率区间
<81%	区间1
81%～89%	区间2
90%～93%	区间3
94%～102%	区间4
103%～106%	区间5
>106%	区间6

心率训练的缺点是，如果没有参照物，运动员就无法得知自己的体能是否有所提升。心率本身并不能说明运动员的体能状况，也不能证明运动员在比赛中跑得有多快。心率只能表明运动员的努力程度。虽然体能不佳的人在骑自行车时，也会有很高的心率，但是他们的速度不快。那么，运动员用什么数据和心率作为参照才能了解自己是否取得进步呢？答案是功率。

和心率监测器相比，功率计虽然价格昂贵，但是它为运动员提供了心率测试所不能提供的数据。功率计能告诉运动员骑行时"输入"了什么。相比于RPE和心率测试，功率计还能告诉运动员"输出"了什么。如果知道自己的"输入"和"输出",运动员就掌握了所有必要信息来衡量体能变化。

功率计并不比心率监测器更复杂或更神秘。使用功率计时,确定功率区间的方法和确定心率区间的方法类似,不同之处在于运动员使用的是功能性阈值功率。和功能性心率阈值相似,功能性阈值功率指的是运动员在60分钟全程骑行测试中最高的平均功率。运动员需要在60分钟内尽力快速骑行,然后在完成骑行后查看整段时间的平均功率。接着,运动员需要使用一个类似于心率测试的表格,然后根据安德鲁·科根博士的功率系统计算出自己的功率区间。可以用刚刚得出的功能性阈值功率乘以表6.2中的百分比。例如,如果想要计算功率区间1,运动员把功能性阈值功率乘以55%,功率区间1就等于低于这个数字的范围。要想计算功率区间2,那就要把功能性阈值功率乘以55%得出该区间的最低功率,乘以74%得到该区间的最高功率。运动员可以继续计算出表中的所有功率区间。在本章接下来的自行车训练中介绍了如何使用这些区间来衡量运动员的训练强度。

表6.2

自行车训练的功能性阈值功率百分比和功率区间

功能性阈值功率百分比	功率区间
<55%	区间1
55% ~ 74%	区间2
75% ~ 89%	区间3
90% ~ 104%	区间4
105% ~ 120%	区间5
>120%	区间6

源自:H. Allen and A. Coggan, 2010, *Training and racing with a power meter*, 2nd ed.(Boulder, CO: VeloPress),48.

训练负荷

训练负荷由负荷量(训练频率)和负荷强度(训练强度)两方面构成。训练负荷指的是运动员在特定时间内,如一周内,完成了多长时间、多少距离的训练量。

那么,在准备比赛时,自行车训练的负荷应该为多少?如果训练负荷太高,运动员就会有训练过度的风险;如果训练负荷太低,运动员将无法找到最合适的骑行方式。设定自行车训练的训练负荷时可以参考以下说明。

第一点之前已经提过:运动员应把一半的训练时间花在自行车项目上。然而,根据具体情况,也可以进行相应调整。在准备期早期,如果运动员在游泳或跑步方面存在明显的短板,运动员可以在自行车训练上少花时间,把更多时间用在克服短板的训练上。

常见的做法是把自行车训练安排在冬天的早晨。冬天白昼比较短，天气也十分寒冷，对于骑自行车来说是一个挑战。可能在冬天时，运动员没有办法做到用一半的训练时间骑行，但是在夏天，自行车训练时间可以多出很多。

自行车训练的负荷也和运动员正在准备的比赛有关。一般来说，在整个训练季内，运动员每周应进行3～5小时的自行车训练，具体视比赛距离而定。短距离铁人三项运动员和奥运距离铁人三项运动员每周至少训练3小时，而长距离铁人三项运动员每周至少训练5小时。自行车的最大训练负荷的变化更大，一般是每周6～15小时。对于经验丰富的铁人三项运动员来说，成功的关键不在于训练时间，而在于训练内容。换句话说，如果运动员已经进行了一段时间的自行车训练，那么训练强度才是影响成功的关键因素。

专项性

在整个训练季中，随着运动员从准备期进入比赛期，其自行车训练也应该遵循专项性原则，这意味着自行车训练的持续时间和训练强度应该更加接近于运动员所期望达到的比赛状态。对于新手运动员来说，更大的问题是持续时间；对有经验的运动员来说，问题则是训练强度。

短距离铁人三项训练和长距离铁人三项训练完全不同。为某一距离的比赛做好充分准备并不等于为不同距离的比赛做好准备。比赛距离越长，运动员的训练强度就越低，但是训练时间就越长。虽然长距离铁人三项运动员在准备期会进行持续时间长、训练强度稳步提高（训练强度从非常低发展到非常高）的自行车训练；但是到了比赛期，这些训练的强度只能等于或稍微高于比赛时的运动强度。这类训练甚至会涉及间歇训练（例如，以等于或稍高于比赛的强度进行3～6组20分钟的间歇训练，每次休息5分钟）。在准备期，运动员主要通过长时间骑行来增强有氧耐力。这时，有经验的短距离铁人三项运动员和奥运距离铁人三项运动员每周通常会进行一次自行车间歇训练。这些间歇训练的强度等于或略高于比赛强度。例如，以比赛强度进行3～5组6分钟间歇训练，每次休息90秒以进行简单的骑行恢复。再强调一次，自行车训练的基本理念是：随着比赛的临近，自行车训练的强度应该逐渐接近于比赛强度。

恢复

当然，运动员也可能会训练过度。训练过度意味着运动员经常感到过度疲劳，从而影响训练质量。循序渐进的超量训练可以预防训练过度。训练过度就是极端的超量训练。超量训练和训练过度的区别在于超量训练的训练负荷适中、休息时间充足。接下来，让我们了解如何进行超量训练。

自行车训练和另外两项运动的训练一样，都是由艰苦的训练（强度高、持续时间长或两者兼而有之）和轻松的训练（强度低、时间短或两者兼而有之）组成。大多数优秀的铁人三项运动员每周会针对每个运动项目进行3～6次训练。因为他们在一周内共进行9～18次训练，所以，很明显他们大部分的训练比较轻松。当然，对于新手运动员和中级运动员来说，虽然他们的训练负荷较小，但也有艰苦的训练和轻松的训练。

为什么要安排轻松的训练？为什么不直接休息一天？事实上，轻松的训练大概是新手运动员最好的选择，此外经验丰富的运动员在进行轻松的训练时似乎恢复得更快。一场轻松的自行车训练或游泳训练是加快血液流动，代谢掉在先前训练中产生的废物的好方法。教练一般不会用跑步来加快运动员的恢复，因为跑步会给运动员的腿部带来压力。以轻松的姿势骑行有利于运动员进一步提升踩踏能力，从而提升骑行的经济性。随着运动员学会如何节省体力，最大摄氧量有所提升，运动员的体能和比赛速度就都会提高。

当训练负荷（训练量或训练强度）较高时，运动员会越来越疲劳。如果运动员不经常消除疲劳，训练质量就会下降，最终可能导致训练过度。为了防止这种情况发生，定期连续休息几天是个不错的方法。年纪较大的运动员和新手运动员一般在经过2周的艰苦训练后就需要几天的恢复时间。年轻的运动员和经验丰富的运动员可以把恢复时间推迟到3周的艰苦训练之后。如果无法确定自己所需的恢复时间是长还是短，可以选择每3周恢复一次。

恢复时间长达3～5天，具体取决于疲劳的程度。在恢复期，运动员的训练时间短、训练强度低，主要处于区间1。在恢复期后期，运动员会感到重新恢复了活力，并渴望再次努力训练。在决定恢复的时长时，运动员可以把这种感觉当作一种指引。

自行车训练

如上所述，一旦运动员了解了持续时间、训练频次、训练强度、训练负荷、专项性和恢复，下一步就是了解准备好骑行后需要做的事情。

根据训练目标来划分训练课程能帮助教练决定每天的训练内容。至于自行车训练，基于运动员想要提升的能力（有氧耐力、肌肉力量、速度技能、肌耐力和无氧耐力），我列出了5种自行车专项训练。表6.3介绍了这5项训练的基本内容和要求（下一节将详细介绍如何把这些训练纳入训练周内）。

表6.3

自行车专项训练和要求

自行车训练类型	训练要求
有氧耐力	在RPE评分为4分，心率区间或功率区间处于区间2的情况下，训练1～4小时
肌肉力量	举重训练、强迫次数训练、爬坡骑行
速度技能	单腿踩踏练习、双腿踩踏练习、鞋尖踩踏练习、较为轻松的快节奏踩踏练习

续表

自行车训练类型	训练要求
肌耐力	在区间3内，进行2×20分钟的间歇训练，每次恢复5分钟；在区间4内，进行3～5组6分钟的间歇训练，每次休息90秒；在区间4内，训练20分钟
无氧耐力	在区间5内，进行5×3分钟的间歇训练，每次恢复3分钟（最好有功率计）

有氧耐力训练

有氧耐力训练旨在通过改善心血管和肺的功能来建立一个健全的心肺系统。对于铁人三项运动员来说，这是最重要的单一类型训练，因为各种距离的铁人三项运动都是持续时间相对较长的项目，需要运动员具有强大的有氧耐力。如果没有强大的有氧耐力，那么运动员的其他能力也不会太好。无论是对新手运动员还是优秀的运动员来说，有氧耐力训练是最基本和最重要的训练。

通过长时间的、强度适中的骑行，运动员可以完成有氧耐力训练。持续时间的长短取决于运动员正在准备的赛事。对于参加长距离比赛的运动员来说，训练时间远远超过参加短距离比赛的运动员。适当的强度指的是心率区间2或功率区间2对应的强度，或RPE评分为4分时的强度。因此，实际上运动员进行有氧耐力训练时只需长时间保持稳定骑行。这个训练是最简单的自行车训练，但它也是决定铁人三项运动员成功与否的关键训练。

有氧耐力训练是准备阶段的主要重点训练。在这段时间内，运动员应当多进行这类训练。在比赛期，当有氧耐力被完全开发出来以后，运动员只需要进行频次较低的训练就能维持住有氧耐力水平。这时，有氧耐力训练就处于次要地位，运动员就会有更多时间学习其他高级比赛专项性能力——肌耐力和无氧耐力。

肌肉力量训练

肌肉力量指的是运动员克服其他阻力的能力。在骑行过程中，运动员会遇到两种阻力——风的阻力和重力。风的阻力和空气阻力有关。当运动员在骑行时，无论空气状况如何，在赛道平坦的情况下，空气阻力是最大的阻碍。当运动员进行上山骑行时，重力代替空气阻力成为主要障碍。肌肉力量训练的目的是建立一套最佳的、强壮的肌肉系统，这样运动员就可以克服这种双重阻碍。

如果运动员的肌肉不够强壮，就无法在比赛中骑得很快。肌肉力量才是把踏板向下推的力量。当然，也有肌肉力量太强的可能性。运动员不需要练就像健美运动员或举重运动员一样的肌肉。这样的体形太大，会使运动员在爬坡骑行中处于劣势地位。铁人三项运动员需要的是强壮但不笨重的肌肉。

有两种常见的可以提升肌肉力量的方法。一种方法是在健身房通过练习举重来强化骑行所需的肌肉力量，主要涉及髋关节、膝关节和踝关节的伸展练习，例如，蹲举练习、压腿、登阶运动、硬拉和弓箭步。另外一种方法是通过自行车力量训练来强化肌肉力量，即运动员在较短时间内进行高强度的踏板冲刺，每次恢复时间较长。这种训练就叫作强迫次数训练：运动员以高速挡全力完成3轮3×12次踏板冲刺练习，每组练习间隔3分钟，每轮练习间隔5～10分钟。开始练习之前，运动员要先热身，然后换到高速挡（如变速的齿比，前面牙盘53齿，后面飞轮14齿）；运动员先慢慢滑行接近于停止，然后坐好，再竭尽全力地踩踏板12次。心率监测器在这种训练中没什么用处，功率计是测量功率输出（在这里就是力量输出）的最佳工具。如果没有功率计，那么运动员每次间歇训练的RPE评分都应该达到10分。在每轮练习中，运动员在每组踏板冲刺练习后只需要大概3分钟就能轻松恢复。在两轮练习之间，运动员至少需要恢复5分钟，也可多达10分钟。经过几次这样的训练，运动员会发现自己在骑行时变得越来越有力。

还要注意一点：这既是一个高回报的训练，也是一个高风险的训练。当一项训练可以显著提升运动员的体能时，那么运动员也会有受伤的风险。最可能受伤的部位就是膝盖。为了降低训练季结束时的受伤概率，运动员应进行保守的肌肉力量间歇训练。在准备期，运动员每周只需要进行一次肌肉力量间歇训练。第一次进行这种训练时，可以只做1轮3×12次的踏板冲刺练习。当运动员在测试膝盖的力量范围和学习如何进行这项训练时，可以以RPE评分为6分和RPE评分为8分时的力量分别完成前两组间歇训练。到了第三组再使用RPE评分为10分时的力量。假设运动员顺利完成了第一次训练，且膝盖在训练中和训练后并没有压痛，那么在下次间歇训练中可以以RPE评分为10分时的力量完成3组训练。在接下来的几周，只要运动员没有出现什么问题，就可以增加几组额外的间歇训练。另外，如果运动员有膝盖受伤的倾向，那么我建议停止进行肌肉力量间歇训练。在这种情况下，运动员可以在比平常更高的山上练习骑行，增强骑行强度以增加肌肉负荷。

和有氧耐力训练一样，肌肉力量训练也是准备阶段的训练重点，教练每周都要安排一次这样的自行车专项训练（在准备期，在健身房进行的肌肉力量训练每周可以安排两次）。在比赛期，减少这类训练的次数可以维持肌肉力量。接下来将介绍如何维持运动员的基本能力。

速度技能训练

要想成为一名更加优秀的骑手，运动员需要发展许多技能，这也是速度技能训练的目的。速度技能训练针对上坡、下坡和转弯等技巧。对于铁人三项运动员来说，最关键的技能就是踩踏。

蹬自行车似乎并不需要动脑子。毕竟，运动员的鞋就踩在踏板上，而踏板也和固定在自行车底部支架上的曲柄臂相连。但是某些骑手踩踏时，比别人更加平稳，消耗的能量也更少。他们常常被称为"纺织工"，而那些效率低的人则通常被称为"搅拌工"，两者的区别在于："纺织工"在踩踏的过程中对踏板施加了一定程度的力（至少不是阻力）；而"搅拌工"只是单纯地向下踩踏板。此外，当不需要踩踏板时，他们只是把脚放在踏板上面休息。这就需要向下踩踏板的腿承担另一条休息腿的重量。因此"搅拌工"的运动效率十分低，浪费了大量可能产生运动输出的能量。

　　成为一名"纺织工"的关键是，运动员要学会在骑行的提拉阶段不要给踏板施加任何力量，提拉阶段即脚从6点钟位置移动到12点钟位置，并向上和向下分别施加一些力的阶段。在准备阶段，在增强体能时，运动员可以以训练的方式学习以上两种骑行方法。速度技能训练可以在任何时间进行，也可以作为任何训练的一部分，例如热身。在基础阶段，对于各个水平的铁人三项运动员来说，它是训练的重要组成部分。以下是对许多铁人三项运动员都有效的踩踏练习。

单腿踩踏练习

　　这是一种典型的踩踏练习，运动员可以在准备阶段的前几周多做这类练习。运动员最好能在室内的骑行台上完成这项练习。首先，先移开一只脚，把它放在自行车旁边的椅子上，这样就可以只用另外一只脚来踩踏板。当自行车处于低速挡时，运动员可以以一个比较舒服的节奏转动曲柄。注意要踩过踏板最高的位置，即12点钟位置，这有点难度。运动员要专注于平稳地蹬过这个最高位置。一开始，在臀部屈肌疲劳前，可能只能持续几秒钟。当发生这种情况时，运动员就要切换到另一条腿。当另一条腿也疲劳时，运动员就要应用自己在单腿踩踏练习中所学到的知识，开始用双腿踩踏几分钟。然后在接下来的训练中，重复练习几次。

提拉练习

　　这是以脚为中心的训练。踩踏板时，运动员要让脚背一直紧紧地贴着鞋面，尽量不要向下踩踏板。实际上这种踩踏板只需要向上的力量，但运动员也不要施加过多的向上的力量。此外，运动员还要让踏板转动得平稳而流畅。在踩踏训练课程中，运动员可以练习几次提拉练习，每次持续几分钟。

冲刺练习

　　在骑行中，运动员先把自行车调节到低速挡，然后逐渐提高速度，直到速度快到他从车座上弹跳起来。接着，恢复到正常的速度。每次练习需要持续30秒左右。发生弹跳是因为运动员已经达到并略微超过了最高骑行速度，还因为当脚处于最低位置（6点钟位置）时，运动员仍然在向下踩踏。由于曲柄不能变长，所以，运动员不得不通过从车座上降低臀部来踩踏。进行这项练习时，最好能在踏板上安装一个踏频速度计，这样运动员就能知道自己的最快速度。这项练习的目的是让运动员通过学习平稳度过踩踏最低点来找到最佳节奏，并达到最快速度。运动员在训练中要经常重复这项练习。

肌耐力训练

对于经验丰富的铁人三项运动员来说，无论比赛距离有多长，肌耐力（Muscular Endurance，ME）都是决定运动员最佳成绩的关键因素。肌耐力训练真实地模拟了铁人三项运动的要求，包括恢复时间短且总时间较长的间歇训练、恢复时间长且总时间较长的间歇训练和节奏稳定的训练。训练强度等于或略低于乳酸（无氧）阈。心率或功率处于区间3或区间4，或RPE评分处于6～8分。此类训练的例子如下。

- 在区间3内，进行2～6组20分钟的间歇训练，每次恢复5分钟。
- 在区间4内，进行3～5组6分钟的间歇训练，每次恢复90秒。
- 在区间3内，进行40分钟的匀速训练。
- 在区间4内，进行20分钟的匀速训练。

在准备期早期，对所有比赛距离的运动员来说，在区间3内进行肌耐力间歇训练很常见。区间3的间歇训练和匀速平稳骑行是长距离铁人三项运动员的标准训练内容。对于短距离铁人三项运动员和奥运距离铁人三项运动员来说，最好在准备期后期进行区间4的肌耐力间歇训练和匀速平稳骑行，并坚持到比赛期。只要运动员每周进行一次这类自行车训练，几周以后，肌耐力就会得到提升，从而为完成比赛强度的训练做好准备。

无氧耐力训练

无氧耐力训练是一种具有挑战性的训练，它只适合有经验的铁人三项运动员。尽管无氧耐力训练对运动员的潜在好处很多，但是风险也很大。无氧耐力训练能提升运动员的最大摄氧量、乳酸（无氧）阈和踩踏的效率。对表现优异的运动员来说，这是强化阶段的一项标准训练。在8～10周内完成的6～8次这类训练可以大大地提高运动员的成绩。其缺点是有可能会导致运动员精神倦怠和训练过度，甚至受伤、生病。因此，运动员要谨慎地进行无氧耐力训练。

无氧耐力训练很简单：在区间5内，进行5×3分钟的间歇训练，每次恢复3分钟。在开始训练前，运动员一定要做好热身运动，逐渐把训练强度提升至区间3，其中包括一些快速而简短的加速运动。无氧耐力训练可以在平坦的地面上进行，也可以在山地上进行。它同样也十分适合在室内骑行台上进行，这样运动员就可以避免危险的交通环境、灯光等的影响。运动员必须在区间5内完成无氧耐力训练，才能达到理想的效果。相比心率监测器、功率计，RPE更适用于这项训练。这些间歇训练十分短暂，以至于每次结束后，心率仍然会上升，但不太可能达到区间5。为了快速地提升心率，运动员通常会在第一部分间歇训练时用力过度。这样做会加大训练的难度，在某种程度上也增加了受伤的风险，并延长了恢复时间。

自行车训练策略

大多数铁人三项运动员的训练都会使用一个叫作周期的系统。如第1章所述，周期指的是把训练季划分成几个训练阶段或训练周，每段时间都有特定的训练目标。这些阶段通常被称为大周期、小周期和微周期。大周期指的是针对一个特定目标制订的整体训练计划对应的时间段。小周期则把大周期划分成几个时间更短的时间段，一般包括准备期（有两个子阶段：一般准备阶段和具体准备阶段）、比赛期（有两个子阶段：赛前阶段和赛中阶段）和恢复期（是运动员在训练周期之间休息和恢复的时间）。

使用周期的目的是帮助运动员在最重要的赛事中达到最强体能和最佳运动表现。这种训练方法的基本原则是：随着比赛的临近，训练越来越接近于运动员为之准备的A赛。因此在准备期，运动员的训练内容可能和比赛并不相同。这时，训练内容可以是力量适中、速度适中的长距离骑行、提升踩踏技术的练习，或者举重。一般来说，铁人三项比赛并不会涉及这些练习。到了比赛期，训练时间和训练强度和比赛越来越相似。在赛前阶段，运动员在进行模拟比赛训练的同时会降低训练量。比赛期包括比赛前一段时间和比赛日。表6.4列出了这些阶段，并标出了每个周期的持续时间和每个阶段需要训练的能力。

表6.4

自行车训练阶段和训练重点

训练阶段（小周期）		训练时长（周）	需要训练的能力/训练目的
准备期	一般准备阶段（准备和基础）	12～20	速度技能、有氧耐力、肌肉力量、肌耐力
	具体准备阶段（强化）	4～12	肌耐力、无氧耐力（保持有氧耐力、肌肉力量和速度技能水平）
比赛期	赛前阶段（巅峰保持和减量）	3～8	肌耐力、无氧耐力
	赛中阶段（比赛）	1～3	恢复、保持肌耐力和无氧耐力
恢复期（非训练季）		十几天至6周	恢复性练习

下面详细地描述了各个阶段的自行车训练以及其他的相关训练。

准备阶段的自行车训练

准备阶段的训练目的是让运动员为基础阶段做好身心准备，回归严格的训练中。此时，运动员刚刚结束了上一赛季的恢复期，已经休息了1～6周。在休息期间，运动员可能也相当活跃，但是此时的重点是让轻伤得以恢复。这期间进行的与其说是"训练"，不如说是"休闲娱乐"。到了准备阶段，运动员是时候重新开始训练。

对于自行车训练来说，有三种类型的训练应该在准备阶段进行。按重要性排序，分别是速度技能训练、有氧耐力训练和肌肉力量训练（在上一节"自行车训练"中已经介绍过）。表6.5介绍了准备阶段自行车训练周计划的示例。

表6.5

示例：准备阶段的自行车训练周计划

时间	自行车训练重点
第一天	休息或轻松骑行或肌肉力量
第二天	速度技能
第三天	休息或轻松骑行
第四天	休息或肌肉力量
第五天	休息或轻松骑行
第六天	休息或轻松骑行
第七天	有氧耐力

基础阶段的自行车训练

在冬季进行自行车训练是十分具有挑战性的，因为这时天气恶劣，且白天较短。在准备阶段和基础阶段早期，越野滑雪、雪地滑雪和其他常见的冬季运动是不错的选择，但是随着比赛的临近，训练内容必须要和比赛接近。滑雪和其他的冬季运动与骑自行车并不相似。如果运动员在基础阶段后期还未上路骑行，那么可以选择室内骑行台，这时骑行台就是必需品。

在基础阶段，自行车训练的重点是肌耐力、肌肉力量和速度技能。在这一阶段，提升肌耐力和肌肉力量至关重要，因为运动员会在这一基础上开始进行一些更具有挑战性的训练。表6.6介绍了基础阶段自行车训练周计划的示例。

表6.6

示例：基础阶段的自行车训练周计划

时间	自行车训练重点
第一天	休息或轻松骑行或肌肉力量
第二天	速度技能和肌耐力
第三天	休息或轻松骑行
第四天	肌肉力量
第五天	休息或轻松骑行
第六天	休息或轻松骑行
第七天	有氧耐力（长时间骑行）

强化阶段的自行车训练

在强化阶段，训练必须要专注于提高比赛成绩。为了让训练成绩越来越接近预期的比赛成绩，这时的训练重点应该是肌耐力。如果运动员参加的是短距离比赛，那么训练重点就是无氧耐力。为了让这些训练更加接近比赛，运动员应当以等于或略高于目标比赛的强度进行训练。此外，在强化阶段进行一些骑行和跑步相结合的训练（训练模块）也是个不错的主意。

在强化阶段，运动员还需要保持有氧耐力、肌肉力量和速度技能水平。为了把这些能力维持在较高的水平，运动员需要经常进行这些训练。为了维持有氧耐力水平，运动员每周可以进行一次长时间骑行。在骑行早期，做一些肌耐力训练，然后以区间2对应的力量平稳地完成长时间骑行。肌肉力量水平可以通过高强度的训练来维持，尤其是爬坡骑行训练。运动员也可以通过在健身房进行力量训练来维持肌肉力量水平。为了保持速度技能水平，运动员可以在热身运动和冷身运动中加入踩踏练习。表6.7介绍了强化阶段自行车训练周计划的示例。

表6.7

示例：强化阶段的自行车训练周计划

时间	自行车训练重点
第一天	休息或轻松骑行或肌肉力量
第二天	肌耐力（保持速度技能水平）
第三天	休息或轻松骑行
第四天	有氧耐力（有选择性的）或轻松骑行或休息
第五天	休息或轻松骑行
第六天	休息或轻松骑行
第七天	肌耐力和有氧耐力（长时间骑行+短跑）

巅峰阶段的自行车训练

在巅峰阶段，运动员两三周后就要参加比赛了。这个阶段有时又被称为减量期。尽管减量期描述了训练时间和训练量的变化，但是忽略了另一个关键因素——训练强度。许多研究表明，要想成功地达到巅峰状态，关键在于运动员在只进行几次自行车比赛模拟训练的同时，增加休息的时间。模拟训练可能是类似于比赛的间歇性爬坡骑行训练，或者是在平地上进行的长途骑行，平地骑行时运动员会体会到空气带来的强阻力。在巅峰阶段，运动员每周需要进行2～3次模拟训练。在模拟训练期间，运动员必须要遵照计划休息以恢复身体。表6.8介绍了巅峰阶段自行车训练周计划的示例。

表6.8

示例：巅峰阶段的自行车训练周计划

时间	自行车训练重点
第一天	休息或轻松骑行
第二天	模拟比赛训练（训练模块：自行车比赛模拟训练）
第三天	轻松骑行
第四天	轻松骑行
第五天	模拟比赛训练（训练模块：自行车比赛模拟训练）
第六天	休息或轻松骑行
第七天	模拟比赛训练（训练模块：自行车比赛模拟训练）

赛中阶段的自行车训练

相比巅峰阶段，赛中阶段更强调休息，运动员在赛中阶段更需要休息。运动员只进行少量训练即可，而且越临近比赛，越需要缩短训练时间。至于自行车训练，运动员可以以比赛的强度进行3～5组90秒～3分钟的间歇训练，一周要休息2～3次，休息时长是平时的两倍。表6.9介绍了赛中阶段自行车训练周计划的示例。

运动员可以用多种不同的方式衡量针对目标比赛的进步情况。最简单的方法就是对比自己训练时的速度、心率或功率。运动员也可以做现场测试，模拟预期的比赛强度。例如，每4～6周进行一次30分钟的标准场地的骑行距离测试，有利于运动员评估运动表现的变化情况。也许衡量进步最精确的方法是每隔几周就做一次功能性阈值功率测试。

表6.9

示例：赛中阶段的自行车训练周计划

时间	自行车训练重点
第一天	休息或轻松骑行
第二天	肌耐力（短时间的）
第三天	轻松骑行
第四天	有氧耐力（有选择性的）或肌耐力（短时间的）
第五天	休息或轻松骑行（短时间的）
第六天	速度技能（时间十分短的）
第七天	比赛

　　正如在本章开始部分提到的，自行车的舒适度关系到比赛成绩。良好的自行车装备和高舒适度是运动员成功完成比赛的必要条件。运动员准备越充分、越适应自行车，就能节省越多的体力。如此，既能保持高速骑行，又能为接下来的跑步节省体力。长期计划的制订也相当重要，随着赛季的推进，自行车训练会越来越接近于比赛。

第7章

铁人三项跑步训练

塞尔吉奥·博尔赫斯

铁人三项中的跑步完全不同于纯粹的公路长跑。在铁人三项比赛中，运动员在跑步前进行了游泳和自行车比赛，肌肉（如臀部屈肌、腘绳肌、股四头肌）紧绷，运动过度，从而导致腿部的运动范围受限。因此，运动员将不能把腿抬得像腾空阶段时那么高，也不能把膝盖抬得像蹬地阶段时那么低，步幅变得越来越小，速度也越来越慢。此外，游泳和自行车比赛也增加了有氧系统的负担，使有氧系统更加疲惫。本章介绍了铁人三项跑步的训练方法，旨在帮助运动员在尽量减少受伤的同时，更加高效、快速地完成比赛。

跑步训练的组成部分

运动员在制订铁人三项跑步训练计划时，了解训练的组成部分十分重要。如果运动员想要提高自己的跑步成绩，应该把以下训练内容纳入训练计划中。然而，许多运动员都忽视了下列训练内容，尤其是前两项，因为大多数人只是单纯地想穿上鞋子，出门跑步。

跑步专项运动模式

运动模式是一种能内生运动节奏的神经网络（既没有感知节奏的器官，也没有中枢输入神经），或是一种能产生周期性运动（如移动）指令的神经回路。简单地说，运动模式是一组特定的肌肉运动，目的是帮助运动员完成外部动作。改善跑步运动模式的好方法是重复训练。通过在几周内重复某些训练内容，运动员会获得以下好处。

提升运动技能

通过使用跑步机（坡度为零时可以让运动员更容易向前跑）完成专项训练课程，运动员可以加大步伐以减少脚在地面停留的时间，降低股四头肌的离心负载。运动员通过控制身体达到理想状态。

增强训练专注力

以同样的努力程度、同样的时间重复相同的训练，可以让运动员把训练重点从有氧运动能力转移到有氧运动模式上。重复训练有助于运动员提升集中精神和保持专注的能力，这样，运动员的竞技状态和锻炼效率都会提升。

增强直觉

随着时间的推移，经过多次重复训练，运动员就会培养出敏锐的直觉，能够通过肌肉酸痛、疲劳程度、能量水平和动力等因素评估自己在某一天的训练表现。

学会提前规划训练

重复训练是一种可规划的常规训练。运动员可以在坚持训练且不违反适度训练原则的前提下，更高效地利用自己的时间。对于年龄较大的和业余铁人三项运动员来说，这一点尤为重要。

学会观察自身表现

通过重复训练，运动员不需要在训练中进行生理测试或进行比赛距离的测试。相反，重复训练可以确保运动员每周都能观察自己在每项运动中的进步。

学会评估疲劳程度

自我互动的过程意味着运动员能快速判断身体疲惫程度以及需要休息的时间。

保持训练连贯性

随着时间的推移，重复训练可以帮助运动员准确地理解身体的信号，并更好地利用这些信号来保持训练连贯性。

步频

铁人三项运动的跑步效率取决于运动员用疲劳和紧绷的腿进行快速奔跑的能力。要想提高跑步效率，运动员必须要加快步频（每条腿每分钟大概跑94～96步），或者提高步频。这种跑步方式本质上更像"洗牌式跑步"，它强调提高跑步频率，这样可以克服步幅小的缺点。在像大铁这样的长距离比赛中，快节奏跑步变得更加重要，因为在比赛中，腿部会更加疲劳，步幅会进一步缩小。如果步频较低，那么运动员在大铁的后半程速度就会很慢，甚至会转为走路。因为身体不能马上习惯快速运动的神经肌肉模式，所以，运动员需要进行大量的练习才能提高步频。此外，以高步频跑步会加快运动员的心率并增强有氧能力，因此，如果运动员在骑行时并没有感到筋疲力尽（如以低速骑行），那么这种跑步方式的效果会更好。和一些人的想法不同，我认为运动员可以在比赛中以更高的步频跑步，并把这当作习惯。通过把训练划分成几个部分，并在所有训练中努力提高步频，运动员自然而然地就能使用效率更高、更适合铁人三项的步频。

对大多数优秀的运动员来说，每分钟每条腿应跑92～94步。我建议运动员跑96步，因为96步可以更容易地划分成6步、4步或3步，这就意味着运动员可以轻松地在10秒、15秒或20秒内观察每条腿的步频是否具有一致性。当运动员疲惫时，尤其是在大铁的后半程，可以不按照这样的频率跑步。运动员在训练中不断训练如何进行高步频跑步，自然而然会适应步伐从低频向每分种每条腿95步左右的高频转变，这样在比赛中就不需要花力气协调步频。

使用跑步机，保持一定的坡度，可以帮助运动员形成更为自然、流畅的高步频。在有氧强度相同的情况下，相比使用平路，还有一种方法能让运动员跑得更快，即利用一条长达0.5～1英里（0.8～1.6千米）的环路，其中包括一个距离较短、较陡峭的上坡和一个距离较长、更为平缓的上坡。如此，运动员就可以构建一个乳酸耐受训练。这项训练旨在以等于或高于目前的乳酸阈的训练强度帮助运动员适应更高负荷的训练。运动员借助此项训练能提高步频并训练高速跑步技能。通过在训练中加入克服重力的跑步，可以提升运动员的运动技能。

除了乳酸耐受训练，其他跑步机训练应在坡度为零的情况下进行。正如前面所提到的，在有氧强度相同的情况下，运动员可以训练神经肌肉系统，以达到比以前更快的跑步速度。这种方式指的是在不超过有氧区间的情况下，运动员保持以更快的速度跑更长的时间。如果运动员能以这样的速度和持续时间进行公路长跑练习，就可以习得更高质量的运动模式和更有效的训练方法。

腿部上拉速度

腿部上拉速度是弹性能（在跑步过程中肌肉快速收缩的能力）的直接结果，运动员必须要让自己的大脑学会如何快速刺激肌肉以提高步频和腿部上拉速度。特别是随着年龄的增长，我们失去了原有的自然弹性能，我们更应该经常进行重复训练以防止自己跑得来越慢。越来越多的老年运动员能保持跑步速度。他们能保持速度的原因之一就是保持弹性能。以下是我最喜欢的几种跑步练习，这些练习有利于提升弹性能。

正步走

像军队行军一样，抬起一侧膝盖和脚以及对侧的手臂，当抬起另一侧的膝盖、脚及其对侧的手臂时，把脚放下。不断交换腿和手臂，向前移动。确保姿势完美，抬脚时保持脚尖下压，另一只脚着地再抬起，完全伸展髋关节。从臀部开始运动，当另一侧的脚触到地面时，收回肘部。完成3组20～30步的练习。

贴壁跑

练习者先保持站姿，左侧靠墙，把左手放在墙上。然后抬起左侧大腿，与墙平行。接着抬起右脚脚跟，使耳朵、肩膀、膝盖和支撑脚保持在同一条直线上。通过循环运动，后蹬左脚，将左脚抬至左臀部，再快速返回起始位置。尽可能快速地重复2次。完成2～3组的5次循环，然后换边训练。

柔韧性

和弹性能一样，能加大运动范围的柔韧性，也被大多数运动员（尤其是年纪大的运动员）忽视。为了能够跑得更快，肌肉需要有足够的运动范围，这样运动员就能花较少的力气高效地移动双腿。运动员的柔韧性越好，就能把腿抬得更高，因为肌肉不会限制运动。运动员可以通过主动拉伸、泡沫轴滚压（温和地滚压肌筋膜结缔组织以消除疼痛和恢复），或进行上述的跑步练习来提升自己的柔韧性。

力量和功率

铁人三项是一项耐力运动，因此，功率和力量都是运动员达到最佳表现的必要条件。因为要训练三个运动项目，且所有训练似乎都是为了增强耐力，运动员很难找出更多的时间专注于专项力量训练。难道仅做耐力运动就能满足运动员所需的力量吗？让我们从不同的角度来看待这个问题，有谁认为如果自己变得更强壮，力量不会变得更大？在所有条件都相同的情况下，运动员越强壮，力量越大，速度越快。重要的一点是，运动员要明白训练的目标是最大限度地提高功率和体重的比值，不单是绝对力量。单单进行力量训练只会长出肌肉块，而这不利于铁人三项这样的耐力运动。

从简单的事实中，我们就能看出力量对耐力运动的重要性。大部分运动员都能完成奥运距离的铁人三项，但是很少有人可以在2个小时内完成比赛。因此，问题不在于运动员是否有足够的力量来完成比赛，而在于他能否在比赛中以较高的效率来分配体能。强壮的身体不仅对产生力量至关重要，而且还会让身体更加坚韧，更不易受伤。

运动员要意识到只进行游泳、骑行或跑步，并不会让力量显著增长。这些训练十分依赖有氧能力——运动员在加强力量训练之前就十分疲惫。因此，非赛季是训练专项体能，如循环训练或举重训练的好时机。一旦运动员的体能变得更强，他就可以进行铁人三项专项训练。

休赛期是运动员转变训练重点，将力量训练和柔韧性训练纳入训练计划的理想时机。为了提升运动表现，运动员可能会希望在整年的训练计划中一直有力量训练，但是到了休赛期，如果不游泳、不骑行、不跑步，可以多做力量训练。

▶ 用疲劳的双腿跑步

如果参加过铁人三项，从自行车上下来时，你会发现自己的双腿是多么沉重和疲劳。对许多人来说，这种感觉犹如当头一棒。这也是为什么许多人在赛后会抱怨道："我的腿太重了，根本就跑不了！"如果运动员能训练自己的身体和大脑用疲劳的双腿进行高效的跑步运动，就能跑得更快，也不会在比赛日时措手不及。

在多年的执教生涯中，我见过运动员为了用"精力充沛"的双腿进行高质量的跑步，在跑步比赛前安排低强度训练或恢复训练的情况。但许多运动员因此在比赛中受伤，没有受伤的运动员也会感到疼痛（失去了训练连贯性），这是因为他们的肌肉放松过度，从而对身体造成了更大的伤害。此外，使用这种方法的运动员中很少有人能达到比赛时的跑步速度。在铁人三项比赛中，运动员的腿十分紧绷和疲惫，有氧系统不堪重负，就会不再自我恢复。

对于铁人三项运动员来说，制订一套"保险方案"至关重要。为了降低受伤、肌肉严重酸痛和训练情况不理想的发生率，关键跑步训练的前一天应严格地训练肌肉力量（进行力量训练或以较低的速度重复自行车爬坡训练），这样运动员在关键训练时就可以用已经疲劳的双腿开始进行艰苦的跑步训练。运动员也可以先进行跑步训练，让自己达到高度疲劳的状态，然后再进行时间较短的速度训练，专注于腿部上拉速度。例如，运动员可以在跑道上每跑 400 米到 800 米做几组登阶训练。

用疲劳的双腿进行跑步训练有利于运动员在疲劳的状态下更加高效地跑步，这是铁人三项跑步的关键。如果没有机会在关键跑步训练前一天完成一次强度很大的训练，运动员可以在关键跑步训练前做长达 40 分钟的热身运动。这样运动员就会疲劳一些，从而建立起自己的保险方案。

例如，如果运动员每周跑步 4 次，游泳 3 次，骑行 2 次，应该还有时间做一些专项力量训练。如果没有时间，那可以把这些力量训练安排在简单的跑步训练或游泳训练之后。可以做一些专注于克服自身短板的力量训练，也可以做一些有助于防止损伤的练习。

此外，当运动员无法进一步提高跑步速度时，可以将训练重点从速度转向腿部力量。进行距离更长的上坡跑可以帮助运动员缩小在休赛期落下的体能差距。虽然重复训练和力量训练的效果不错，但是运动员需要进行专项训练来加强体能。田径训练、越野长跑和上坡跑都是增强腿部力量和核心力量的好方法。

速度

速度训练和乳酸耐受训练都是铁人三项所特有的专项训练，都应该成为整体训练计划的一部分。但是正如前面提到的一样，运动员要注意安排间歇训练的训练频次和训练时长，这样就不会受伤或筋疲力尽。运动员可以通过时间较短、强度较高的间歇训练来提高跑步速度。可以使用跑步机来控制变量，从而为每周的运动表现提供基准数据；进行公路长跑时，可以利用坡度平缓的下坡，在有氧负荷较低的情况下，进行高速运动。这两种方法都将有助于运动员增大活动范围、提升跑步力量和其他运动技能。此外，运动员还应进行训练时间较短（30 ～ 45秒）、恢复时间较长（大约为训练时间的两倍）的间歇训练。速度训练还可以和自行车耐力训练相结合，这可以有效地提高长时间骑行后的腿部上拉速度，改变腿部疲软的状态。

乳酸耐受训练是比赛专项训练，应每隔1 ～ 20分钟进行一次。由于该训练对身体的压力较大，训练时间应限制在30 ～ 45分钟。第一次乳酸耐受训练如果不全力以赴，运动员的运动能力不仅很难提升，自己也容易受伤。训练可以采取典型的先慢后快法：例如，先完成20分钟的轻松跑步，再完成15分钟的半程大铁强度跑步，最后完成10分钟的10千米强度的跑步。一个能结合速度训练和乳酸耐受训练的好方法是在环形山路上进行肌肉训练。运动员先通过艰难的上坡跑，不断提高自己的心率，然后再以较高的步频跑过较为平缓的下坡，这样就有机会在较高的有氧负荷下进行高步频训练。而平缓的坡度有助于运动员保持跑步姿态。

耐力

训练中也有耐力训练。由于运动员在跑步中受伤的风险较高，所以，教练应该控制训练量。我建议运动员每周进行一次传统的长跑训练，这样就可以控制训练强度以避免分解代谢效应的过度影响。运动员可以在跑步过程中进行短距离快速跑，这样可以改善腿部的疲软状态。此外，在整个跑步过程中，运动员始终要注意保持较高的步频。

如果想要加快恢复速度，运动员可以在跑步后进行强度较大的负重训练或快速游泳训练（在短时间内，完成15 ～ 20米的游泳间歇训练，期间进行大量的简单恢复练习）。在健身房进行力量训练或在泳池中进行短时间的快速间歇训练将促进合成代谢，从而中和长跑中分解代谢对人体的不利影响（肌肉溶解）。

训练量和训练强度

运动员进入兴奋状态通常是在第一个赛季以后，此时，其大脑中冒出的第一个想法就是"如果我训练的时间更长、训练时更努力，我就能跑得更快"。这句话并不完全错——

如果更努力训练并且训练更久，的确能让运动员跑得更快——但是问题在于恢复。最理想的状态是，运动员每天都进行高强度的训练，但是他们都明白自己无法从如此之高的训练强度和训练负荷中恢复过来。如果这样训练，运动员最终将会情绪崩溃和筋疲力尽。我认为所有运动员对于训练强度和训练量都有自己的承受限度，有人可以多训练一些，有人则不得不少训练一些。我总是宁可让运动员少训练一些，也不能让他们训练过度，从而导致筋疲力尽或受伤。运动员一定要严格限制每周的长跑次数（我建议一次），并确保进行时间较短的间歇训练，保证自己达到预计的训练质量。多余的距离并不会让运动员跑得更快，只会降低他的跑步速度和跑步效率。

另一件重要的事情是运动员需要注意自己的RPE评分，可以参考第119页。运动员每天的疲劳程度不同有不同的原因，包括精神压力、睡眠不足、训练前一天晚上喝了太多的酒、处在患病初期等。因此，运动员不能指望自己每天都能达到相同的身体状态。总会有那么一天，由于十分疲惫，运动员会感到每千米5分钟的中等配速是个很难达到的速度，到了另外一天却能轻松地达到每千米4分钟以内的配速。了解身体状况有助于在训练中达到理想状态，也有助于调整训练强度。

在规划跑步的训练量和训练强度时，运动员需要考虑以下几个关键因素。

体形

一般而言，优秀的跑步者通常身材非常苗条，且体重较轻。这是理想的跑步体形，这种体形有利于跑者进行高强度、高负荷的跑步训练。高强度和高负荷的训练并不适合大多数铁人三项运动员，因为经过游泳训练后，腿部肌肉会变得更加粗壮、上半身肌肉也更加发达。因为脚触地会对身体产生影响，运动员越重，在间歇训练时对肌肉和关节造成的伤害越大。此外，如果运动员有些超重或肌肉过于发达，应十分注意训练强度和训练负荷。因此，如果运动员看起来像一位健美运动员，那么在做间歇短、强度高的训练或者针对肌肉的训练时就要十分注意。

生物力学

我们经常会看见运动员以不正确的姿势训练跑步，其中有人每周要进行多次长跑训练，这大大地增加了受伤风险。跑步和骑行、游泳一样，都是重复动作运动，因此，在运动方式不恰当的情况下，训练太过频繁或训练负荷太大，最终会使运动员受到伤害。运动员运动的效率越高，则跑得越快，跑步时间越长。因此当业余运动员拿自己和朋友或专业运动员做比较时，首先要观察别人的跑步动作。

运动员要注意，在跑步过程中，当脚触地时，股四头肌和小腿肌肉都会发生离心（延长）收缩。进行下坡跑步时，肌肉收缩会更加明显，尤其是大腿上的股四头肌，因为此时这些肌肉所承担的重量相当于身体重量的三倍。股四头肌最初的收缩程度不足以克服这种重量，因此当运动员每次脚踏地面时，股四头肌会在短暂的离心收缩中被拉伸。肌肉并不适合反复地离心收缩，因此当肌肉被迫收缩时，很容易受伤。这就解释了为什么运动员进行下坡跑时会感到特别痛苦，为什么下坡跑后肌肉僵硬的时间比上坡跑或平地跑要久。

跑步背景

跑步背景是运动员规划训练时要考虑的另一个重要因素。如果有多年的跑步经历，那么运动员可能已经形成了较好的运动机制，已经能够承受跑步对身体的冲击以及对肌肉和关节的影响。一般来说，如果运动员没有在跑步过程中经常受伤，那么经过几年的跑步（重复性运动）训练，运动效率一定会有所提高。

年龄

随着年龄的增长，关节和肌肉变得越来越脆弱，从长期艰苦训练中恢复过来的能力也有所下降，各种激素的水平也不像20岁时那么高，因此要精心规划才能进行一次长时间的艰苦训练。对年纪较大的运动员来说，挑战在于如何在准备重要赛事的过程中保持健康。

受伤史

如果运动员受过伤，那么应该注意培养身体意识，这样就可以读懂身体发送给自己的信号，从而避免再次受伤。例如，如果运动员每次进行时间较短的高强度训练时会受伤，这可能就是身体发出的信号，告知运动员他不适合这项训练（即使运动员之前做过几次）。这个道理也同样适用于确定长距离的跑量。如果运动员跑步超过90分钟就会感到肌肉十分疼痛，而且需要很长的时间才能恢复，或者是更严重的情况——受伤，那么这应该是他的运动极限。

另外要注意的是，相比游泳和骑行，运动员更容易在跑步中受伤。因此，当运动员在安排跑步训练时，要更加注意训练顺序和训练内容。运动员刚开始跑步时，要慢慢进入跑步状态，这同样适用于刚从伤病中痊愈的人。例如，对于刚痊愈的人来说，要想回归训练，有效的训练安排是：从刚开始的每周3次跑步－走路交替训练，逐渐增加跑步的训练时间。

性别

根据我的执教经验，女运动员的恢复速度往往要比男运动员快，而且女运动员也能够承受更高的强度和更大的训练量。这大多与体形（通常女性比男性轻）和激素（激素使女性恢复得更快，因此她们可以承受时间更长、强度更大的训练）有关。

跑步训练技巧和跑步训练

运动员在赛季的每个阶段都要调整跑步训练，以确保自己为比赛做好了准备。在准备阶段，如果运动员已经开始跑步，可以每周进行3～5次跑步训练。每次训练可以持续20～45分钟，强度较低，且应该专注于训练跑步姿势。如果运动员还没有开始跑步训练，可以从每周进行3天跑步-走路交替训练开始，直到自己可以连续跑20分钟。在运动员进入基础阶段后，可以开始进行距离更长的耐力跑步和更多的速度训练。这时，运动员每周可安排3天或4天跑步训练。到了强化阶段，随着训练强度的增加，应该减少训练的总量。此时运动员仍然保持每周进行3天或4天跑步训练。在巅峰阶段，训练强度将继续增加，训练量也将继续下降，运动员每周应进行2天或3天跑步训练，其中一次跑步训练应安排在自行车训练之后。在赛中阶段，训练强度会很高，但训练量会大大降低。此时，运动员每周仍然应进行2天或3天跑步训练，其中跑步训练应安排在自行车训练之后。在休赛期，通过每周进行2天或3次跑步训练或越野跑，运动员可以完成保持体能水平的目标。大型的越野训练活动包括越野滑雪、足球和徒步。

要想提高跑步成绩，运动员需要在整年的训练周期内始终进行3项关键训练——力量训练、速度训练和耐力训练，明白这一点十分重要。以下示例是包括游泳、跑步、自行车训练的周计划，它适用于业余分龄组的运动员。这些运动员每周进行3次跑步训练，并且正为奥运距离的铁人三项做准备。

星期一

模块训练：先进行自行车专项力量训练（60分钟），紧接着进行乳酸耐受跑步训练和速度训练（27分钟），以此作为模拟比赛训练。跑步：以跑10千米的速度（85%～90%的速度），完成3组3分钟、2分钟和1分钟的跑步训练，每组之间轻松慢跑1分钟。

星期二

长距离游泳耐力训练（45分钟）和举重训练（30分钟）。

星期三

力量训练：跑坡训练（45～60分钟）。先将轻松慢跑10分钟作为跑步热身运动，从较低的强度慢慢提高至中等强度。找一个较为平缓的山坡（4～6度），做3组5×1分钟的间歇训练，从中等强度提升至较高的强度（90%～95%的努力程度）。每组之间使用3分钟的轻松慢跑作为恢复训练，然后进行10分钟的放松运动和冷身运动（例如拉伸、按摩）。注意：如果运动员之前跑得并不多，可以从2组5×30秒的间歇训练开始，然后重复上述的常规训练。游泳：恢复训练（30分钟）。

星期四

乳酸耐受自行车训练（比赛强度）（45～60分钟）。

星期五

跑步耐力训练：在小路、跑步机或公路上跑步（45～75分钟）。刚开始，前10分钟的跑步较为轻松，接着逐渐从较为容易的强度提升至中等强度。记住，目标是增强耐力，因此，训练强度应保持在65%～75%的努力程度。正如本章前面所提到的，运动员必须要基于6个要素（体形、生物力学、跑步背景、年龄、受伤史以及性别）来仔细规划训练量。还要注意安全，从较为保守的强度开始训练，当运动员感觉身体适应了训练时再增加训练强度。

星期六

休息日或高质量游泳训练（45分钟）。

星期日

自行车耐力训练：2～3小时，中等强度。

由于运动范围、肌肉疲劳程度、有氧系统的消耗程度和神经肌肉系统的消耗程度不同，铁人三项跑步和普通跑步比赛不一样，了解这一点十分重要。每位运动员应该根据身体耐受能力，进行不同强度的训练。运动时要多加注意身体而不是训练速度，从而防止肌肉和关节受伤。运动员还应该学会如何用疲劳的双腿进行高效的跑步，这是铁人三项跑步中最重要的一点！

第8章

训练过度和恢复

克丽丝滕·迪芬巴赫、迈克尔·克尔曼

运动员在训练中达到出色表现的同时，也承担着很高的风险。从短距离铁人三项到标志性的大铁，各个水平的铁人三项运动员都带着不同的目标进行着强度不同的训练。对"铁人"这个词最常见的理解是：铁人通常是意志坚定的人，他们不断超越自己。尽管"练得越多越好"这一运动文化已经渗透到许多运动项目当中，但是铁人三项的多元因素使得运动员对训练的要求和期望值更高。当事与愿违或表现受挫时，运动员却不把训练过度的建议放在眼里。当表现不尽如人意时，他们总是假设这是个人不足造成的，只是一场失败而已，并担心自己练得不够多。但是，加倍努力参加更多训练，这一最常见的反应反而让运动员陷入了表现不佳的恶性循环。

铁人三项运动的有关杂志、博客和论坛常常会有来自运动员的文章和帖子，内容涉及筋疲力尽的感觉、对训练过度的担忧以及平衡训练的经历。职业铁人三项运动员马克·艾伦（2010）在讨论他早期的训练方法时曾说："每一次跑步，即使是1英里（1.6千米），我也会尽量采用接近5分钟的配速，这的确有点效果。我在前一两年取得了不错的比赛成绩，但我也受了些小伤，一次又一次感到十分疲惫，想要放弃训练。"

四届瑞典铁人两项全国冠军、瑞典铁人三项纪录保持者克拉斯·比约林多次在自己的博客上写到，训练过度对他的职业生涯造成了不利的影响。2008年，他发布消息称自己需要休息一整年，由于训练过度和筋疲力尽，他需要进行缓慢的恢复过程。葆拉·纽比·弗拉泽、戴夫·斯科特和许多其他运动员曾多次在采访中谈论到自己的经历，包括挫折、失望和训练过度带来的伤病。即使是精英级别的运动员也不能幸免于训练过度的不利影响，这样看来它似乎是一种通病。

然而，尽管人们经常讨论训练过度的后果，并关注其影响，但是他们并没有充分地理解训练过度。虽然努力地训练既有可能带来好的结果也有可能带来坏的结果，但是运动员和教练可以大大减少潜在的问题。训练过度并不是不可避免的。本章介绍了压力和恢复在训练过程中的重要性，以及运动员综合考虑训练相关问题的重要性，并为设定最佳训练量提供了相关建议。

理解训练过度和恢复

现在，大多数运动员和教练至少已在某种程度上理解了训练过度的风险和恢复的价值。然而，人们往往不太清楚，这些风险到底是什么，它们是如何影响训练和表现的，以及我们对此能够做什么和不能做什么。此外，他们并没有充分运用现有的知识来规划一个既健康又适度的训练，而这却十分关键。

如果人们对科学文献中提到的训练过度这一术语及其产生的原因感到困惑，那么可能对它在优化运动表现和训练计划中的作用感到困惑。研究人员使用了各种各样的术语来描述运动员的各种运动经历，如过度劳累、超量训练、过度疲劳、能量耗尽、筋疲力尽、消耗过度、短时间训练过度和长时间训练过度等。有些理论片面地强调了激素、免疫力等其他训练因素，而另一些理论则从更全面的角度探讨了运动员和许多因素之间的相互关系。而且，评估训练过度的测试通常以监控运动员日常训练的方式展开，其结果既不确定也不切实际。到目前为止，体育专家还没有给出训练过度的统一定义，人们对训练过度的连续性和复杂性了解得越多，就越明白简单地拿出诊断工具或解决方案是不可能的。

发现运动员何时发生了训练过度是关键所在。加拿大研究员朱迪·戈斯（1994）提出的"训练悖论"是指，意在通过突破运动极限获得最佳表现的训练过度也会为训练创造最佳条件。运动员和教练满怀期待甚至愿意接受一定程度的疲劳，这些疲劳通常伴随着艰苦的训练。然而，处于训练过度状态可以被认为处于持续的瓶颈期，短时间的休息和恢复并不能改善这种状态。由于训练过度的独特性，运动员和教练很难量化地区分正常的超额训练和训练过度的时间范围和恢复程度。教练和运动员越了解训练过度和相关因素，就越有可能找到训练过度和最佳准备之间的界限。

训练过度不仅会对运动员的表现产生重大影响，还会影响运动员的健康和整体生活质量。研究人员对200多种训练过度的症状进行了分类。最常见的警告信号包括：心情抑郁、冷漠、自尊心受挫、情绪不稳定、烦躁、易怒、睡眠不良、体重减轻、食欲减退、静态心率提高、激素紊乱以及表现平平。如果训练过度，运动员受伤的概率就会增加。一旦恢复速度变慢，免疫系统受损，其他疾病（如呼吸道感染等）就会接踵而来。如果教练和运动员了解这些症状并意识到其潜在的不利影响，那么大部分症状都可以被识别出来。然而，单一的症状不能作为一个单独的指标。在训练期望的背景下，这些症状的组合会引发一个危险信号。

20世纪70年代以来，运动科学研究和周期训练原则对教练的影响越来越大。训练铁人三项运动员已经演变成了一门学科。根据周期训练原则，运动员应不断调整跑步、游泳、骑行和举重的训练强度和训练负荷，以建立适当的运动基础，发挥优势，克服缺点和达到最佳表现。运动科学研究表明，与以下训练类似的训练方法很可能会导致生理层面上的训练过度。例如，运动员的训练方法是每天进行三个小时以上的单一训练，而不是每日交替进行艰苦训练和轻松训练或交替进行2天艰苦训练和1天轻松训练，在2或3周训练后仍然没有周期训练和相应的微周期，以及缺乏休息日。然而，即使教练和运动员进行了科学的训练，并避免了诸如上述的潜在问题，运动员仍然可能会训练过度。这就表明他们还需要考虑更多的问题。

▶ 训练过度的症状

- 表现下降。
- 经过减量或休息后，没有超量补偿。
- 静态心率提高。
- 体重减轻。
- 食欲减退。
- 更容易受伤。
- 激素紊乱。
- 心情抑郁。
- 冷漠。
- 自尊心受挫。
- 情绪不稳定。
- 烦躁。
- 易怒。
- 睡眠不良。

无论是训练过度还是恢复不足，运动员的运动表现水平都会下降。然而，两者之间也有一些关键的不同之处。训练要求运动员突破舒适区。超量训练会导致疲劳、肌肉酸痛和短暂的表现水平下降，但是这些都是改变运动状态和提高运动表现水平必需的。然而，当长时间的超量训练变成训练过度时，难以逆转的长期表现水平下降对运动员的身心状态都会有不利影响。恢复不足或没有开展基于运动员身心需求的恢复活动，被认为是令运动员训练过度的明显原因。虽然目前还没有准确的、无创的方法来确定超量训练何时会演变成训练过度，但是研究发现，积极主动地加强恢复训练可以防止恢复不足并减少训练过度所带来的影响。因此，了解恢复训练并将恢复训练纳入执教计划中，是帮助运动员防止训练过度的积极方法。

恢复训练在日常训练中必不可少。教练通常会在间歇训练之间安排休息时间，并在此期间向运动员介绍恢复训练在日常训练中所起的作用。但是从范围更大的训练过度和恢复不足的影响来看，恢复又是指什么呢？恢复不良或恢复不足和不佳的身心表现有关，包括训练过度和筋疲力尽。适当的个人恢复指消除心理、身体和社会方面带来的不适，也指消除运动员所做之事和所处环境带来的不适。2001年，研究人员克尔曼和卡卢斯列出了总体恢复特征，旨在帮助教练和运动员提升运动表现和整体运动体验。他们认为，恢复是一个随着时间推移而发生的过程。就像训练和其他应激源一样，恢复训练需要长期坚持，并有多种途径。最终，运动员达到或保持身心平衡所需的恢复效果和恢复程度取决于运动员所经历的训练强度和运动性质。

将恢复训练仅仅看作缺乏运动具有误导性。研究人员勒尔和普赖泽尔（1974）认为恢复活动不是被动的放松性活动。根据运动性质和个人需求，运动员可以以多种方式进行恢复活动。积极的恢复或有效的康复活动会带来紧张和积极压力（Selye, 1974）。积极压力的概念有助于解释在身体压力大的同时，为什么艰苦的训练既可以给运动员带来心理压力又可以成为恢复或积极压力的来源。用周期训练中常见的举重运动做个类比，在这个训练中，运动员会交替进行不同的肌肉训练，从而让之前紧绷的肌肉得以休息。同样，交替进行不同活动，如训练（生理压力）和在教室或工作环境中学习（心理或认知压力），有助于运动员的身心交替恢复，并提升个人的平衡感和幸福感。因此，运动员体内的不同系统可以在特定的活动中同时工作和恢复。有目的地改变各种刺激或压力的类型和性质，有利于促进其他系统的恢复，从而促进运动员身心均衡发展。

和训练一样，恢复训练并不是通用的。制订个性化的恢复训练计划至关重要。此外，恢复的灵活性，或多种恢复选择，对于帮助运动员调整和满足不断变化的需求十分重要。当运动员无法控制或难以完成恢复运动时，这一点就显得尤为重要。对于运动员来说，准备好替补恢复策略才是万全之策。该策略可以减少运动员可能会遇到的潜在压力，例如运动员会担心是否能达到恢复的要求，而这种担心只会进一步加大运动员的心理压力。

如前所述，恢复有多种形式。通常，恢复可以分为三类：积极恢复、被动恢复和主动恢复。积极恢复是训练词汇中一个常见的概念。教练常常在强度较低的训练日、在艰苦的训练结束后或在赛季结束时，安排积极恢复训练以加快运动员的恢复速度。被动恢复也是常见的恢复概念（它也是训练中的一部分，尽管教练和运动员对它并不是很热情），包括静躺和静坐。值得注意的是，被动恢复的特点在于使用能促进恢复的治疗方式（例如按摩、冷热浴、蒸汽浴、桑拿）。由于这些治疗方式对身体有益处，越来越多的应用运动科学研究提倡使用高性能的恢复设施，如美国奥林匹克训练中心和澳大利亚体育研究所就投资建设了恢复中心，为运动员提供了各种类型的被动恢复训练。

主动恢复是指运动员为了达到预期的恢复效果而展开的活动。运动员可以把肌肉放松和肌肉伸展融入日常训练当中。这些活动贯穿整个训练过程，可以减少疲劳，从而使运动员适应更强的训练压力。和其他的恢复训练一样，主动恢复策略并不局限于和训练相关的活动。在忙碌的一天中抽时间散步或和朋友聊天都是主动发起的恢复活动，这些活动可以促进恢复，防止压力累积。

任何活动的恢复程度和恢复效果都与活动的环境有关。例如，人们普遍认为睡眠是恢复身心健康的关键活动。但是在吵闹的宿舍或温度不适的房间里睡觉，恢复的效果会不太理想，此外强迫入睡会让运动员承受更大的压力。个人对环境不利因素的评估是影响恢复的另一要素。沿用睡眠的例子，习惯住在乡下的人可能会发现，在城市旅馆中听到的街道噪声对睡眠质量有负面影响，而习惯住在城市的人甚至可能根本没有注意到这些噪声。

平衡生活中的压力

跑步圈数、跑步里程和举重的重量都会给训练中的运动员带来压力。如果运动员能在放空状态下训练，即除了训练以外什么都不做，那就太好了，但是现实总是更加复杂。具体来说，除了承受训练负荷以外，运动员每天还要承受来自环境和其他人的压力。虽然压力通常和负面情绪有关，但是运动员对生理、心理和社会三方面的需要也会带来压力。全面了解运动员及其所有经历，对制订个性化训练计划及预防训练过度和恢复不足都很重要。

不管来源如何，所有的压力都会对运动员产生影响。影响程度取决于几个因素，其中最重要的因素是人们如何看待不同的情况。如果运动员认为某种情况会让他压力很大或筋疲力尽，那么这种情况会对他产生更大的影响。如果运动员需要额外的时间和精力来处理某种情况，或从恢复活动，如高质量的睡眠中抽离出来，那么这些情况也会对他产生更大的影响。即使是处理日常事务，如日常通勤、人际关系和工作，都是要付出精力的。生活中的压力源和训练负荷的常规变化，让运动员压力越来越大。正是这种压力和恢复的潜在不平衡性，为训练过度提供了条件。

除了应对各种压力源的方式之外，运动员应对挑战的方式也是教练全面了解运动员的一个方面。乐观、灵活、坚强和坚韧的性格会影响运动员如何看待压力和恢复。同样的半杯水，乐观的人会看到正面的一面，会看到杯子是半满的；而悲观的人看到的则是半空的。性格坚强和坚韧的人倾向于把事情看作挑战而不是问题，他们会集中精力努力地完成挑战。虽然运动员的自然天性或多或少都是积极的，但这不是绝对的。通过具体实践和增强式训练，运动员可以培养和强化乐观的性格。

通过理解和评估运动员及其对不同情况的处理方法，教练可以掌握帮助运动员创造最佳训练条件的关键线索，从而防止运动员出现训练过度和恢复不足的问题。教练应该和运动员坦诚交流，问一些深刻的问题并仔细倾听运动员的回答，这样他们就有机会更好地理解恢复的需求。

让运动员描述自己的训练时，他们常常会给出详细的数据，例如每周的训练时间及每天的训练距离、训练时间、游泳组数等。让教练解释运动员的训练计划时，结果相似，教练也许还会解释与各个特定阶段和训练重点相关的预期生理反应。可惜的是，尽管压力和恢复之间存在着不可分割的关系，但很少有运动员和教练主动把恢复活动作为训练计划的一部分，更少有运动员和教练从更广泛的生活情境角度定期评估训练。人们通常认为恢复活动应该被安排在训练之间，却没有考虑到运动员的实际需求以及其他生活压力对恢复活动的干扰。

为了防止恢复不足，以及由此造成的训练过度，运动员需要随着压力的加大而增加恢复训练。如果没有增加恢复训练，就会陷入一个无法修复的消极压力循环之中（身体、心理或两者皆有）。随着运动员的压力越来越大且恢复不足，压力的影响和恢复不足的情况将持续恶化。一个简单的例子是，夜间睡眠需求的增加与训练量的增加正相关。在所有其他条件相同的情况下，当每周训练时间增加时，运动员的夜间睡眠需求就会相应增加。这是身体正常恢复的自然反应。当训练需求增加时，如果运动员没有充足的睡眠，这不仅会影响运动员的情绪，还会抑制发生在正常睡眠周期中的关键性生理恢复反应。这种睡眠模式不利于运动员达到个人最佳状态。

正如训练有不同类型一样（例如，进行匀速耐力长跑或高强度的短跑有利于增强跑步专项性和激活不同的身体系统），恢复训练的效果和程度也应该视具体情况而定。经过一次艰苦的跑步训练，运动员可能会需要大量冷身运动，例如一个简单的放松活动、洗个冰浴、适当补充营养和水分，以及睡个好觉才能达到最佳效果和平衡训练与恢复。经过一天的高压训练，运动员可能会从艰苦的跑步中受益，当然也有可能还需要其他形式的恢复活动。例如，通过与他人交谈或享受安静的时间来放松自己和降低压力水平。在以上要素中，只有部分要素被直接纳入了运动员的训练计划之中，但它们都是使运动员达到最佳表现的关键。教练和运动员必须了解并理解压力的多重来源，以制订和实施正确的恢复策略。

预测训练过度

涉及训练、训练过度、压力和恢复的讨论大都是纯学术性的，如果教练和运动员正确理解、评估和应用这些知识，就能让运动员提高成绩并享受训练。现代训练要求教练和运动员使用多种工具来量化训练。监测诸如距离、速度、心率、功率、血氧饱和度和血乳酸浓度等都是相对容易和相对便宜的。尽管这些指标为调整和控制训练负荷提供了丰富的信息，但可惜的是，这些指标并没有体现出不对的地方，等运动员和教练想要采取必要的早期干预行为时，为时已晚。

首先，运动员和教练必须要承认所有压力和恢复需求都有独特性和情况依赖性。每位运动员都有独特的训练压力、生活压力和独特的恢复方式和恢复需求，此外，在训练季的不同阶段，每位运动员的反应和需求也会有所不同。确定和监测运动员在训练和生活中的关键指标以及对训练的反应，有助于教练和运动员更好地了解运动员的需求和总体平衡状况。从长远来看，定期监测恢复情况为评估成绩和制订准确的计划提供了丰富的信息。

一个很容易就能观察到的、敏感的恢复指标是睡眠质量和睡眠时间。训练过度的运动员常见的问题是很晚才能入睡。他们会不断思考训练进度、成绩目标、肌肉状态或训练环境内外的其他事件，这会让运动员保持清醒，有时候需要60分钟或更长时间才能入睡。如果这种情况持续了很久，例如几个星期，运动员应把它看作训练过度的症状，然后和相关专家和教练讨论这一问题。

日志、电子记录或传统的纸笔记录是教练和运动员监测和分享训练数据的常用方法。还有许多方法可以用于监测恢复情况，并且这些方法可以很容易地纳入运动员已经记录好的训练数据中。专项恢复措施、非专项恢复措施和基于研究的措施都可用于监测平衡状况，例如情绪状态测试量表（Profile to Mood States，POMS; McNair et al., 1971, 1992）、博格主观疲劳感知评估（Borg, 1998）、恢复线索（Kellmann et al., 2002），以及全面质量恢复（Kenttä & Hassmén, 1998, 2002）。

另一个能监测压力和恢复水平的更详细的监测措施是运动员恢复和压力问卷调查（Kellmann & Kallus, 2001），这项措施着眼于运动员在运动和生活方面所感知到的压力和恢复水平，它已被证明随着时间的推移可以有效地监测运动员的反应。运动员恢复和压力问卷调查已被用于各种运动（如铁人三项、游泳、足球、橄榄球），并被许多国家用于监测运动员参加准备训练营对其世界锦标赛和奥运会成绩的影响。评估结果表明，运动员恢复和压力问卷调查结果的显著变化可以反映训练量的变化（Kellmann, 2010）。

▶运动员恢复和压力问卷调查概况

运动员恢复和压力问卷调查要求运动员回答一系列问题，用数字0～6表示从"从不"到"总是"，从而得出运动员在过去3天内完成某事或感知某事的频次。根据自己在比赛和训练中的表现，运动员可以选择最能反映自身想法和活动的答案，这样他们对每种情况的发生频率就能一目了然。图8.1是问卷调查中的几个问题。

在过去（3）日/晚	从不	几乎不	有时	偶尔	经常	通常	总是
2. 我没有获得充足的睡眠 ……	0	1	2	3	4	5	6
9. 我感到身体放松 ……	0	1	2	3	4	5	6
28. 我感到紧张和无法适从 ……	0	1	2	3	4	5	6
75. 我感到身体强壮 ……	0	1	2	3	4	5	6

图8.1 运动员恢复和压力问卷调查节选

源自：M. Kellmann and K.W. Kallus, 2001, *Recovery-Stress Questionnaire for Athletes: User manual* (Champaign, IL: Human Kinetics).

运动员可以通过运动员恢复和压力问卷调查的19个标准来总结自己的反应。这些标准可以划分成4类：日常压力、运动压力、日常恢复和运动恢复。运动员可以把结果绘制成图表，以方便自己和教练观察与此相关的行为和观念的趋势和变化。在理想情况下，运动员会得出从较低到中等的压力评分。更重要的是，运动员应该经历一次和自己相适应的高水平的恢复，这点可以在恢复评分中看出。

防止训练过度

不管比赛成绩如何，训练过度不仅会对运动员实现目标产生毁灭性的影响，而且还会给运动员个人造成损失。根据报道，职业运动员和业余运动员都会经历训练过度。经常被引用的训练过度的原因包括：压力太大、训练太多、身体疲惫和全身酸痛、因重复过多而感到无聊、休息不足或睡眠不良。如上所述，采用平衡的训练方法和以整体的视角看待运动员，在平衡积极压力和恢复方面发挥着关键的作用。教练和运动员需要意识到训练因素和非训练因素（如工作、学校、旅行、人际关系）都会影响运动员整体的疲劳感。此外，运动员还需要注意恢复时机和促进恢复的方法，以确保达到最佳的平衡。

　　教练要想有效地指导，运动员要想高效地训练，应该学习相关体育知识，充分了解自己并积极投入训练。教练和运动员都要注意过度训练的症状，意识到平衡压力和恢复的重要性。教练还要了解运动员的个性需求和用于恢复的客观条件，以帮助运动员正确进行体育运动。对于运动员来说，需要坦诚对待自己和教练，说出自己对受伤、压力水平和训练的看法。教练应努力与运动员沟通，认真听他们的看法，并采取适当的行动。此外，教练可以通过建立积极行为模型，将最佳恢复训练作为常规训练计划的一部分，并设计个性化训练，从而提升运动员对恢复活动的认知。

　　保持竞争的乐趣并客观对待竞争是平衡压力和恢复的重要手段之一。然而，运动员要在激烈的竞争氛围中保持这样的心态，哪怕是在业余比赛中，也是不容易的事情。过分强调结果，例如夺冠或年龄组的排名会增加与竞争相关的压力。比赛成绩受到许多因素的影响，这些因素都是个人无法控制的，因此，运动员无法控制影响结果的众多因素。例如，运动员无法决定竞争对手是谁、风吹向什么方向或看不见的玻璃碎片是否会刺穿轮胎。运动员应对个人挑战时可以注意一些可控因素，例如个人的努力程度、个人训练计划、比赛准备情况以及如何处理突发状况，例如爆胎。这些都能增强运动员的能力并帮助他们保持客观的想法。

　　另一个稍显复杂的概念是恢复。对很多运动员来说，休息是懒惰的同义词。让运动员休息一天可能会被曲解成"你能力不行"。许多耐力运动员害怕休息日，并喜欢吹嘘连续训练的里程和天数，这是一个常见的现象。铁人三项运动员容易训练过度，因为他们想要同时训练游泳、骑行和跑步。教练必须向运动员强调这一点：恢复不是无用的，恢复是一个必不可少的积极过程。正如职业教练亨特·艾伦和运动生理学教授安迪·科根博士（2010）所说，描述巅峰表现最恰当的等式是体能加放松。

　　恢复活动包括主动恢复活动（例如轻微的运动、拉伸活动）和被动恢复活动（例如运动员在安静状态下休息、放松和寻求外界支持）。教练和运动员应共同努力，集思广益，列出两种恢复活动对应的具体方案，制订的训练计划要适应运动员的压力水平，从而帮助运动员保持健康。教练应该帮助运动员制订短期恢复策略（在训练中和训练后使用）和长期恢复策略。同样，运动员要理解和执行多样化的恢复措施。运动员一定要记住，平衡并非永久地持续，一旦达到平衡，在下次训练时又要重新开始保持平衡。

　　在训练过程中，教练应围绕运动员的目标制订个性化的计划。只有在收集和评估所有信息之后,教练才能制订合适的计划。理解从压力到恢复的整个过程会提供一个全面的视角,使教练能够制订最佳的个性化训练计划并对其进行及时的调整。在这个过程中,运动员要同时注重努力训练和适当恢复的两方面要求。教练和运动员若一起努力,利用对平衡压力和恢复的共同认知来减少运动员训练中的挫败感,便能将运动员的成绩提升至新的水平,并提升整体的运动体验。

第 9 章

铁人三项运动员的
运动生理学

克丽丝塔·奥斯汀

运动生理学研究人体系统如何协同工作。本章的目的在于介绍基于能量系统的运动生理学，并介绍如何将其应用于人体的肌肉系统和心肺系统。此外，本章还将介绍如何监控、评估和实施训练，描述不同环境下的生理适应反应。

能量系统

运动员维持长期训练或比赛的能力取决于身体产生能量的能力。人体是可塑的，因此，人体可以利用储存在身体内的能量来维持数小时的肌肉收缩。三磷酸腺苷（Adenosine Triphosphate，ATP）是人体内部的能量形式，它被认为是人体的"能量通货"。有3种关键物质可以用于合成ATP，它们分别是磷酸肌酸（Creatine Phosphate，CP）、碳水化合物和脂肪。

肌肉收缩所需的ATP来自3个能量系统：磷酸原系统（ATP–CP）、无氧酵解供能系统（无氧）和有氧氧化供能系统（有氧）。前两种能量系统被称为无氧能量系统，因为它们能够在没有氧气的情况下工作。无氧能量系统在4分钟以内的运动中占主导地位，能快速地产生大量能量。但是，它能产生的能量是有限的，只能为短时间的运动提供能量。相反，有氧能量系统虽然供能速度较慢，但能持续供能数小时，让运动员可以持续运动。

3个能量系统共同工作，如图9.1所示。虽然一个能量系统可能会占主导地位，但在训练过程中这3个能量系统将共同为运动员供能。每个系统产生的能量取决于运动强度和持续时间。表9.1展示了不同持续时间对应的供能系统，并标出了能量来源。

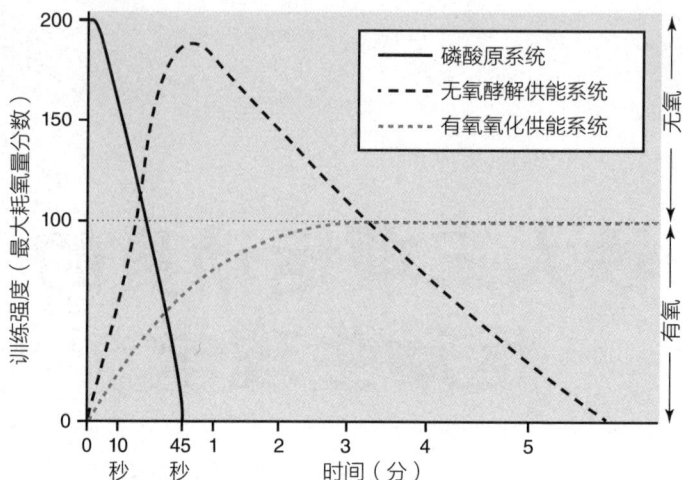

图9.1 3个能量系统共同供能

源自: K. Austin and B. Seebohar, 2011, *Performance nutrition: Applying the science of nutrient timing* (Champaign, IL: Human Kinetics), 17.

表9.1

根据持续时间划分运动的供能系统

持续时间	供能系统	主要能量来源
1～10秒	磷酸原系统	肌肉中的三磷酸腺苷+磷酸肌酸
10秒～2分钟	无氧酵解供能系统	肌肉中的三磷酸腺苷+磷酸肌酸+肌糖原
2～4分钟	无氧酵解供能系统+有氧氧化供能系统	肌糖原+磷酸肌酸+乳酸
4～5.5分钟	有氧氧化供能系统+无氧酵解供能系统	肌糖原+脂肪酸
>5.5分钟	有氧氧化供能系统+无氧酵解供能系统	脂肪酸+肌糖原

源自: K. Austin and B. Seebohar, 2011, *Performance nutrition: Applying the science of nutrient timing* (Champaign, IL: Human Kinetics), 20.

肌肉系统和心肺系统

　　肌肉系统由肌肉细胞中的肌原纤维组成，它能控制骨骼肌的收缩。人体需要持续消耗氧气和营养物质，才能生成能量以维持许多复杂的功能和持续运动。人体的心肺系统包括心脏、血管和肺，将加速这一进程。这些器官协同工作，确保血液源源不断地把氧气和营养物质输送到活跃的组织（肌肉、肝脏等）中。这一点在运动中尤为重要，因为氧气和营养物质是维持肌肉工作必需的物质。

有氧和无氧训练会让身体适应由肌肉系统刺激心肺系统产生的反应。这意味着肌肉会给心脏和肺提示。跑步、游泳和骑行会引起普通生理适应和特定生理适应。这些运动都会引起普通生理适应，如提高心肌收缩率，同时这些运动也具有专项性，如游泳运动员不适宜以160次/分的心率跑步，但这些运动的确有助于运动员提高整体运动水平。肌纤维能力的提升程度视运动员所参加的运动和赛事而定。这主要是因为肌纤维可以适应训练中重复练习的动作。例如，在肌肉训练方面，跑步者的腿部肌肉和游泳者的腿部肌肉就有明显差异。这两种形式的训练都有助于发展适用于所有运动的肌肉特性，然而，跑步要求运动员有适当的韧带力量，还要适应游泳时不会承受的肌肉压力和心肺压力。在下一节中，你将学到肌肉的活动方式、不同的肌肉类型，以及心脏和肺对训练的适应反应。

肌肉生理学

骨骼肌收缩是由大脑通过中枢神经系统控制的。中枢神经系统中的运动皮层会记忆肌肉收缩。中枢神经系统向运动神经元传递脉冲，脉冲将传递到肌肉，肌肉收到信号进而收缩。肌肉收缩所产生的力量反映了运动神经元的数量和大小，以及它们受到的刺激频率。

力量的产生取决于该项运动所涉及的肌纤维的类型。肌纤维主要有3种：慢缩肌纤维（I型肌纤维）；快缩氧化糖酵解型肌纤维（IIa型肌纤维）；快缩糖酵解型肌纤维（IIb型肌纤维）。肌肉包含所有类型的肌纤维。不同类型肌纤维的比例取决于训练情况、遗传因素和肌肉的功能。慢缩肌纤维和耐力运动表现有关，它可以通过有氧能量系统产生能量。快缩氧化糖酵解型肌纤维和快缩糖酵解型肌纤维与运动力量和运动功率有关，它通过储存在肌细胞内的糖原和磷酸原系统来产生能量。铁人三项运动需要大量的慢缩肌纤维，然而，运动员仍然需要发展快缩糖酵解型肌纤维和快缩氧化糖酵解型肌纤维，以便充分利用产生能量的能力。

肌纤维由许多蛋白质组成，它的收缩原理与一种被称为肌丝滑行学说的概念有关。收缩所需的两种关键蛋白质是肌动蛋白和肌球蛋白。肌球蛋白有一个球状结构（头部），当肌纤维受到刺激收缩时，它会与肌动蛋白结合，形成所谓的横桥。当多个肌球蛋白的头部与肌动蛋白结合时，肌球蛋白会像桨一样滑过肌动蛋白，从而引起肌肉收缩。随着肌肉所需力量的增加，必定会形成越来越多的横桥。

在运动中，有几个因素会影响横桥的形成和维持。这些因素包括肌肉温度、氧气输送量、肌肉中的乳酸含量和肌肉电荷，以及营养物质的供应情况。肌肉和全身温度的升高会抑制肌动蛋白和肌球蛋白结合的能力。此外，随着体温的升高，身体向肌肉输氧的能力下降，从而导致肌肉疲劳。氧气输送不仅与温度有关，还与血液酸碱度和肌肉酸度有关。

在生理层面，血液酸碱度由氢离子和乳酸的含量决定。在训练和比赛过程中，运动员可承受的酸碱度（pH值）取决于肌肉的缓冲能力，即人体吸收和承受因能量代谢而产生的氢离子的能力。缓冲能力受限于肌肉中碳酸氢根离子的含量。同时，氢离子的累积是有害的，因为它会干扰肌动蛋白和肌球蛋白的结合。但是能量代谢产生的氢离子可以被碳酸氢根离子吸收（氢离子+碳酸氢根离子）并转化成碳酸，随后被人体分解成水和二氧化碳。接着，水经过循环再次进入人体系统，而二氧化碳则从肺部排出。运动中产生的乳酸仍留在血液中，或为身体的其他组织提供能量。随着酸碱度持续下降，血液向肌肉输送的氧气减少，于是人体就必须使用更多的肌纤维来完成运动，这使得运动的需氧量持续增加。综上所述，这些因素会导致肌肉疲劳。

肌肉的电荷主要由两种关键的电解质来维持——钠离子和钾离子。钠离子和钾离子含量一旦超过正常值就会改变电荷，肌肉因此收缩。正电荷能使肌肉放松，负电荷能使肌肉收缩。肌肉持续运动的能力在很大程度上取决于它的电解质浓度。在运动过程中，运动员会因出汗而大量流失钠离子和钾离子，这就是运动员在训练和比赛中必须保持体液和电解质平衡的原因（更多有关补水的信息请见第27章）。在长时间的运动中，尤其是高温下，如果运动员减少摄入含钠的食物、只喝水或没有适当补充因出汗而流失的电解质，就会导致钠离子含量不足，甚至导致严重的后果，包括肌肉抽筋和肌肉疲劳。电解质也是肌肉恢复的关键。

能量供应也是影响维持运动所需的横桥数量的因素。肌肉只有把磷酸肌酸、碳水化合物和脂肪转化为三磷酸腺苷才能获得能量。在铁人三项运动中，运动员的肌肉既要从脂肪中获取能量，并将其作为主要能量来源，也要学会从糖原储备（碳水化合物）中获取能量，这一点很重要。随着糖原储备的耗尽，肌肉维持收缩的能力开始减弱，因此必须形成更多的横桥，才能完成同等强度的运动。在比赛中，运动员如果没有足够的碳水化合物形式的能量供应，就会逐渐疲劳，这体现了制订训练和比赛营养计划以维持所需碳水化合物水平的重要性。你将在第26章中了解到更多有关营养的内容。

心肺生理学

心脏、肺和许多血管构成了一个循环系统，从而将血液输送到全身，最终构成心肺系统。血液由血浆（55%～65%）、白细胞和血小板（约1%），以及红细胞（38%～45%）等组成。红细胞负责把氧气输送到全身的各个组织。人体内有许多红细胞，每个红细胞内大约有2.5亿个血红蛋白分子。血红蛋白是输送氧气的蛋白质，因此它是向人体组织提供富氧血液的关键。通过补充水分和电解质，促进红细胞和血红蛋白的生成来增加血液量，是运动员适应耐力训练的关键。

在呼吸过程中，肺和其他呼吸器官负责提供富含氧气的空气，并通过气体交换排出二氧化碳。人每呼吸一次都能吸入氧气，并排出二氧化碳。经过训练，运动员可以调节和肺相关的肌肉，从而提高呼吸效率。最终，使每一次呼吸都能交换更多的气体。

心肺系统对运动训练的反应主要表现为完成一组运动所需的心输出量、最大摄氧量和最大耗氧量分数。心输出量指的是心脏每分钟泵出的血量。它等于心率乘以每搏输出量，其中心率指的是心脏收缩的频率，每搏输出量指的是心脏每一次收缩时射出的血量。最大摄氧量指的是人体可摄入并利用的最大氧气量。研究表明，心输出量乘以动脉血氧含量和混合静脉血氧含量的差，即等于动脉血和混合静脉血中氧输送量的平均差值。富氧血液通过动脉血管被输送给正在运动的肌肉，一旦氧气被身体吸收，血液就会通过静脉血管返回到肺中。

训练对肌肉系统和心肺系统的影响

为了适应训练，运动员需要接受2～4周的反复训练，身体才能完全适应肌肉系统和心肺系统所承受的压力。铁人三项的适应训练既应该包括局部肌耐力训练，又应该包括能锻炼全身的心肺系统耐力训练。正是肌肉系统的适应训练刺激和促进了心肺系统的适应。因此，运动员必须要先了解训练对肌肉系统的影响。

训练与肌肉系统

根据有氧能量系统供能和无氧能量系统供能来分类，训练可以划分为无氧耐力训练和有氧耐力训练。有氧耐力训练包括强度低于或等于无氧阈（血乳酸浓度未明显提高的情况下，运动员在稳定的运动状态中所能达到的最高强度）的适应训练。运动员只有把训练强度维持在这个水平，才能保证自己可以在与实际比赛时间相当或更长的一段时间里持续运动。结构性适应可以提高氧气的使用效率，而有氧耐力训练的目的就是通过改善和增强结构性适应来提高肌肉的运动效率。通过增加慢缩肌纤维的数量，并把快缩糖酵解型肌纤维转化成快缩氧化糖酵解型肌纤维，运动员可以提高肌肉使用氧气的效率。

有氧耐力训练可以产生4种关键的结构性适应：（1）向肌纤维供应氧气的毛细血管的数量增加；（2）肌红蛋白含量增加；（3）骨骼肌中线粒体的数量增加、体积增大；（4）氧化酶浓度增加。嵌在骨骼肌深处的毛细血管是非常小的血管。它们能直接输送氧气和营养物质（如碳水化合物、电解质），也能排出二氧化碳和代谢副产物（如乳酸和氢离子）。肌肉周围毛细血管数量的增加提高了氧气的输送效率。肌红蛋白与血红蛋白同源。有氧耐力训练可以提高肌红蛋白的浓度，从而提升肌肉使用氧气的能力。肌红蛋白会把血红蛋白中的氧气输送到最需要氧气的肌肉。这个过程主要涉及线粒体中的氧化反应。线粒体被认为是肌细胞的"发电厂"，线粒体通过氧化代谢合成ATP。氧化酶进一步加快了氧化代谢的进程，最终，身体可以在运动中使用脂肪作为能量来源。这个过程增加了有氧代谢所产生的能量，也减少了肌糖原的消耗，这两点对于运动员在耐力赛事中保持运动表现至关重要。

耐力训练中的无氧间歇训练可以提高磷酸原系统和无氧酵解供能系统的供能效率。间歇训练可以提升骨骼肌的缓冲能力，如果安排得当，它还能提升最高功率、力量水平和无氧能力。这类训练通常被称为高强度间歇训练，包括短时间到中等时间（30秒～5分钟）的反复训练。和高强度间歇训练相关的训练强度应高于无氧阈，主要依据等于或高于运动员在比赛期间的临界输出功率和速度。经过一段时间的高强度间歇训练，运动员能以较低的乳酸累积水平和RPE评分来完成相同的运动量。此外，运动员可以进行持续时间更久的高强度训练，这样就能以更快的速度代谢掉肌肉中的乳酸，从而承受更高的乳酸累积水平。

高强度间歇训练之所以能够提升运动员的运动能力，是因为运动员完成了3个关键的适应。训练提高了无氧酵解供能系统和磷酸原系统的供能效率，进而促使身体分泌更多与合成ATP有关的酶。这大大提高了人体利用和氧化（通过有氧代谢产生能量）碳水化合物以作为能量来源的效率。高强度间歇训练使运动员更多地使用有氧代谢的方式来产生能量，从而减小在一定强度下血液中的乳酸含量。这是碳水化合物通过线粒体中的三羧酸循环进一步合成ATP的结果。

除了能提高氧化碳水化合物的效率，经过高强度间歇训练，身体也能利用更多的碳水化合物。高强度间歇训练增加了可用于运动的肌纤维的数量，从而提升了运动员的运动能力。因此，运动员可以利用更多的碳水化合物，并在最大强度训练结束时产生更多的乳酸，这表明无氧能量系统的能力有所增强。高乳酸耐受能力也刺激了碳酸氢根离子的产生。如前所述，碳酸氢根离子可以中和氢离子，氢离子是在无氧分解碳水化合物的过程中产生的。碳酸氢根离子浓度较高时，就能中和更多的氢离子，从而使运动员可以持续形成更多的横桥，并维持较强的肌肉收缩能力，最终提高运动表现水平。

高强度间歇训练的另一显著优势是降低运动员在训练期间所达到的核心体温。随着时间的推移，核心体温——身体所储存的热量逐渐增加，运动员的运动表现水平将下降。经过高强度间歇训练后，运动员的最高功率得以提高。在一组训练中，当运动员进行亚极量运动时，消耗的能量将显著减少。由于运动经济性的改善，人体不会快速地积累热量，肌肉功能也不会快速地损伤，因此运动员可以持续输出更高的运动功率。

神经肌肉模式的发展被认为是高强度间歇训练带来的好处之一。高强度间歇训练有助于运动员适应比赛节奏的神经肌肉模式。正如前面所提到的，大脑有一个叫作运动皮层的区域。在这一区域中，储存着肌肉模式和执行这些动作所需的运动单位。这在比赛中可以提高运动表现水平，而那些使用最频繁的运动模式将在这段生理压力期内占主导地位。

抗阻训练是通过肌肉系统的适应反应来提高运动表现水平的一种方法。这类训练有3个关键的目标。第一，提升肌肉力量，即肌肉或肌群所产生的最大力量。第二，提高肌肉功率，即在一定的速度下进行特定的运动以增强爆发力。对于耐力运动员来说，第三个目标是增强肌耐力，这指的是运动员在一定的训练负荷下可以长时间维持肌肉反复收缩的能力。在一定的速度下，运动员如果能产生更多的力量，并提升长时间维持这种力量的能力，那么他的运动表现水平将提高，因为肌肉不会轻易疲劳。

训练与心肺系统

心肺系统对运动的适应是骨骼肌适应运动的直接结果，而骨骼肌的适应反过来又刺激了心肺的适应。从最大摄氧量和心输出量的提高，我们可以看出训练对心肺系统的影响。由于遗传因素的影响，两者最终会趋于平稳；然而，适应训练的能力和心肺系统的经济性仍可得到显著改善。最大摄氧量和心输出量的提高源自人体的3种关键性适应：（1）总血量增加；（2）心脏的肌肉因为正在进行的运动而变得更加强壮；（3）向肌肉输送氧气的能力加强。由于这些训练，每一次收缩时，心脏能更有效地把更多的血液泵向运动的肌肉，氧气才得以输送，而二氧化碳和其他代谢副产物也得以高效排出。以下将对这些适应反应做进一步说明。

在耐力训练中，有两个阶段会导致总血量的增加。第一种情况是，受激素的刺激，人体在10天内的保水量增加；第二种情况是，在4周左右的时间内，红细胞的数量增加。总血量的增加有利于改善以下3种不同的机制：（1）提升调节体温的能力，因为保水量的增加可以改善散热的状况，从而提高出汗的概率；（2）心肌的工作效率和功能得到改善；（3）红细胞数量的增加加强了细胞的携氧能力。

就像骨骼肌一样，心脏的肌肉对训练会产生反应。运动员可以通过增加心脏收缩的次数或强度来增加训练负荷。经过重复性收缩，心脏的肌肉会变得更加强壮和高效，最终，心脏不需要像往常一样频繁收缩以完成相同的运动量。此外，长期参加有氧长距离训练可以提高心脏的每搏输出量，从而降低运动员在特定训练强度下休息时和训练时的心率。使用心输出量公式（每搏输出量 × 心率），我们可以理解在亚极量运动中，随着每搏输出量的增加，运动员的心率是如何降低的。在极量运动中，血的增加会提高最大心输出量，从而提高最大摄氧量。拥有强壮的心脏肌肉和更高的每搏输出量的另一个好处是：在完成高强度运动或接近于极量的运动后，运动员可以更快恢复。

增加总血量、提高心脏收缩的效率能为处在运动中的肌肉输送更多氧气。此外，红细胞数量的增加提高了血红蛋白的浓度，从而提升了血液的携氧能力，而血量的增加则延长了向肌肉供氧的时间。这些因素综合在一起，就提高了运动员的耐力运动表现水平。

肺的适应反应也有助于提高最大摄氧量和心输出量。经过训练，肺变得更加高效，每次呼吸的吸氧量增加。最终，通气量下降。通气量是潮气量和呼吸频率的函数（通气量=潮气量 × 呼吸频率）。潮气量指的是人每次吸入或呼出的气量。降低通气量的主要方法是增加潮气量以降低呼吸频率。改善肺部在运动期间的功能是提高运动员的耐力运动表现水平的重要方法。

评估训练

监测训练为教练和运动员提供了生理上的反馈，反映了运动员在训练刺激下的身体状况。所用的监测系统应能客观地评价运动员的训练情况，包括评估训练负荷、确定训练的干预作用，从而进一步完善训练安排。运动员和教练每天都要采取适应训练的措施并加以总结，从而全面了解运动员在整个训练周期内发生的生理变化。

能反映铁人三项的关键性生理指标是：亚极量运动的经济性、最大速率和输出功率。通过血液中的乳酸含量、心率、RPE（见表9.2）和亚极量运动的最大摄氧量等生理指标，教练可以客观地评估运动员。运动员和教练可以通过现场测试或实验室测试来完成监测训练，具体测试方式取决于个人喜好以及所拥有的测试设备。无论是在现场还是在实验室进行监测，运动员和教练要理解和极量运动能力有关的亚极量运动表现（亚极量运动能力可以视为极量运动能力的相对百分比）。

表9.2

RPE

RPE评分	呼吸速率/说话的能力	疲劳程度
1	呼吸较为平静	十分轻微
2	说话很容易	轻微
3	说话还算容易	适中
4	可以说话但要费更多的力气	有点累
5	可以说话但要费更多的力气	累
6	很难呼吸/不想说话	累
7	很难呼吸/不想说话	很累
8	喘气很累/讲话很难	很累
9	喘气很累/讲话很难	十分累
10	不能长时间保持这个训练强度	达到极限

源自：K. Austin and B. Seebohar, 2011, *Performance nutrition: Applying the science of nutrient timing* (Champaign, IL: Human Kinetics), 30.

监测训练负荷

　　监测训练负荷可以帮助教练了解运动员的身体如何适应训练。训练负荷可以告诉教练运动员完成的运动量和运动强度。训练负荷等于持续时间乘以训练强度（通过RPE评分得出）。研究表明，人们对相同的训练负荷有不同的耐受性。监测时有3个层次和角度：运动员的观点、教练的观点、运动专家或运动医师的观点。教练、医生等人都有部分责任监测运动员对训练的适应程度，然而，他们对监测的内容和监测的方式都有不同的观点。最重要的监测人员是运动员自己，因为他们每天可以自我监测，并向教练或医生等提供反馈或数据。

　　用来定期记录运动员训练情况的日志是监测训练负荷、运动员的反应和适应程度（无论是正面的还是负面的）最有效的方法之一。运动员每天既要记录定量的生理数据又要更多地记录定性的数据（感觉、情感和情绪），并定期与教练和其他辅助人员回顾这些记录。训练日志一旦实施并监测有效，它可以成为运动员和教练的得力助手。它可以提高运动员和教练的监测意识，支持运动员的长期发展和防止训练过度。

通过监测与训练速度或输出功率有关的心率或RPE评分，运动员可以得到计算训练负荷所需的定量生理数据。因此，训练负荷可以定义为RPE评分（或心率除以100）×持续时间（以分钟为单位）。满意度量表（见表9.3）是一种主观的心理生物学评估方式，让运动员从心理角度来评估训练。这一点很重要，因为心理状态会显著改变训练负荷。使用满意度量表时，运动员应该在公式中添加满意度的评分，如RPE评分（或心率除以100）×持续时间×满意度评分。这样运动员就可以看到自己的心理状态是如何影响训练进程的，这对教练和运动员来说非常有价值，因为这样他们就可以理解为什么有些训练在某些日子没有效果或为什么有些训练在其他日子里效果极佳。例如，一名运动员在6小时的自行车训练的前一晚没有睡好，并在训练过程中被伙伴踢到了屁股，于是他的满意度评分只有9分。在接下来的一周，他完成了相同的训练课程，但在训练前一天晚上睡得很好，在训练中表现得不错，于是他的满意度评分为2分。如此，相比前一周，这周的训练负荷明显降低，这表明运动员的满意度对训练负荷有很大的影响。

表9.3

满意度量表

满意度评分	心理状态
0	有史以来最好的训练
1～2	十分满意
3～4	相当满意
5～6	既不满意也不失望
7～8	相当失望
9	十分失望
10	有史以来最差的训练

源自：K. Austin and B. Seebohar, 2011, *Performance nutrition: Applying the science of nutrient timing* (Champaign, IL: Human Kinetics), 33.

表9.4就如何使用RPE评分和满意度评分来计算训练负荷给出了示例，表9.5就如何使用平均心率和满意度评分来计算训练负荷给出了示例。

表9.4

使用RPE评分和满意度评分来计算训练负荷

日期	RPE评分	满意度评分	持续时间（分）	训练强度
周日	2	1	45	90
周一	9	5	60	2 700
周二	4	3	90	1 080
周三	3	2	30	180
周四	7	1	45	315
周五	2	1	45	90
周六	3	1	120	360

表9.5

使用平均心率和满意度评分来计算训练负荷

日期	平均心率*	满意度评分	持续时间（分）	训练强度
周日	1.1	1	45	49.5
周一	1.9	5	60	570
周二	1.35	3	90	364.5
周三	1.20	2	30	72
周四	1.60	1	45	72
周五	1.05	1	45	47.25
周六	1.15	1	120	138

*此处为实际平均心率除以100后的数据。

　　恢复是另一个监测训练的关键方面。主要的监测指标是运动员的睡眠时间（以小时为单位）、睡眠质量和恢复质量总评分（见表9.6）。运动员的睡眠时长和睡眠质量是影响预测恢复程度和如何处理训练负荷的两大因素。恢复质量总评分是按照RPE评分得出的，旨在强调恢复和训练难度之间的关系。这个评分的目的在于了解运动员从不同训练中恢复的能力。如果运动员在完成1英里（1.6千米）的重复训练后恢复得很好，RPE评分达到了9分，但他在完成200米的重复训练后，不能达到相同的分值，这就表明他在训练日后需要更多恢复时间。因此，教练和运动员通常会在两次高强度的训练之间留出更多时间。恢复质量总评分还指出了运动员在完成哪一类训练课程后，必须要积极主动地进行恢复训练并把恢复当作优先事项。根据超量补偿的原则，训练对运动员的刺激越大，运动员需要的恢复时间越多。密切监测训练负荷和恢复之间的关系可以帮助运动员避免高强度训练的负面影响。恢复充足的运动员可以承受较高的训练负荷，而恢复不足或没有恢复的运动员则不能承受高负荷的训练。如果运动员从训练中恢复过来，身体就会适应训练，然后就可以继续进行训练。

表9.6

恢复质量总评分

0	没有恢复
1	极度恢复不佳
2～3	恢复得十分差
4	恢复得差
5	恢复得可以
6～7	恢复得不错
8	恢复得十分好
9～10	恢复得极其好

源自: K. Austin and B. Seebohar, 2011, *Performance nutrition: Applying the science of nutrient timing* (Champaign, IL: Human Kinetics), 33.

把运动员对训练的满意度和恢复能力纳入训练负荷的监测之中是个很有价值的过程，但这往往需要运动员有耐心并反思这么做的意义。监测运动员在低于总训练负荷下的运动表现和运动员在不同强度负荷下的耐受能力，旨在让运动员和教练了解随后的训练周期中需要多少训练负荷才能促成类似的进步。在评估训练负荷和完成训练负荷所使用的训练类型时，教练和运动员必须从运动员对该类训练的心理耐受程度、运动员在适当时间内的恢复程度这两个角度来考虑训练的安排和进程。随着时间的推移，运动员和教练的目标是找到能带来最佳身心回报的负荷，以及避免会导致耐受能力和适应能力不佳的训练方式。

标准训练和标准训练课程既是监测运动员对训练的适应情况的最佳方法，也是最简单的方法。在这些训练和训练课程中，运动员可以采取措施监测血乳酸含量、心率和RPE评分，从而获得对训练的客观反馈和主观反馈。标准训练和标准训练课程通常指的是在一定时间内完成（或试图完成）几组重复训练或完成一定距离的训练。这可能包括以比赛的速度完成长距离游泳训练（例如以特定的速度完成4×1 000米游泳），或者在距离为16千米的环路中长跑，并根据跑步速度来评估训练的进程。重复训练之间的恢复时间可以延长也可以缩短，具体时间根据运动员的身体状况而定。如果运动员身体状况不错，那么他可以缩短恢复时间；如果运动员长时间没有训练，那么他只有安排更多的恢复时间才能完成训练。

▶ 在训练中对极端温度的生理适应

　　试图在高海拔、高温或低温环境中训练的运动员，应该要注意心肺系统和肌肉系统在这些环境中发生的重要变化。在特定的训练强度下，炎热的环境将提高躯干和肌肉的温度以及心率，从而加大运动压力。随着出汗加快，身体需要散热，这时身体脱水的可能性也随之增加。

　　要想在炎热的环境中成功完成训练，运动员就需要适应环境，或在长期处于炎热环境过后，通过生理适应来提高运动的耐受性。在第一次进入炎热环境后，运动员最好在一天中较凉爽的时候进行训练，并慢慢地增加训练量以最大化地模拟比赛。一旦身体适应了强度较低的训练量，运动员就可以通过安排一些强度较高的训练来进一步适应。适应炎热环境的首要迹象是，在训练期间，心率和RPE评分会下降，接着出汗量会增加以维持较低的核心体温。这些适应反应的时间轴如图9.2所示。

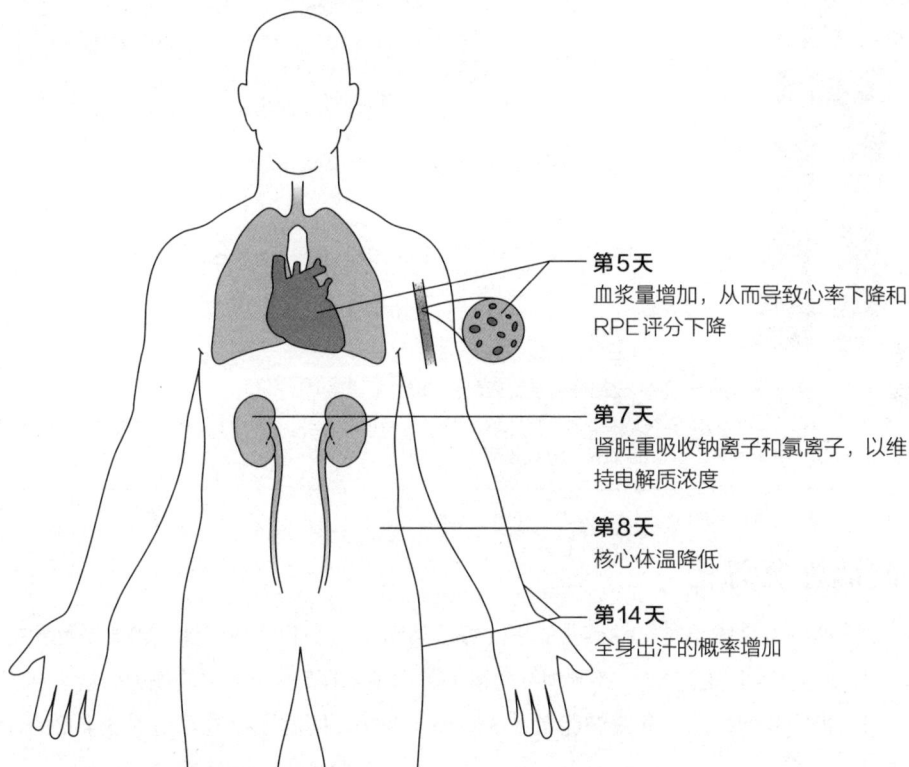

第5天
血浆量增加，从而导致心率下降和RPE评分下降

第7天
肾脏重吸收钠离子和氯离子，以维持电解质浓度

第8天
核心体温降低

第14天
全身出汗的概率增加

图9.2　高温环境下的生理适应反应

源自：K. Austin and B. Seebohar, 2011, *Performance nutrition: Applying the science of nutrient timing* (Champaign, IL: Human Kinetics), 147.

在寒冷环境中训练和比赛时，运动员必须要注意维持核心体温。运动员需要穿着得体（在训练和比赛时不要脱太多衣服），并确保摄入足够的液体和能量。失去太多的热量会导致体温过低，从而改变身体的生理系统。当体温开始降低时，肌肉收缩能力大大下降，运动表现水平也开始降低。随着体温的持续下降，核心体温将降至危险水平，运动表现水平进一步下降。体温过低的迹象包括心率快速下降和身体的颤抖更频繁，因为身体试图通过肌肉收缩来维持体温。身体对寒冷环境的适应反应如图9.3所示。

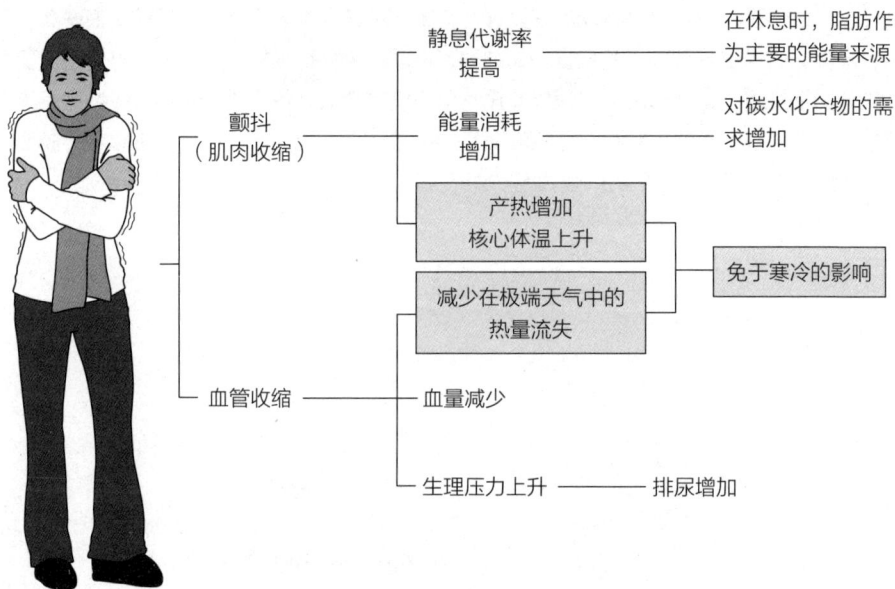

图9.3 身体在寒冷环境中产生的代谢反应和生理反应

源自：K. Austin and B. Seebohar, 2011, *Performance nutrition: Applying the science of nutrient timing* (Champaign, IL: Human Kinetics), 151.

控制训练负荷

安排训练从来就不是一件容易的事。每位运动员都是独特的个体，需要个性化的训练计划来最大化训练的效果。控制训练负荷的关键是：调整3个主要的压力因素（训练频次、训练强度和训练量）和遵循能量系统的周期变化，同时还要遵守基本且重要的训练原则。

任何训练计划都应当以提高训练质量的方式逐步增加训练负荷。对大多数运动员来说，增加训练负荷最有效的方法是阶梯法。使用该方法时，每周会调整一个变量，在2或3周内加大训练负荷。在增加训练负荷前，都要在前一周的训练中减少训练量。

要想增加训练负荷，运动员首先要确定训练频次。一旦确定了训练频次，就能把训练量增至预期水平，接着再增加训练强度。运动员不能同时增加训练量和训练强度。训练量是指运动员训练的总时间或运动员在一段时间内游泳、骑行或跑步的里程数（通常指一周内的训练量，但大多数运动员会计算一个训练阶段内的总运动量）。训练强度是指运动员的费力程度。通常用百分比来表示训练强度。例如，一名运动员以80%的努力完成了一节训练课程。此外，也可以用速度来描述训练强度。例如，一名运动员以完成112英里（180千米）的比赛速度完成了50英里（80千米）的自行车训练课程。每次增加的训练量应不超过10%。运动员可以通过增加训练时间、重复训练次数、重复训练的距离或时间来增加训练量；至于训练强度，运动员可以通过加快速度、提高输出功率、增加重复训练的次数和减少重复训练之间的休息间隔来调整。

借助周期能有效调整训练负荷。周期可以被定义为，在给定的时间内能产生最佳运动表现的训练方案。合理的能量系统能为运动员提供稳定的有氧耐力。不要快速提升体能或长时间进行高强度训练，因为这会导致训练过度。以上两点至关重要。一般来说，周期训练可以划分成3个阶段，根据目标赛事的次数，每个阶段可以在一年中重复多次。

- 准备期。
- 比赛期。
- 恢复期。

准备期可以进一步划分为一般运动速度、运动力量发展阶段（一般准备阶段）和专项运动速度、运动力量发展阶段（具体准备阶段）。在一个训练周期内，这些阶段的能量系统组成要素包括：主动恢复、一般耐力、有氧耐力、乳酸阈、有氧间歇训练、无氧功率、无氧耐受能力和持续运动的能力。表9.7是基于能量系统各阶段设计的一个训练周期。虽然深入发掘能量系统的某些要素十分重要，但是训练的重点应该始终占主导地位。

要想成功划分能量系统，每位运动员要遵守具体的训练原则。划分周期时应遵守4项关键原则：逐渐增加训练负荷、个性化训练、专项性和可逆性。适当地结合这些原则有利于各个水平的运动员提高运动表现水平。

逐渐增加训练负荷是指运动员有目的地增加训练量或训练强度，使身体适应训练，从而提高运动表现水平。一开始，运动员能承受训练负荷提升给突破运动极限带来的压力。如果想要加强肌肉力量，运动员必须要逐渐增加训练负荷，并承受比以往更大的训练负荷。此外，为了增强肌耐力，相比以往，运动员必须以更长的时间和更高的强度来训练肌肉。人们已研究了多种增加训练负荷的方法，主要的3种方法为：线性连续训练法、分步法和平板负荷法。

表9.7 能量系统的各个阶段

一般耐力	准备期					比赛期	恢复期
	一般准备阶段			具体准备阶段		维持运动能力	主动恢复/休息
	有氧耐力	乳酸阈	有氧间歇训练	无氧功率	无氧耐受能力		
<ul><li>提高有氧能力和使用效率</li><li>为了准备好接受和运动特定运动相关的训练，开始发展神经肌肉运动模式</li><li>建立力量基础</li><li>培养竞争意识和竞争能力，以及培养认知能力以及进行时间长、运动量大的训练</li><li>提升基本技能和能力，并强调下一训练阶段中提升专项运动耐力所需的技术要素</li></ul>	<ul><li>提升供氧能力和使用效率</li><li>为了准备好接受和运动特定运动相关的训练，开始发展神经肌肉运动模式</li><li>建立力量基础</li><li>培养竞争意识和竞争能力，以及培养认知能力以及进行时间长、运动量大的训练</li><li>提升基本技能和能力，并强调下一训练阶段中提升专项运动耐力所需的技术要素</li></ul>	<ul><li>在乳酸累积水平达到最高的情况下，发展高水平有氧能力</li><li>提高心理忍耐疼痛的极限</li><li>有氧耐力训练，稳定刺激肌肉系统和肌肉系统，过渡到具体距离的耐力训练</li></ul>	<ul><li>提升摄取氧气和运输氧气能力，以及耐受乳酸的能力</li><li>以等手或等高手比赛的运动功率进行具体运动的耐力训练</li><li>在一次训练课程中，逐渐从较慢的速度提升至中等偏快的速度</li></ul>	<ul><li>逐渐延长运动时间和运动距离，提高极量运动和亚极量运动的功率</li><li>提高无氧运动功率</li><li>最大限度地提升肌肉恢复的能力</li></ul>	<ul><li>提升身体在无氧状态下利用能量和功率达到巅峰状态的能力</li><li>缩短间歇训练的恢复时间</li><li>发展具体比赛的肌肉模式</li><li>最大限度地发展中枢神经系统</li></ul>		

线性连续训练法是指运动员在高于往常的训练负荷下持续进行训练，直到赛季结束，才有意地降低训练负荷。前面已经提到过分步法：先逐渐增加训练负荷，再安排一个减量阶段让运动员减量和恢复。平板负荷法是指运动员在训练周期的前3周尝试不超过运动极限的训练，接着安排一周的减量训练进行恢复和放松。这个方法只适用于经验丰富的国家级运动员，应在准备周期的一般耐力训练阶段后使用。无论采取何种方法来增加训练负荷，恢复既能让运动员的身体适应训练目标，又为高负荷训练提供了可能。把减量期纳入训练周期内至关重要，因为它可以消除运动员在超负荷训练期间所积累的生理疲劳和心理疲劳。

个性化训练原则指的是根据每位运动员的个人能力来安排训练，发挥运动员的长处，并逐渐改善运动员的弱点，这样运动员就能突破极限力量。制订个性化训练计划时，既要客观运用生理评估手段，又要结合教练的主观想法。在铁人三项运动中，制订个性化训练计划时，还需考虑到个体差异：运动员的身体素质、最适合的运动项目和比赛经验。例如，参加过游泳和静水皮划艇运动的铁人三项运动员肩部宽大，上半身肌肉发达，相比有跑步背景的运动员，两者跑步的训练量和训练强度应有所不同。同理，由于上半身肌肉和力量不强，有跑步背景的运动员的游泳训练次数将决定其能承受的游泳训练量和游泳训练强度。将这两名运动员置于同一个训练项目中，让他们以非渐进的方式突破自己的极限水平，只会导致表现不佳和受伤。

专项性原则是指针对优异表现所必需的相关要素对运动员进行训练。这包括安排与比赛运动强度和运动量相匹配的训练，以及让运动员做好准备。例如，帮助运动员掌握在各项比赛中需要用到的策略和适应比赛环境。假设运动员需要在自行车比赛过程中学会不断冲刺，并在接下来的跑步中，训练强度达到乳酸阈以上。教练应该把这一过程逐步纳入训练周期中，使训练更加接近比赛状态。

可逆性原则是指训练频次、训练强度和训练量下降会导致运动表现逐渐变差。规划训练阶段时，教练应该为运动员安排减量期，在减量期运动员很少或根本没有体育活动。虽然休息和恢复很重要，但是休息的时间不应太长，否则运动员会大量丧失体能。运动能力下降也被称为训练不足。如果运动员2周左右没有参与训练，运动能力会显著下降，因此我建议训练计划中的减量期不要超过2周。

生理学解释了人体的肌肉系统和心肺系统是如何适应训练的。因此，无论是力量训练、比赛减量，还是训练如何选择公开水域游泳的策略，掌握一定的生理学知识都是运动员完成这些训练的基础。生理学对于理解不同环境下的训练反应也是至关重要的。无论运动员比赛成绩如何，监测身体对训练计划的反应是完善训练设计的一个关键部分。划分训练阶段和遵循关键训练原则将为铁人三项运动员的长期发展提供结构性计划。

▶在高海拔地区训练的生理适应

　　海拔越高，空气压强越低，运动员每次吸入的空气中氧气的含量越低。这会导致缺氧（供氧的速度跟不上耗氧的速度）。在高海拔地区训练的生理适应如图9.4所示。耐力运动员会有意地去海拔较高的地区旅行或生活以提升自身的氧化能力，以增加向肌肉输送氧气的红细胞和血红蛋白。在高海拔地区训练可以提升身体燃烧脂肪的能力和肌肉缓冲乳酸的能力。

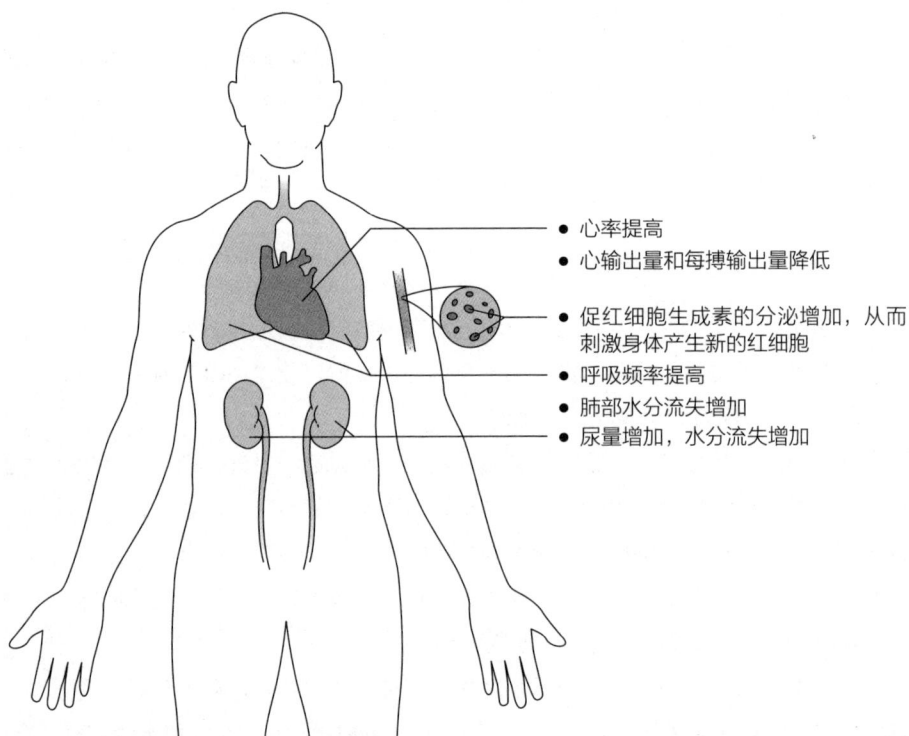

- 心率提高
- 心输出量和每搏输出量降低
- 促红细胞生成素的分泌增加，从而刺激身体产生新的红细胞
- 呼吸频率提高
- 肺部水分流失增加
- 尿量增加，水分流失增加

图9.4　在高海拔地区训练的生理适应

源自: K. Austin and B. Seebohar, 2011, *Performance nutrition: Applying the science of nutrient timing* (Champaign, IL: Human Kinetics), 142.

　　在高海拔地区训练有几种不同的方法，以下两种方法效果最佳：在高处生活、在低处训练；在高处生活、在高处和低处训练。这两种方法可以让运动员保持训练质量，达到最佳运动表现。尽管运动员适应了在高海拔地区训练，有氧运动能力仍会在海拔达到4 900英尺（1 494米）时开始显著下降，运动员在高海拔的运动表现也不如在海拔为0时的运动表现。因此，在高海拔地区，高强度间歇训练和有氧训练的质量都会受到影响。

采用在高处生活、在低处训练的方法，运动员每天中的大部分时间都要生活在高海拔地区（海拔高度超过1 500米，低于3 000米）。此外，运动员应该在1 200米及以下的海拔高度训练。采用在高处生活、在高处和低处训练的方法，运动员要在高海拔地区完成低强度训练，在低海拔地区以比赛强度进行高强度或长时间的有氧训练（即以比赛强度进行长时间的阈值训练）。

另外一个方法是模拟海拔高度，这个方法可以让运动员不用告别舒适的家就能"生活"在高海拔环境。大多数运动员更喜欢与家人和朋友待在一起，而且运动员无法在工作之外抽出时间去高海拔地区训练。高海拔模拟训练系统可以让运动员通过佩戴面具以吸入含氧量较低的空气，从而让运动员在缺氧的环境下进行低强度训练。

第10章

减量的科学与艺术

伊尼戈·穆吉卡、扬·勒·默尔

　　对于教练和铁人三项运动员来说，最重要的目标是尽可能把运动员的生理能力、心理能力和技术能力提升至最高水平，并制订一个精准的训练方案，从而确保运动员在恰当时机（各个重大赛事时）达到最佳水平。在许多竞技性耐力赛事中，如铁人三项，在赛前几天显著减少训练负荷往往会让运动员表现出色。这段时间被称为减量期，它是指为了减少日常训练的生理和心理压力，优化运动成绩，在可变时间内非线性地逐步减少训练负荷的阶段（Mujika & Padilla, 2003）。

　　从这个角度看，减量对运动表现和比赛结果同样重要。然而，在这个阶段，教练给每位运动员制订的最佳训练策略并不是有效的，因为这些策略完全基于反复试验的结果。事实上，直到最近，体育专家才进一步理解了赛前减量和成绩变化之间的关系。

　　全面综合分析现有的科学文献，有利于我们制订出最佳的减量计划。虽然我们明白制订训练计划和减量计划更像一门艺术，但本章旨在为铁人三项赛前减量策略奠定科学基础。我们希望以下知识有助于铁人三项运动员、教练和体育专家找到减量过程中的最佳训练组合，从而使运动员在预期时间内多次达到最佳表现。减量还涉及减轻甚至消除运动员的习惯性压力，让运动员的生理系统得到补偿或进一步加强他们的能力。本章还介绍了赛前恢复策略和适应压力环境的方法。

控制减量期的训练负荷

在竞技运动中，如铁人三项，训练负荷可以定义为训练强度、训练量和训练频次三者的组合（Wenger and Bell, 1986）。为了减少疲劳累积，必须适度降低减量期的训练负荷，但减量后的训练不能损害运动员对训练的适应。训练刺激不足可能会导致运动员丧失部分结构性适应、生理适应和表现适应，这也称为训练不足（Mujika & Padilla, 2000）。因此，铁人三项运动员和教练在保持或调整适应能力的同时必须要决定在何种程度上减少训练负荷。博斯凯等人（2007）对高水平运动员减量研究的结果进行了元分析，为成功进行赛前减量提供了科学依据，从而帮助运动员在预期时间达到最佳表现。虽然大部分研究都是针对单项运动的（如游泳、骑行或跑步），但这些研究也确实和铁人三项有关。博斯凯等人（2007）分析了减量训练要素的改变对运动表现的影响，因变量是运动表现在减量期间的变化，自变量包括训练强度、训练量、训练频次、训练模式和训练时长。

训练减量

总体而言，训练强度降低，运动表现水平会略有下降或保持稳定；训练强度稳定或增加，运动表现水平会大幅提高。因此，在减量期间，训练负荷的降低不应该以牺牲训练强度为代价（Bosquet et al., 2007）。

至于训练量，几项研究表明，训练量明显降低不会导致运动员丧失适应能力或影响运动员的运动表现。例如，希克森等人（1982）表示，经过10周的自行车训练或跑步机训练，研究对象在随后15周的减量期内仍然维持了大部分的生理适应和耐力运动表现，在此期间训练量减少了三分之二。谢普利等人（1992）和穆吉卡等人（2000）以训练有素的中距离跑步运动员为研究对象，研究结果表明在减量期间，相比中等训练量，低训练量能帮助运动员获得更好的生理适应和运动表现。博斯凯等人（2007）通过元分析证实了这一结果，减量期运动表现的提升和训练量的减少密切相关。这些研究表明，减少41%～60%的训练量可使运动员获得最佳运动表现，此外，训练量的减少应通过缩短训练时间和降低训练频率来实现。研究表明，铁人三项运动员可以将训练量减少约一半以最大限度提升运动表现。

根据博斯凯等人（2007）的说法，降低训练频次（即每周的训练次数）并没有显著提升运动表现。然而，训练频次下降和其他训练变量（尤其是训练量和训练强度的变化）之间的相互作用，使得人们很难判断训练频次的下降对运动表现的确切影响。尽管还需要深入调查，但这一结果表明，在减量期间，每周保持相同的训练频次有益于铁人三项运动员。

减量模式

穆吉卡和帕迪利亚（2003）提出了3类减量模式（见图10.1）：（1）直线式减量，训练负荷每天以相同的量逐渐减少；（2）指数式减量，训练负荷在初始时大量减少，然后逐渐趋于平缓；（3）阶梯式减量，训练负荷突然降低。

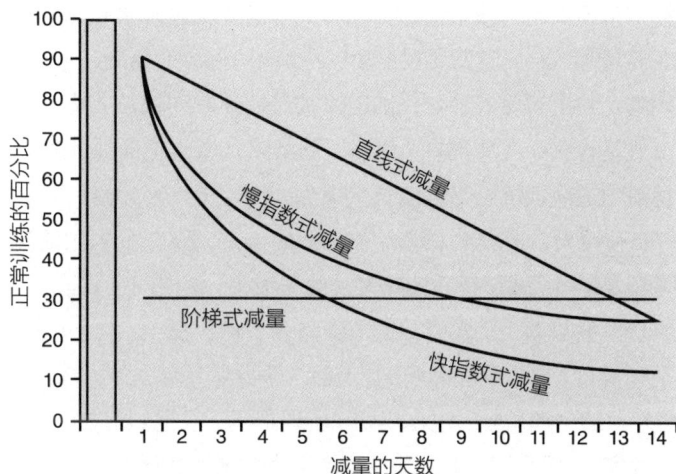

图10.1　不同类型减量模式的示意

源自：I. Mujika and S. Padilla, 2003, "Scientific bases for precompetition tapering strategies," *Medicine & Science in Sports & Exercise* 35(7): 1182–1187.

现有的大多数研究使用了逐步减少训练负荷的方法。巴尼斯特、卡特、扎尔卡扎斯（1999）和博斯凯等人（2007）的研究表明，和阶梯式减量相比，运动员经过渐进式减量（即直线式减量和指数式减量）后，运动表现大幅提升。然而，博斯凯等人（2007）没有说明渐进式减量对运动表现的具体影响。巴尼斯特等人（1999）建议铁人三项运动员采取快指数式减量，相比慢指数式减量，他们认为训练量较低的快指数式减量更有利于运动员在自行车和跑步运动中获得良好表现。托马斯、穆吉卡和布索（2009）在研究报告中指出，通过在减量期最后3天增加20% ～ 30%的训练负荷，在不影响消除疲劳的情况下，运动员会更适应训练，最终优化减量模式。

减量的持续时间

博斯凯等人（2007）发现了减量的持续时间和运动表现改善之间的量效关系。持续8 ～ 14天的减量阶段似乎代表着疲劳消退的积极影响和减量训练对表现造成的消极影响之间的分界线。经过1周、3周或4周的减量训练，运动员的运动表现有望提升，然而有些铁人三项运动员也可能会受到负面影响。一些数学建模研究（Mujika et al., 1996; Mujika et al., 1996; Mujika et al., 2002）强调了最佳减量时间的个体差异。运动员对减量训练的心理适应和生理适应的差异（Mujika et al., 1996; Mujika et al., 1996; Mujika et al., 2002）以及在减量期前几周使用过载干预手段（运动员自愿提高疲劳水平）（Thomas & Busso, 2005），这些变量都可以解释个体的差异性。

一些数学模拟模型表明，减量前的训练对个体最佳减量时间有很大的影响。在减量前28天内将训练量增加20%，这需要在3周内减少大约65%的负荷，而不是在2周内不进行增加负荷的训练。相比阶梯式减量，渐进式减量持续时间较长、减量幅度较小。无论减量前的训练形式是什么，疲劳都有所缓解，这表明，减量前的训练对最佳减量时间有明显影响。减量前的过载训练会给运动员带来更大的压力，因此他们需要更长的恢复时间。然而，训练负荷越大，适应水平越高（Thomas et al., 2008）。换句话说，减量前的训练量越大、训练强度越高，成绩提升就越大，但是减量持续时间也越长。

库茨、斯莱特里和华莱士（2007）进一步完善了这一观点，他们比较了训练有素的铁人三项运动员在经过4周过载训练和2周减量（强化训练组）或4周正常训练和2周减量（正常训练组）后的生理指标、生化指标和心理指标。经过4周过载训练后，强化训练组被诊断为训练过度，3千米跑步时间测试成绩下降3.7%。相比之下，正常训练组在同一时期的运动表现提升3%。到了减量期，强化训练组的3千米跑步时间测试成绩上升7%。这些发现表明，为期2周的减量足以让强化训练组运动员恢复并积极调整训练。尽管如此，两组成绩的提高程度并没有多大的差别，这表明，强化训练组的减量时长还不足以让运动员完全恢复。未来应比较不同的策略，为调整铁人三项比赛的训练负荷做好准备。

以4名专业铁人三项运动员为例，米利特等人（2005）运用数学模型描述了训练负荷和焦虑感、RPE评分之间的关系，并将其作为评估训练对运动员心理状态影响的方法。RPE评分恢复到基准水平的时间是15天，接近于之前研究人员（Busso et al., 2002; Busso et al., 1994; Fitz–Clarke et al., 1991）得出的最佳减量时间。米利特等人总结出一份简单的调查问卷，用来评估焦虑程度和疲劳程度，并以此来调整铁人三项的最佳减量时间。

整体而言，这些结果表明，尽管短时间减量和长时间减量都能提升运动表现，但是铁人三项的最佳减量时间一般是2周。在测试不同的减量时间（1～4周）时，可使用训练日志帮助运动员确定自己的最佳减量时间。

尽管在博斯凯等人（2007）进行的元分析中，有关游泳、骑行和跑步的数据还不足以为每项运动提供具体建议，但运动员和教练可以认识到某些运动趋势，从而优化铁人三项的减量训练。首先，无论减量的模式是什么，运动员和教练都需要保持同等训练强度。只有在不降低减量期的游泳、骑行和跑步训练强度的情况下，运动员的运动表现才能从较低水平慢慢提高到中等水平。对游泳来说，减量41%～60%是最佳的，但是博斯凯等人并没有在自行车和跑步中找到相同的范围，其最佳减量幅度为21% ～ 60%。在自行车和跑步运动中，8 ～ 14天似乎是最佳减量时间。然而，运动员和教练应该注意，较长的减量时间可能可以显著提升运动员在游泳中的运动表现，但是由于自行车和跑步的研究对象太少，所以，没有足够的统计数据（在减量15 ～ 21天、22天或更多时间中，跑步样本只有10份，自行车样本为0份）来证明这一假说。因此，证据不足以表明频率较低的阶梯式减量有利于自行车训练（Bosquet et al., 2007）。

运动员要想在减量期间保持和加强训练适应性，必须要保持同等训练强度，但很明显的是其他训练变量减少的确能让运动员得以充分恢复并优化运动表现。降低训练量能够提升优秀运动员的生理适应、心理适应和运动适应能力。在减量方面，运动员可以放心地把训练量减少41% ～ 60%，但是如果减量幅度更小或更大，说不定运动员可以获得更好的成绩。在铁人三项比赛前3天，增加20% ～ 30%的训练负荷可能有益于提升运动表现。

对训练频繁的铁人三项运动员来说，高训练频率（高于80%）似乎是必要的，因为这可以避免训练不足或失去"运动的感觉"。相反，对训练适中的运动员来说，较低的训练频率（30% ～ 50%）就可以使运动员轻松地保持训练的适应性。

减量的最佳时间尚不清楚。事实上，为期4 ～ 28天的减量训练可以带来积极的生理适应和运动表现的提升，运动员完全不运动的负面影响也显而易见。当我们不确定运动员的适应状况时（这是影响最佳减量时间的因素），2周的减量时间似乎适合所有的运动员。如果在减量前一个月临时增加约20%的训练负荷，那么减量期应延长至4周。在测试不同的减量方法的同时使用训练日志，可以帮助运动员在赛前阶段确定自己的最佳训练策略。

在减量期加强恢复

平衡训练压力和恢复对于优化铁人三项运动员的表现至关重要。运动员必须要在比赛前几周减少训练引起的疲劳累积效应，可以广泛地使用恢复模式并将其作为减量的一部分，从而提升运动表现（更多信息见第8章）。在耐力项目的减量期，如铁人三项的减量期，长期疲劳可能与运动引起的肌肉损伤、延迟性肌肉酸痛（DOMS; Cheung et al., 2003）或自主神经系统失衡有关（Garet et al., 2004; Pichot et al., 2000）。本节介绍了可以加速恢复过程的干预手段。

减轻肌肉疲劳

许多评估恢复模式有效性的研究都强调了肌肉损伤通常和延迟性肌肉酸痛有关，即运动员在运动1或2天后才感到疼痛或不适。虽然还不太清楚其中的运动机制，但是在进行导致延迟性肌肉酸痛的训练后，运动员可能需要数日才能完全恢复体能和力量（Cheung et al., 2003）。因此，这种情况会阻碍训练计划的推进。有助于延迟性肌肉酸痛和肌肉损伤痊愈的恢复模式，也许有助于提升铁人三项运动员减量的效果。

按摩

离心运动带来延迟性肌肉酸痛后，运动员常常会用按摩理疗来缓解疼痛部位。韦伯、塞尔韦迪奥和伍德尔（1994）研究了按摩、有氧运动、微电流刺激和被动恢复在离心运动后的效果，他们发现这些治疗方式对肌肉疼痛、最大等长收缩力和最大扭转力都无明显影响。希尔伯特、斯福佐和斯文森（2003）在报告中指出，在离心运动后2小时按摩腘绳肌对最大扭转力并没有影响；但是，肌肉酸痛程度在48小时后有所降低。法尔等人（2002）也指出，对健康男性进行30分钟的腿部按摩，对肌肉力量毫无影响，但肌肉疼痛和压痛程度在运动48小时后有所下降。然而，另一个报告指出，女大学生运动员在高强度运动后参加垂直跳跃的成绩有了显著的提高（Mancinelli et al., 2006）。

尽管人们已经大量研究了按摩疗法的效果，但很少有研究调查按摩疗法对运动成绩的影响。然而，一些证据表明，在离心运动后按摩肌肉可以减轻肌肉酸痛（Weerapong et al., 2005）。摩拉斯卡（2007）表示，治疗师的按摩水平会影响运动员在完成10千米长跑比赛后的按摩效果。许多研究对按摩及其恢复效果进行了研究，并探讨了按摩的原理，因此在该领域的研究比对运动表现的研究要多。有趣的是，有研究（Jakeman et al., 2010）称，与被动恢复和单纯的按压相比，30分钟的人工按摩加上12小时的下肢加压治疗（即穿压缩袜），在增强式训练后的48小时和72小时后，肌肉酸痛感显著减轻。

压缩衣

有加压功能的衣服正变得越来越受欢迎。研究表明，特别是临近比赛时，运动员在损伤后穿压缩衣有利于恢复和提升运动表现（Ali et al., 2007; Kraemer et al., 2001; Trenell et al., 2006）。下肢加压治疗源自临床研究。研究表明，下肢加压治疗对创伤或某些慢性疾病有积极的影响。布兰加尔等人（2006）发现，小腿受压有利于提升小腿肌肉的氧化能力和缓解静脉池效应；而平井一夫、岩田和早川（2002）表示，这种方式有利于静脉曲张患者减少足部水肿。产生这些影响的原因是加压改变了血流动力（Ibegbuna et al., 2003）。关于能否把这些积极影响转移到运动员身上，相关研究结果令人振奋（Ali et al., 2007; Bringard et al., 2006），但也有一些研究没有进展（French et al., 2008; Trenell et al.,

2006）。某些研究得出的结论表明，这些积极效果可能和加压能缓解水肿和加速肌肉恢复有关。

　　研究人员也建议以机械支撑的方式使用下肢加压治疗，从而加快伤后恢复速度（Kraemer et al., 2001）。克雷默等人（2001）推测由加压造成的动态投射效果可以促进肌纤维排列整齐，缓解炎症。因此，这将降低肌肉的损伤程度和缩短恢复时间。虽然还需要进一步的研究来检验这些假设，我仍鼓励铁人三项运动员在减量期间使用下肢加压治疗，尤其是在长途旅行中。

自主神经系统的重新活跃

　　铁人三项运动员的训练负荷非常大，这既会引起适应反应，也会引起应激反应。高频次的训练刺激可不断加强适应性。然而，一旦恢复不足，在高频次训练中也会不断累积和压力相关的副作用。运动员产生压力反应的一个关键特征是自主神经系统活动减弱，该神经系统控制了维持正常身体功能所需的身体器官。加雷特等人（2004）声称，7 名训练有素的游泳运动员在高强度训练期间的成绩下降和自主神经系统活动减弱有关，而在减量期间自主神经系统重新活跃和成绩提升会同时发生。从这个角度看，减量期间恢复的主要目标之一是提高自主神经系统的活跃程度。

　　有几种恢复方法可以让自主神经系统更活跃，包括实施营养策略（吃含糖量较低的水果和蔬菜）、按摩（Weerapong et al., 2005）以及用冷水浸泡全身或面部（Al Haddad et al., 2010; Buchheit et al., 2009）。然而，影响自主神经系统恢复最重要的因素似乎是睡眠时间和质量。比赛前一周，在一个昏暗、平静、放松和空气新鲜的环境中拥有良好的睡眠对于运动员展现出最佳表现至关重要。温水浴可以帮助运动员入睡。铁人三项运动员也可以午睡，但午睡时间不应超过30分钟，以防运动员在剩下的时间里处于昏昏欲睡的状态（Reilly et al., 2006）。

　　虽然减量可以进一步提升训练的效果（即提升运动表现），但是减量的主要目的是减少日常训练对身心的负面影响（即疲劳累积）。在这一方面，运动员要特别注意减量期间的恢复策略，因为这有助于激活副交感神经系统（睡眠、水疗、按摩）和缓解肌肉疲劳（按摩和压缩衣）。

减量期间的营养补充和水分补充

对铁人三项运动员来说，保持充足的营养和水分是成功参与竞争的关键。运动员以较差的补水能力和较低的糖原储备水平参加长距离耐力项目（如铁人三项），将直接降低表现水平。在赛前阶段，铁人三项运动员需要采取营养策略和补水策略以最大限度地发挥减量的好处。

确保充分地补水

高温环境的刺激会挑战铁人三项运动员的心血管系统、温度调节系统、体液平衡和运动表现的极限。出汗是人在高温环境中散热的主要方式，在高温环境中，汗液的流失量经常超过水分的摄入量。当脱水量超过全身水分的3%（相当于体重的2%）时，有氧运动能力就会受到高温刺激的影响。脱水使得体温升高和血浆量减少，从而加大了心血管的压力和降低了最大摄氧量（Cheuvront et al., 2010）。卡萨等人（2010）称，在7.5英里（12千米）赛跑开始时，轻度脱水（损失体重的2.3%的水分）影响了运动员在高温下的生理功能和长跑的运动表现。这一发现强调，在减量期间补足水分，尤其是在铁人三项比赛前的48小时内补足水分，对于确保运动能力不受影响至关重要。

尿液的颜色可以用于衡量水化状态，是可靠的指标（Armstrong et al., 1994）。正常的尿液颜色为浅黄色，而中度脱水和重度脱水时尿液的颜色分别是深黄色和棕绿色。虽然通过尿液的颜色评估脱水程度是有一定局限性的，而且如果运动员迅速消耗了大量的液体，那么尿液的颜色可能会令人产生误解，但它可以让运动员自己评估补水程度，尤其是在减量期间。

适当的糖原合成

减量可以改变身体的能量代谢。减少训练负荷有利于休息和恢复、降低铁人三项运动员的日常能量消耗，并影响能量平衡和身体成分。因此，铁人三项运动员应特别注意在减量期间的能量摄入，以避免能量不平衡和身体成分发生不良变化。据我们所知，目前还没有科学报告提出铁人三项运动员在减量期间的营养模式。一些研究表明，训练负荷的变化不一定会改变饮食习惯，但饮食习惯将直接影响运动员的身体成分（Almeras et al., 1997; Mujika et al., 2010）。因此，对铁人三项运动员来说，考虑训练时间和训练负荷是明智的行为，因为高强度训练和减量训练之间训练安排会有很大的差别。在这种情况下，教练需要教授铁人三项运动员如何补充能量和营养物质，以匹配训练负荷。

威尔逊（2008）不仅指出运动员应平衡能量摄入和能量消耗，而且还建议运动员在赛前阶段补充糖分以增加肌肉储存的糖原。在冲刺距离铁人三项中，运动员可在赛前

24 ～ 36 小时摄入碳水化合物含量高的食物，以储备充足的肌糖原（Pitsiladis et al., 1996;
Sherman et al., 1981）；同时，长时间摄入碳水化合物含量高的食物，对于运动员备战标
准铁人三项和更长距离的铁人三项比赛也是有益的（Burke et al., 2007）。在一项研究中，
研究人员研究了 10 名男性铁人三项运动员和 8 名女性铁人三项运动员的能量平衡状况
（Kimber et al., 2002），研究结果显示，男女运动员的能量消耗都高于能量摄入。由于只有
40% 的能量消耗来自能量摄入，研究人员估计在铁人三项运动期间一半以上的能量消耗
来自内源性燃料储备。这一发现表明，运动员在长距离铁人三项运动前摄入足量碳水化
合物以最大限度增加内源性燃料储备很重要。

营养策略应分两个阶段实施:（1）在减量期的前半阶段平衡能量消耗;（2）在减量期
的后半阶段诱导糖原储备发挥超量补偿作用。沃克等人（2000）表示，相比在减量期最
后 4 天安排低碳水化合物饮食（碳水化合物含量约为 48%），在摄入碳水化合物含量高的
食物后（碳水化合物含量约为 78%），同样以 80% 的最大摄氧量进行一次性疲劳锻炼，运
动表现相对较好。有趣的是，谢尔曼等人（1981）表明，在减量期间连续 3 天摄入高碳
化合物食物以后，训练有素的跑步运动员可以在不消耗糖原的情况下产生超量补偿。如
果计划进行两阶段的减量模式，那么平衡能量摄入和能量消耗并增加碳水化合物的摄入
将会尤为有效（Mujika et al., 2010）。

在减量期间制订合适的补水策略对于铁人三项运动员来说至关重要，因为这能确保
运动员在比赛开始时保持良好的水化状态。运动员还应注意晨尿的颜色应该是浅黄色的，
这是一个实用的解决方案。我建议运动员在比赛前补充碳水化合物，以帮助自己跨越终
点，发挥潜力。对于训练有素的运动员来说，这可能很简单，即在赛前最后几天逐渐减
少运动，并确保在赛前 36 ～ 48 小时每天摄入 10 ～ 12 克/千克体重的碳水化合物（也就
是说，如果你的体重是 70 千克，那么你每天的碳水化合物摄入量应该为 700 ～ 840 克）。
此外，并非要等到能量完全耗尽时，才补充碳水化合物。

处理与减量有关的其他细节

减量用于削弱或消除铁人三项运动员的习惯性压力刺激，并使其生理系统得以恢复，
甚至产生超量补偿作用。无论刺激源是高温、低温还是高海拔，关于环境变量对运动员
减量过程的影响，几乎没有什么科学依据。关于高海拔对气候刺激、旅行疲劳和时差的
综合影响也缺乏实验依据（Pyne et al., 2009）。由于研究人员很难在实验设计中解决这些
问题，因此有关这些方面的知识一片空白，同时该领域的研究人员在控制变量方面也面
临着挑战。但是，当教练在铁人三项运动员年度训练计划中安排减量时，必须要系统考
虑环境因素的潜在影响。

旅行的压力

国际旅行是优秀铁人三项运动员比赛和训练中必不可少的一部分。对于业余运动员，尤其是参加长距离赛事的运动员来说，这种情况也越来越普遍。长途旅行与一些暂时的负面影响相关，这些负面影响统称为旅行疲劳，疲劳原因包括旅途中的焦虑、日常生活的变化以及处于飞机客舱的干燥环境中。旅行疲劳一般只持续一天左右，但对于那些飞越几个时区的人来说，时差带来的负面影响会持续更久。如果航班跨越10个及以上的时区，那么时差问题可能会持续一个多星期，而运动表现可能会受到影响。了解生物钟的特性可以找到问题的原因（生物钟未调整），并学会在新时区用光调节生物钟的基础知识（Waterhouse et al., 2007）。

当运动员需要为比赛跨越多个时区时，可以将调节生物钟的工作纳入减量训练中。让铁人三项运动员在比赛前有足够的时间来适应新时区，这点是合乎逻辑的（Waterhouse et al., 2007）。运动员可以把调整期作为减量训练的一部分。在向东跨越时区后，我不提倡运动员在上午训练，因此运动员应考虑到前几天的训练时间，以便正确推迟最佳表现时间而不是提前最佳表现时间（Reilly et al., 2005）。离家前的刻苦训练似乎也没什么意义，因为运动员到了目的地机场后，疲惫的状态可能会推迟生物钟的调整（Waterhouse et al., 2003）。同样，试图在离开前调整生物钟也会适得其反，这种调整策略可能不利于运动员发挥自身能力（也会影响训练质量）（Reilly & Maskell, 1989）。

即便生物钟紊乱和与减量相关的身体恢复之间的相互作用还没有完全被阐明，在倒时差的过程中减量训练也应该按计划进行。虽然睡眠质量对恢复很重要，但当运动员在适应新时区时，在一天中不适当的时间午睡，可能会推迟生物钟的同步（Minors & Watehouse, 1981）。然而，在某些情况下，小睡30分钟可以使运动员恢复活力（Waterhouse et al., 2007）。免疫反应受到抑制本质上更可能和睡眠受到干扰有关，而不是和时差有关（Reilly & Waterhouse, 2007）。因此，生物钟的调整应与减量训练的强度相适应。教练及辅助人员应通过实施训练策略来尽量减少在出发前、长途国际旅行期间和到达目的地时的旅行压力对运动员的影响。

适应热环境

大多数铁人三项比赛常在夏季举办，此时的温度较高。然而，在热环境下运动可能会导致运动表现水平下降。因此，习惯热环境似乎是有效的策略，这能限制热环境带来的负面影响，此时铁人三项运动员应该要考虑优化减量。在炎热的环境下，我建议进行7～14天的赛前减量训练。在热环境下，糖原的消耗增加，运动员应通过减小训练强度和减少训练时长来补偿糖原的消耗（Armstrong, 2006）。运动员要适应炎热环境，否则在即将到来的比赛中运动表现水平可能会有所下降。

　　运动员经常暴露在炎热的环境中会引发许多生理适应，从而减少在炎热环境下训练的负面影响。这些适应包括休息时核心体温下降、运动时心率降低、出汗率和汗液敏感性提高、汗液和尿液中钠离子的流失减少以及血浆量增加（Armstrong & Maresh, 1991）。血浆量的增加对于心血管稳定性极其重要，因为它能增大每搏输出量和降低心率（Pandolf, 1998）。

　　适应热环境的训练应在几天内开始，对于大多数人来说需要 1～2 周才能完全适应（Wendt et al., 2007）。很明显，人体系统会以不同的速率适应连续多日暴露在热环境之中。热适应的早期训练主要包括通过增加血浆量和降低心率来改善对心血管功能的控制。研究人员发现，在随后的热适应阶段，运动员出汗加快，皮肤毛细血管舒张（Armstrong & Maresh, 1991）。铁人三项运动员身上出现了许多适应热环境的生理特征，因此可以被认为是局部适应；然而，至少要一个星期后，才能判断运动员是否完全适应（Pandolf, 1998）。运动员不需要每天都在热环境中训练，他可以在 30 天内每隔 3 天训练一次，这和 10 天里每天都训练的适应程度是一样的（Fein et al., 1975）。

　　由于维持较高的核心体温和较多的出汗量似乎是适应热环境的关键，因此运动员应以高于 50% 最大摄氧量的强度进行高强度间歇训练或持续运动（Armstrong & Maresh, 1991）。有证据表明，大约持续 100 分钟的训练对于热适应是最有效的，而长于该时间的训练是没有好处的（Lind & Bass, 1963）。

　　然而，热适应只是一个短暂的过程，如果不在热环境中反复地训练，热适应就会逐渐消失。这样看来，热适应过程中出现的第一种生理适应也是最先丧失的（Armstrong & Maresh, 1991）。热适应的衰减率有相当大的差异性：一些研究报告指出，热适应在不到一周的时间内就会有很大的损失；而另一些研究则显示，热适应将持续一个月之久。总的来说，大多数研究表明，干热适应比湿热适应维持的时间更久，高水平的有氧运动能力也和长时间维持高水平的热适应有关（Pandolf, 1998）。

高海拔训练

　　在高海拔环境下，最大摄氧量随着气压的降低而降低。在一定的有氧负荷下，运动强度和输出功率都会立刻降低。在高海拔训练的前几天，由于对缺氧的通气反应增加，会出现呼吸性碱中毒（通气过度使血液 pH 值升高）。这种情况源自人体的自限性，渐进的肾代偿过程，意味着肾脏可以调节血液的 pH 值。在高海拔训练营中的运动员认识到，随着适应的开始，首先要减少训练负荷，这是必需的。由于空气干燥和初始排尿量增加，加上血浆量的变化（Rusko et al., 2004），人体会提高碳水化合物作为运动底物的利用率（Butterfield et al., 1992），同时在睡觉时会产生呼吸暂停的趋势（Pedlar et al., 2005），这与减量带来的益处背道而驰。在这种情况下，降低训练负荷不能代替减量训练。由于暴露在高海拔地区，运动员的免疫能力将下降，患病风险将增加（Rusko et al., 2004）。在14～21天的高海拔训练中，由于训练质量的下降，最大心输出量也可能降低。因此，教练应战略性地在年度计划中安排高海拔训练，以避免环境变量在未知的情况下对运动员产生不必要的影响。

许多精英运动员会利用高海拔训练达到适应比赛的目的。例如，尽管没有足够的证据证明高海拔训练的有效性，但是备战奥运会的优秀游泳运动员和赛艇队队员都认为高海拔训练是不错的训练。关于何时回到海平面高度进行训练以取得最佳运动效果仍然是一个问题，这是该领域研究人员相对忽视的问题，但也有少数人例外（Ingjer & Myhre, 1992）。现在教练已观察到高海拔训练的3个阶段（Millet et al., 2010）。然而，迄今为止，尚无充足的科学证据支持这些观点，因此下列结论仍然存在争议。

1. 前2～4天会有一个提高期，但并不是所有的运动员都会进步。

2. 重回海平面高度的2～4天，是逐步重建训练量和训练强度的阶段。该阶段内，运动员的训练表现可能不佳。这可能和高海拔训练引起的能量消耗变化和神经肌肉适应能力丧失有关。

3. 第三阶段是在重回海平面高度后的15～21天，体能的提升在该阶段会进入瓶颈期。尽管一些铁人三项运动员在第一阶段就达到了最佳运动表现，但最好的选择是将比赛推迟到第三阶段。在海平面高度训练几天后，能量消耗增加和神经肌肉适应能力丧失，再加上高海拔训练的氧输送量进一步增加和通气效应的延迟，这些都是运动员表现水平下降的原因。

在这种情况下，运动员经过高海拔训练后会在赛前阶段减少训练量，也是一种减量的形式。至于效果如何以及运动员之间的差异，有待进一步调查研究。

多次达到最佳表现

大多数有关减量的实验研究和观测研究都是在单项体育赛事的背景下进行的（Pyne et al., 2009）。然而，参加冲刺距离铁人三项和标准铁人三项的运动员有时会因为在竞争阶段多次比赛而很少有机会进行减量训练（例如，2010年3月底到9月初的7个世界锦标赛）。每个月（甚至每隔一周）的赛事高峰时期，通常会出现是选择从之前的比赛中恢复或重建体能，还是选择保持密集训练以及利用上一个训练周期所获得的适应能力的问题。这两种方法都是有效的，具体如何选择，取决于运动员赛后（或一系列比赛后）的疲劳程度以及两次铁人三项比赛之间的时间安排。评估减量训练的额外研究需要以最佳表现为试验环境。然而，以下训练原则是可以被证实的。

- 每年应安排 2 ～ 3 次时间较长（约两周）的、训练量大幅度减少（约 50%）的减量期。额外的减量期可能会阻碍运动表现的提升，因为它减少了高负荷训练的总时间，而这对于增加训练适应至关重要。

- 提前考虑每个赛季的比赛数量限制（如两项或三项重要赛事）有益于规划好赛季的减量期。在这些比赛前，教练和运动员可以充分规划高海拔训练计划。

- 在两个主要赛事之间，运动员要进行至少两个月的模块训练，适当安排恢复阶段、训练阶段和减量阶段。

- 只有在小型赛事前才安排短时间的减量训练（4 ～ 7 天），还要特别注意恢复（注意补充营养，保持充足睡眠，使用按摩、水疗和压缩衣）。由于训练引发的疲劳可能会持续存在，虽然经过短暂的减量，铁人三项运动员也应该意识到，这种策略下的运动表现水平会低于最佳表现水平。

- 为了快速恢复至以前的训练负荷，运动员应该尽可能缩短小型比赛的恢复时间（非最佳减量时间），因此运动员最好不要长途旅行。

在比赛前几周，减量是使铁人三项运动员做好准备的一个关键因素。自 20 世纪 90 年代初以来，人们对减量及其对运动员从准备阶段过渡到竞技阶段的重要性产生了浓厚的兴趣。在铁人三项比赛前，通过大幅减少训练量、适度减少训练频次和保持训练强度，运动员可以优化生理适应和运动表现。在赛前减量期间，要格外重视营养、补水和恢复方案，这有助于运动员最大限度发挥与之相关的积极影响。在此方面，采取减量策略后，运动表现水平可能会提高 3%（范围为 0.5% ～ 6%）。

运动科学的未来发展将在改进现有的及逐渐发展的方法方面发挥重要作用。这些发展应结合对教练和铁人三项运动员的实践经验的研究、实验和观测，以及缜密的数学模型，从而使我们更了解减量对生理和运动表现的影响。

第 2 部分

技巧

第11章

专业选手谈骑行操控技巧

库尔特·佩勒姆

　　大多数铁人三项运动员谈起骑行训练时，常会谈到长距离骑行和间歇式骑行，有时还会谈到临时的公路组比赛或是骑行混战。如果询问这些运动员是否常常练习自行车操控技巧，答案往往是否定的。事实上，铁人三项运动员并不擅长自行车的操控，例如对转弯的灵活控制、在限定范围内对自行车的控制和对行驶路线的保持。

　　对许多铁人三项运动员来说，很难注重练习自行车操控技巧。这些运动员认为，如果感觉不到酸痛或感觉不到练习的强度，那么练习的收获会十分微小。这种想法完全是错误的！在既定赛道上操控自行车需要强壮的身体，也需要对身体的控制能力。大多数运动员能够理解骑行对生理上的要求，即对人体能够产生的能量的要求。他们也了解功率、心率和踏频这样的专业术语。

　　在考虑物理条件时，我们是以阻力的形式来看待它的。有4种阻力会拖慢自行车和骑行者的速度，它们分别是：机械阻力、滚动阻力、重力和空气阻力。机械阻力来自自行车内各动力传输系统（齿盘、链条、轴承等）产生的摩擦。滚动阻力以能量的形式，使完全膨胀的自行车轮胎因道路状况发生形状变化，接着马上恢复原本的圆形形状。重力即为需要使用人体的运动功率驱动的骑行者和自行车的共同重量。空气阻力是与骑手骑行方向相反的风产生的阻力。

　　看到这里，你可能会问："这4种阻力会对我的骑行产生什么影响呢？"问题的答案与空气阻力息息相关。如果你可以做到在空气阻力较大的环境下熟练骑行，并且不会感觉到环境对转弯、避免撞击、规避道路风险的影响，还可以在各种地形上加速，就会获得更优异的骑行成绩。这才是最终的目标。

本章主要讲述了自行车与人体的匹配度，以及可以融入年度训练计划的比赛日的公路骑行技巧。这些技巧可以使运动员更快地完成骑行，而不是更用力地蹬踩踏板。

自行车与人体的匹配度

自行车与人体的匹配度对比赛十分重要。如果说运动员是骑行的"引擎"，那么任何人体运动的微小改变都会影响整个动力输出、舒适度和受伤的可能性。寻求良好的自行车匹配度的第一步是找到一家可靠的商店，选购铁人三项的专用自行车。首先，可以在网上搜寻合格的可靠商店。其次，运动员应该与售货员认真沟通，向对方解释自己的比赛计划、日常骑行训练、以往的骑行经历和所有身体方面的局限（如旧伤或缺乏灵活性）。

一辆匹配度较高的铁人三项自行车的基本特质包括舒适度、空气动力和动力输出，三个特质互不干扰，每一个都很重要。运动员需要三者兼顾，不能过度追求其中之一。自行车的车把延伸处需要满足运动员休息的需求，倚靠时，车体的金属架需要足以支撑运动员大部分的身体重量。运动员的双手应置于车把的末端，也就是变挡器的开始处。如果运动员在换挡时需要大幅度地移动手部，就意味着车把延伸处过长或车把与刹车片的接触不正确。车座高度应该调低至运动员的腿在将踏板踩到最底部时呈145～155度角。如果将一条铅垂线置于膝盖下方的骨头凸出处，它应该恰好与踏板前端相交。以上只是一些基础的匹配度标准，本章所涉及的内容并不能涵盖所有可能发生的与自行车匹配度有关的情况。运动员应该寻找可靠的自行车挑选员或专业的自行车商店，以确保自己能够找到正确的自行车骑行姿势。

当运动员有了合适的自行车后，需要学习如何快速上下车，也可以叫作飞行式上下车或越野赛式上下车。首先，我们先来谈一谈如何下车。对大多数运动员来说，下车更容易学习和熟练掌握，因此，通常会首先进行下车训练。运动员的目标是在接近2号项目转接点（T2）前的下车线时，在尽可能减小冲力的情况下安全下车。

> 运动员应该在职业生涯早期不断完善自己的快速上车技巧，在上车期间失去的5秒时间可能会成为其职业生涯中的决定性因素！
>
> ——萨拉·麦克拉蒂

了解下车线的位置十分重要。在到达下车线前的500米左右时，运动员就应该开始脱自己的骑行锁鞋。运动员需要弯腰解开右鞋的扣带，将右脚置于鞋子上方。接着踩2～3圈踏板，停止时，左踏板置于上方。接着，解开左鞋的扣带，将左脚也踩在鞋子上。双脚踩在鞋子上后继续骑行30～50米就到了下车线前的位置。这时，运动员需要使车辆滑行，同时将左踏板转至6点钟位置并以左脚为支撑站立。接着，右腿从后方跨过车座，将右腿置于左腿后方。在距离下车线3米远的位置轻轻刹车并跳下自行车，用右脚着地，并立刻开始跑步。扶着车座慢跑着将自行车送至转换区停车位，接下来就可以换上跑鞋，开始最后的跑步比赛。

为了更快进入第二切换区，运动员需要提前脱掉骑行锁鞋。要适应将双脚踩在锁鞋上进行骑行，并且在最后半英里（0.8千米）内，也就是其他人开始解开锁鞋时抓住机会，占据领先地位。

——萨拉·麦克拉蒂

对大部分运动员来说，上车要比下车更加困难。但上车是每个运动员都无法避免的动作，下面让我们逐条讲解上车的技巧。首先，运动员需要做出选择：是将骑行锁鞋固定在自行车踏板上，还是在第一转换区就穿上骑行锁鞋并穿着它们跑向上车线。这是一个困难的抉择，我本人也在每年的比赛中为此苦恼。在大部分情况下，如果需要跑步到达上车线的距离不长，事先穿好骑行锁鞋会让我获得更好的第一赛段总成绩和更快的骑行初始速度。因为一旦运动员适应了快速上车的方式，在已经穿好锁鞋的情况下，就可以迅速固定并快速开始骑行。如果一起从第一转换区出发的运动员较多，而你寻找空地试图穿鞋（最糟糕的情况是摔倒在地），那简直是浪费时间。运动员的目标是取得优秀的铁人三项总成绩，并不是在第一赛段取得最好的成绩。如果选择在车上穿鞋，那么要适应在跑到上车线后将脚踩在骑行鞋上开始骑行，在提速稳定后再将脚穿进鞋里并系好固定扣带。对于参与国际铁人三项联盟（International Triathion Union，ITU）铁人三项比赛（允许跟骑）的职业运动员来说，将鞋子固定在自行车上，在提速后再穿鞋是较好的选择。本书第17章会有关于本话题的详细介绍。

下面我们继续介绍上车技巧。运动员可以在赛前热身活动时对上车线及周边环境进行实地观察，选择理想的上车点，这有助于快速开始接下来的骑行，并且有助于避免受到来自道路情况阻碍的影响。在离开第一转换区时，运动员需要扶着自行车的车座或车体将车子推至出发线处。在通过出发线时，双手握车把，双腿高频小步伐加速，然后跳跃跨出一条腿上车。这也正是很多运动员担心的地方。运动员并不是一下子完全坐到车座上，而是右大腿内侧先落在车座上。左撇子运动员可以在左侧上车。接着，运动员轻微调整胯部和臀部的位置，轻轻滑至正常坐姿。与此同时，右脚开始向前踩踏右踏板，踩踏半圈后左脚开始踩踏左踏板。接着，运动员可以开始加速了。

公路骑行技巧

运动员在熟练掌握上下车技巧后，就可以在道路上开始提速。运动员还需要学习使用惯性及时、安全、快速地转弯。练习转弯的理想方法之一就是在安全的环境下进行低速训练。露天空旷的停车场或开阔的工业区都是很好的选择。有的训练还需要搭档的帮助和配合。

在转弯处应该将身体下沉，使身体重心降低，并尽量保持挺直。除此之外，我发现防止与其他选手发生碰撞事故的最好的方法是不要只关注在自己前方的一个选手，要注意观察在前方的多个选手，这样就可以在接近他们之前预料到任何可能发生的问题。

——乔·乌弗努尔

直线骑行训练

直线骑行听起来非常简单，但对一个骑行新手来说可能会有些困难。直线骑行的基础是舒适正确的坐姿，如果坐姿不当，会使运动员难以放松，无法控制车子直线前进。直线骑行稳定性训练可以在地面画有直线的空旷的停车场或工业区进行。运动员需要找到一条画好的直线，使用不同的速度沿着直线骑行。训练的目标是使运动员能够尽可能将行驶路线保持在直线上。在进行这项训练的同时也可以进行踩踏骑行训练和滑行训练，还可以练习离开直线后再回到直线上，并保持高速稳定性。运动员可以在远处挑选合适的标志物，将视线集中在标志物上，不要盯着脚下的直线。重复5～10次或重复到可以熟练使用各种速度进行直线骑行为止。

训练直线骑行时，尝试沿着马路上的白线骑行，也可以进行单腿骑行训练，以练习踩踏频率、减少上身晃动。

——萨拉·哈斯金斯

观察后方训练

这项训练可以在户外或空旷的道路上进行。回头观察后方情况的动作通常会导致骑手将车转向回头的方向。想要对此进行训练，运动员需要找到带有以树为标志线或画有直线的道路。运动员双手扶把，在骑行过程中转动头部观察四周，就像回头查看其他骑行搭档的情况或观察马路交通情况一样。运动员需要持续骑行，并试着放松上半身，确保头部的运动不会导致车头扭转。回头的动作应仅维持1～2秒，接着马上收回视线，目视前方。运动员需持续地进行这样的骑行训练。训练的目标是使运动员保持在原有骑行轨迹上。注意，向左回头和向右回头都需要进行练习。

肘部撞击训练

这项训练需要训练搭档的参与。虽然大部分铁人三项比赛都不允许跟骑，但有时运动员会遇到与自己十分靠近的对手，偶尔也有可能发生撞击。对运动员来说，当撞击发生时，应对撞击带来的冲击并保持控制自行车的能力十分重要。训练时，运动员需要在道路上保持直线骑行，尽可能靠近训练搭档，与搭档进行轻微接触。运动员需双手扶把，避免车把晃动，肘部弯曲，向外伸出，在肘部相撞时骑行25 ～ 50米。运动员可以使用肘部作为缓冲器，用它们吸收撞击带来的冲击。在骑行一定距离后，回到原路，继续骑行。

肩膀撞击训练

此项训练是肘部撞击训练的延伸。运动员需要更加靠近训练搭档，在并排骑行时撞击他的肩膀。和上一项训练一样，运动员需要放松扶把的双手，在训练中持续骑行。每侧进行4 ～ 6次轻微撞击训练，然后继续骑行。

赛事救助补给站

对于所有铁人三项运动员来说，骑行比赛中最危险的位置当属补给站附近。数据表明，大量的撞击意外都发生在补给站附近。产生撞击的原因大多是运动员们在从补给站工作人员手中接过瓶装水或其他物资时忽然改变了速度。观看过专业骑行比赛的人可能会注意到，专业的骑行运动员在通过补给站时并不会减速，即使在周围有150多名比赛选手的情况下也是如此。这与运动员准确拿到补给品和水壶或水瓶的能力息息相关，运动员需要保持直线骑行并单手扶把。

如果意识到自己即将跌倒，要双手保持扶把。试着不要把手或胳膊伸出去阻止自己跌落，因为这样很容易使骨头受伤。运动员应该在草地上练习跌倒和顺势滚动，并养成习惯。

——乔·乌弗努尔

捕捉物品训练

帮助运动员在骑行状态下熟练地获得物品的好方法是进行抓取物品训练。对于新手骑行运动员来说，这是一项很好的训练，因为在训练中很容易就可以通过改变物品的尺寸或摆放位置来进行进一步训练。和上述训练一样，停车场是训练的合适场地，但此项训练不需要训练搭档的参与。第一次训练时，可以将水壶放在停车场的围栏上。运动员以低而稳定的速度向围栏骑行，当接近围栏时，将一只手从车把上移开，在路过围栏时抓取水壶。左手和右手都需要进行练习。

如果想要增加难度，可以将水壶放在其他位置，例如一些更高的位置或直接放在地面上。此项训练的目标是使运动员在抓取水壶时不必紧急降速并在获得水壶后继续骑行，尽可能不间断地进行匀速骑行。

在训练过程中，练习骑行的同时从地面抓取水壶或从队友手中接过水壶，可以使运动员在真实比赛里更加熟练自如。

——萨拉·哈斯金斯

转弯训练

运动员还需要了解真正的自行车操控技巧和比赛中需要进行的比较不常用的操作。通常运动员降低速度的地方是转弯处。有些运动员缺乏相关知识和操控自行车顺利转弯的自信，往往会稍微减速，使用惯性带动自己安全转弯，接着回归到正常的比赛速度。有一些方法可以使运动员在比赛速度下进行转弯操作。最常见的方法为倾斜法和引导法。很多因素会影响运动员对转弯方法的选择，包括路况、转弯位置、行驶速度和接近转弯处时身边的选手数量。以下对两种方法和对应的练习方法进行介绍。

在较高的踩踏频率下，要记得换挡，以免自行车链掉落。另外，在骑行比赛中，转弯前要将自行车换至合适的挡位，以此避免在转弯处空踩踏板或损坏零件。

——萨拉·哈斯金斯

倾斜法

倾斜法是大部分骑行运动员都了解并在高速骑行中使用的方法。使用这种方法时，运动员需要使自行车车身倾斜着进入转弯处，倾斜程度和方向以转弯角度和当时的速度为准。运动员也需要倾斜身体，但身体倾斜的角度比车身倾斜的角度稍微小一些。对于铁人三项比赛或其他自行车比赛中的运动员来说，较为安全的方法是在转弯处之前70～100米处正常骑行（通常为转弯半径的中点处）。运动员需要在此时决定转弯前是继续滑行还是刹车。如果需要刹车，运动员需要轻轻地操作并时刻铭记前轮刹车是减慢车速的主要方式。较为熟练的运动员会保持正常的操控姿势，俯卧在车把上，新手运动员可能会选择坐直身体，双手扶把操控。

在进入弯道后，踩踏半圈踏板，使外侧的脚指向6点钟方向并朝地面方向用力。这样可以使轮胎压向地面，有助于自行车平稳行驶。运动员需要在前后轮胎间保持身体平衡，倾斜车身，同时视情况倾斜身体，外侧脚掌继续用力。接着，使自行车自行前进（在转弯处用力刹车时，运动员的大部分身体重量会被前移，有可能造成车身不平衡，导致轮胎偏离预设轨道）。完成转弯后，马上摆正车身，在没有失去过多惯性的情况下安全地继续骑行。

引导法

当运动员可以熟练使用倾斜法后，就需要进行接下来的进阶训练：引导法。在练习过倾斜法后，运动员会发现一些窍门。第一，转弯时，并没有过多转动车把（或者说车前轮）。第二，在转弯时，轮胎的侧面与地面的接触面积较小。引导法对于高速骑行和干燥路况下的骑行来说是更加高效的方法。

当情况需要时，运动员需要引导自行车通过弯道。引导法与倾斜法有些许不同，但运动员需要做的准备动作基本相同，最大的不同是在使用引导法时，骑行速度偏低（设想180度转弯或湿路面转弯）。因此，运动员需要更早开始刹车并且双手控把。外侧的踏板依然是承重板。接着，接近弯道时，运动员需要视具体路况、即时速度和转弯半径转动车头。这正是这种方法的难点所在！运动员依然需要在转弯时进行倾斜，注意是大部分身体倾斜，车身基本保持直立。这并不是单纯的身体倾斜，更像是引导自行车进行倾斜。这种方法的目的是使车身尽量保持直立，使轮胎和赛道的接触面积更大。在完成转弯后，运动员需要坐直身体，调整车身方向，继续骑行。

> 和一些朋友一起进行低速骑行训练的实用技巧是从侧面互相撞击，或用前轮顶撞其他人的后轮。这可以帮助运动员习惯选手间的相互碰撞，因此在比赛中遇到撞击事故时也能冷静面对。
>
> ——乔·乌弗努尔

换挡

新手运动员最常问的问题之一就是："我应该在什么时候换挡？"。这个问题很难回答。对于换挡来说，并没有绝对的正确的时间或错误的时间，只有理想时间。一辆专业比赛自行车有18～30个可用挡位。用来换挡的机械装置通常为可以扳动的操纵杆或可以按动的按钮。路况和骑手的力量决定了换挡的时间。运动员最好不要过多考虑换挡这个简单动作，只需要记住一些不能进行的操作。首先，防止链条交叉，即前车链处于最大牙盘上而后车链处于最大飞轮上的挡位。比赛自行车可以很好地适应这一挡位，但会对动力传动链，尤其是对链条本身造成过大的压力，并增加磨损。实用的解决方法是将前车链降到牙盘上，并将后车链向外调至2～3圈飞轮，找到合适的挡位比率，形成更高效的动力传输链条。

另一种需要避免的情况是在过载的情况下进行多挡位的快速换挡。前车链掉落通常是运动员试图在高负荷情况下在多个挡位间快速换挡，变速器无法适应链条位置的重复变化，导致链条从链条轮上掉落至底部支架位置或大牙盘的外部。这与运动员对赛道的了解有关。这种情况常常会发生在当运动员忽然遇到大幅度上坡或急转弯而措手不及之时。通常来说，运动员应提前一天到达比赛场地进行适应。在不熟悉地形的情况下，运动员在骑行中应该用敏锐的目光预判地形。更安全的选择是使用容易操作的低速挡位，增加骑行转数，因为换至高速挡位往往比换至低速挡位更加容易。

这一问题也涉及保持正确的转数或者说踩踏频率。踩踏频率的单位因人而异。有些运动员在高速挡位缓慢骑行，有些则使用频率非常高的踩踏节奏，如同"纺织工"。在较多情况下，这些运动员可以快速完成骑行比赛并继续进行接下来的比赛。以往的经验表明，最合适的踩踏频率为每分钟70～100转。很多运动员使用接近每分钟90转的踩踏频率。本书第12章对理想的踩踏频率有更加详细的介绍。

> 在进行铁人三项比赛时，每隔8千米，我都会确认自己的踩踏频率。在骑行中保持较高的踩踏频率对减少肌肉疲劳非常重要，有助于完成接下来的跑步阶段。如果将踩踏频率降得过低，可能会对跑步产生一定的影响。
>
> ——萨拉·哈斯金斯

刹车

本章的大部分内容都是关于提高骑行速度的话题，但事实上适当的刹车往往有助于提高整体骑行成绩。对于一名运动员来说，理解刹车的时机（例如在急转弯之前）并在转弯后迅速提速十分重要，了解如何进行下坡刹车、轻刹前车闸和重心后移对后车闸施压也十分重要。要时刻记得，骑行中的惯性很难获得，但不难保持。如果一名骑手能在科学的时机使用刹车，他将会损失更少的总速度，并且能避免最糟糕的情况——撞车。

前文提及了赛事救助补给站，以强调运动员准确操控自行车的重要性。以下是一种可能发生的情况。试想：你以48千米每小时的速度骑行，接着你开始减速，试图从补给站获取一瓶运动饮料。正在这时，前方的选手忽然开始急刹车，而你倾斜着直接冲向了他。你今天的比赛可能就会到此为止。不要让这样的情况发生在自己身上！当接近补给站时，坐直身体，双手扶把，将一根手指置于刹车杆上。寻找前方的志愿者，在轻轻刹车的同时驶向志愿者。要注意大部分补给站设于赛道右侧，运动员需使用右手获取水瓶或其他补给品。接着，还要持续观察其他选手，轻拉前车闸，稍微减速。在经过补给站时抓取水瓶，并逐渐地回到赛道上。如果想要将水壶放在车左后方底座的架子上，要小心安放，并试着离开补给站，回归正常骑行速度。更重要的是，要集中注意力，随时准备好避开其他选手。

在参与绕圈骑行速度训练时，有两个重要事项。第一，当前方选手加速导致自己开始落后时，尽量向后方选手骑行的那一侧贴近，以确保使对方在前进过程中保持在你身后。第二，不要在位于前列时迅猛提速，否则会导致小组间的差距较大，进而影响总体速度。

——萨拉·麦克拉蒂

▶ 对跟骑比赛的介绍

在铁人三项比赛被列为2000年悉尼奥运会的比赛项目时，一项全新的运动形式出现在人们的视野中：跟骑式铁人三项。在跟骑式铁人三项中，游泳比赛和跑步比赛保持不变，与标准铁人三项无异（1 500米比赛和10千米比赛）；但骑行比赛有所改动，变为允许骑手们聚集在一起进行骑行，由领骑手带领其他骑手，类似于独立的自行车比赛。这一改变影响了所有国际水平的比赛。在这样的赛事中，运动员骑着公路自行车比赛使用的自行车（把组更小），可以在比赛中互相跟骑。这类比赛使得大群跟骑者在保持48千米每小时的速度下近距离行驶，提升了速度竞争的激烈程度和危险程度。自行车操控技巧在这样的比赛中的重要性不言而喻！

一名ITU运动员需要精通所有技巧。能够操纵自行车在这样紧张的比赛中变得更加重要，因为一个错误的决定可能会影响十几名骑手的骑行状态。对于想要参加ITU赛事的运动员来说，最好请教一些当地颇有经验的专业铁人三项和公路自行车比赛参赛者。他们可以很快教会你跟骑的基础知识，进而帮助你加快学习进程。下面是对跟骑比赛的基本介绍。

跟骑是一项艺术，一名优秀的骑手能够通过搭住前方选手的车轮而节省40%以上的能量。跟骑的关键是仅仅与前方选手的后车轮保持几英尺的距离，并且完全信任对方可以处理周围的一切道路问题，例如凹坑、交通堵塞和让车点。当大部分运动员顺利地执行跟骑时，骑行集团就形成了。当一名运动员或一些运动员面对的风向变换时，跟骑就会变得更加困难。这些风会导致风力交叉的情况，面对这种情况，运动员需要了解如何形成梯队。在梯队中，一组运动员在前方骑行，呈一字排开，保护后方的运动员不受到全部的风力影响。当这种情况发生时，每名运动员之间有着不成文的规定。当前方的骑手骑行了5～120秒后，他会移开，继续骑行并行至道路的一侧，接着他会加入被保护的骑手中，骑行在靠后的位置。这是一种应急式的跟骑形式。如果一组运动员感觉到风向发生了改变，他们能够迅速地组成梯队并分开跟骑组，但这可能会对比赛结果产生影响。

参与ITU比赛的职业运动员需要在参与第一场比赛前掌握这些技巧。

本章介绍了很多标准，并列出了一些优秀骑手需要具备的基本技巧，以及一些具体的训练方式。在这一部分的结尾，将介绍一些有趣的帮助运动员提升自行车操控技巧的方法。

在跟骑赛中最糟糕的位置就是最后一名。保持在跟骑队的前1/3处可以避免大部分的撞击意外、减少被迫在转弯处转大弯的可能性，并且减少脱离团队的情况的发生。

——萨拉·麦克拉蒂

公路自行车越野赛是我最喜欢的提升铁人三项运动员骑行技巧的方法。越野赛是在秋季和冬季举办的由草、田地、人行道和障碍物组成的3千米的环绕式赛道比赛。公路越野自行车和公路比赛自行车看上去很相似，但前者有更宽的悬臂式刹车装置和与公路比赛自行车不同的多节状的轮胎。在大多数比赛中，小的木头障碍物大约有40厘米高，用于迫使运动员下车进行一部分跑步比赛。越野赛在各种情况下都能进行，包括泥地、下雨、下雪和冰雪路面。这使得无法预测运动员在比赛中要使用哪些自行车的操纵和控制技巧。

小组骑行是另一种加速学习进程的好方法。当运动员可以熟练地和其他选手进行近距离骑行后，就可以寻找友好的当地骑行小组并加入他们。小组骑行的迷人之处在于不同能力和身体水平的运动员的组合。运动员可以询问周围的成员，找到经验比较丰富的骑手。运动员可以向他们咨询很多信息，包括公路礼仪和小组骑行的方式。运动员通常可以从前辈身上学到很多实用的知识，同时也可以在近距离骑行中快速提升自身的可承受骑行水平。

尝试借或租一辆山地自行车。运动员可以在单人山地自行车骑行中锻炼多种自行车操控技巧。上下车技巧、骑行路线的选择和遵守、在骑行中的放松和敏锐的预判、倾斜、引导是一名优秀山地自行车骑手的基本素养。运动员在尝试后甚至有可能喜欢这样的感受，并试图参加带有山地自行车越野的铁人三项比赛。

为下次训练季做规划时，运动员需要确保加入针对自行车技巧的训练时段，并注重通过训练提高操控反应速度，而不是仅仅进行增强体能的训练。

第12章

练习自行车踏频和
跑步步频

杰基·多德斯韦尔

人们常谈论的自行车节奏是指自行车每分钟的转速（即一分钟内蹬踏板的次数）。当然，节奏也和跑步有关，在跑步中，它被称为步频。和踏频类似，步频是指一分钟内的跑步步数。

一些小工具可以让测量踏频变得更加简单容易。很多自行车都有踏频器和附带频率传感器的GPS设备。在跑步中，运动员可以佩戴节拍器或节拍训练器，它们会在设置的时间间隔内发出嘀嘀声，帮助运动员监控节奏。这些小工具确实有用，但是如果运动员的计数能力好，那也不一定要用这些小工具（不过，在运动员疲劳时，计数能力可能会下降）。要想测量自行车或跑步节奏，运动员只需要在15秒内数一数蹬踏的次数或步数。然后，再把这个数字乘以4，就得出每分钟的节奏。无论是骑行还是跑步，运动员很快就会对自己的运动频率有一种"感觉"。在跑步节奏和骑车节奏相当时，运动员可以更容易地从自行车换项到跑步。这时，运动员应把目标踏频设定为每分钟80～100转，将跑步的目标节奏设为每分钟180步。正如读者在上一章中学到的，无论骑行的踏频如何，运动员要在最后一英里（1.6千米）左右，降低挡位，提高踏频。

这一章介绍了自行车踏频，包括理想踏频、运动员应该如何进行踏频训练，以及何时不需要提高踏频；另外还介绍了跑步步频，以及调整自己的步调与保持理想节奏之间的联系。

▶效率和经济性：它们分别指什么，有何区别

　　本章会多次提及骑行效率和跑步效率，因为最佳的运动节奏能帮助运动员在最短时间内完成比赛。此外，本章也会多次提及经济性这一术语，尤其是在跑步方面。人们混淆了这些术语的含义，经常（错误地）混用这些术语。总之，提高效率能提高运动经济性，能让运动员在既定体能下运动得更快或更远。

　　跑步（或骑行）经济性是指通过测量跑步（或骑行）速度与能量消耗的关系反映运动员有氧代谢的能力。例如，两名速度相同的骑手每分钟每千克体重的有氧代谢量有所不同，氧气消耗较少的骑手被认为经济性更高（试想一辆耗油的汽车和一辆不耗油的汽车）。最终，无论是训练还是比赛，如果运动员改善了运动经济性（运动所需的氧气量），就会消耗更少的能量（耗氧量），并且在耗氧量相同的情况下，将跑得更快和更远。

　　效率是影响运动经济性的因素之一。效率常用来反映身体如何物理做功并利用能量来产生输出（跑步或骑行的速度）。从技术上讲，它可以通过比较产生一定数量的能量（做功）和所消耗的能量来衡量。

自行车踏频

　　对于诸如铁人三项这样的耐力运动，无论比赛距离有多远，运动员都要努力提高运动效率——也就是说，运动员应根据自己当前的健康水平，确保尽可能地利用现有能量跑得更远或者更快。骑行技巧是提高骑行效率的关键，踏频就是其中一个重要因素。好的技巧，包括踏频在内，是减少损伤的关键。运动员应该明白自己应设定怎样的踏频目标，然后为了达到目标应怎样进行训练和练习，这是铁人三项运动的重要组成部分。

选择最佳踏频

　　踏频和齿盘的选择有关。对铁人三项运动员来说，选择的齿盘如果能让其以每分钟80～100转的踏频骑行，效果最佳。要做到这一点，运动员通常需要一个简单（低转动比）的齿盘来提高自行车的转速，这种齿盘通常被称为"纺纱式齿盘"。

　　对铁人三项运动员来说，每分钟80～100转是最有效的踏频，因为相比以较低的踏频蹬踏板，带动一个高转动比齿盘，该踏频范围对肌肉和心血管的压力较小。要理解这一点，可以用举重做一个类比——把1磅（4.5千克）举起100次要比把50磅（2.7千克）举起两次简单很多。

　　以低于每分钟70转（称为"搅拌式骑行"）的踏频骑行，容易疲惫、胸闷，会增加受伤风险，因为低踏频骑行会给关节带来巨大压力，尤其是膝关节。当然，这并不意味

着永远不要使用低踏频——训练是有目的的，也有部分训练涉及采用低转动比齿盘（见第162页的"自行车踏频训练"）。我建议运动员在不进行其他踏频专项训练时，以每分钟80～100转的踏频正常骑行。

提高骑行蹬踏的效率

要想提高踏频，运动员就要练习。准备阶段和基础阶段是运动员提升各方面技术的好时机，踩踏技巧正是其中一项重要技巧。然而，运动员可能需要在整个赛季持续进行踏频训练和技巧训练。

如果运动员不习惯以每分钟80～100转的速度骑行，那么他会发现自己的努力程度似乎高于速度的提升程序。与所有技巧训练一样，踏频训练也有一个适应期，如果运动员从未达到这样的踏频，最好在赛季早期就开始训练。为了长远的利益，坚持是值得的。常常练习目标动作，神经系统会更快激活所需要的肌肉，这样完成动作就会变得更容易。当然，也有许多骑手正常的自然踏频就超过每分钟100转。因此，如果运动员发现自己的身体不会感到疲惫，且踏频超过每分钟100转，不一定是件坏事。但对于铁人三项运动员来说，每分钟80～100转是最佳踏频，因为骑行后还要跑步。

本章会介绍各种各样的技巧和练习，以帮助运动员保持和提高骑行的踏频（后面会介绍运动员可能会尝试的练习）。对于普通骑行来说，下列练习是不错的选择。

1. 在平地或室内单车上，运动员可以以每分钟80～100转的踏频舒适地骑行。

2. 挑选一条有上坡、平路、下坡的路线，并根据需要学会经常换挡，无论是爬坡骑行还是下坡骑行，踏频都要保持在每分钟80～100转。学会提前思考，这样运动员就可以提前知道需要换成什么齿盘来保持踏频。影响骑行的因素之一是天气。无论是顺风骑行还是逆风骑行，运动员都要保持踏频。

3. 运动员在训练中取得进展且能完成上述两项练习后，他可以练习用更强的肌肉力量来保持理想踏频，而不是不断地改变齿盘。

保持山地骑行的踏频

理论上，在平坦的地形练习和保持踏频时，只管朝正前方骑行。但现实情况是，无论是大山还是小山，运动员在日常训练和比赛中会遇到各种山地。进行山地骑行时，不仅要到达山顶，而且要以最有效、最省力的方式到达山顶，这是铁人三项自行车训练中另一个重要组成部分。保持理想的踏频有利于实现高效骑行。

爬坡骑行

对于大多数类型的山地，尤其是距离较长的，如果运动员使用低转动比（更容易）的齿盘，并保持正常踏频（理想踏频是每分钟80～100转），那么骑行会更高效。有时候由于山脉太长或山坡太陡，运动员可能无法维持相同踏频。这样一来运动员就不得不降低踏频，但一般来说应尽快将踏频恢复至正常范围内，这样肌肉就不会过度疲劳。

在那些坡特别长或陡峭的山丘上踏频必然会下降。尽管骑行时间短，但是偶尔低踏频骑行也有好处。例如，在坡长或陡峭的山丘上，当运动员觉得需要站立骑行时，几秒钟的站立骑行可以打破长时间爬坡骑行的单调。在短距离铁人三项运动中，如冲刺距离铁人三项，站立也可以作为冲刺登顶的准备姿势或使用站立姿势拉开与附近竞争者的距离。不过，一般来说，运动员应该尽量保持坐姿，才能保持骑行效率并为跑步节省力量。普通的自行车运动员使用站立姿势会多一点，但他们不需要进行跑步比赛。站立需要更多的力量，因此也会使用到更多的快肌纤维——该类肌纤维疲劳得快、恢复得慢。虽然自行车运动员可以一直不断骑行，但铁人三项运动员骑行后还要进行跑步，因此，铁人三项运动员需要为接下来疲惫的跑步节约使用快肌纤维。如果的确有必要站立，那么运动员要事先预见到，并相应地改变齿盘（站立时使用高转动比的齿盘）。

运动员可能会发现，虽然在平地上自己可能更喜欢以高踏频骑行，但最有效的爬坡方式是在舒适的节奏范围内以较低踏频骑行。同样，运动员需要练习才能找到最适合自己的方法。以高踏频爬坡，到坡顶之后，惯性发挥作用，运动员就可以节约体能。随着时间的推移，运动员在爬坡过程中将学会如何感觉和预测骑行踏频，因此，利用齿盘努力保持踏频吧！当然，还要使之成为常规训练内容。

经过学习和实践，运动员可能会喜欢使用训练工具，如自行车节奏监测器、心率监测器、功率计或RPE（更多信息见第9章）。例如，运动员在爬坡中踏频下降，或踏频一定但运动员的努力程度增加（从心率、功率和RPE评分可以看出），或在达到最佳表现时踏频不断提高时，这些工具可以有效地提醒运动员什么时候换齿盘——在上坡时用低转动比齿盘，下坡时用高转动比齿盘。尽管这些工具在学习和实践中很方便使用，但是请不要过分依赖它们。

下坡骑行

下坡时，是否蹬踏板要考虑几个因素，如山坡的陡峭程度以及骑车上山后需要恢复多久。如果山坡不是很陡峭，那么运动员可以继续骑行。和上坡一样，运动员应该保持每分钟80～100转的最佳踏频，在下山时保持这个踏频比上山时容易得多。但运动员可能更愿意滑行一段时间，以便从上坡骑行的疲劳中恢复过来。或者，运动员可以选择一个低转动比齿盘，然后以每分钟80～100转的踏频轻松地骑自行车，以进行积极恢复。

如果你是一名经验丰富的短距离铁人三项（如冲刺距离铁人三项）运动员，那可以在下坡时换高转动比齿盘，继续努力蹬踏板。

山路越陡峭，下山速度越快，当放开踏板比踩踏板还快时，运动员可以开始滑行，不需要蹬踏板。如果在这时继续蹬踏板，那么只是在白白消耗体能，因为不踩踏板也能达到那样的速度。当然，运动员也不想双腿旋转得如此之快，以至于踩踏板时人从自行车上弹起来。此时踩踏板下坡会过度消耗体能，而且车速过快，易翻车，运动员会受伤。

一个重要的提醒：下山时，不要太快，否则你会感到自行车失去控制或因高速而摇摇晃晃。运动员要相信自己可以控制自行车，可以刹住自行车（如果有必要）。当然，道路安全是另一个方面，但以这样的速度下坡时，无论是在训练中还是在比赛中，运动员都必须格外注意周围的环境和交通情况。

在控制速度的同时保持踏频

虽然运动员的目标是把骑行速度控制在理想范围内，但是要根据自己的实际踏频来选择齿盘。铁人三项更考察运动员的耐力，运动员应该根据比赛距离、训练目的、体能水平、比赛总目标来计划努力程度和骑行速度。

一般比赛中，即使是距离较短的比赛，运动员也应该尽量缩短摄氧量高于无氧（乳酸）阈的运动时间（如果有），一旦超过这个点，无氧能量系统就会占主导地位。运动员应该可以感受到，一旦呼吸困难，他也无法继续运动，这时他是极其疲劳的。此时，能量系统和肌肉恢复得很慢，如果一定要使用，运动员最好坚持到比赛最后冲刺时使用。即使没有教练帮助自己制订比赛计划，运动员也应该研究或提前骑上赛道，并考虑如何骑行。运动员要知道自己是喜欢山地地形还是平坦的地形，赛道有多少陡坡、坡有多陡和赛道的其他组成部分等。这样运动员不仅可以为比赛日做好准备，也可以进行模拟比赛训练以作为准备工作的一部分。

运动员计划的努力程度取决于比赛距离、个人经验、体能水平和目标。例如，一名经验丰富的冲刺距离铁人三项运动员很可能会在整个赛季中尽量使运动强度低于无氧阈对应的强度，而初次参加铁人三项的运动员可能会在比赛全程保持适中的速度。无论运动员是通过自己的感觉（或RPE，见第9章）、心率还是功率来训练和比赛的，都要调节齿盘以尽可能使自己的踏频处于理想踏频的范围。此外，在保持运动强度的同时，运动员还要在不同的地形中和风中保持踏频，这可能包括以超过无氧阈的强度进行轻松骑行。当然，这也有例外，即训练目的是有意提高或降低踏频，之后将对此展开介绍。

自行车踏频训练

虽然运动员应该在理想的踏频范围内完成训练，但训练内容应该包括高踏频骑行训练和低踏频骑行训练。这里将对此做出解释：高踏频是指高于每分钟80～100转这一标准转速区间的踏频（如超过每分钟100转）；相反，低踏频指的是低于正常范围的踏频（如每分钟60～70转）。

高踏频骑行训练

高踏频骑行训练内容包括技术和技巧训练，通常应在赛季初期进行，如准备阶段和基础阶段早期。在赛季初期，如果运动员没有接受过这样的训练，那么他应该保持适中的努力程度和相对低的踏频——如果运动员完全不了解高踏频骑行训练，那么他会发现一开始以高踏频骑行是困难的。随着运动员在赛季中不断进步或经验更加丰富，他就可以使用高转动比（难度更高）齿盘以更强的力量和更大的强度来保持踏频。踩踏练习和间歇训练在一整年中都可以进行。

踩踏练习

教练可以在恢复期或耐力骑行中安排几次踩踏练习。进行训练时，运动员要在一定时间内将踏频提高至最大限度。要想知道自己是否达到了最大限度，运动员可以不断提高踏频，直到自己从车座上弹起来。身体稍微后倾（这样就不会真的弹起来），坚持完成剩下的训练，然后在下一次训练前放松并充分恢复。放轻松，尝试不花力气完成训练！如完成6～8次30秒踩踏练习，每次中间休息4分30秒。此外，不要忘记训练前的热身和训练后的冷身运动。

间歇训练

有许多方法可以将高踏频骑行训练纳入任何训练计划之中，间歇训练就是方法之一。间歇训练中，运动员只需要在一定时间内专注于保持较高的踏频。运动员可以在特定时段进行间歇训练，或者可以在外出骑行时监控踏频。间歇训练如下。

- 6～8组30秒冲刺骑行，旨在让运动员保持每分钟100转以上的踏频。
- 先以高于每分钟100转的踏频进行几组2～5分钟的间歇训练，再以每分钟80～100转的踏频完成一组2分钟的轻松骑行，接着以高于每分钟110转的踏频完成几组1～2分钟的间歇训练，最后以每分钟80～100转的踏频完成一组2分钟的轻松骑行。
- 选择一个较为轻松的挡位以最高舒适踏频完成10～30分钟的踩踏练习（运动员可以逐渐适应身体一会儿舒适、一会儿难受的状态）。

运动员也可以在热身时进行更快节奏的踏频训练，并设定目标（例如，保持每分钟80或90转以上的踏频，因为以此时的挡位完成这个目标较为容易）。

低踏频骑行训练

在铁人三项比赛中，运动员应尽量减少低踏频骑行的时间，因此，低踏频骑行训练并不是铁人三项的专项训练。虽然低踏频骑行训练确实有其用途，但最好在赛季早期进行。随着赛季的推进，低踏频骑行训练的重要性就会降低，这时运动员应该专注于其他方面的骑行训练（例如，以高踏频进行阈值训练）。

低踏频骑行训练的好处包括以下内容。

- 扩大踏频范围，在这个范围中运动员可以舒适地骑行。虽然我希望运动员不要经常使用低踏频，但这仍是一个值得学习的好技巧——例如，在没有齿盘可选的情况下爬陡坡（当然，这很正常，有关赛道的齿盘选择可以写一章的内容）。
- 如果运动员的腿部力量较差，那么它可以用来加强腿部力量。低踏频间歇训练能很好地加强腿部力量，但是要记住遵循铁人三项比赛的专项性原则，且只能在赛季早期进行这类训练。
- 山地骑行可增强肌耐力（上山时降低踏频有利于增强肌耐力）。

开始低踏频骑行之前，运动员要先热身20～40分钟，这点很重要。接着，从较少的重复次数和较短的间隔时间开始，进行多组3～10分钟的低踏频骑行训练（如每分钟65～70转），中间进行简单的蹬车恢复。当完成低踏频骑行训练时，运动员可以将踏频降低至每分钟60转，但是不要低于这个踏频，因为这会让膝盖承受过重的负担，从而增加受伤或发炎的风险。此外，无论是在骑行台上还是在山地上骑行，运动员应该保持坐姿。具体到铁人三项比赛，运动员应该尽可能坐着骑行。

跑步节奏

和骑自行车一样，无论比赛距离有多远，运动员都希望自己的跑步节奏或步频尽可能高效。这点在铁人三项中尤为重要，跑步是铁人三项中的最后一项，因此这将消耗运动员剩余的能量。

跑步技巧是提高效率和减少伤害的关键。运动员应该时刻注意跑步姿势，在下一章中你将学到更多有关跑步身体姿势和呼吸方式的知识。这一节将具体地介绍跑步姿势，因为它和最佳跑步节奏（或步频）有关。

选择跑步节奏

除了步频以外，步幅是决定跑步速度的另外一个因素。步幅指的是每一步的距离。要想提高跑步速度，运动员需要提高步频、步幅或同时提高步幅和步频。其中一个因素的改变往往会使另一个因素随之改变。要想跑得更快（在一定努力程度下），最好的方法是在保持甚至缩小步幅的同时提高步频。相比增大步幅，提高步频能更经济地提高跑步速度，接下来我将解释其中的原因。正如在本章开始时介绍的，运动形式越经济，运动员在一定努力程度下跑得越快。

步频因人而异，具体取决于身高（特别是腿长）和跑步能力。短腿比长腿更容易移动，但长腿每一步的距离更大。当然，也有例外，但一般来说，无论身高如何，一流的跑步运动员和铁人三项运动员的步频都高于每分钟180步。之所以要在一段时间内进行技巧训练，原因如下。

- 运动员每次脚触地的时间越长，储存的弹性能的消耗时间也越长，因此，用于弹性反冲的能量也就越少。最终肌肉不得不加大收缩力量以达到同样的运动效果。为了从弹性反冲中获益，运动员应尽量减少脚和地面接触的时间。在一定的速度下，步幅较长意味着和地面的接触时间也更长——因此，在一定的速度下，缩短脚和地面接触的时间是有益的，运动员可以通过缩短步幅和提高步频来实现这一目标。和较矮的运动员（腿较短）相比，较高的运动员（腿较长）的步幅应短于腿长。

- 步幅越长，需要的垂直位移也更大，即身体从地表垂直向上移动的高度越高。要想明白这一点，可以试想把一个棒球扔20英尺（6米）或50英尺（15米）——扔的距离越短，球的运动轨迹就越平。良好的跑步姿势可以帮助运动员缩小垂直位移。为了缩小垂直位移往往需要更强劲的肌肉收缩，而这些能量可用于向前移动。

- 在这两种情况下，步幅越长，运动员就需要更有力的肌肉收缩。相比以较少的力量更频繁地收缩肌肉［记住，举起1磅（0.45千克）的重量100次比举起2磅（0.9千克）的重量50次要容易得多］，这会使肌肉提前疲劳。这在一定程度上是因为运动员需要使用快肌纤维（力量强但耐力差）来弥补所需要的力量，而在肌肉收缩力量较小的情况下，运动员可以使用慢肌纤维来应付运动负荷。

许多分龄组跑步运动员的步频明显低于每分钟180步。运动员的步幅过长往往是出现这种情况的主要原因。这一常见问题可能还会导致受伤，而且是不经济的——如果运动员的脚落在身体重心前面，那么身体就会被刹住。为了迈出下一步，他必须耗费能量将身体重心移至迈出的脚上。

通常，大多数分龄组的运动员可以通过提高步频至每分钟180步左右来提高跑步的经济性。如果运动员个子不高，他就更容易达到略微超过每分钟180步的步频。如果运动员特别高，那么他只能达到略低于每分钟180步的步频。

利用步频提高跑步效率

良好的跑步姿势——尤其是注意脚和身体的位置以避免步幅过长——有利于提高跑步步频。脚应该落在重心之下（最容易想到的是臀部下面）。你可能还会发现，轻微地向前倾斜（脚踝而非腰部向前倾）有助于提高步频（下一章将更详细地介绍如何改变身体位置以形成良好的跑步姿势）。

运动员必须学会以更高的步频跑步——肌肉需要习惯以更快的速度发力、收缩或放松。运动员提高步频的最佳时间是赛季早期、恢复期和耐力跑步训练阶段。赛季早期是最佳时机，因为运动员有足够的时间来养成良好的运动习惯。当然，一开始运动员可能会觉得自己正以"婴儿的步伐"跑步，且相同发力程度下的跑步速度下降，但这是暂时的。虽然旧习惯很难改掉，但运动员必须习得高步频训练技巧。在接下来的几个月里，运动员会恢复往日的速度，也会实现正常期望。如果坚持下去，运动员将长期保持更好的跑步姿势、更快的速度，受伤的概率更低。

保持山地跑步的步频

正如前面所讨论的自行车踏频一样，在平坦的地形，运动员更容易练习和保持跑步节奏或步幅。但在现实中，运动员需要跑上山和跑下山。采用理想的步频和良好的跑步姿势可以使运动员在山地跑步时不那么累。

上坡跑

上坡跑步时，理想的情况是运动员保持速度向前跑。既简单又有效的方法是，稍微缩短步幅和稍微提高步频。当然，对于一些山地跑步来说，运动员保持速度是不实际、不可能的。此时，运动员仍应该保持甚至提高步频，即使这意味着缩短步幅。这样做可以尽量减少肌肉疲劳，并达到最佳速度。

下坡跑

下坡跑时最重要的因素是确保能自控。在可控范围内，运动员应利用重力和良好的跑步姿势帮助自己下坡。运动员应有保持步频的能力。如果坡陡峭，可能需要通过缩小步幅来保持和控制步频。下坡时，运动员可能会发现，保持步频可以增大步幅。运动员应在保持良好状态的同时自然地做到这一点！

控制步幅并保持步频

无论是在训练中还是在比赛中，控制步幅（或跑步速度）或努力程度（或强度）对跑步的成功非常重要。当提到步幅时，很多人想到的是跑得更快或更慢（也就是说，提高或降低跑步速度）。但是，运动员应该控制训练强度，因为有许多超出控制范围的事情都会影响速度，甚至会产生持续的影响，如地形和天气条件。就像骑行一样，比赛或训练的跑步速度和跑步强度取决于许多因素，如比赛距离、训练目的、体能水平和个人目标等。

无论地形如何或特定比赛和训练的强度如何，运动员都应保持每分钟180步及以上的理想步频。重要的是要学会以不同的步幅（速度）或努力程度跑步，而不是执着于特定的速度和努力程度。然而，许多年龄大的运动员执着于特定的速度和努力程度，因为他们认为自己得到了很好的锻炼。如果不跑得更快，就不能提高跑步速度。但是，如果运动员没有以较轻松的速度和强度进行恢复性跑步，就不能全力完成关键性训练。结构化训练计划（或请教练）的好处是：能最大限度地帮助运动员发挥潜力并将运动表现瓶颈期缩至最短。

步频训练

步频训练通常意味着提高或保持步频，目标是达到每分钟180步及以上的理想步频。如果运动员想以特定的节奏跑步，必须让身体学会如何以该节奏跑步，肌肉需要习惯以特定的速度发力、收缩或放松。因此，要想提高跑步节奏，运动员需要进行步频训练。许多跑步练习可以提高步频，这里介绍了几种练习。

冲刺

冲刺是指以更大的步幅或速度在短时间内跑步。运动员可以（应该）在整个赛季中进行冲刺训练，将其用于赛前热身也不错。冲刺以技术为基础，可以让肌肉更快地发动和收缩。冲刺的目的不是令运动员产生疲劳，运动员应以正确的方式进行冲刺训练，在每次冲刺训练之间充分恢复（走路或慢跑）。训练时运动员不要用最大的速度，而要用大概5 000米跑步的速度，这样运动员既可以快速跑动又可以保持良好的跑步姿势。在理想情况下，运动员应该在坡度较缓的下坡或平地上进行冲刺训练。例如，在训练中或训练后进行4～8组20～30秒冲刺训练，然后在回到起点的过程中以轻松的慢跑作为恢复。

下坡跑训练

下坡跑训练类似于冲刺训练，但应在坡度适中（小于8%）的地形上进行。训练过程中，运动员应借助重力向下运动，努力地跟上换脚的速度。保持良好的跑步姿势——身体稍微前倾以借助重力（如果身体后倾，运动员就要克服重力）。例如，进行4～8组30秒下坡跑训练，每组之间恢复几分钟（如走回坡顶）。

加速训练

加速训练是另一种需要高步频的速度运动，是一种逐渐增加速度的冲刺性短跑。其训练距离短，换腿速度快，可以让身体习惯以更快的速度高效跑步。运动员可以选择约100米的距离，全程进行加速跑，在每次加速跑之间要充分恢复（如轻松慢跑或步行，使呼吸频率和心率恢复至加速前的状态）。和冲刺训练一样，该训练不以疲劳为目的，可在全年内进行。例如，进行4 ~ 8组100米加速训练，然后步行回到起点作为恢复运动。

监测步频

运动员可以佩戴一个节拍监测器（例如步频器或节奏训练器），让它在特定的步频下发出哔声，保持步频和声音一致。要想有效地使用该工具，要先通过数数来测出当前步频，然后在接下来的几周或几个月中，通过设置监控器提高自己的步频（例如每周增加两步）。慢慢来，不要给身体太大的压力。运动员可能要花上几个赛季才能把步频提升至期望水平。

计算步频

在跑步中数步频是很容易的，只需一块手表。如果运动员知道了自己的步频，就可以努力维持或提高步频。运动员只需在不同的跑步阶段数一数自己在15秒内的步数（左脚或右脚），然后再乘以4就是每只脚的步频。例如，如果运动员的左脚在15秒内跑了23步，那么每只脚的步频就是每分钟92步，双脚的频率就是每分钟184步，这是个不错的步频。

原地跑步

在监测步频的同时进行原地跑是一个使运动员适应高步频的好方法。原地跑就像听起来一样简单——像跑步一样移动双腿，而不是向前运动。运动员可以在原地提高步频，不需要用额外的力量来推动身体向前。在面前摆一个时钟或手表（而不是像平时跑步时那样看手腕上的手表）不会改变跑步姿势，但这是监测和提高步频的好方法。如果有足够的空间，运动员可以试着向前移动一段较短的距离，看看是否能保持这种步频。记住不要长时间原地跑，几分钟就够了。一旦有了步频有所提高的感觉，就要注意保持良好的跑步姿势。

单腿跳

大多数人可以回想起自己第一次学会跳绳。如果你需要提醒，那就是先向前走一步，再用相同的脚跳一步，接着换脚重复——因此，向前移动时，每一只脚都会受到双重影响。单腿跳可以提高弹性反冲力和肌肉收缩强度，也可以训练神经肌肉快速发动。运动员也可以把这个训练和其他训练结合起来（如在每次冲刺训练后大步地跳回起点）。例如，进行4 ~ 8组间歇训练，每次每条腿跳10次，然后走回起点作为恢复运动。

光脚跑草地

光脚在草地上进行几组30秒 ~ 1分钟的跑步训练，运动员会发现自己不仅跑得更快，步频也会自然提高。这是因为没了跑鞋的支撑，光脚跑可以让身体更自然地跑步，采用前脚落地通常会产生更高的步频。没有跑鞋的垫子来保护双脚，运动员落地会更轻。另一个好处是它能强化运动员的脚部力量，因为运动员学会了使用脚部肌肉，然而有鞋子支撑时，脚部肌肉就会倦怠。不要沉迷于光脚跑步，特别是一开始身体需要一段时间适应。运动员应专注于感觉，光脚跑上一两分钟，然后穿上鞋子，按计划跑步，尝试着在热身时重新找回这种感觉和步频。

读者在本章中已经了解到，理想的节奏对于骑行和跑步都很重要。保持恰当的节奏是提高骑行和跑步效率的关键，它可以最大限度地减少疲劳和降低受伤的可能性——对于铁人三项等耐力运动来说保持恰当的节奏至关重要。无论地形和运动员的努力程度如何（除非是有意超出范围的训练），理想的自行车踏频是每分钟80～100转，理想的跑步步频是每分钟等于或高于180步。理想节奏通常高于没有经验的或高年龄组的铁人三项运动员以往的节奏。

达到理想节奏需要练习。要想使节奏变自然，需要花多年的时间练习。有许多训练可以帮助运动员达到理想节奏，教练可以把这些训练纳入训练季或赛季训练计划之中。为了长远的利益，运动员应坚持训练以达到理想节奏。只要有耐心，运动员将获得更快的速度并降低受伤的概率。

第13章

评估你的跑步姿势

杰斯·曼宁

在运动员的整个跑步生涯中，其跑步姿势会发生变化，对良好跑步姿势的理解也是如此。为了正确理解包括跑步在内的大部分运动，人们会将这些运动分解成不同的部分。本章介绍了跑步姿势的组成部分。从教练到其他运动员，再到电视上非常优秀的跑步者，你可能已听到或看到不少有关跑步姿势的内容。

我建议运动员了解训练的全部组成部分，并结合所有的部分想出适合自己的跑步姿势。跑步姿势因人而异，我们可能会注意到和我们跑得一样快的运动员，却没有注意到他们的跑步姿势。扪心自问，你的跑步姿势和跑步速度是否一致，跑步姿势是否限制了你的成绩，你是否能通过正确的方式来发挥自己的能力从而达到最佳的效果？进一步说，改变跑步姿势会提高成绩还是降低成绩？

有一点不变的是，提升跑步技巧几乎对所有人都有好处。职业运动员每天都进行跑步训练和技巧训练。在铁人三项运动中，跑步和其他两项运动的主要区别在于：一旦跑步运动员掌握了更多的技巧，形成了良好的跑步姿势，就能在一定程度上获得成功。我曾受训于世界上一些顶级、知识渊博的跑步教练，他们观察和剖析了世界顶尖运动员的跑步姿势，这些运动员大多对自己的跑步姿势没有印象。这就像有人告诉菲尔普斯，你需要改善划水姿势。因此，评估跑步最重要的标准是跑步的感觉是否对劲。现在，开始评估你的跑步姿势，自上而下，从头部姿势到脚部姿势。

头部、颈部和视线

关于头部位置、颈部位置和视线，运动员要自问："我跑的时候在看什么？"如果答案是"我在看很多东西"，就要做出改变。虽然看风景是许多运动员享受跑步的原因之一，但正确的头部位置对身体其他部分的动作起着关键作用。在户外跑步时，这点可能并不明显，但是你有没有试过在跑步机上转过头来，哪怕只是一点点？试着向不同方向看一眼会怎么样？糟糕透了！许多运动员会因此而受伤。如果头或视线朝向另一个方向，那么运动员几乎不可能在跑步机上安全地跑步。眼睛指示头的方向，而头引导身体的运动方向。

为什么这很重要？第一个原因是保证安全。因此跑步时，在跑步机上转头看向他处并不安全。如果运动员没有看跑步方向，那么受伤概率则会提高。第二个原因是保持良好跑步姿势的关键要素是对齐。运动员需要使头部和身体其他部位的动作保持一致。世界著名跑步教练鲍比·麦基将此称为"对齐和重叠"。运动员应保持头部和其他身体部位动作一致，并将全身作为一个整体来协调地移动。目标是放松头部，保持头部稳定，眼睛看向地平线。

呼　吸

呼吸是连接头部和躯干的第二要素。在呼吸技巧方面人们持有很多不同的观点，但是你常常会听到跑步专家说："你得呼吸！"运动员要确保在正确的时间（频率）获得足够的氧气（量）。出于某些原因，运动时呼吸有加快的倾向，但这不一定是最有效的摄氧方式。

呼吸应该是均匀、深入且放松的。跑步速度会影响呼吸频率，降低呼吸频率能帮助运动员降低心率。许多研究探讨了该问题，但是由于呼吸的目的是最大限度地提供氧气，因此用嘴呼吸是较好的方法。注意，确保不要总是在迈同一只脚时呼吸。这样做实际上会增加重复运动的损伤。在长跑中，运动员要利用一切机会，改变自己的动作细节。这样做可以帮助运动员均匀地分配每个运动项目的负荷和压力，从而避免受伤。

肩　部

肩部姿势出错是十分明显的，因此很容易被纠正。和一组人一起长跑，或观看任何比赛的运动员跑最后几英里，你一定会看见体态和身高各异的运动员，有些运动员肩部高耸，甚至肩部都要贴到耳朵了。疲劳会引发紧张情绪，从而导致过度代偿，运动员会抬高肩部至所需位置或建议位置之上。因此，下次跑步时，运动员要注意自己的肩部位置。肩部放松了吗？过度紧绷的肩部会放大身体其他部位的压力并使其处于更紧张的状态。教练会先帮助运动员放松肩部。这是巧合吗？答案是否定的。运动员应该尽量放低肩部，从而放低上半身。

手　臂

手臂姿势是非常重要和争议较多的姿势之一。事实上，它也可能是跑步者之间差别最大的姿势。有些跑步者会将手臂紧贴身体，而有些跑步者看起来好像完全失去了对上肢的控制。手臂的最佳位置是中间位置。应保持放松状态，向后移动时不要越过身体的中线（身体前面的中心垂直线）。

想象一下火车车轮的控制臂。它们以同步和和谐的方式分别向前后推进。运动员应该始终把手臂向前进方向摆动。原则是要保持自然。如果有必要，可以利用手臂姿势平衡身体和协调步伐。尽量不要借助手臂跑步，让手臂自由移动，必要时再发挥手臂的作用。

核心部位

如果说核心部位不是最重要的部位，那它也是最重要的部位之一。躯干的姿势不仅对跑步姿势至关重要，对铁人三项其他运动项目的姿势也是如此。自上而下的身体运动都来自该部位。鉴于其重要性，人们可以优先发动躯干力量。跑步时，你要想一想自己的核心部位及其姿势。它是放松的，整体都在运动，还是僵硬的，紧绷得就像做平板支撑一样？我们的目标是调整至合适的舒适度。理想情况下，我希望运动员有一个稳定的身体位置，这样就可以做出其他动作并获得力量。

跑步者姿势最容易出错的部位就是核心部位。在跑步过程中，运动员可以快速检查核心部位的位置。但是，不要试图做一些训练要求以外的姿势。如果运动员在不必要时绷紧核心部位，就会快速疲劳。尽可能舒适地稳定核心部位，以稳定上半身的姿势，并尽可能在训练计划中安排核心训练以改善姿势。

臀　部

跑步时，最浪费能量和影响效率的姿势就是垂直弹跳。这指的是迈步时的"反弹"。据估计，在一次马拉松比赛中，普通运动员在约42千米的路程中垂直移动的高度是帝国大厦高度的三倍以上。相比之下，当天赢得比赛的运动员垂直移动的高度只是帝国大厦高度的一倍。这样你就可以理解，为什么要检查自己的跑步反弹高度。

将反弹高度降至最低水平意味着节省力气和提高效率，也意味着提高速度和增强耐力。将反弹高度降至最低水平会涉及腿部姿势。此外，运动员还要对齐臀部和上半身的其他部位。如果臀部向后撅起，或向前绷直，运动员可能会失去向前的惯性（无论是前倾还是后倾）。

试想手中有一堆空盒子，试着一次把它们全部扔出去。常见的方法是用底部的盒子向前推上面的盒子。这就需要把这些盒子叠起来，让它们一起运动。如果它们没对齐，或者你移动得太快，底部的盒子会向前或向后移动，而其他的盒子则会掉落。这个底部的盒子就是臀部。集中注意力，保持上半身动作一致。身体前倾有利于提高跑步效率。一旦运动员找到适合自己跑步风格的前倾姿势，那么保持对齐会容易得多。

手　部

扪心自问，跑步时，你的手在做什么？它们是紧握着的，是放松的，还是僵硬地张开着？如果没有这些问题，那么你是幸运的。不过，运动员还是要注意手部姿势。手部姿势会影响四肢的血液循环，最终影响身体的其他部分。如果运动员紧握双手，就会限制血液循环，导致上半身运动过度，最终加速双手疲劳。简单地说，疲劳的肌肉不能帮助运动员达到最佳运动状态。这一点对尽可能轻松地跑步同样重要。

良好的手部姿势有利于运动员完成山地跑步和最后冲刺。因此，尽可能让它们多休息和放松。理想的手部姿势是放松地握拳，即轻轻握拳。在跑步过程中，运动员可以偶尔打开手，抖动手部。

腿和步伐

我所说的步伐（或步态），通常是指跑步时前脚和后腿之间的距离。先向前迈一大步，然后停下来。

▶ 选择合适的跑鞋

关于选择跑鞋有几条原则。也许有人会告诉你某个牌子的运动鞋或另一个牌子的运动鞋会让你跑得更快，但选择跑鞋非常重要，要谨慎决定。

确定你需要哪种鞋

要想弄明白自己需要什么样的跑鞋，我们可以问自己以下问题。首先，这双鞋是干什么用的？我们所能想到的每种情况或事件都需要不同的鞋子，因此应找一双适合各种比赛距离和条件的鞋子。接着，自己是哪种类型的跑步者？通常，初学者和许多长跑运动员会使用稳定性强的鞋子，而速度更快的优秀运动员往往倾向于选择较轻或扁平的跑鞋。

选择提供脚部和跑步分析的鞋店

穿对鞋子非常重要，我们不仅要考虑功能，还要考虑舒适度。如果鞋子弄伤了你的脚，那么它对你就没什么帮助。此外，许多鞋店甚至允许顾客穿着鞋在有障碍物的路面上跑步，来模拟类似的跑步情况。这一点不错，因为大部分铁人三项运动员不会在地毯上跑步。

选择功能符合需求而非时尚的鞋子

这可能是我们最常犯的错。我们都犯过这样的错：走进一家商店后，一眼就看中了好看的鞋子。虽然鞋子的外观很重要，但是我们要确保鞋子的功能符合需求。

先考虑鞋子的稳定性，再考虑自身需求

对于许多跑步者来说，这是个棘手的问题。听到了"稳定"这个词，我们就会自动地想到舒适或安全的鞋子。事实上，两者都不对。跑步时，我们必须要调整身体以适应训练的强度和生理需求。随着跑步能力的改善，要减少对支撑性鞋子的需求。不要害怕穿更轻的鞋子，因为它会让我们跑得更快，只是需要花时间适应。虽然尝试不同的鞋子是个较为漫长的过程，但和跑鞋可能造成的伤害相比，实际上根本不值得计较。

预算允许范围内尽可能购买多双鞋子

鞋子就像我们的身体一样，也需要恢复——从积累的汗水中和与路面的撞击中恢复过来。每天穿不同的鞋子是个好主意，这样做也会让鞋子穿得更久。还要注意的是，让脚习惯不同类型的鞋子，这也是个不错的训练方法。该训练方法鼓励运动员用脚跑步，而不是靠鞋子来提高成绩。

穿适用的鞋子

　　最后一个重要的注意事项是尝试不同的品牌。不要声称忠诚于某一品牌，或局限于某类跑鞋。我曾经指导过许多运动员，他们说自己只穿某个品牌的鞋子。当然，我们都有自己喜欢的运动员和品牌。强迫自己穿上一套铁人三项运动服，可能只是稍有不适，但把脚塞进一只不适合的跑鞋里，可能很快就会让运动员受伤。所有运动员的脚都是不同的，因此，在购买某个品牌的跑鞋时，运动员更应倾向于适合自己的鞋子以及专业人士针对自己脚形推荐的鞋子。

　　落脚点在哪里？腿和身体位置是什么关系？确保将脚落在躯干之下，而不是躯干之前。尽量避免脚跟向后踢过头或抬起膝盖。记住，训练目标是提高效率，多余的运动只会适得其反。高抬腿和踢屁股练习都是不错的训练，但是它们并不适合跑步。快速迈开腿部需要运动员尽可能快速地抬脚并落脚。因此，如果运动员花费了额外的时间来抬高膝盖或向后落脚，那么跑步节奏就会减慢，这样做只能让你看起来像飞跃终点线一样。优秀的跑步运动员是高效的，而不是高速的。在电视上看马拉松时，我们会觉得运动员跑得并不像他们的成绩那么快。他们之所以看起来很轻松，是因为跑得很正确。运动员应专注于跑步效率，而不是跑步时的样子。

　　另一个重要的细节是前倾。正确的跑步姿势可以让运动员利用重力，而不是克服重力。保持轻微的前倾可以加强运动员的前进力和动力。此外，值得注意的是，换腿的目标是"追赶"自己的腿。减少垂直弹跳的最佳方法是，利用适当的腿部力量来避免向上弹。

脚部姿势

　　跑步姿势中脚部位置是较难把握的。因为在跑步时无论从哪个角度低头看脚都很困难，我们也很难判断在落脚瞬间发生了什么。判断脚部姿势的好方法是检查鞋底。看看鞋底哪儿磨损最严重。如果脚跟部位磨损较多，那么运动员是用脚跟跑步的。我们也可以观察是否有磨损不均匀的情况，以确定脚部发力不均匀的部位和身体是否前倾或后倾。拍视频也是一种好的方式（当然，这个方法也适用于观察其他身体部位的姿势）。大多数优秀的教练都赞同这个方法，认为这有助于运动员了解自己身体形态的生物力学，是一个宝贵的训练工具。

　　如果你没有和教练一起讨论过如何选择跑鞋（最好要讨论），你也可以去当地的专业跑鞋店咨询。大多数好的商店都可以让顾客穿着鞋子在跑步机上拍视频，这样有助于销售和帮助顾客选鞋子。虽然视频可能很短，也不可以像在自己的移动设备上以非常慢的速度多次回放，但这是一个良好的开端。密切关注自己的脚部姿势：如何落地？是脚跟落地还是前脚掌落地？还是全脚掌落地？脚踝是伸展（前倾）的还是后倾的？

回顾视频时，要记住几件事。脚部落地并不能让身体向前移动，就像踩着刹车前进一样。因此，要尽量缩短落地时间。因为脚跟落地要求运动员向前过渡到脚趾上（这样通常会产生两次踏步，从脚跟到脚趾）。此外，运动员要稳定地以全脚掌落地，并尽量避免采用向前过渡到脚趾的姿势。关于跑步节奏，做个简单提醒：我说的节奏是指步频。理想情况下，节奏将减慢到每分钟约180步。运动员可以抓住这一机会数一数自己的步数。提高换腿频率会使步伐加快。这有助于运动员改正脚跟落地的姿势，降低受伤概率，并保证落脚点处于身体下方。

当然，运动员需要了解的知识不限于本章中介绍的。我希望这些知识能帮助你成为一个更有见识的跑步者，一个更聪明、甚至速度更快的铁人三项运动员。许多人认为铁人三项比赛成也跑步，败也跑步。这使得跑步成为三个项目中最重要的一个。跑步姿势的评估依据不仅是完成的比赛距离，还包括在比赛中完成了什么。正确的跑步姿势不仅可以帮助运动员提升运动表现和比赛成绩，还能够延长其职业寿命，让运动员在职业生涯中尽可能避免受伤。

既然已经评估了跑步姿势，那么要如何处理在评估中所获得的信息呢？如果要从本章中总结出一条建议，那就是：放松！大多数不当的跑步姿势都是过度紧张和僵硬造成的。不要被这些信息吓坏，也不要试图一次完成所有的改变。就像在任何其他运动项目中所做的那样，留出部分训练时间来检查自己的跑步姿势。多加训练并听从教练和其他运动员的建议。不要灰心！正如本章开头所述，运动姿势是随着时间的推移而变化的。到目前为止，我已经参加了12场马拉松和3场铁人三项比赛，我的跑步姿势在每一次比赛中都在不断进步。进步不是一蹴而就的。因此，无论是第一次参加比赛还是第五十次参加比赛，只要遵循这些基本原则，就能取得成功。更重要的是，运动员将获得一个成功的、持续时间长的多项运动生涯。

第14章

改善你的换项能力

格拉哈姆·威尔逊、马修·威尔逊

　　许多铁人三项运动员过度专注于运动技能的提升，却很少学习换项技巧，并不会在前一个项目（如游泳或者骑行）进行的过程中为下一项运动做准备。因此，本章旨在介绍铁人三项的"第四项"——换项训练，内容包括如何减少花在第一换项和第二换项上的时间，以及如何从运动生理学的角度，利用所有训练中的节奏技巧和跟随技巧全面提升铁人三项运动员的运动表现。

换　项

　　各项研究表明，从一个比赛项目转换到另一个比赛项目会严重影响生理指标和运动指标。这些指标既会影响运动员在其余运动项目中的主观努力水平，也会影响运动员在其余运动中的表现。研究发现，运动员游泳后的骑行和跑步经济性下降，而骑行后的跑步经济性继续下降。实际上，运动经济性下降的部分原因在于运动员的技术能力不佳或体能不足，而这反过来又加大了代谢负荷。因此，运动员必须练习运动项目之间的转换技巧，专门的生理训练将帮助运动员更快、更有效地在各个项目之间转换——使骑行速度高于第一换项，跑步速度高于第二换项。

换项区的布局

　　成功完成转换的关键之一是了解转换区的布局，包括其入口和出口，以及比赛装备的位置。许多铁人三项运动员携带了大量的行李进入转换区，并把行李弄得乱七八糟。运动员不仅要为自己考虑，而且也要为那些与自己共用架子的人考虑，只携带必需品进入转换区。还要注意，根据美国铁人三项协会的规则，运动员所能使用的面积只有车轮触地的面积那么大，因此，不要让装备占用太大的面积。

大多数运动员会把车座挂在车架上，以便前轮接触地面，这样做可以更快地从车架上拿出自行车。如果将自行车的刹车把手挂在车架上，那么将很难拿出自行车。大多数铁人三项比赛只有一个转换区，因此，根据美国铁人三项协会的规则，运动员必须将自行车放至指定位置的车架，否则可能会被罚款。

如果你的装备和其他运动员的装备靠得近，那么应合理、有序地摆放自己的装备。按照相反的顺序摆放自己的装备，这是指将最后才穿的装备摆在最远的地方。例如，如果你是从最远到最近的地方俯视地面的，那么你可以把装备按以下顺序放在自行车旁边。

1. 跑鞋。

2. 遮阳帽。

3. 袜子（虽然许多人认为不穿袜子也可以比赛，但花时间穿上袜子总比脚起水泡要好）。

4. 骑行的鞋子（见"第11章自行车与人体的匹配度"）。

5. 比赛号码布通常附在一根有弹性的带子上，因此，运动员很容易就能系上号码带。运动员应向比赛裁判确定比赛规则，因为有些比赛要求运动员在骑行时系上号码带，而有些比赛只要求运动员在跑步时系上号码带。如果运动员要在骑行时系上号码带，为了防止号码布在微风中被过度拍打，可以将整个号码布揉成一团，将号码布弄皱，再展开号码布，然后系上号码带，从而减轻身后的"扬帆效应"。

6. 头盔和太阳镜，可以放在地上或悬挂在自行车前部。但要记住，在离开转换区前运动员必须要戴好头盔并系好头盔带子。

如果运动员在上车前（在转换区外）没有系好头盔带子，那么可能会被取消比赛资格。运动员应该按照相同的方式为每项比赛放置装备，并养成一个穿衣习惯，这样在激烈的比赛中就无须考虑太多。

从游泳转换到骑行（第一换项）

游泳会影响骑行中的运动表现。一些研究表明，短时间的高强度游泳可能会降低运动员骑行时的整体运动表现水平，如冲刺距离铁人三项（通常是750米游泳、20千米骑行和5千米跑步），因为许多运动员试图游得比平时更快。借助跟游，运动员可以克服高强度游泳的负面影响。

跟游指的是运动员紧跟在另一名运动员的后面或和另一名运动员平行游泳，头部和其臀部对齐。跟游能减少被动阻力。相同距离，阻力减少，能量消耗会减少。此外，跟游还能提高划水的经济性和效率，从而提高运动员骑行时的运动表现水平。为了充分发挥跟游的优势，在距离前一名运动员脚趾0.5米远处跟游最佳。在划艇运动中，将平行跟游称为"追赶船头波"；在游泳时，游泳运动员的头部可以与另一名游泳运动员的臀部齐平。在运动员没有空间追赶前一名运动员的脚趾或周围有其他运动员阻碍运动时，可以采取这样的跟游方式。

另外，许多铁人三项运动员都知道诸如"血液滞积"和"直立性低血压"等术语，但他们实际上并不知道其含义。直立性低血压的症状是失去平衡、头晕、视力模糊，甚至部分或完全丧失意识。由于重力和肌肉运动的停止，血压正常的运动员在游泳后可能会发生这种情况。事实上，一项研究表明，出水时或准备换项时，许多运动员都会严重头晕，这在受过良好训练的耐力运动员中更为普遍。如果运动员经常发生这种情况，应该寻求医生的建议。好消息是，经医生检查，大多数严重头晕一般都是良性的。

为了抵消重力的影响，维持血压和静脉回流，研究建议运动员不要突然停止运动。在离开水面脱下泳衣、停下来走过湿台阶或没有地毯的转换区、弯腰穿上骑行锁鞋等情况下，这一点特别重要。离开水面后，消除头晕的一个方法是尽快动用腿部肌肉，以快于正常跑步速度的速度跑至转换区。这将改善运动员维持静脉回流和血压的能力。在转换期间保持精神集中，并在自行车比赛开始时运用节奏战术，运动员将更快地完成第一换项。

▶ 出发

对许多铁人三项运动员来说，游泳的出发是最具挑战性的技术。如果本书不介绍该方面的技术，这将是个失误，尤其是在公开水域中游泳时。

或许绝大多数人犯的最大的错误就是太过心急——如果运动员一开始就迫不及待地冲到最前面，那么会在前几百米内和很多人有身体上的碰撞，而速度更快的运动员则逐渐超越这些人或游到这些人的周围。在波浪开始时等待几秒钟，让速度较快的运动员先游，速度较慢的游泳者就有较大的空间在平静、无干扰的水中游泳，也不会浪费太多的时间。

运动员也需要考虑游泳节奏。许多铁人三项运动员在比赛前几百米中表现得太过用力，在接下来的游泳甚至其他运动项目中会因此而受罪。运动员要确保自己能在游泳全程中保持初始节奏，甚至考虑稍微放慢比赛初始节奏，直到自己适应了游泳再开始加速。因此，运动员不如以较慢的节奏出发，再以较快的节奏比赛。

也许提升游泳出发技术的唯一方法就是练习。在泳池中，几名铁人三项运动员可以在同一条泳道上同时出发，模拟比赛时身体发生接触的状态，包括进行相互往回拉、相互推挤的动作。这个练习虽不和真实比赛完全相同，但是运动员会在练习中找到比赛的感觉以及找到应对身体碰撞的办法。

此外，请记住你是在参加铁人三项，你要调整全程的节奏，不要用游泳的节奏来骑行，也不要用骑行的节奏来跑步——适时调整节奏将帮助你赢得比赛。

从骑行转换到跑步（第二换项）

在距离相同的情况下，人们对铁人三项跑步和单项跑步的体能消耗还存在争议。然而，绝大多数研究表明，高强度骑行对后续的跑步成绩有不利影响，影响程度取决于铁人三项运动员的体能水平：业余铁人三项运动员的成绩下降幅度最大，精英铁人三项运动员受影响较小。

为了减少骑行对跑步成绩的影响，研究人员提出了一些实用的策略，要想了解详情，请参见本特利等人（2008）的研究。总的来说，铁人三项运动员可以通过以下几个技巧来提高跑步成绩：（1）骑行时尽可能跟在多名运动员后面（在允许跟骑的比赛中）；（2）采用每分钟80～100转的自行车踏频（但是要注意，自行车节奏因人而异——想想兰斯·阿姆斯特朗的自行车节奏——每次比赛，他都能以高于每分钟110转的踏频连续骑行几个小时）；（3）在自行车比赛的最后几分钟，集中精力，降低强度，为跑步做好准备。对于许多教练和生理学家来说，第2点和第3点十分有效。当然，职业自行车运动员会声称采用高于每分钟110转的踏频对生理有好处，但到了自行车比赛的最后5 000米，铁人三项运动员往往会无法坚持。不管怎样，铁人三项的总体运动时间才是最重要的方面，而不单单是自行车项目的运动时间。因此，为骑行出发、骑行结束和跑步出发分别制订最佳节奏战术是项个人任务，运动员应该在日常训练中完成这项任务。简而言之，不要让骑行影响跑步！高效骑行比费尽力气骑行要好得多。

为了强调这一点，针对奥林匹克标准距离铁人三项比赛，各项研究试图为训练有素的铁人三项运动员制订最佳初始节奏战术。10名男子铁人三项运动员以任意速度完成了10千米的对照组跑步，并以随机的顺序完成了3次铁人三项计时测试。在计时测试中，规定后两次测试的游泳和骑行速度与第一次测试相同。而运动员在前1千米的跑步中，速度分别比对照组快5%、慢5%、慢10%；要求尽快完成剩下的9千米。至于10千米跑步的整体表现，前1千米速度比对照组慢5%的运动员的跑步成绩明显好于前1千米速度比对照组快5%和慢10%的运动员的成绩（$P<0.05$）。值得注意的是，在前1千米结束时，相比另外两种速度，加速5%的战术导致了更高的摄氧量、通气量、心率和乳酸累积水平。在5千米和9.5千米后，减速5%的战术会使这些指标更高（$P<0.05$）。

这一出色且控制良好的研究表明，与流行的观点相反，奥林匹克标准距离铁人三项的前1千米慢跑实际上可以提高运动员跑10千米的整体表现水平。随着GPS手表的发展，即使铁人三项比赛中没有提供距离标记，铁人三项运动员也可以很容易地得知分段时间和分段距离。当然只有运动员事先为特定的赛事制订好成绩标准，这项技术才能得到良好的应用。因此，要想使这些数据发挥最大效果，铁人三项运动员要以比最快速度慢5%的速度完成分段距离。

换项训练

很少有课题研究多次进行游泳–骑行–跑步训练模块产生的生理效应及其对整体运动表现的影响。一项研究发现,相比单项训练,在6周内多次训练骑行–跑步,并没有提升运动员在骑行和跑步中的表现,但它确实显著改善了运动员从骑行转换至跑步的能力。尽管英国奥运教练们(马修·威尔逊就是其中一名教练)从21世纪初就开始关注铁人三项运动员的转换表现,但人们显然没有对该领域进行充分研究。本节中讲到的游泳–骑行训练和骑行–跑步训练,为2000年和2004年的英国奥林匹克队所广泛使用。

从游泳到骑行的转换训练

这一部分提供了3个从游泳转换到骑行的训练示例。主要训练目标是让运动员在游泳后能以更快的速度完成骑行,从而减少整体骑行的时间。一般来说,教练应该在训练周期中的准备阶段安排这些训练。

所有从游泳转换到骑行的训练都需要泳池、赛车和运动鞋等。将自行车和运动鞋放在离泳池10米远的地方,在车边的地上放一块大浴巾用来擦干身体;和正常比赛一样摆放自己的装备;完成每组训练后,花些时间整理自己的装备,就像在进行第一换项一样,但要把整理时间缩至最短。

训练从游泳转换到骑行时,首先运动员要像正常速度训练一样热身。适当的热身可以提高心率、呼吸频率和增加流向肌肉的血流量,从而让身体为越来越激烈的运动做好准备。这意味着运动员也要进行一些节奏训练,在训练接近尾声时,稍微提高速度。此外,我不建议在这些训练上使用心率监测器,因为带子可能会在水中散开并分散运动员的注意力,这样就达不到提高上岸速度和提高骑行速度的训练目的。

在训练之前,运动员有必要知道自己在一定距离下游泳和骑行的基准时间。因此,在进入该训练阶段之前,运动员要对200米、400米和800米游泳,以及2千米、4千米和8千米骑行进行计时测试。在训练全程,这些时间记录将成为衡量训练一致性和衡量总体进步的基本标准。

从游泳到骑行的转换训练1:最大强度训练

最大强度,有时又称为稳定状态,指的是运动员在训练全程所能保持的努力程度。最大强度训练的目的是让运动员尽可能在每组训练中达到接近于计时测试的努力程度。目标是让运动员意识到身体在游泳后的感觉,这样就可以尽量节约能量,从而使身心得到训练。

正常热身，然后完成5组以下训练：完成200米游泳后，立刻以高于每分钟100转的踏频完成2 000米的骑行。该训练的转换总次数为9次，训练内容包括游泳1千米，骑行10千米。总体训练时间不长，但如上所述，运动员要以能保持的最高速度完成全部训练。为了获得最佳效果，不要在两组之间休息。在第一组200米游泳和2 000米骑行训练中，以保持成绩为目标，运动员必须要努力达到之前计时测试中的最快速度。

很明显，随着训练时间的延长，很多铁人三项运动员的速度都会减慢，但运动员要记下自己疲劳程度的变化。在运动时长不变或缩短的情况下，随着自己的进步，运动员会发现总体疲劳程度降低。在运动员变得更强时，还可以选择增加训练的组数。但注意不要做得太多，因为该训练对身体的消耗十分大，身体需要的恢复时间比平常要多，会影响接下来的训练。

从游泳到骑行的转换训练2：乳酸耐受训练

乳酸耐受训练可以帮助运动员尽快从速度和力量的爆发中恢复过来，虽然铁人三项运动员在比赛中应尽量减少做爆发性运动，但这是不可避免的，因为运动员必须要加大骑行力量或跑得更快才能超过其他运动员。经过适当的训练，运动员可以提高运动心率以加强乳酸耐受能力。由于乳酸阈是大量乳酸开始在血液中累积的临界点，提升清除乳酸的能力意味着运动员可以在低于乳酸阈的情况下以更高的强度骑行。强度略低于乳酸阈的训练，可以训练身体将乳酸转化为慢肌纤维的"燃料"，以清除血液中的乳酸。提高乳酸阈最有效的训练是以略低于乳酸阈的强度进行较长时间的训练，每段训练间稍做休息。在乳酸完全清除之前开始下一组高强度间歇训练，继续刺激身体分解乳酸。

正常热身，然后完成2组以下训练：完成400米游泳后，立刻以高于每分钟95转的踏频完成4 000米的骑行。接着完成4组以下训练：完成200米游泳后，立刻以高于每分钟90转的踏频完成2 000米的骑行。该训练的转换总次数为11次，游泳距离为1 600米，骑行距离为16千米。

为了最大化训练效果，运动员在两组训练之间不能休息，且游泳速度和骑行速度必须保持计时测试中最快速度的90%以上，训练目标是保持成绩。重申一遍，随着时间的推移，运动员要记录自己的疲劳程度。在运动时长不变或缩短的情况下，运动员可以通过疲劳降低的程度来衡量总体进步水平。这个训练可能会让很多人感到身体不适、压力倍增，因为它需要长时间保持专注并以渐进的方式进行，十分累人。若运动员自我感觉良好，则可以增加训练强度，如增加训练组数，或增加以下训练：完成1组800米游泳并在每组训练开始时以高于每分钟100转的踏频完成8 000米骑行。

从游泳到骑行的转换训练3：有氧运动能力训练

有氧运动能力十分重要。如果运动员所做的有氧运动越多，运动效率就越高。而且，有氧运动可以训练身体分解并使用储存的脂肪（脂肪是有氧氧化供能系统的主要能量来源）。有氧运动的另一个好处是提高心脏的每搏输出量，这意味着有更多的血液向肌肉输送氧气。由于大多数铁人三项运动员都倾向于以有氧的方式训练和比赛，因此增加有氧运动能力训练有利于提高运动的经济性和效率。

　　正常热身，然后做2组以下训练：完成800米游泳后，立刻以高于每分钟100转的踏频完成8 000米的骑行。该训练转换的总次数为3次，游泳距离为1 600米，骑行距离为16千米。

　　同样，运动员不能在两组之间休息。运动员应该记录后段加速的时间，第二组的速度应保持计时测试中最快速度的95%。这项训练时间长，很累人，效率也不高。但是，通过有氧运动能力训练，运动员可以建立更强大的运动基础。因为该训练比较容易令人疲惫，所以运动员每月只需完成1次或2次。通过增加运动时间缓解疲惫是训练的主要目标。

从骑行到跑步的转换训练

　　本部分介绍了3个从骑行转换到跑步的训练示例。每个训练都会教授运动员如何在骑行后跑得更快。很多运动员在刚开始时可能做不到，尤其是在前1 000米或2 000米。从骑行到跑步的转换训练关键在于正确的跑步姿势（在前1千米内身体不要太过前倾），放开步子，在心率达到最高时保持精神集中和注意力集中。当然，运动员要注意心率，但是主要焦点还是分段时间和通过渐进性训练来降低疲劳程度，确保自己在比赛的跑步阶段达到最佳速度。

　　所有从骑行到跑步的转换训练都需要骑行台和跑道（尽量不要用跑步机，虽然这是冬天里的常见选择，主要取决于运动员的居住地点）。将骑行台安置在跑道的旁边，按照往常的布局摆放全套比赛装备。

　　开始前要充分热身。因为这些训练会使心率提高，所以，运动员要在热身中加入一些速度训练，同时要小心受伤。在训练之前，运动员有必要知道自己在一定距离下骑行和跑步的基准时间。因此，在进入该训练阶段之前，运动员要对2 000米、4 000米和8 000米骑行，以及400米、800米和1 000米跑步进行计时测试。这些时间记录将成为衡量训练一致性和衡量总体进步的基本标准。

从骑行到跑步的转换训练1：最大强度训练

　　正如在前述最大强度训练中提到的一样，最大强度是指运动员在训练全程所能保持的努力程度，最大强度训练的目的是让运动员尽可能在每组训练中达到接近于计时测试的努力程度。该训练包括完成10组400米跑步和以高于每分钟100转的踏频完成2 000米的骑行。该训练的转换总次数为19次，跑步距离为4千米，骑行距离为20千米。

　　像比赛一样摆好跑步装备，这样做有额外的好处，即可以确保一切就绪。该训练和从游泳转换到骑行的训练有明显的区别，即运动员必须在两组之间休息2分钟以重新摆放换项装备和完成补水等其他活动。此外，第一组跑步和骑行的时间必须要等于计时测试的最短时间。该训练的主要目标是保持时间和努力程度的一致性。如前所述，运动员会放慢速度（在某些情况下会慢很多），但是随着时间的推移，运动员必须要记录疲劳程度。如果每一组训练都达到了最大强度，那么这可能是运动员做过的最难的训练。此外，由于该组训练十分费力，运动员可能会在基础阶段进行该训练，但是在强化阶段训练的效果会更好。

从骑行到跑步的转换训练2：乳酸耐受训练

如前述乳酸耐受训练中提到的那样，乳酸耐受训练将帮助运动员快速从高强度和高速运动中恢复过来，虽然铁人三项运动员应尽量减少该类运动，但这是不可避免的，因为运动员需要在比赛的某些时刻加大力量。该训练包括：完成3组800米跑步和以高于每分钟95转的踏频完成4 000米的骑行，接着完成4组400米跑步和以高于每分钟100转的踏频完成2 000米的骑行。该训练的转换总次数为13次，跑步距离为4千米，骑行距离为20千米。

为了在比赛全程保持努力程度一致，运动员在两组之间要休息3分钟，这样就有时间准备第二换项和补水等活动。跑步速度和骑行速度必须保持计时测试中最快速度的90%以上，训练目标是保持成绩。还要注意疲劳因素。运动员可以在相同时间内或更短时间内通过感知疲劳程度的降低来监测进步。一旦运动员达到了这种状态，那么可以在整个训练中再增加一套完整的训练。

从骑行到跑步的转换训练3：有氧运动能力训练

正如前面提到的有氧运动能力训练一样，提升有氧运动能力是很重要的。如果运动员所做的有氧运动越多，运动效率就越高。由于大多数铁人三项运动员都倾向于以有氧的方式训练和比赛，因此增加有氧运动能力训练有利于提高运动的经济性和效率。该训练包括：完成4组1 000米跑步和以高于每分钟100转的踏频骑行8 000米。该训练的转换总次数为7次，跑步距离为4千米，骑行距离为32千米。

运动员必须在两组训练之间休息5分钟，并在休息阶段快速降低心率（可以在跑道上慢走）。运动员仍然要记录后段加速的时间，并保持第三组和第四组的时间不低于计时测试中最短时间的10%。通过增加运动时间来降低疲劳程度是运动员的主要目标。从生理和心理角度看，该训练难度较大，运动员的进步较小。在长距离比赛中集中精神是成功的关键，因为在比赛中运动员会发现自己多次被风景吸引，从而放慢了速度。运动员可以享受训练，但要记住训练的目的——提高速度。这是距离最长的训练，因为训练难度大，我建议运动员每月完成1次或2次即可。此外，该训练最好安排在基础阶段。

对于任何可以重复的动作，教练都可以围绕它设计一组训练。通过进行本章描述的几种训练，运动员将提高运动专项性——每项训练都是为提高运动员在铁人三项中的速度而设计的。运动员不仅可以快速完成换项，还能骑得更快、跑得更快。

然而，成功的关键在于运动员感知比赛强度下的身体反应，并通过相应的训练来使自己适应这样的强度。如果你是一名优秀的游泳运动员，却在骑行和跑步中失去领先优势，那么你也许需要重新调整训练重点——优秀的骑手和跑步者也一样。良好的节奏才是获得最终成功的关键。运动员要在每一项运动中运用自己的天赋，同时要意识到只有付出大量的努力才能成功完成比赛。比赛应该是良好的训练和准备的结果，只有在训练中偶尔感到艰苦，才能知道自己在比赛中能达到多大的努力程度。因此，"付出才有收获"是真理——即使有时感到身体不适，但这样能知道自己的运动极限。

第15章

弥补自由泳的短板

伊恩·默里

有很多迹象都能让运动员知道他们哪里表现得不好。也许对他们来说，如果游一圈都感觉困难，要想游得更快或更远似乎是不可能的。看见其他运动员常常轻易地就超过自己，你也许会感到恐慌。知道不足之处是一回事，而知道解决方法则是另一回事。游泳是一项技术运动，和高尔夫球、网球、高山滑雪等其他运动一样，更强调技巧而不是力量。水的密度几乎是空气的1 000倍，因此游泳需要技术。对于低水平和中等水平游泳运动员来说，体能通常不是限制游泳能力的因素。缺乏适当的技术会导致游泳速度降低。对于高水平游泳运动员来说，一个小小的技术改变也会立刻产生效果，而盲目训练的话要花上几周甚至几个月才能达到同样的效果。本章的重点是介绍如何在游泳中减少阻力，并创造推进力。重要的是，运动员要依次掌握各项技能，这样才可以完全掌握每一项技能，从而解决自由泳中遇到的问题。

减少阻力

许多铁人三项运动员很机智地选择了购买具有空气动力性的自行车以节约几秒的时间，却忽视了游泳时来自水的阻力，而游泳时的一些简单改变甚至可以节约几分钟的时间。运动员要注意手臂和手是如何进入水中然后伸展到身体前方的，同时还要注意打腿方式。

水平位置

要想减少阻力，首先运动员要俯面漂浮在水中。这意味着泳帽的后方、泳衣的后面和脚跟都要非常接近水面。运动员可以通过保持平衡，而不是通过用力打腿来保持水平位置。再多的力气和挣扎也无法克服身体的阻力。一旦水对胸部、腹部、臀部和大腿产生阻力，会让运动员觉得这比任何所要对抗的力量都大。

游泳运动员可以通过改变头部位置、前臂位置和对上半身施加的力来获得水平位置。运动员应该将头部深埋在水中，深到只有一层薄薄的水膜覆盖在泳帽的背面。如果头部位置正确，颈部后面的皮肤不会出现皱纹，眼睛可以直视池底，而头顶将笔直指向泳道的末端。当前臂完全伸展至适当深度时，手指距离水面5～10厘米。划水时，前臂应直接伸到该深度，而不是先掠过水面，然后沉到该深度。

人们对如何向上半身施加力感到费解和困惑。试想躯干充满了空气，像气球一样膨胀。肺像气球一样充满了气体，为躯干提供浮力。因此，通过对头部施加力或依靠锁骨，身体前部就会更加深入水中，臀部和腿自然会抬起。水中的人体就像操场上的跷跷板，当一端下降时，另一端则上升。通过改变头部位置、前臂位置和对上半身施加的力，运动员可以在水中找到平衡，减少水对身体的阻力。

干净利落的入水姿势和伸展姿势

接下来分析入水姿势和伸展姿势。入水姿势是指运动员手部的入水姿势。伸展姿势是指手臂伸展至最大限度时的姿势。入水时若干净利落，则手臂溅起的水花较少；手臂若完全伸展，则几乎没有什么气泡。这种入水姿势的阻力最小，可以让运动员最大限度前进。

游泳中常见的问题是手过中线入水。在入水点离头顶太近，手和前臂在伸展时穿过身体中线的情况下，就会发生这种情况。该姿势使身体向两侧移动而不是向前移动，这会消耗一定能量。此外，手过中线入水也会产生阻力，因为在手臂入水并伸直时，和水接触的面积会更大（从肘部到小指的内侧）。手过中线入水时，两只手臂很少有对称的，两只手臂的张开程度不同。要想解决这个问题，运动员要按照"宽进宽出"的准则游泳。游泳时，身体的某一部分移动一毫米，就感觉像是移动了一英里（1.6千米）。因此，该补救方法需要运动员达到一种夸张的宽度感才能产生准确的结果。这种夸张的感觉会让你觉得自己的双臂正向10点钟和2点钟的方向延伸。经过几次专项游泳训练，这种奇怪的感觉便会减少。

手臂完全伸展时的肘部姿势是另一个需要分析的姿势。运动员要确保自己的肘部是绷直的，而不是弯曲或倾斜的。游泳时有一项原则：无论运动员处于划水周期的哪个阶段（恢复、入水、伸展、抓抱水、手臂划水、结束），手指总是低于手腕，而手腕总是低于肘部。手臂在完全伸展时几乎打破了这一原则：手指只是稍低于手腕，而手腕几乎和肘部持平。如果手腕高于肘部，那么手在手臂完全伸展时似乎是向上的，这对游泳运动员会有双重影响。首先是存在阻力问题。手臂完全伸展时，肘部低于手腕和手指，会增加划水臂和水接触的面积，从而产生更大的阻力。在20世纪60年代中期，至上乐团在演唱《停下！以爱之名》时，总是会向前伸起手臂（肘部低于手腕和手指），这在当时的人们看来是个很时尚的姿势，但游泳运动员可不能这么做。其次是抓抱水的延迟。关于这一点本章将在后面"创造推进力"一节中加以介绍。

还要注意入水时，手腕和手指必须要保持平直，这样其他身体部位就不会面临不必要的阻力。游泳者常常在不知不觉中放松手腕、弯曲手指，此时身体的各个部位会立即面临需要对抗的阻力。把自己的手想象成刀子，迅速划过水面便进入水中。入水时手应放平，这个动作如同邮递员投信件时的动作。

新手运动员还必须注意一些细节问题，如经典问题——手指是应该并拢还是分开？有研究表明，最佳手指姿势应该是自然放松的姿势（就间隔距离和弯曲程度而言）。这表明游泳时保持身体放松很重要。优秀的运动员可以以较小的力量获得优异的运动表现。紧张的情绪会增加压力，加快心跳和加速疲劳。因此，运动员在游泳时要放松。水可以平衡身体，并使其浮于水面之上。放松也可以减少肌肉抽筋。在每次划水的移臂阶段，放松至关重要。运动员可以利用肩部肌肉将肘部抬至接近水面的位置，接着放松前臂、手腕和手。

腿

从阻力角度来观察自己的腿部姿势。把身体最厚的部位（胸部和臀部）想象成一根"管子"，打腿时，幅度小、频率高，且要在"管子"范围内。任何超过"管子"范

▶ 调节游泳时的呼吸

在游泳中，运动员面临的挑战之一是不能像骑行或跑步时一样呼吸。运动员要通过主观意识控制换气节奏，同时还要协调换气和手臂姿势以及身体位置之间的关系。规律且稳定地呼吸可以减少焦虑和提升运动表现。

要想呼吸平稳，运动员要在水中呼气。嘴巴露出水面时，运动员没有时间同时吐气和吸气。因此，运动员必须要在水面上吸气，在水下吐气。可以选择用嘴或鼻子吐气，也可以两者同时进行。随着运动强度的加大，换气的频率增加。用嘴呼吸成了非常有效的换气方式。此外，转头向身体左右两侧呼吸的方式也十分有效（双侧呼吸）。然而，在速度更快的游泳训练和比赛中，运动员会更频繁地呼吸以满足对氧气的需求，因此会使用朝向同一侧的呼吸方式（单侧呼吸）。

处于水平位置时，身体就像一个跷跷板，一端上升，另一端则下降。呼吸时，运动员头部位置如果过高，可能会导致臀部和腿立刻下沉，从而加大阻力。转头呼吸时，先想一想，压低头部，然后抬起下巴呼吸。

围的动作都会加大阻力。如果打腿幅度过大，那么小腿和脚就会超出"管子"范围，从而减慢速度。许多跑步运动员参加铁人三项比赛时，习惯于通过弯曲膝关节踢小腿的方式打腿。游泳运动员应该更多依靠臀部发力，只轻微地弯曲膝关节。大幅度地打腿会加剧划水造成的身体旋转，而正确的打腿可避免过度转体。

创造推进力

只有克服了重重阻力后，运动员才能专注于增大推进力。和减少阻力部分一样，本节会先介绍影响游泳速度提高的关键因素。

核心力量

对人来说，强大的力量源自身体重心——臀部，而非四肢。一个高级的高尔夫球挥杆动作和网球正手动作并不仅仅是由手臂发起的，同时由臀部提供动力。空手道拳击动作、垒球快速投球动作和投标枪的力量都来自核心部位，游泳也是如此。平躺在水中时，如果游泳运动员单靠双臂向前划水，会失去动力，也不能提高速度。在身体像圆木一样随着长轴转动时，转体姿势会产生强大的力量。躯干的各个部位（肩膀到臀部）一起运动时是手臂入水和划水的最佳时机。

随着游泳速度的变化，旋转角度略有变化。稍稍增大转体幅度可以减速和加速。在手臂以较慢的速度向前划水进入移臂阶段时，运动员可以将另一侧的身体向上倾斜一点，以滑行得更久。此外，50米游泳全速冲刺时转体角度要小得多——虽然身体并不是水平的，但转体角度肯定比热身时小。游泳时前进的速度来自手臂的划动，当手臂和手在移臂阶段露出水面并向前划动时，转体过度实际上会阻碍这一过程。运动员要自我检查，确保游泳中有转体姿势，以获得核心力量；但是不要转体过多，否则会阻碍动作，从而降低游泳速度。

掌握时机

注意掌握转体时手臂做出动作的时机。在最佳时机，核心部位应最大限度加大手臂划水和入水的力量。以下两种做法会让运动员错过时机。常见的做法是划水过早。在这种情况下，划水过程和移臂阶段重叠。手臂如果发力过早，它就得不到任何核心力量的配合，只能孤军奋战。要想纠正这个动作，划水臂必须保持向前的姿势，延长充分伸展的时间，等待另一只手臂划到前面。运动员可以伸出手来，尽量向前伸展，就像试图触摸泳道末端的池壁一样。

　　划水过晚，这种错误并不常见。这是指即使另一只手臂已经入水并伸展开来，划水臂仍然保持着向前姿势。此时臀部的力量已经用尽，划水过晚使手臂再次脱离了核心力量。在这种情况下，运动员要确保划水臂处于活跃状态，并在开始划水后，让另一手臂进入水中时贴着耳朵。

　　一旦纠正了错误姿势，手臂的入水动作和划水动作都将获得由转体带来的宝贵力量。运动员可以把游泳想象成一个四缸发动机：两个主要的"汽缸"是臀部，它们总是同时发动，不能分开；第三个"汽缸"是入水臂，运动员可以在入水臂的手指触及水面时发动臀部力量，这样臀部就可以为入水臂提供划水的力量；最后一个"汽缸"是划水动作，需要和其他"汽缸"协同工作。当划水臂处于向前伸展的状态时，运动员可以将其稍稍降低几厘米。然后发动臀部力量，最大限度加大划水臂和划水动作的力量。这样一来，四个"汽缸"就会协同工作。

　　这一章中所介绍的多数游泳技能都相当简单，运动员一旦掌握了这些技能就能做出正确的姿势。运动员可能会发现有时臀部和手臂可以很好地协同工作，但是自己还想游得更快，更快的速度来自手臂的快速划动。这意味着在节奏变快的情况下，运动员必须重新学习掌握时机。随着速度的提高，这种情况会一次又一次地出现，直到运动员达到全速冲刺为止。在游泳中，运动员对这个过程要有耐心，要保持良好的心理状态，同时还要注意身体位置、头部位置和手臂姿势，并专于划水动作。这样运动员就能知道自己在游泳时的感觉。继续调整游泳姿势，这样运动员就可以找出需要改进的地方，最终提高游泳速度。保持专注将会加速进步。对另一个游泳动作——抓抱水动作来说，掌握时机也并不容易。

抓抱水

　　从划水臂完全伸展后到向下划水之前的那段时间，便是抓抱水的时间。掌握抓抱水的技巧，有利于运动员更好地培养"水感"。如果没有抓抱水动作，运动员就会呈现直臂向下划水的游泳姿势。一旦划水臂变直，手臂就会压在水面上，使身体向上移动至水面。最终导致身体在每一次划水时都会上下摆动。做抓抱水动作时，运动员要抬高肘部至接近水面的位置，并在划水前的瞬间向下轻弯手指。一旦运动员可以控制手指的动作，就能获得理想的手臂姿势。有一个更现代的术语可以描述这一现象：自由泳早竖前臂（Early Vertical Forearm，EVF）技术。这可以避免运动员犯弯曲手腕这一常见的错误。抬高肘部以做抓抱水动作，这样就可以最大化身体和水接触的面积，包括前臂、手掌和手指接触水的面积。

　　在减少阻力一节中，我强调伸直肘部划水会产生阻力。伸直肘部也会减少推进力：手臂完全伸展时，若肘部低于手腕，那么运动员不可能做出高质量的抓抱水动作。运动员只有正确伸展手臂，才能轻松而快速地抬起肘部并做出抓抱水动作。此外，在掌握时机方面，抓抱水动作会加大运动员把握划水时机的难度。因此，如果你发现既需要把握时机又要做好抓抱水动作时，那么你最好先学会掌握时机。一旦形成了肌肉记忆，为抓抱水而调整划水姿势就会变得容易很多。

划水

划水是游泳的一个关键方面。首先，运动员在划水阶段要用最大手部面积划水，就像划桨一样用扁平的手掌划水。如果用手的侧面划水，那么会降低划水效率。

关于最佳划水路径，人们展开了一场讨论。一种观点认为，运动员应有意采用S形曲线划水：在开始划水时手臂先向内侧划水，然后向外侧划水。基本观点是手和前臂要一起划水。另一种观点是，划水的路径应该是直接从前到后的，不要有曲线——就像冲浪一样，冲浪板横向运动会受到滑行轨迹的限制。关于这两个观点，我认为运动员应该保持中立态度。运动员不需要有意地采用弯曲的划水路径，也没有必要刻意地抵制它们。游泳过程中的转体动作会让游泳轨迹出现曲线，就让这成为你的目标吧！

有效的抓抱水动作和划水动作取决于速度、耐力、功率和力量。训练的重要原则之一是专项性：游泳训练的专项运动形式便是游泳。为了加强游泳能力，运动员可以将划水练习作为游泳训练的一部分，以模仿水中的抓抱水和划水动作。

打腿

在前面"掌握时机"部分，强调了手和臀部的协同运动。实际上游泳中的动力链还涉及腿。大多数参加铁人三项的运动员有着丰富的骑行经验和跑步经验，但少有游泳经验，容易过度打腿。过度打腿可能会出现两种问题：（1）如果游泳者的打腿动作过于快速或激烈，那么打腿很可能无法和转体同步，而且会增加游泳的阻力；（2）发动打腿动作的肌肉是身体中最大的肌肉，其收缩需要消耗大量氧气。过度打腿会使心率提高，游泳效果不佳。

运动员只需要轻轻打腿便能游得很快。但在游泳过程中，运动员必须要在有效转体时打腿。可以试一试以下过程。先完全放松腿部，自然地略微分开双腿，以便对转体做出反应。一旦适应了双腿略微分开的运动节奏，开始稍微加大打腿力量，发出"砰"的打水声，以增强腿部的自然运动。这样打腿将加强转体力量，并提高这一动作的动态质量。接着，在每次划水时，运动员都要用力打腿一次。最后，为了获得更快的速度，运动员可以在两次用力打腿之间增加额外的打腿动作。

　　游泳是一项技术运动，由于水的密度高、阻力大，因此对动作的精确度要求也较高。当运动员专注于技术动作时，便能够改善存在的问题并取得持续进步。以较慢的速度游较短的距离并延长休息时间，可以使运动员更集中注意力在动作的准确度上。有一种说法是，精准地重复动作一万次，肌肉才能"记住"该动作。随着注意力的集中，运动员可以减少重复的次数，但游泳动作要准确！记住，简单重复并不适用于游泳训练，只有准确的重复练习才能使运动员做出正确的游泳姿势。

第 3 部分

比赛策略

第16章

公开水域游泳的比赛战术

萨拉·麦克拉蒂

公开水域游泳是铁人三项中令多数运动员感到害怕的运动项目。昏暗的水面、其他竞争对手，以及缺乏泳道、池壁和泳道线，导致最勇敢的运动员也可能会感到害怕。利用经验丰富的运动员和教练提供的知识，初次参加铁人三项比赛的运动员可以愉快并成功地完成比赛。本章介绍了公开水域游泳的多个方面，包括训练、出发、跟游、换项等。所有的经验都是在无数次比赛后依据运动员的具体错误总结而来的，这些经验帮助许多运动员获得了成功。

公开水域训练和泳池训练

大多数铁人三项比赛中，游泳都是在公开水域进行的。为了获得良好的比赛成绩，在赛前的几周里进行公开水域游泳训练必不可少。但是去最近的湖或海里游泳之前，运动员要知晓如何保护个人安全，具体注意事项如下。

- 戴一顶色彩鲜艳的帽子，便于其他游泳者、救生员和船员识别。
- 告诉别人你要去哪里，要游多远。
- 和其他运动员一起游泳，或让别人待在附近的小船上。
- 查询信息，获得在公开水域游泳的许可。
- 时刻保持警惕，时刻注意周围的环境。

此外，公开水域游泳为运动员创造了接近比赛的训练条件。进行实地训练时，运动员可以将绑着重物且色彩鲜艳的塑料壶当作浮标，或将高大且容易看到的地标当作指示物。运动员可以在公开水域游泳训练中练习视野观察技术和浮标转弯技术。与其他人一起游泳时，运动员还可以练习跟游、超越以及如何在混乱的情况下出发和转弯。学会快速地找到拉链，在慢跑出水时解开自己的泳衣。找一个接近比赛环境的公开水域来训练，以使自己适应水温（如果温度太低就穿全身式泳衣）。

随着比赛时间的临近，公开水域训练十分必要，但大多数游泳训练都是在泳池里进行的。运动员在泳池安全的环境中感到更舒适，并喜欢和泳池中的人一起游泳。标准距离的泳池是最合适的，如50米或25米，适合进行多趟游泳。作为家和酒店的附带便利设施，小型的后院泳池只有在泳池紧缺的情况下才会用到，为游泳而设计的健身房泳池是非常适合训练的地方。即便如此，泳池中安全和透明的条件并不能让运动员为公开水域游泳中出现的情况做好准备。泳池中的水清澈见底，水面有泳道标志，池底有指示线，而公开水域的水道通常是模糊的，指示方向的浮标很少，而且浮标之间的距离很远。下面的训练适用于公开水域游泳，有助于运动员为适应公开水域的游泳条件做好准备，也适用于泳池训练。

- 抬头视野观察训练。就像任何其他肌肉一样，在比赛中，颈部肌肉要为进行视野观察做好准备。该训练要求运动员在自由泳时将头露出水面。当头露出水面时，身体位置会发生变化。该训练教会运动员如何弯曲背部并用力打水，从而使脚接近于水面。
- 在泳池底部T字线处转弯。该训练可以很好地模拟公开水域比赛中的持续性游泳。运动员不能直接游到池壁前，而是在池壁前2米或3米处转弯或翻转。该训练让运动员无法触壁休息，从而增加了长时间游泳的难度。
- 小组跟游。几名游泳者可以在泳池中模拟比赛跟游的感觉。运动员可以练习跟随领先者的跟游技术，并学习如何在每次划水时不碰到前面人的脚。每游100米，领先的运动员就要游到队伍的后面，这样小组成员就会轮流成为领先者。
- 变换泳姿。运动员要学会游另一种泳姿，如仰泳或蛙泳，从而使自己在水中感觉更舒适。当运动员在公开水域游泳感到疲倦，或难以找到浮标时，可以将泳姿切换成仰泳或蛙泳，这些泳姿都十分安全。运动员可以在泳池中练习这些划水动作，利用这些泳姿进行持续性游泳，而不是扶着池壁休息。

陆上赛前准备

为了获得尽可能多的比赛信息，并且能够从战术上利用这些信息，运动员首先要全面学习比赛规则。另外，在比赛开始前，运动员应花时间评估水域和观察游泳路线。许多赛事会在比赛前一天开放游泳场地，运动员可以利用这段时间具体了解除运动场地以外的游泳条件和天气状况。由于早上比赛的时间有限，运动员在游泳练习时收集到的详细信息可以为比赛提供准确的数据。

学习规则

要了解和理解比赛规则，这些规则对游泳做出了规定，因此是十分重要的工具。随着技术的进步，关于符合要求的快速泳衣和泳衣厚度的规则不断被修改和更新。大铁和70.3半程大铁一般遵循美国铁人三项的比赛规则，但一些技术规则和处罚措施已经有所放松。所以，运动员要注意不同比赛的规则。

美国铁人三项协会的规则对铁人三项的游泳比赛要求非常简单。游泳者可以使用任何泳姿；允许戴泳镜和泳帽，但是不允许使用助进装备（如脚蹼、划水掌）；游泳者必须完成整个游泳赛段，并绕过所有规定的浮标；比赛出发时需要佩戴由主办方提供的泳帽；运动员可以潜泳。这样运动员就可以在浅水中等待出发并通过海豚式钻浪前进。游泳者可以触摸或抓住浮标和船只，但不能利用这些物体前进。美国铁人三项协会关于体育精神、使用和放置装备的一般规则也适用于游泳训练。

更多相关信息和新规则，请参考以下内容。

■ 美国铁人三项比赛规则。

■ 美国铁人三项允许使用的快速泳衣和防寒泳衣列表。

■ 美国铁人三项2013防寒泳衣常见问题解答。

■ 关于大铁和70.3半程大铁规则的常见问题。

■ 国际铁人三项联盟比赛规则。

评估水的状况

在比赛开始前，运动员要尽可能多地了解水的状况。许多人的游泳训练都在下午进行，而清晨时，水的状况和天气条件可能会大有不同。因此，运动员要向当地人了解情况，并在比赛时向救生员询问情况。可以询问风速、波浪、水流和潮汐的状况，以及水质状况。如果无法获得这些信息，运动员可以在试水时进行浮力测试。躺在水面上，记下自己漂流的方向和速度以探测水流方向和风力大小。如果运动员的比赛方向垂直于水流方向，那么要调整游泳方向，以防自己错过转角浮标。比赛中可以利用水流的变化，以较短的距离游过浮标。例如，如果海水向南流动，那么运动员在海滩上可以尽可能地向北移动，这样就可以利用水流更轻松和快速地到达第一个转角浮标。

注意水质，要知道水质会对比赛结果产生重要的影响。在咸水中比赛时，运动员要尽力避免摄入过量的水。摄入过多的咸水会引起脱水，因为身体会试图平衡体内的钠离子含量。另外，在淡水中比赛时，运动员要注意天气预报。最近的一场雨会把外来物质冲到水中，从而滋生大量细菌。因此，运动员要采取预防措施，例如经常在国外游泳的精英运动员常常会配备抗生素。

在小雨的情况下，比赛仍会按照计划继续进行，但在极端暴雨和打雷的情况下，比赛将会推迟或取消。因此，运动员要上网查看下雨的日期以及主办方关于因天气取消比赛的规定。在报名参加任何比赛之前，要先研究比赛日的天气状况，并为最坏的情况做好打算。带上透明、结实的泳镜，以为适应比赛日早晨昏暗的条件做好准备。

巡视泳道

每位运动员都应该知道泳道的形状和方向，确定在浮标的左侧游泳还是在右侧游泳。还要记住各个方位的浮标总数，并注意转角浮标的颜色和形状是否有所不同。当距离不同的泳道同时被标记时，这一点尤为重要。图16.1是750米和1500米泳道的常见设置。这种同时设置两条泳道的方法可以让主办方最大限度地利用所拥有的浮标，但这样的设置可能会误导运动员。

参加750米游泳比赛的运动员应注意，要在第一个浮标处转弯。运动员很容易因为看见远处还有一个浮标而不在第一处转弯。通过3个红色浮标之后，便是750米泳道的第二个转弯处。1500米泳道有三角形的转角浮标。这些都是重要的浮标，有些比赛会使用不同形状或颜色的浮标来标记转弯处。参加1500米游泳比赛的运动员要知道红色浮标对应的泳道并不是他们的泳道。

在练习游泳时，运动员可以在白天时找出在比赛中可以看见的明显地标。当被其他游泳者包围或处于波浪起伏的环境中时，运动员很难看见浮标和泳道终点。找一些和泳道方向一致的东西，如建筑物、树或无线电天线。可以通过观察这些地标来确定自己是否处于泳道上。同时还要检查出发区域和终点区域的水底状况，并注意离岸的坡度大小。跑向水中，并计算从起跑线到膝盖深度的水位跑了几步。然后数一数需要做多少次海豚式入水才能到达齐腰深的水中。比赛中视线不清时，可以将这些数据作为一般指南。

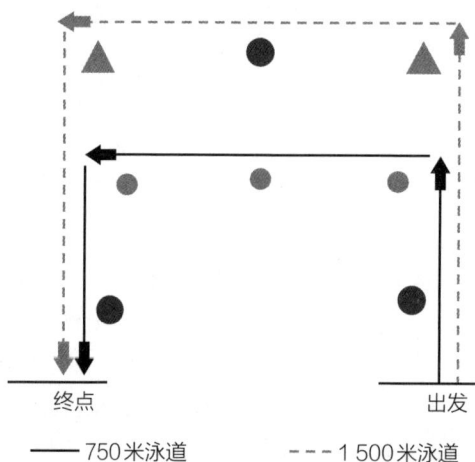

终点　　　　　　　　　　出发

———750米泳道　　　- - - 1500米泳道

图16.1　为距离不同的比赛设置的泳道示例

▶ 赛前热身的好处

为了防止肌肉在比赛开始时因温度下降而变得僵硬紧绷，热身是必需的。因此，运动员要在水中花足够的时间来活动肌肉，提高心率。需要很长时间才能激活肌肉的运动员应提前到达场地，以便有更多的热身时间。此外，温度很低的水会刺激神经系统，引起恐慌和呼吸急促。在这种情况下，运动员要利用任何机会，在比赛前就下水适应寒冷。这样做可以减少出发时的恐慌、焦虑和痛苦。运动员应提前适应冷水，使身体有机会加热泳衣和皮肤之间的水，从而在比赛时保持体温。

然而，铁人三项运动员可能无法在水中热身，这取决于禁止水中热身的场地规则（例如，佛罗里达70.3铁人三项赛），运动员是否有权入水热身（例如，监管人员不允许），运动员对时间的把握情况。如果运动员在等待比赛开始时感到寒冷，那么下水热身就没有意义。在多数情况下，清晨的温度远低于比赛期间的温度，因此，保持干燥也意味着保持温暖。为了保持温度，可以预先准备一个袋子，在里面放一双便宜的厚袜子和厚手套。然后在海滩上穿戴这些物品，记得要在出发前扔掉。

如果无法进行水中热身，运动员可以在比赛包中装几条拉力绳或弹力带。将拉力绳绕过树或杆子并抓住两端，或者直接用手抓住两端，并进行几分钟的轻度陆上游泳训练。借助弹力带进行抗阻练习可以活动手臂和肩部肌肉，从而达到热身的效果。

此外，跑步、骑行、瑜伽或任何能提高心率和增加血流量的运动都可以成为游泳的热身运动。

出发

出发阶段是多项运动中最拥挤的时刻。有了精心策划的战术，任何运动员都可以在出发枪声响起前为自己创造优势。最简单的方法就是选择一个适当的出发位置。

以图16.2为例，从出发线到第一个浮标的最短路线是路线A。许多运动员都挤到这个位置，认为这是到达第一个转角浮标的最短路线。如果出发线B的长度为50米，根据勾股定理计算得出，路线C的长度为403米。考虑到可以避免人群拥挤的麻烦，在公开水域多游3米所用的时间微不足道。虽然稍远一点的出发位置有优势，但是这适合水平较差的游泳运动员。由于大量运动员竞相游向浮标，在最短路线A中形成了大面积的跟游区。对新手运动员和不适应与人触碰的运动员来说，从稍远点的地方出发可以获得舒适的参赛体验。

如果有潮水，那么运动员也可以从较远的位置出发。如果潮水向北流，那么从出发线B南端出发的游泳者最不可能通过第一个转角浮标。当人群十分拥挤或没有有利的出发位置时，可以根据其他运动员的位置选择出发点。例如，跟在稍强的运动员身旁，创

第一个转角浮标

400米

403米

A C

←50米→

出发线/海滩

B

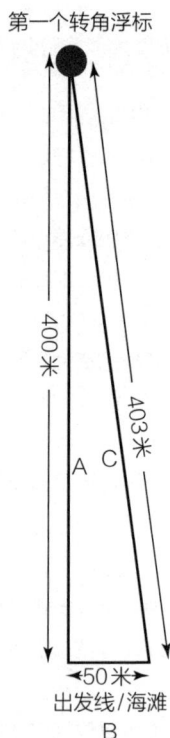

图16.2　选择到达第一个浮标的最佳路线，从较远的位置出发

造一个临时的跟游位置，比赛一开始就跟着他身后的水花游。

许多铁人三项比赛都是从陆地上开始的，运动员只需小跑一段时间就能进入水中。这便是海滩出发。对于海滩出发来说，一个简单的经验法则便是正常地跑进水中。进入水中时，运动员要抬高腿和脚跑步，直到水超过膝盖。在大多数情况下，水面高于膝盖时，运动员便可以开始海豚式入水了（在比赛开始前，一定要确认水底的坡度）。游到腰部高的水位后，运动员便可以开始游泳了。

在公开水域出发时，所有运动员都在水中，一旦发出开始的信号，便可以开始游泳。当赛前的提示声音响起，或即将出发时，运动员要保持身体处于水平位置，同时抬起头部。只要轻轻用手划水，轻轻用脚打水，身体就能处于直线向前的稳定位置上。一旦比赛开始，就低下头，立刻开始打腿和向前游泳。

此外，许多精英运动员会从船上或固定码头上开始铁人三项。这样设计的目的是让每一位运动员拥有同等的出发位置。这种出发方式的成功与否取决于运动员的反应时间、腿部力量、水下打腿和爆发效率，以及在水中的出发速度。总体而言，这些原则也同样适用于泳池游泳的跳板出发。训练内容可效仿竞争力强的运动员。

铁人三项游泳战术

为了快速、高效地游过公开水域，运动员会采取许多战术。有些战术，如海豚式入水，就是依据救生员的动作改编的，而其他战术，如跟游，是公开水域游泳运动员使用多年的战术。铁人三项比赛会在各种水体和条件下进行，因此运动员必须学会如何创造和保持竞争力。以下是一些十分常见的战术，几乎可以在任何类型的铁人三项比赛中使用。

海豚式入水

海豚式入水可以让运动员穿过浅水和波浪，是一种快速、有效的战术。之所以这样命名是因为运动员在入水时看起来就像海豚一样，然后突然出现在水面上。

先在足够深的水中练习海豚式入水，水位要高于膝盖，但不能超过腰部。向前跳进水中，双臂伸到脸前，然后向下俯冲至水底。当接触到水底时，把手指插进水底的土壤中，然后利用手臂这个杠杆向前推进身体。在强大的波浪下潜水时，抓住沙子可以防止运动员被暗流冲向后方。接着，再用脚推一下水底，让身体沿着水面向前推进。同时不要忘记向前看和每次潜水之间都要呼吸。再者，像蝶泳移臂阶段的泳姿一样划动手臂，然后再向水底俯冲。在高于腰线的水中，海豚式入水效果较差，因为冲入水中和跃出水面的动力并不能一直把你带到水底。

在采用海豚式入水战术时，保证安全是最重要的。始终用手和手臂引导身体，以防脸或头因撞到水底而受伤。公开水域的水下能见度比较低，因此水面下可能有沙洲、岩石或其他未知物体。

视野观察

公开水域底部并没有泳道标志或泳道线，能否保持处于泳道之中并直接从一个浮标游向另一个浮标，取决于运动员在水中保持直线游动的能力。视野观察指的是运动员在游泳时抬起头去寻找浮标和其他地标的过程。有许多方法都可以使运动员看到泳道标志（例如进行几次蛙泳），但这些方法大多都会降低游泳的速度和效率。

在平静的水中进行视野观察时，运动员只需将眼睛和鼻子露出水面。完成观察后，把头转向一边呼吸，然后继续游泳。运动员可以快速观察几次，以识别和记忆浮标和其他游泳者的位置。如果附近的水域视野很清楚，波浪和水流也不大，那么运动员在一段时间内不观察也可以保持有效的游泳，这样就能更快地游泳和减少不必要的消耗。然而，在海浪汹涌或其他不尽如人意的情况下，运动员应多多观察以保证自己处于浮标之间的直线上。使用上述方法时，要把头部抬高，让视线高于起伏的波涛。在巨大的海浪中，运动员可以抓住海水起伏的节奏，并在海浪的顶部进行视野观察以获得最佳视野。

身体处于水平位置时游泳效率最高，当游泳者通过抬高头部来观察浮标或地标时，身体就会被迫离开水平位置。进行视野观察时，运动员要抬起后背，用力打腿以平衡头部。相比腿部和脚部下沉，腹部下沉更容易使运动员恢复水平位置。

跟游

2008年发表的一项研究（Silva et al., 2008）表明，跟游可以减少16% ～ 45%的阻力。跟游技术对各个距离的赛事都非常重要，不仅包括3.8千米大铁游泳，对所有的公开水域游泳都有直接的影响。跟游能让运动员少花一些力气，在运动强度相同的情况下，可以帮助运动员更快地完成比赛。

跟游中非常难的部分就是确定要跟着谁游。那些了解比赛对手的运动员会弄清楚他们应该追随谁。但和不了解的比赛对象比赛时，运动员最好先按照自己的速度出发。随着比赛人群在出发后逐渐分散，运动员就可以在某个人的后面跟游一段时间。如果觉得速度太慢，就继续向前游，换一位运动员跟游。不过要注意跟游的规则，即不要碰到前面人的脚。碰到前方泳者的脚不仅会激怒前方泳者，而且也会减慢他的速度；多次碰到脚也可能会引起前方泳者的不满。跟游过程中，划水时加宽双臂距离，这样运动员就可以把手错开放在前方泳者的脚外侧。

另一种跟游法叫作"短距离跟游"，是指运动员在前方泳者腰线附近游，这是另一个有益的位置。跟游运动员可以使自己的头部处于另一名运动员的腰线附近，以此来借助他的水流，运动员之间也不会有接触。在这个位置上跟游也方便跟游运动员进行视野观察，因为领先的游泳者并没有挡住后者的视线；如果想要改变姿势或方向，跟游的运动员可以快速超越前者。在波浪起伏的泳道中，转向是很常见的。跟游运动员可以将其他游泳运动员视作一道墙，以减少迎风面波浪对身体的阻力。

跟游时，请记住不要依赖其他运动员来选择正确的方向或确定最短路线。因为每位铁人三项运动员都要靠自己观察泳道，以避免游错，就算是跟游也是如此。

浮标转角处

浮标转角处是铁人三项或公开水域游泳中特别混乱的地方。成群结队的游泳者聚集在一起，想要游最短和最直接的路线。有人会被推到水下，泳镜被打掉，或者遇到其他形式的不友好碰触。

为了避免混乱，运动员可以选择一条稍长的路线从而远离混乱的场面。对速度较快的运动员、胆小的运动员和年纪较小的运动员来说，这是个不错的选择。在大多数情况下，多游一些距离微不足道，但在人员密集的大型比赛中，游到人群之外可能是个错误的决定。在这种情况下，明智的决定是留在浮标附近。在拥挤的浮标附近游泳时，运动员要以较快的节奏缩短划水时间。拉长划水时间一般是不可能做到的，快速划水可以让运动员浮在水面上并向前移动。

节奏

在无法准确地计时和计算距离的情况下，顺利地完成公开水域游泳是一项挑战。经验丰富的铁人三项运动员都知道，在比赛开始时，肾上腺素引发的应激反应可能会导致整体游泳成绩不佳。因此，运动员应在比赛到来前学习如何加快节奏，并且重视每一次游泳训练。

通过关注自己的身体并将强度和速度联系起来，公开水域游泳会变得简单一些。在游泳训练中，运动员可以用在第9章中学到的与RPE评分对应的训练强度来确认个人游泳速度。

- 水平1（RPE评分：1～3）——以该强度游1个小时。
- 水平2（RPE评分：4～6）——以该强度游30分钟。
- 水平3（RPE评分：7～8）——以该强度游10分钟。
- 水平4（RPE评分：9）——以该强度游5分钟。
- 水平5（RPE评分：10）——以该强度游60秒。

运动员应将每个强度水平和身体感觉相关联，这样就可以在没有任何外部数据的情况下知道自己的运动强度。例如，运动员可能会从水平2升到水平3以提高呼吸频率。其他容易被感知的有：心率、打腿节奏和肌肉的感觉。运动员可以利用个人运动强度的数据，为公开水域游泳做好计划。通过观察比赛中的身体状况，运动员可以调整运动强度，使训练和比赛的强度相同。

完成

根据赛程的长短，铁人三项运动员花在游泳项目上的时间通常为10分钟～2小时。游泳期间，运动员应将身体调整至水平位置；腿部保持相对笔直的姿势，减少打腿，在防寒泳衣能提供浮力的情况下更是如此。在游泳快结束时，为了快速地从游泳转换为站立和跑步，运动员可以通过最后200～400米的游泳来调整状态。首先，增加打腿动作，以激活腿部肌肉。小幅度的蛙泳蹬水姿势有助于放松股四头肌和轻微拉伸踝关节和小腿。

许多运动员在游泳上岸后心率都会猛增。他们可以在最后100米中通过增加打腿动作和加大运动强度来为此做好准备。首先让血液向下肢流动并提高心率。其次，尽可能游到浅水位置。尝试在深水中行走或蹬水是低效率的，而且此时使用海豚式入水很危险，因为此时的水底是向上倾斜的。运动员可以一直游泳直到手蹭到水底，接着就可以站在浅水中，并立即开始跑步。

对公开水域游泳来说，更加努力训练并不是提高速度和获得成功的唯一途径。从自己的错误中吸取教训，观察经验丰富的运动员，并使用一些常用的技巧，可以将一场波浪起伏、寒冷和过度拥挤的比赛变成一次愉快而成功的经历。比赛后，运动员很快就会忘记比赛中的细节。建议运动员无论是否满意自己的最终成绩，在每次比赛后都要记一些笔记。在内啡肽、肾上腺素等激素恢复到正常水平并且肌肉酸痛感消退后，再回顾自己的笔记，找出可以改进的地方，并在训练中做出改进。此外，运动员还可以和其他铁人三项运动员交谈，分享游泳中个人成功的经历和失败的教训。

第17章

可跟骑式与不可跟骑式骑行比赛的策略

斯科特·施耐茨斯潘

自行车骑行看起来似乎并没有什么难度，毕竟大部分人在儿童时期就学会了骑自行车的基础技巧。但是通过训练后，运动员的骑行技巧会变得更加专业和高效，包括熟知如何更加高效地踩踏板、转弯和在车上保持流畅有力的骑行姿势。

然而，运动员想要在铁人三项的骑行比赛中拔得头筹，不仅需要良好的状态和专业技巧，还需要合理的战术。不可跟骑式铁人三项比赛对大部分铁人三项业余爱好者来说更加常见，这样的比赛不允许运动员为了减少空气阻力而紧跟着其他运动员骑行。在此类比赛中，选择匀速骑行是较好的策略。如果运动员能够选择一个合适的速度进行骑行比赛，就可以为接下来的跑步比赛节省体力，但要注意更优秀的骑行成绩可以影响比赛总成绩。

在可跟骑式比赛中，允许运动员跟随其他运动员骑行。这种比赛形式不仅面向普通专业运动员，也面向有更高追求的奥林匹克运动员（包括13～15岁组、16～19岁组、23岁以下组），甚至还有面向特定年龄运动员的比赛。可跟骑式及不可跟骑式比赛的策略差别很大，为了获得更加优异的骑行成绩，运动员必须根据自身的长处和弱点选择策略。

不可跟骑式骑行比赛

如同上文提到的，传统的铁人三项比赛禁止运动员通过对其他运动员进行近距离的跟骑而获得比赛优势，也就是说禁止通过其他运动员在前方的骑行减少自身需承受的空气阻力。但是，通过有效的操控技巧，在其他运动员周围进行骑行仍然可以使运动员进行流畅而高速的个人比赛。

　　骑上自行车，固定好锁踏后，运动员需要根据具体的比赛规则将自行车骑到赛道上。大部分的骑行比赛会要求运动员根据一般的机动车驾驶习惯进行骑行，例如靠右行驶。在公路的右侧路面上通常会有一条白线。运动员可以选择在白线上骑行，因为有时白线处的路面会比公路的其他路面更加光滑，进而轻微减少自行车的摩擦阻力，也就是说，自行车轮胎和路面接触时，会因为路面的光滑程度更大而产生更快的速度。但运动员要注意时刻抬头目视前方，注意观察前方的其他运动员，判断是否需要超过速度较慢的运动员。

　　超车是不可跟骑式铁人三项比赛中非常注重策略的技术。运动员进行超车时必须要预先思考并行动迅速，长时间的超车会使运动员获得骑行优势，但需要承担被判定为跟骑的风险。根据美国铁人三项比赛规则，一旦某个运动员的自行车前车轮与他前方的运动员之间的距离小于7米（大约3辆自行车那么长），则被视为跟骑。但比赛规则允许运动员在某些情况下穿过跟骑区。美国铁人三项比赛规则指出，超车需要在进入跟骑区内的15秒内完成。一个合格的骑行运动员在进行超车时需要在被超车运动员的正后方骑行，接着进入对方的跟骑区，在其身后提速骑行几米后移动到对方的侧面（见图17.1），完成超车。跟骑可以暂时减少保持速度需要的力量，增加运动员的骑行速度。如果运动员能够交替超过一个又一个运动员，持续进行超车，基本上就可以在比赛的大部分过程中合理进行跟骑。另外，运动员被速度更快的运动员超车时，也可以使用对方超车结束后形成的跟骑区进行短暂的跟骑。但需要注意，比赛规则规定运动员必须很快离开其他运动员的跟骑区，但短短几秒对成绩也会有所影响。很多情况下，这短短几秒可以帮助运动员获得更好的骑行成绩，也有助于其为接下来的跑步比赛做好准备。

　　运动员还应该了解风向和风力遮挡物，例如能够为他们短暂遮风的建筑、树木或机动车辆。通过接近这些遮挡物，运动员可以使用这种短暂的遮挡获得更快的速度，进而获得更好的成绩。

　　转弯处也是运动员使用骑行策略的机会之一。第一名进入转弯区的运动员可以挑选最有利的转弯速度和转弯路线。如果运动员跟在一个专业技巧不足的运动员身后进入转弯区，很可能会被迫减速以避免碰撞，或牺牲一些时间以改变骑行线路。理想的解决办法是在进入弯道前完成超车，这样就可以在转弯时选择最佳线路。在即将进入弯道前急速超车后，运动员需要更加用力地刹车，以避免转弯时车速过快。这会消耗一定的体力和精力，还会牺牲本可以在转弯后驶入直道时使用的惯性。使用科学的跟骑式骑行比赛的策略和在弯道处正确超车的技巧，运动员可以节省体力并更顺畅地完成比赛，还能为接下来的跑步比赛留下更多能量。

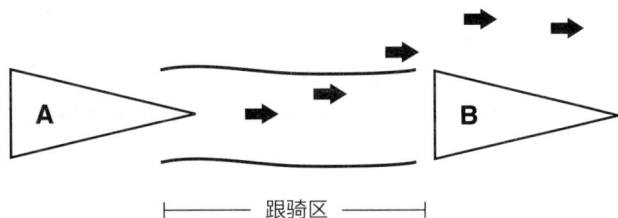

图17.1　骑手A通过跟骑区对骑手B进行超车，获得了时间优势

可跟骑式骑行比赛

　　在可跟骑式骑行比赛中，允许、甚至鼓励运动员在跟骑区内骑行。可跟骑式骑行比赛更加注重比赛策略的使用，运动员需要像下国际象棋一样使用策略进行骑行比赛。

　　自行车比赛和铁人三项自行车比赛这两种同样是与风博弈的比赛，最大的区别体现在自行车比赛结束前的最后一步。在自行车比赛中，运动员会选择保持骑行姿势，做最后的冲刺，以车身穿过终点线为标准结束比赛。在铁人三项比赛中，自行车赛段的终点线也是下车线，运动员需要在此处开始接下来的跑步比赛。两种比赛在某种程度上很相似，运动员的目标都是先于其他对手到达终点线，并且为自行车冲刺或者接下来的跑步保持体力。比赛中每位运动员使用的比赛策略应该视自身和对手的长处、短处而定。

大组骑行

　　可跟骑式铁人三项自行车比赛被称为棋盘上的博弈，如果把马路当作棋盘，那么运动员就是棋子。每位运动员，就如同每颗棋子一样，都有各自的技能或招数。下过棋的人能辨别出棋子和与之类似的骑手。

兵

　　国际象棋中的兵是类似于小兵的角色，数目众多。兵的移动受限，每次仅能在棋盘上向前移动一个格子，在能吃掉对面棋子的情况下可以斜着移动。一组骑手中也存在着大量类似于兵的角色。这些骑手满足于在队伍中保持自己的位置，偶尔慢慢向前移动，短暂地在前方骑行一段时间后会很快被其他骑手超过。正如在国际象棋中，兵存在的目的是保护更有价值的其他棋子（有能力赢的比赛骑手），并且偶尔向对方有价值的棋子发动进攻（使对手的骑行变得更加困难）。

车和象

在没有其他棋子阻挡的情况下，车和象可以在棋盘上直线移动（车）或斜着移动（象）多个格子。类似车和象的骑手有能力从队伍的最后笔直向前快速超过所有兵后到达队伍的最前方。这类骑手没有很多专业的技巧，但他们十分强壮有力，能够进行有力的进攻。

马

在国际象棋中，马可以在平行或垂直移动两格后再转90度前进一格。这种棋子不能像车和象一样覆盖较多的棋盘区域，但它们可以在弯道处进行战略性进攻或防守。在骑行比赛中类似马的骑手也许不是所有骑手中最强壮有力的，但他们有专业的技巧，使自己在骑行小组中更轻松地移动和完成转弯动作，并且使用更少的体力。

王

王是国际象棋中最重要的棋子，拿下王就可以赢得比赛，但王这颗棋子本身其实十分脆弱，没有什么进攻能力。虽然王可以在棋盘的任意方向移动，但每次只能移动一格，也就是说，它需要躲在其他棋子的身后，在需要躲避攻击时才会移动。在骑行中，类似王的骑手通常技术娴熟，但要比其他骑手虚弱，因此，他们会尽力在骑行小组中间以保护自己，并尽可能轻松地骑行，以消耗尽可能少的体力顺利完成比赛。在骑行比赛中，王类型的骑手通常擅长跑步，如果他们能够在前几名完成骑行比赛，就可以通过自己超凡的跑步能力赢得最终比赛。在铁人三项比赛中，只有少数十分杰出的运动员是王类型的骑手。他们藏身在骑行小组中间，尽可能为接下来的跑步比赛节省体力，接着在跑步比赛中通过自己杰出的跑步能力拔得头筹，第一个冲过终点线。

王后

王后既可以像车一样移动，也可以像象一样移动，它可以向任意方向移动任意距离。王后不能像马一样改变移动方向，但是它在棋盘上随意移动的能力使自己成了棋盘上最有价值的进攻和防守棋子。王后是王的完美搭档，它可以保护王，也可以快速向对手的防御展开进攻。在骑行比赛中，类似王后的骑手会在全场范围内移动，他们可以开展进攻、掩护其他骑手、在骑行小组中轻松移动。

通过上文中对棋子以及它们各自的技能、能力的介绍，运动员可以轻松地分辨出符合特征的专业铁人三项运动员、队友或训练伙伴。在比赛中，如果运动员了解赛场上各类运动员的相应特征和位置，并且了解自己的特征和能力，就可以做出更好的战略决策，进而使自己和队友占据优势。

第一换项

在拥挤的第一部分游泳比赛结束后，所有的运动员都会进入转换区，取得自己的自行车，快速冲进骑行赛道。骑行前400米的成绩基本可以决定比赛结果，骑手们争抢着组成多个骑行集团，寻找可以互相配合的其他骑手，尽力避免没有搭档轮流跟骑的情况发生。骑手们还会尽力缩短自己的骑行集团和前方集团之间的距离，在下棋式博弈开始前尽可能地接近前方集团。在转换区的转换时间会改变运动员的骑行集团情况，动作快的运动员可以进入前方的骑行集团，在比赛结束前名列前茅；动作较慢的运动员则会被困在后方骑行集团中，在赛道上缓慢前进，无法阻止其他运动员的追赶行动，安于现状。

如果某名参赛选手不是一个优秀的游泳运动员，或在第一阶段的游泳比赛中被先头部队甩在队尾，或脱离了大部队（下文将对此进行详细介绍），那么他很可能在骑行比赛刚开始时遇到周围没有其他骑手的情况。在快速离开转换区后，他将面临抉择：尽全力骑行以追赶最前方的骑行集团或最接近的骑行集团，或慢速骑行以等待后方的骑行集团赶上来。如果运动员知道前方集团和后方集团的成员以及集团中不同"棋子"所占的比例，就可以根据自身情况做出决定。除此之外，在这种情况下，通常来说最佳选择是尽全力骑行，直到加入骑行集团，要记得自己超过的骑手和跟随过自己的骑手。一旦加入骑行集团，运动员应该尾随其他骑手骑行，以恢复体力，选择比较轻松的挡位并摄取水分或其他补剂。

在可跟骑式骑行比赛中，铁人三项运动员在关键时刻常犯的一种错误就是在刚刚骑行离开1号转换区时就马上开始穿锁鞋。骑手应该将头抬起，目视前方，小心骑过开始时的拥挤场面，等到车速提升到一定程度或已经加入骑行集团后，或至少在其他骑手身后开始跟骑后，再开始穿鞋。

突围集团和大集团

在通过游泳比赛和1号转换区后，领先进入骑行比赛的运动员会形成突围集团（10名或少于10名运动员组成的小队）或大集团（位于最前方的由10名或更多运动员组成的车群）。不在最前方的较小的突围集团对集团成员来说比较理想，因为他们可以获得体力和精神上的双重优势。体力方面，人数较少的骑行集团可以进行快速跟骑，相较于人数较多的集团来说，其能更加高效地商议制订战术战略。"手风琴效应"会使人数较多的集团在商议战术或讨论如何躲避障碍时减慢速度，后方的骑手会被迫挤在一起，在前方提速后才能重新拉开距离。后方的骑手总是需要等待前方骑手调整速度。较长的手风琴会比短手风琴发声更慢，这一理论在骑行集团中也同样适用。

心理上，不在最前方人数较少的骑行集团内的成员知道，如果齐心协力取得成功，那么他们可以共同分享胜利，因此，大部分的小队都有动力努力获胜。在人数众多的骑行小组中，很多队员认为他们可以从其他骑手身上获利，安于依靠他人，乐于使其他人为自己努力。但在人数众多的集团中通常会有更多这种"寄生类"骑手，从而使整个集团缺乏动力，速度减慢，使突围集团更加有利。

如果运动员发现自己处于突围集团或大集团，则需要快速对其他成员进行评估，判断每个人对应的棋子类型。小型的骑行小组内通常会有4～8个成员，如果集团内成员大多为车和象，那么该集团很有可能获得成功并领先于比赛中的其他运动员。集团内成员应该立刻开始合作，加强自身的微小优势。如果小型骑行集团主要由兵和王组成，那么他们没有甩开车、象和王后的能力，王后可以迅速从后方超越他们。

如果运动员发现自己处于由象、车和王后组成的骑行集团中，不要犹豫，应立刻开始合作骑行。运动员可以在辛苦的骑行后得到优秀的比赛成绩作为回报。这一类小组的第一步行动是形成整齐的编队，调整队形以最大化地利用赛场上的风力。通常来说，速度最快的队形是直线型，队员们轮流在最前方骑行，为后方跟骑的队员减小风的阻力。每名骑手都需要适应风的阻力较小的骑行位置，将双手置于车把的最低位置（下垂处），一只手指放在刹车和换挡把手处；而前方领骑的运动员需要使用流线型车把（如果有）驾车。运动员需要保持肘部弯曲，以保持背部平直、头部放低。这样放低位置不仅可以使运动员形成流线型的姿势以快速前进，还可以降低运动员的重心，以便于快速转弯。

在骑行集团形成后，每名运动员都会轮流在最前方骑行（领骑），然后移开，让其他运动员替换自己。每名运动员的领骑时间视集团规模和个人长处而定，最佳领骑时间通常为5～15秒。更强壮的骑手或处于规模更小的骑行集团内的骑手通常会进行更长时间的领骑。在领骑结束后，运动员需要将肘部向一侧轻轻摆动，提示队列中的下一名骑手自己即将向一侧移动，使队伍保持前进。原领骑骑手将会在移开后稍微减小力量，为队列让路，同时为超过他的骑手提供一些遮挡，在领骑骑手为队员们减轻风的阻力的情况下为队员们减轻侧向风的阻力（见图17.2）。一旦原领骑骑手到达队列最后方，就需要稍微提速，重新在后方加入队列。队伍的最后一名骑手最好可以通过手势或几个字、甚至是一声嘟囔，来告知原领骑骑手他已经到达最后方，这几种行为都是在骑行需要大量能量的情况下所做出的动作。

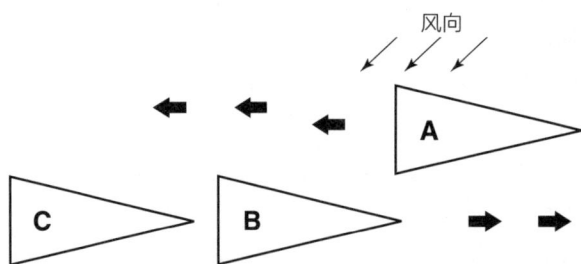

图17.2 骑手A完成领骑后随风向移动，减小力量和骑行速度，使骑手B和骑手C超过自己，然后到达队列最后方

小队骑行成功的关键是所有运动员进行合作，整个小队顺畅前进，没有忽然的提速和降速。通常来说，当运动员到

达领骑位置时很可能会感到兴奋并开始提速，从而其他运动员也必须通过提速来保持队列。这会导致整个集团因为持续的高强度力量输出而筋疲力尽，并且因为队员之间距离的增大而减少队列能带来的风力优势。这样的波动会为整个集团带来不利影响，使追击者失去时间优势。在大部分情况下，这种波动都是可以避免的。但是，每种规则都会有一些例外，即使是组成队员结构不好的团队也可能借助良好的比赛策略赢得优势，下文会对此进行详细介绍。

保持跟骑

　　虽然理想的领先集团应该由象、车和王后组成，但如果运动员发现自己在一个仅由王和兵组成的领先集团中时，自己也会成为兵。为了成为兵，运动员需要保持跟骑，也就是保持在其他兵的身后进行跟骑，直至下一组运动员加入集团，改变集团的动力结构。这类运动员无论多么努力也无法摆脱追击者。另外，如果比赛中所有的王，也就是最优秀的跑步者都集中在领先集团中，他们会减小力量，因为每个王都想尽可能地保存体力，为接下来的跑步比赛做好准备。王想要他们的王后和其他追随者加入骑行集团来保护自己，帮助自己完成比赛，和其他集团的王同时到达或更早到达终点线，很少会有王试图在没有他人帮助的情况下完成骑行比赛。

减慢集团速度

　　在比赛中，如果不是王，也不是兵或其他棋子的运动员处于领先集团中，并且该集团有一定数量的象、车和王后型队员，也就意味着这个集团有获胜的机会，此时运动员可以保持在集团前方骑行，扰乱领先集团的运动节奏，进而帮助自己集团内的王（处于后方追击集团中的运动员）。为了减慢领先集团的速度，为后方追击集团的追击创造优势，运动员可以根据自身能力在以下方式中选择一种减慢集团速度的方法。

　　一种减慢集团速度的方法是加速骑行，但是要选择在错误的时机加速。正如前文中提到过的，在领骑时忽然加速会导致整个集团产生混乱，使落后的骑手不得不加速跟上，以减少和前方队员间无法带来风力优势的距离（见图17.3）。一旦集团内的运动员加速骑行来赶上领骑骑手，领骑骑手就可以减慢速度，接着其他骑手必须通过刹车来防止与领骑骑手发生碰撞或绕过领骑骑手，形成新的领骑队列。虽然通过加速来减慢集团速度似乎不符合常理，甚至会导致集团速度短暂提升，但其持续引发的错误操作会影响其他骑手，最终导致速度减慢。至少，比起正常的稳定骑行，在这种情况下骑行，骑手会变得更加疲惫，不利于他们完成接下来的跑步比赛。选择这一方式的运动员要知道，这种战略无法让自己所在的集团取胜，他需要做好被队员痛斥的准备。如果队员足够聪明，他们也很有可能在比赛过程中试图摆脱干扰。

图17.3　骑手A使队员们的间距不断增大

另一种减慢集团速度的方式是有意地使用比集团内其他成员骑行速度慢一些的速度。运动员可以通过比较慢地进行领骑、比较慢地进行领骑的交接或使自己与前方骑手的间距逐渐拉大并不断接近后方骑手，此时，后方骑手不得不加速骑行以绕过该运动员。同样值得注意的是，骑行集团很可能会责怪该运动员，因此该运动员需要做好准备，如果他的干扰使骑行集团强行加速以摆脱影响，其就需要加速急行，以及时回到队伍中。

摆脱骑手

身为由优秀骑手组成的骑行集团的一员，运动员会希望整个集团共同合作，每个成员分担责任。然而，常常会有一两个"乘客"型骑手出现在队列中，他们只想跟随队列骑行。如果这些乘客型骑手是兵或是王，也就是说他们仅仅因为不够强大才不为团队做出贡献，并且集团内骑手可以判断出自己或集团内的王可以战胜他们时，就可以容忍他们在队伍的最后，进行跟骑。但也要告知他们，不要挡路或干扰集团骑行，不要影响集团的骑行速度。如果一名乘客型骑手开始使用上文中的某些策略迫使集团降低速度，或者本身十分强壮却藏在队列中以节约体力，那么此时需要将这名乘客型骑手从队列中赶出去。

想要从骑行集团中赶走一名乘客型骑手，集团内的运动员需要进行合作，扰乱该骑手的骑行，直到他停止跟随集团骑行或使他判定不值得消耗精力。如果他时不时地进行领骑，可以在他领骑时使集团内最强壮有力的骑手紧跟在他身后骑行。一旦该骑手感到疲惫，离开领骑位置，强壮的骑手可以立即顶替他进行领骑，整个集团可以借此加速（见图17.4）。集团的忽然加速和领骑造成的疲惫会让这名骑手脱离队伍，并且很难回到此时已经加速超过他的骑行队列中。如果想要为乘客型骑手制造更大的困难，集团内强壮

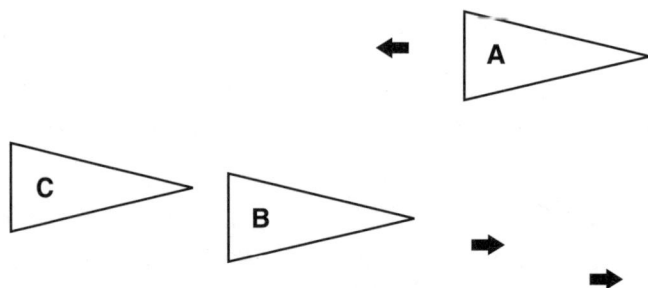

图17.4　在乘客型骑手（骑手A）领骑结束后，集团内最强壮的骑手（骑手B）加速领骑，带领整个队伍驶离骑手A并试图摆脱他

的骑手可以带领队伍换至马路的另一侧继续骑行，让他独自面对风。这样的方法可以让乘客型骑手离开队伍，或让他们远离自己没有做出任何贡献的队伍的前端。

　　一旦乘客型骑手自愿保持在队伍最后，想要摆脱他们就会有些困难，甚至可能会需要一名骑手牺牲自己来将其带离队伍。对此，简单的方法是让位于乘客型骑手正前方的骑手忽然离开跟骑队伍，加速向前，在乘客型骑手和骑行队列间造成较大间隔，去除他能够获得的风力优势。此时，乘客型骑手需要加速行驶，消耗巨大的体力以回到跟骑队伍中，否则就会与队伍分离。需要注意的是，骑行集团要允许进行攻击的骑手轻松地回到队伍中，并且让他能够在跟骑中恢复体力。如果重复进行上述攻击操作后还是不能摆脱乘客型骑手，就需要集团内一名成员进行牺牲式攻击。

　　骑行集团内的一名成员可以选择牺牲自己，将乘客型骑手带离队伍。这种方法需要在乘客型骑手保持在队尾附近时实施。理想的情况是，由集团内有能力独自重新赶上队伍的队员进行这项操作，并在摆脱对手后及时回到骑行集团中。攻击者需要在乘客型骑手的正前方骑行，但不进行正面攻击，而是简单地减慢速度，使自己和骑行队伍间的间距逐渐增大（见图17.5）。乘客型骑手在此时处于被"将军"（国际象棋内的招数称呼）的状态，他必须做出抉择：是加速超过自己面前的选手、试图追赶大部队，还是保持现状、眼看着大部队逐渐远去。如果乘客型骑手选择追赶骑行集团，攻击者可以轻易对乘客型骑手进行跟骑，毫不费力地回到小组中，并继续下一轮尝试，或眼看着乘客型骑手筋疲力尽、无法赶上大部队。在理想状况下，当攻击者意识到乘客型骑手无法回归到队伍中时，就可以从后方展开进攻，骑行至马路的另一侧，与其分开，进而迫使其独自战胜风的阻力，接着攻击者立刻加速行驶，回到骑行集团中。

图17.5　一旦乘客型骑手（骑手A）来到队尾，攻击者（骑手C）就开始和队伍拉开距离。此时，乘客型骑手必须决定是保持在攻击者身后跟骑还是绕过他、缩短间距、回到队伍中、在骑手B身后进行跟骑

追击集团

　　在可跟骑式的铁人三项比赛中，追击集团的运作方式和领先集团及分散集团十分相似，但它有更多的"棋子"类型需要运动员分辨并加以利用。根据领先集团和分散集团的组成情况，追击集团可能想要追赶他们的领导者或使他们耗尽体力。

　　如果领先集团中存在有威胁的骑手，则需要形成追击集团，以上理论在这种情况下同样适用。追击集团需要持续进行大量体能输出，几乎没有速度的改变。追击集团需要通过及时交流来确保持续高速地骑行，并把乘客型骑手逼退至队伍的最后。虽然比较弱的骑手可以被结构良好的追击集团摆脱，但对于人数较多的追击集团来说，摆脱乘客型骑手并不容易。集团内的王需要躲避风，藏身在兵的保护下，他需要注意观察路面情况，带领本集团骑手安全地在赛道上骑行，还要留心前方各集团的骑行情况。

团结一致

通常来说，在比较平坦或技术含量较低的赛道上，骑行集团会聚集到一起，形成一个更大的包含所有棋子类型的骑手的骑行集团。在这种情况下，每名骑手都需要做出很多抉择。虽然每个人都想为接下来的跑步比赛节省体力，但一些骑手会意识到，如果想要取得胜利，他们需要离开骑行集团。在骑行集团中的位置对骑手来说非常重要，有一句话说"骑行集团前方三分之一的骑手决定骑行进程，中部三分之一的骑手观察骑行进程，后方三分之一的骑手好奇骑行进程"。

聪明的骑手在需要脱离集团时会找准时机，在跑步比赛中对手刚刚调整位置并且无法对自己的行为做出反击时开始行动。此时要坐直身体，对其他骑手的攻击做出反击，并试图加入分散集团；或等到正确的时机主动开展进攻。

如果骑行集团的骑手十分好斗，那么平坦路面的骑行会变得十分激动人心，攻击会变得十分常见。很多攻击者常犯的错误是仓促放弃。很多时候，一名骑手会试图脱离骑行集团，让自己和集团拉开距离，接着在踩了几圈踏板后回头观察情况，在发现自己背后有几名追击者时，通常会选择放弃行动，回到集团内，继续保持较低的骑行速度直到下一次进攻。集团在遭遇进攻后的短暂平静期是进行反攻的绝佳时机，骑手应该时刻保持警惕，注意自己的速度是否已经降低很多。

如果攻击者坚持自己的战略并且至少努力尝试坚持30秒以上，就更有可能获得成功。通常来说，在刚刚开始进攻时，后方会有更强壮的对手对攻击者进行猛烈追击，但是在他们追击的前方附近会有比较弱的骑手，他们无法保持较高的骑行速度超过几秒钟。当这些较弱的骑手放慢速度，攻击者和追击者之间的距离会逐渐拉开，攻击者就可以成功脱离集团。个人攻击在铁人三项比赛中最难成功，因此，展开进攻的是身处前方的小型骑行集团。如果运动员决定进行进攻，就需要完全忠于自己的进攻战略，直到战略成功并摆脱其他可能对自己的行动展开反击的强大对手。

"假警报"在试图哄骗对手进入假的防备状态时也十分有效。如果骑手不断地对一个骑行集团展开进攻，但是很快就放弃进攻并甘愿在几分钟后被集团捉到，这个集团会认为这名骑手不值得他们展开进攻。当骑手最终开始正式进攻时，可能会更容易摆脱一两个对手。挑选合适的进攻时机也非常重要。如果骑手试图带领其他强壮的骑手离开队伍，则需要等待时机，直到他们即将进行领骑之前展开进攻。这会确保这些骑手体力充沛，并且准备好加入新的骑行集团。如果一名骑手在一名强壮的骑手刚刚结束领骑后开展进攻，试图带领他离开队伍，他很有可能没有足够的体力跟上该骑手的骑行速度。

正面竞争

如果运动员处于一个很小的突围集团，无论是在刚刚结束游泳比赛时还是从一个较大的集团分离出来时，所需要采取的第一步行动就是和其他集团拉开合适的距离。运动员需要鼓励队友、沟通交流、团结一致、共同为集团内的每一名骑手获得优势。然而，一旦间距形成，运动员就需要通过理智地布置战略战术来赢得比赛。

在运动员发现自己处于和其他一名或几名骑手的正面竞争中，赛场上还有足够的间距，并且可以判断比赛的赢家会出现在自己的骑行集团内时，运动员需要判断谁是组内最好的跑步者。如果运动员擅长跑步，就需要完成分内的任务，并记住自己可以战胜对手，为团队骑行做出自己的贡献。如果发现对手更擅长跑步，运动员必须逼迫他们消耗体力，并且在保持合适间距的情况下尽可能保存自身体力。

上文中已经对如何摆脱乘客型骑手做出了描述，那些方式也可以被运动员用在战术中。注意在前方降低骑行速度，迫使身后的对手加快速度超过自己，或使他们成绩下滑。一旦对手超过了本应该分担的体能输出，运动员就可以安心骑行，保存体力。如果对手选择跟随运动员一起降速并拒绝领骑，或在领骑时使用降速策略，运动员可以积极展开进攻，为接下来的跑步比赛夺取优势，或至少尽力迫使对手追赶自己，来使他们消耗体力。终极策略用于2对1或3对1的情况下，多个运动员在此时展开合作，用摆脱乘客型骑手的方式摆脱集团中最优秀的跑步选手或迫使他消耗体力。

第二换项

在可跟骑式比赛中，运动员胜利与否通常可以在几秒钟甚至更短时间内得出结果。运动员从骑行比赛进入跑步比赛的位置是获胜的关键。无论是在突围集团、大集团还是追击集团中，第一个到达转换区可以让运动员在跑步比赛中占据优势地位。

对于可跟骑式比赛来说，战略上和技术上最具挑战性的位置就是骑行比赛的最后1 000米，骑手此时需要开始脱掉骑行鞋，驶向骑行比赛的最终位置，尽量使自己成为集团中第一个进入转换区的骑手。与骑行比赛相似，当骑手开始向终点进行最后冲刺时，保持乘客状态的骑手会忽然出现在集团最前方，试图从其他贡献体力的队员中获利，因为这些队员已经在游泳比赛和骑行比赛中消耗了一定体力，他们承担着一定的风险。骑手需要主动进攻，为自己在下车线处争取一个好位置，但同时也要平衡风险性、安全性和自身的跑步能力。一名强大的跑步者可能会选择避开混战，安全地在后方骑行，但如果和他跑步能力不相上下的骑手选择主动进攻，试图在骑行比赛结束前占得几秒钟的先机，成绩的差异就会在此时产生。

移向队伍前方

通常来说，当骑行集团接近终点线时，想要从小组后方去集团前方的骑手需要在骑行集团外侧进行移动（见图17.6）。如果运动员足够用心留意并果断采取行动，就有机会跟随比较强壮的骑手进行跟骑，省力地完成从后到前的移动。但也要小心不要突然移动，妨碍其他骑手，造成撞车。如果运动员本身就是一名强壮的选手，可以选择提前脱掉骑行鞋，在其他骑手为了脱掉鞋子而降速时绕过骑行集团移动到队伍前方。如果运动员本身不是最好的骑手或强壮的骑手，那么移动的秘诀就是要看准移动的时机，不要因为太早移动而在到达终点线时被困在后方，也不要因为等得太久而错过当前的时机，使强壮的骑手在队伍前方占据有利位置。

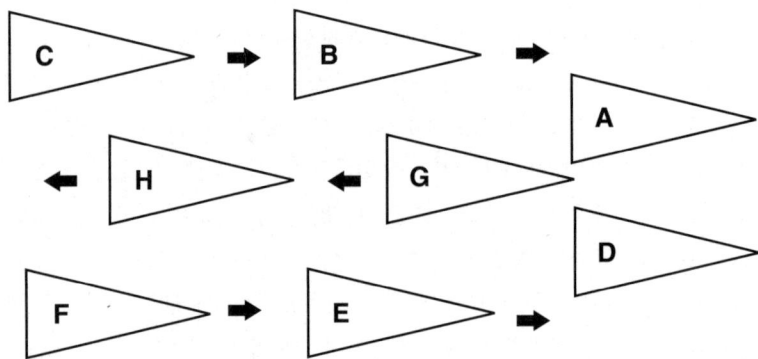

图17.6 骑行集团在终点线前的典型移动。骑手A、B、C从左侧向前移动，骑手D、E、F从右侧向前移动。骑手G和骑手H被他们包围在中间，被迫向后移动

一旦运动员在即将接近终点线时到达了集团前方，最大的难题就变为保持自己的位置，尽量避免被越来越多向前移动的骑手挤到集团的中间位置。在集团前方保持位置的一种方式是保持在集团边缘骑行，迫使跟随而来的骑手在自己的内侧骑行。通过这种方法，运动员可以逃离混乱，避免被其他骑手包围，并且很有可能第一个到达终点线。

无论是在可跟骑式铁人三项比赛还是不可跟骑式铁人三项比赛中，战略和战术对于取胜都至关重要。运动员要了解自己的长处和弱点（在跟骑式比赛中也要了解对手的长处和弱点），并且多多练习专业技巧和进攻战术，为自己创下纪录，取得胜利或为队友取得胜利做好充分准备。

第18章

通用小贴士

迈克尔·里奇

对铁人三项训练来说，有一些事项能对运动员提升自己和高效训练有所帮助。现如今，人们进行众多训练，却无法集中于真正重要的事情进行深度研究，从而实施正确的比赛规划。为了制订正确的计划，运动员需要意识到自身限制并能够进行修正。多少年来，我一直坚信，提升速度的诀窍是高效，而不是重复，也就是说，质量要重于数量。

寻找自身限制

运动员能意识到自身的局限性并逐渐开展训练非常重要。运动员需要合理安排自己的训练内容和训练强度。运动员在不合适的时机强迫自己进行高强度、不必要的训练，并不会带来任何益处或正面影响。

冬天到来时，很多运动员开始回归训练，为新一年即将到来的比赛做准备。此时是训练周期的早期，距离年度最重要的比赛还有几个月的时间。很多运动员会在冬天为自己安排强度过高或内容过多的训练日程。这不仅不会让他们更强壮，反而会耽误训练，使训练内容和强度无法保持一致。运动员应该做的是尽量保持每周不间断地进行训练。以下是典型的训练过度的铁人三项训练日程。

- 周一、周三和周五：高强度小组游泳训练和高强度举重训练。
- 周二和周四：高强度骑行训练。
- 周二、周五和周日：跑步训练。
- 周六：高强度长跑训练或高强度小组骑行训练。
- 周日：穿插高强度跑步训练的小组跑步训练。

按照如上安排坚持大约三周后，运动员可能会患上感冒，无法继续训练，所谓的健康、强壮也就随之而去。这样的遭遇是不是听起来很耳熟呢？如果是，又该如何改变这种自我虐待式的训练日程呢? 运动员需要通过完成关键性的两个步骤, 来制订更加高效的训练周计划。

■ 第一步: 按照先难后易的标准安排训练日程, 也就是说, 在安排了一天高强度训练后, 接下来的一天或36小时内要安排比较轻松的训练。如果运动员已经非常疲惫, 可以选择安排2天的轻松训练或直接休息一天。这一步虽然听起来简单易行, 但很多运动员都有训练过度的不良习惯, 我自己也有过这样的时期。

■ 第二步: 使用重复性因素 (例如自己可以坚持多少天一直进行现在所做的训练)。虽然运动员需要每天进行训练, 但并不意味着只能进行低强度训练, 也不应该只进行低强度训练。运动员可以增加一些高强度的有氧训练、一些高速游泳训练和一些跑步训练。归根结底, 运动员需要判断自己是否能够在明天重复相同的训练内容。如果答案是否定的, 就不该增加更多训练内容。

以下是两名运动员不同的训练计划。约翰和鲍勃会在每周四一起参加同样的踩踏训练课程。该课程是时长为90分钟的自行车踩踏训练课程, 老师采取面对面授课的形式, 大声让学员们达到自己的最大心率。鲍勃在这90分钟里拼尽全力, 狠狠地将自己逼到极限, 他的心率可以达到非常高的状态。到了晚上, 鲍勃觉得浑身酸痛到无法入眠。因此, 他体力透支, 也无法进行周五和周六的训练。他在周日时外出跑步, 但只能在低速下进行训练, 但他想:"哇, 我在周四超越了自我! 我一定变得更强壮了。"

而约翰知道自己必须为周五晚上的小组游泳训练恢复体力, 并且要在周六参加小组骑行训练。他坚定自己的训练目标并且知道必须保持训练。因此, 在周四的课上, 约翰使自己的心率保持在超越区间2的上限上, 也就是训练强度保持在最大训练强度的85%处。由于一些爬坡动作, 约翰在进入有氧心率区间后心率升至区间3, 但他很快恢复了体力。在踩踏训练课程结束后, 约翰还有足够的体能面对本周接下来的其他训练。

假设相似的情况持续6周以上, 两名运动员都按照自己制订的计划进行训练。约翰完成了自己的大部分训练内容, 而鲍勃每周错过三次训练。谁会变得更加强壮呢? 是在每次训练中透支体力的鲍勃, 还是几乎不错过每项训练、进行标准的体力输出、周而复始地训练的约翰呢? 答案是约翰, 因为他持续地训练, 使自身的有氧基础和健壮程度持续提升。当开始进行一些针对比赛的训练时, 约翰的身体已经准备好适应这样的强度, 因为他已经为此奠定了良好的基础。约翰非常聪明, 他知道自己每天的体能上限, 周而复始地进行训练, 几乎没有中断。而鲍勃会发现自己身处麻烦之中, 不会获得显著的提升。当然, 他一定会感到奇怪, 搞不清楚原因。毕竟, 他在那节踩踏训练课程中拼尽全力, 并且达到了相当高的心率。他只是没有坚持每周进行持续的训练而已。

因此, 为了获得最好的训练效果和最佳的时间利用效果, 下文介绍了一组典型的铁人三项的正常训练计划。

■ 周一、周三和周五: 专业游泳训练, 周一是高强度训练, 周三是低强度训练, 周五是配速训练。

■ 周一和周五：举重训练，保持高心率、低强度（多次数）。

■ 周二和周四：骑行台训练课程，周二是节奏性的姿势训练，周四是高强度、低速率的低心率训练。

■ 周六：长时间骑行台训练或小组骑行训练（保持心率低于区间2的上限），并在骑行后跑步30～60分钟。

■ 周二、周三、周五和周日：跑步训练，周二是30分钟的低强度训练；周三是75分钟或75分钟以上的长跑训练，使心率保持在区间2以内；周五是有氧训练日，运动员需要保持低强度的体能输出；周日又是75分钟或75分钟以上的长跑训练。

强化弱点

铁人三项运动员常常会谈到自己在其中两种项目中非常出色，到了第三种项目时表现却没那么好。运动员需要关注的问题是，如何改变这种情况？如何把游泳从弱项变得还算不错？又如何以此类推，强化不太擅长的跑步或骑行？解决方法并不简单，但也是有可能实现的。在二十多岁时，我在一个大城市工作，每天需要乘火车去上班，每周需要为铁人三项比赛进行大约6小时的训练。即使是在这种并不理想的训练环境中，我还是能够改善自己的身体状况和薄弱点。从这段经历中我学会了循环训练。由于天气影响了训练日程，我在偶然间发现了这一训练理论，它对我来说非常有用。在冬天，我无法在户外进行骑行训练；我需要开车30分钟到达游泳的训练场地，因此我无法参加整年的游泳训练项目；时间对我的训练产生了一定的限制。

如果仔细观察世界上最优秀的运动员可以发现，他们通常每天进行两次跑步或游泳训练。即使是自行车运动员也会骑上几小时，休息一下再继续骑行。当这些运动员进行训练时，通常一次训练只针对一个体育项目。如果运动员想要变得更好，就需要考虑实施循环训练。每次训练只针对一个体育项目会让自己更快地适应并改善相应的技巧和提高耐力。如果运动员坚持现有的训练方法，但没有任何改善和提高，可以尝试这种方式。

如果对使用运动循环感兴趣（有的教练把这样的项目叫作跑步营、游泳营或骑行营），那么建议运动员对一项体育项目进行3周的针对式训练，接着进行1周比较轻松的训练，然后重复这一循环。如果运动员对一项运动进行2个月的针对式训练，整个循环就需要6个月。6个月后，运动员可以使用更加均衡的训练方式。如果运动员所处的地域四季分明，就可以根据天气设计训练日程。这样的日程如下所示：在11月1日左右，运动员开始跑步的针对式训练；在1月初，运动员应该开始游泳的针对式训练；在3月初，开始骑行的针对式训练。运动员不需要严格遵循上述日程，每个人都需要一些休息周暂停训练，或寒冷的冬天使训练无法进行，还可能因为生活琐事耽误训练等。

想要设定一个循环训练，运动员首先需要确定自己的训练时间和训练频率，并使50% ～ 70%的训练时间用于某个体育项目。拿跑步训练举例，如果运动员现在的训练日程是每周3天的跑步训练，则需要将训练频率提升至每周5或6天，即使每天只进行15分钟或20分钟的跑步训练。这样在一定的运动频率下，跑得越多就越有助于运动员提高成绩。对于其他两项运动，依然要保持每周2次的训练频率（例如一项室内游泳训练，一项骑行训练，加上每项训练伴随的耐力训练）。因为训练的主要内容是跑步，非跑步的训练只需起到维持状态和锻炼技巧的作用。

在2个月的跑步针对式训练循环结束后，就换为游泳的针对式训练。增加运动员每周进行游泳训练的时间和频率。在游泳针对式训练中，运动员需要每周进行2次跑步训练和2次骑行训练，以及对应的技巧训练和耐力训练。接着，当运动员开始骑行针对式训练时，骑行训练就成为训练的重点，其他训练就变成维持健壮体魄和技巧、耐力的训练。

最重要的是，运动员在进行跑步针对式训练时，应把自己当作真正的跑步运动员，和比自己更优秀的跑步运动员一起训练，观察他们的训练方式。在游泳针对式训练中，应和专业的游泳运动员一起训练，努力像鱼一样生活在水中，观察速度更快的游泳运动员是如何游泳的并从中学习。在骑行针对式训练中，应把自己看作专业的骑行运动员，和团队一起骑行，学习自行车的操控技巧，练习小组骑行。在针对式训练中，运动员可以学到很多知识，对自身进行提升和改善，身体水平也会大大提升。运动员应该将这些想法作为自己的指导方针，而不是最终目标。我曾在很多运动员身上使用这样的训练方式，有一些甚至只进行了3周的针对式训练，所有人的水平都有所提升。因此，如果运动员真想改善自己的薄弱点，就需要花费时间对弱点进行针对式训练。

提升强项

成为一名铁人三项教练的好处就是能够为运动员的进步感到骄傲。对我来说，运动员的胜利就如同我自己的胜利一样。有一些运动员几年来不断进步，下面我将会介绍他们如何在不用进行大量训练或数以月计的基础训练的情况下成功提高自身速度。当运动员有了足够的经验，就不必进行大量的基础训练。我始终坚信，无论运动员的水平如何，6周的基础训练都非常重要。基础训练之后，运动员就需要开始进行一些更困难的训练。

马克斯·特斯塔博士是优秀的骑行教练。2005年，在美国铁人三项协会三级教练资格证课程上，我有幸聆听了他的演讲。特斯塔博士给我留下了深刻印象，离开课堂后，我的脑海里还铭记着"强壮带来速度"的训练宗旨。运动员越强壮，在比赛中的速度就越快。运动员越强壮，骑行的效率就越高、跑步上坡的速度就越快、游泳的速度也就越快。想要变强壮，就需要使用比现有训练更困难的训练，提升自己的有氧基础或以区间2的强度进行训练时的速度。记住，这不代表要更拼命地训练，而是要做更多困难的训练。这两者有很大的不同。

除此之外，看看教练所认为的长处和耐力也会有一些帮助。迈克·博伊尔是美国第一位力量训练教练。阿尔文·科斯格罗夫是一名奥林匹克级的铁人三项、拳击、足球及其他运动项目的教练。科斯格罗夫相信在开始发展耐力之前，力量水平应该达到最高。科斯格罗夫（2005）曾说："如果无法建立起高水平的速度或是力量，那又有什么必要进行耐力训练呢？难道要在低水平的力量下进行训练吗？还是要进行低速训练？"迈克·博伊尔教练曾经指出："让具有爆发力的运动员调整体力要比使体力充沛的运动员拥有爆发力容易得多。调整体力只需要几周，培养爆发力却需要几年。"

以上论述是否让你在脑海中拉响了警报呢？如果运动员没有一定的速度却外出进行长距离骑行，又能在这种耐力训练中学到些什么？慢速骑行？低能量骑行？长途而缓慢的26千米每小时的骑行只会让运动员更擅长以26千米每小时的速度进行比赛。运动员其实可以将训练中的基础速度提升至32千米每小时以上，当开始进行长距离的耐力训练时，可以采用31～32千米每小时的速度进行训练。运动员还可以选择在训练中保持400瓦的骑行功率，这会使功率为200瓦的骑行简单很多。在美国亚利桑那州或佛罗里达州的铁人三项比赛中，对于一名净重73千克的运动员来说，200瓦的骑行功率意味着其在5小时的情况下完成自行车冲刺。更强壮的身体带来了更快的骑行速度。

下面让我们来了解一个真实的例子。自1989年年初开始，接下来的6年中，马克·艾伦包揽了铁人三项世界锦标赛的冠军。他一直进行奥林匹克级别的比赛，直到1989年8月，他会开始为夏威夷铁人三项比赛进行耐力训练。他这样做已经很多年了。数以月计的艰苦训练和比赛使他为耐力训练建立起了足够的力量和速度，使他能完成较高速度的耐力训练。正如迈克·博伊尔所说："让具有爆发力的运动员调整体力非常简单。"马克·艾伦在开始长距离训练之前进行了爆发力的训练，并在奥林匹克级别的比赛中获胜。正如迈克·博伊尔所说："调整体力只需要几周，培养爆发力却需要几年。"事实正是如此！如果运动员已经拥有了足够的速度，他所需要的就是进行一定的长距离训练，这样就可以使用较高的速度参加长距离比赛。并且在夏威夷铁人三项比赛后，马克·艾伦还赢得了1989年铁人三项世界锦标赛的冠军。由此可见，他并不仅是为了锻炼自己而参加奥林匹克级别的比赛的。

在比赛季的最后一场比赛结束后，我会给运动员们放一个6周以内的假期，在此期间不必进行严格的训练，他们可以做一些自己想做的事情。假期结束后，在运动员刚开始恢复训练时，通常会使用几周轻松的训练计划来帮助其适应训练强度，接着一点点逐渐增加训练难度，例如10分钟的短跑训练或短时间的骑行训练。

　　如果运动员整个赛季都在为比赛进行艰苦的训练，接着休息了1个月，然后使用4个月巩固基础，这样所收获的除了回归训练还有什么呢？运动员每停止训练1个月，都需要双倍的训练时间来弥补损失。如果训练停止了1个月，运动员就需要进行2个月的训练来使自己恢复到原有的身体状态。

　　运动员为了改善自身状况付出了如此艰辛的努力，为什么要白白浪费掉，让那些力量和能量消失呢？我并不反对暂停训练，我也不会强迫运动员每年52周都在训练。我想要强调的是，如果想要更快的速度，就需要变得更强、保持强壮的状态，并且要为变得更强而不停努力。几个月的长距离慢速骑行和慢速跑步不会让运动员变得更强或速度更快。有计划、有目标的训练可以帮助运动员变得更强、速度更快。如果你需要这一原理的具体证据，可以看一看我们的运动员每一年的成绩变化。如果想要运动员的速度变得更快，就要摒弃无休止的低速训练，并在训练早期加入难度更大的训练内容。

个性化训练

　　铁人三项教练常被问及的问题是："我如何才能变得更快？"问题很简单，但答案很难得到。我的回答是"你需要弄清楚自己需要多少训练时间，以及自身的长处和短处分别是什么"。训练时间和训练内容这两个因素可以决定如何制订相应的训练计划，包括接力跑、节奏式训练、使用新设备辅助训练以提升速度等。我的前教练——里克·尼尔斯曾说："最重要的不是训练的量，而是训练的方式。"在制订训练计划时，这一点尤其重要。

　　2008年，我成了美国科罗拉多大学铁人三项队伍的首席教练。这支队伍战绩卓越，有着辉煌的历史，在12年中获得了10项国际奖项，但在过去5年中其只能眼睁睁看着其他队伍夺走冠军。队伍被困在了传统式训练当中，进行了大量训练，但每周只有2次游泳训练，几乎没有针对比赛的具体训练。接任教练的第1周，我增加了最大摄氧量训练、计时赛和更多的游泳训练；除去了结构不清的长跑和长距离骑行训练，变为短途的高难度骑行训练和很多爬坡式骑行训练；每周进行具有目标速度的跑步训练和2次骑行–跑步综合式训练。

　　在第一个月结束后，队伍中一名资深队员找到我并对我说："迈克尔，你现在安排的训练和我们过去几年中的训练完全不同。我们通常会有很多长距离的慢速训练，然后在国际比赛前再增加一些速度训练。"我回答道："我明白你的意思。但是，如果你们之前的训练并没有起作用，可能我们就需要改变训练方式，看看是否会得到不一样的结果。"当时的我并不知道这样的训练会不会起作用，甚至为训练结果忐忑不安，但我已经决定要为此拼尽全力。如同我在上文中提到的，我们已经没有什么可以失去的了。在整整18个月的训练后，即使比赛前队员们在心理上不断挣扎，但他们重新夺回了冠军的称号。

我做的第一件事就是让队伍中的运动员填写并提交自己的运动员档案，其中包括的信息有5千米跑步的最好成绩、10千米跑步的最好成绩、最好的游泳成绩和骑行成绩、最喜欢的训练科目、每周针对每项运动的训练时长等。我需要每位运动员的档案，以便于尽全力为他们制订针对各自长处和短处的个性化训练计划。

表18.1来自以上赛季。表中的信息使我明白根据个别因素来制订个性化训练计划十分简单，这些因素如下。

- 每周的训练时长有限。
- 每位运动员都有自己的弱点。
- 每位运动员都有自己的长处。
- 要达到明显的提升需要每周至少进行4次训练，在整顿周中需要进行2或3次训练。

在表18.1中，长处和弱点都已经一一列出。运动员可以从中得知如何安排一周的训练次数和训练强度。在使用该表前，运动员要回答以下几个问题。

- 我需要多久的训练时长？
- 我的长处是什么？
- 我的弱点是什么？

我们通常会根据该表安排训练内容，直至距赛季中的A赛12周左右。这使得运动员有充分的时间进行比赛的针对式训练，以达到比赛状态。注意，运动员不应在训练的每分每秒都拼尽全力，最重要的应该是保持训练的持续性。如果运动员的弱项是游泳并且需要针对游泳进行训练，那么每周进行4次或5次的游泳训练。艰辛的训练没有捷径可走。努力训练并不代表着要一直拼尽全力。努力训练意味着一周接一周地坚持训练。需要强调的是：运动员不需要强迫自己一直拼尽全力，而应该坚持连贯地训练。对任何事情来说，不论是工作、训练还是生活，成功的关键都是坚持。

如果你在读完本章后只学会了一件事，那么我希望你学会了如何规划自己的训练计划和如何使自己的训练变得真正有价值，而非对时间和体力的浪费。在训练中，我们把内容过多的训练策略称作"完成任务式训练"，即运动员并没有发自内心想要进行训练，没有享受训练过程，只是为了完成任务而训练。这类训练的问题是运动员的精神并没有配合训练，训练缺乏明确的目标。

如果运动员在制订训练计划时以难易结合为原则、考虑重复性因素、明确自身弱点以及配合少量的针对长处的训练，就能够得到一个高效的训练计划，引导自己安全、省时地改善和提升自身状况。在20多年的训练和比赛中，我一直使用着这些理论。年复一年，在不同能力水平的运动员身上，这些理论的效果得到了有力的证明。

表18.1

铁人三项训练

时间单位：时

训练时长	弱项	强项	每周游泳训练次数	游泳时长	每周骑行训练次数	骑行时长	每周跑步训练次数	跑步时长	每周举重训练次数	举重时长	总训练次数	总训练时长
10	游泳	跑步	5	4	3	3	2	2	2	1.5	12	10.5
10	游泳	骑行	5	4	2	2	3	2.5	2	1.5	12	10
10	骑行	游泳	2	2	5	5	3	2	2	1	12	10
10	骑行	跑步	2	2	5	5	3	2	2	1	12	10
10	跑步	游泳	2	2	2	2	4	4	2	2	10	10
10	跑步	骑行	2	2	2	2	4	4	2	2	10	10
10~12	游泳	跑步	5	4	3	3	3	3	2	1.5	13	11.5
10~12	游泳	骑行	5	4	2	2	3	3.5	2	1.5	12	11
10~12	骑行	游泳	2	2	5	6	3	3	2	1	12	12
10~12	骑行	跑步	3	2.5	5	6	3	3	2	1	13	12.5
10~12	跑步	游泳	2	2	3	3	4	5	2	2	11	12
10~12	跑步	骑行	3	3	3	3	4	4	2	2	12	12
14~15	游泳	跑步	6	5	4	5	4	3	2	1.5	16	14.5
14~15	游泳	骑行	6	6	3	4	4	3	2	1.5	15	14.5
14~15	骑行	游泳	3	3	5	7	3	3	2	1	13	14
14~15	骑行	跑步	3	3	5	7	3	3	2	1	13	14
14~15	跑步	游泳	3	3	3	4	5	6	2	1	13	14
14~15	跑步	骑行	3	3	3	4	5	6	2	1	13	14
16+	游泳	跑步	6	6	4	6	4	3	2	1.5	16	16.5
16+	游泳	骑行	6	6	3	4.5	4	4.5	2	1.5	15	16.5
16+	骑行	游泳	3	3	5	8	3	4	2	1	13	16
16+	骑行	跑步	3	4	5	8	3	3	2	1	13	16
16+	跑步	游泳	3	3	3	5.5	5	6.5	2	1	13	16

第19章

训练与比赛的心理战术

巴布·林德奎斯特

在高压环境下，有些运动员可以超越自身潜力；同样，也有些本来有望获胜的运动员因压力而崩溃。这些运动员在身体条件上已经达到顶峰，他们没能成功取胜的原因是自己的思想和心理在作祟。每一名运动员，无论是新手还是奥林匹克运动员，都从自己或他人的真实经历中了解到，思想和心理会对比赛表现产生很大影响。

同样，很多优秀的运动员可以根据自己的训练情况判断自己预期的比赛成绩，但是他们的心理状况很可能会妨碍他们取得预期成绩。其实，真正优秀的运动员并不会被训练结果限制。运动员在比赛当天的心理状态会使他们做出一些无法根据训练结果预测得出的表现。本章主要介绍心理方面的内容，来帮助表现较好的运动员成为更加优秀的运动员，甚至成为冠军。

冠军使胜利看上去轻松又自然，但每个运动员都知道成功并非偶然，运动员也不是仅因为具备优秀的身体状况就能获胜。成功需要计划和准备，其中也包括心理上的准备。冠军在比赛前就已经进入了比赛状态，因此即使在比赛过程中遇到了不利状况，也能保持冷静。为了确保自己在比赛时能进入状态，运动员必须保持积极的心理状态。

冠军们发现良好和优秀之间的差别其实是由一些小细节堆积而成的。在比赛当天规划好心理策略是运动员可以掌控的重要细节。我们难以对心理策略进行具体的评估记录，每周一小时的心理准备工作带来的益处可能远不及骑行一小时带来的益处。通过对现阶段的心理技巧进行评估，例如自己的长处和弱点，再学习使用正确的方式看待这些长处和弱点，运动员就可以练习比赛当天需要使用的心理技巧，也就更有可能获胜。

评估心理状态

不论何种训练项目，运动员需要做的第一步是评估自己现阶段的比赛心理状态。观察自己过去的比赛表现，诚实地对弱点进行评估，也就是评估自己的心理状态在何时、何种场合下会限制生理上的比赛状态。相同的情况（例如上坡处或领骑时）是否持续引发同样的状态，例如自我指责、自我怀疑、注意力不集中。如果是这样，这些状态就是阻碍运动员取得成功并且需要加以注意的弱点。

评估内容应该包括以下各关键点。

- **赛前一周**：什么情况会引发积极情绪、消极思想、紧张或对目标产生怀疑。
- **起点线处**：和竞争对手并肩站立时、看到对手们的身体状况时、想到即将开始的激烈竞争时。
- **游泳比赛中**：比赛开始的5分钟内、被对手超过时、感到疲惫时、领先于其他对手时、看不到浮标时。
- **转换点**：无法找到自己的自行车时、技巧使用不娴熟时、支持者在一旁观战时。
- **骑行比赛中**：比赛开始后5分钟内、上坡处、顶风时、被超过时、因为赛道过于拥堵无法超过对手时、领骑时、双腿疲劳时、天气炎热时、被指认犯规时。
- **跑步比赛中**：比赛开始后5分钟内、无力奔跑时、天气炎热时、领跑时、山路处、被超过时、想要走路时。

在回答完这些关于比赛不同部分的心理状态的问题后，运动员需要评估自己的心理状态是比较积极的还是比较消极的。如果阻碍了自己生理上的比赛状态，心理状态就是消极的；如果激发了自己的潜能，使自己超越了预期状态，心理状态就是积极的。下面要介绍的心理策略会帮助运动员将消极思想转变为积极思想。

我在早期铁人三项职业生涯中的自我评估如下。大四时，我开始游泳，并且为克服对失败的恐惧而训练。通过游泳，我找到了自我价值。如果我的成绩不错，我会为自己感到骄傲；如果我的成绩不太理想，我会为此沮丧。在成为一名专业铁人三项运动员之前，我就意识到了这一点，并且开始学着和自己对话，让兴奋代替恐惧成为我的动力。尤其是在像铁人三项这样的比赛中，我对于比赛起初的游泳比赛阶段十分畏惧。作为一名长距离游泳运动员，一味地追求速度并不是我的长处。我将自己在起点线处的心理状态判定为弱点之一，因此我需要为自己当时的心理增加自我肯定、形象性和目标性。在骑行比赛中，我会不由自主地想起随后的40千米马拉松比赛。这正是我注意力不集中的时刻，尤其是在骑行比赛的后半段。我使用形象化的想象来帮助自己集中注意力。在可跟骑式比赛中，我对自己的比赛策略并不自信，因此我会使用想象给自己增加自信。此外，多年以来，我一直将自己看作一名游泳运动员，或游泳和骑行运动员，但我并不擅长跑步。在跑步比赛中感到疲惫时，我常常会产生消极的想法，尤其是在山路上或当对手在我身后展开追击时。我意识到我需要相信自己是一名跑步者，因此，我使用了自我肯定、想象和形象化来帮助自己在心理状态上超越生理上的限制。

使用心理技巧策略

当运动员在训练中有了生理上的目标后，还需要在开始主要训练前确定心理目标，以此增加心理和身体之间的正面联系。以下是增强心理力量的4种方式：设立目标、想象、自我肯定和形象化。本节还介绍了一些与上文提到的自我评估有关的具体事例。

设立目标

目标是运动员努力的方向和目的。结果式目标，例如赢得比赛或达到某种成绩，如果足够确切、可实现、具有挑战性和真实性，就可以激励运动员。比赛目标的设立是为了建立训练中的行为步骤，推动运动员为了实现目标不断努力。

在铁人三项比赛中设立目标并不简单。这一比赛并不像游泳比赛或其他赛道式比赛一样拥有确定的比赛内容。例如，比赛目标可以是在本地铁人三项比赛中的骑行比赛部分得到小于1小时的成绩。这一目标既明确又可实现，既具有挑战性又贴近实际（去年的成绩为1小时3分钟），但是外部因素很可能会对此产生影响，例如下雨、大风或轮胎漏气。结果式目标本身可能会十分危险，因为比赛的结果并不能完全由运动员自己掌控。然而，运动员可以掌控自己的心理状态，因此，设定一个心理目标可能更有利于推动运动员达成实际的比赛目标。在比赛中，心理目标的例子包括在游泳比赛初期通过深呼吸和自我肯定保持轻松和自信的心态、在骑行比赛的后半段通过专注当下做到集中注意力、在其他运动员领先于自己的情况下依然遵循比赛计划以及在关键比赛点使用心理技巧。这些心理目标都在运动员的掌控之中，如果成功实现，就可以增加达成比赛目标的可能性。

作为一名长距离游泳运动员，在游泳比赛中快速起步并不简单。我以成为第一名到达第一个浮标的选手为目标，并以此修正我的心理目标。我在游泳比赛开始时变得更加积极，心理目标使我在被其他选手撞击时也能保持注意力集中。即使我不是第一名到达第一个浮标的选手，我的心理状态依然会保持稳定，推动我继续努力。

想象

想象意味着对自己比赛表现的预测。运动员可以通过想象生成成功的影像，在脑海中预演完美的比赛状态。使用一切感官，不仅仅是视觉，来放大这一心理策略带来的力量。

在想象比赛时，最好要在没有干扰的安静环境里，用清晰的思维进行想象。以第一视角进行想象会给运动员未来的比赛表现带来有利优势。这一优势可以使运动员集中于当下的比赛，而不是试图观察比赛全局。观察比赛全局会导致运动员脱离控制并且受到干扰。

想象可以增强成功感，对于运动员来说，以自己想要的方式进行比赛十分重要。也就是说，想象也可以用于制订备用计划（计划B、计划C、计划D）。如果泳镜滑落到脸上怎么办？如果需要更换轮胎该怎么办？想象可以帮助运动员练习处理这些无法预测的情况，并且帮助运动员在心理上回归比赛。冠军选手在这些方面的能力都十分优秀。虽然经历不理想的比赛状况十分重要，但运动员都希望自己能够进行一场完美的比赛。将想象放在突发情况发生之前，就可以使运动员继续以理想的状态比赛。

> 我总会在转换区使用想象，尤其在我已经去过比赛场地的情况下。我可以看到自己完成游泳比赛，跑到自行车所在位置，第一换项的表现流畅而有力，如同一名芭蕾舞演员，听着人群传来的呼喊声，完美地开展骑行比赛。我也会在和教练讨论自行车打包时使用想象，我可以预见解开自行车的不同方式、如何防守、如何展开攻击、如何更好地开始骑行。在对不同的情况展开设想后，我会选择自己能够完全控制情况的自行车摆放方式。

自我肯定

负面思想是指在脑海中对自己不断进行指责、认为自己的表现不够优秀、自己无法取胜。负面思想会对运动员的表现造成毁灭性打击。通过自我评估，运动员可以大致预测自己在不同时刻的思想状况。当破坏性的负面思想在比赛中出现时，拒绝负面思想对运动员来说十分具有挑战性。运动员在比赛中没有足够的精力来进行这样的抗争。运动员可以做到的是创造积极的自我肯定思想来代替负面思想。如果运动员已经知道即将产生的思想，例如"你是一名游泳运动员，你无法在陆地上取得好成绩"，就可以在赛前进行积极的自我肯定，并且加以练习，然后在比赛中克服负面思想，例如"我是一名优秀的跑步运动员"。运动员不仅需要用这样的想法代替负面思想一次两次，还需要使其成为习惯，不断重复，以此来确保负面思想没有可乘之机。重要的是，运动员并不需要真正相信自我肯定的内容，但它一样会发挥作用。

自我肯定是一个有趣而充满创意的过程，以下是帮助运动员建立有效自我肯定的指导方针。

- 使用第一人称，例如"我可以不断迎接新的挑战"。
- 使用现在时，也就是说是现在正在发生且将来会继续发生的事情，例如"我要成为第一名到达第一个浮标的人"。

- 保持句子简短和朗朗上口，以方便重复，尤其是在比赛的呼吸频率下，例如"我是一名优秀跑者"，只有短短8个字，恰好为一个八拍。
- 更新自我肯定的语句，保持新鲜感。

自我肯定是我在比赛的心理方面做出的最大转变。在游泳比赛中无法集中注意力时，我会想着尽力完成每一个划臂动作，做到舒展有力；在骑行比赛中感到疲惫不堪时，我会把双腿想象成钢筋，运动流畅、强健；在跑步比赛的后半段，我会想象自己跑得越远，就会变得越强。

形象化

　　形象化是用来构建积极画面的心理思想，会对运动员的心理和身体状态产生影响。这些积极的画面非常有效。对于人来说，比起语句，我们会更容易记住电影中或生活中的具体画面。形象化就是运动员使用具体的画面来制造特定的感受，如赛前的冷静、在上坡时的力量感。运动员需要找到在比赛中可以为自己带来所需要的特定感受的画面。例如，在比赛刚刚开始时，如果运动员想要表现出足够的自信，可以使用缓缓滚动的海水的画面并集中注意力，这有助于其在发令枪声响起时立刻从冷静的赛前状态切换为兴奋的比赛状态。如果想要在跑步比赛的尾声使双腿保持运动，那么可以使用在热碳上跑步的画面，以此来保持双脚快速移动。

在山路地形跑步是我的弱项。有一年在澳大利亚比赛时，正在举行美洲杯帆船比赛。我看到拉纤者用强壮的胳膊迅速、有力地转动把手，控制绞车卷筒，最后将帆船拉上岸。我记住了这个画面，每当在比赛中开始爬坡时，我都会想象山顶站着一名拉纤者，他手中绳子的一端系在我的腰上，而他正在用力把我拉上山顶。另外，我还会想象有气球系在我的膝盖上，在爬坡时帮助我更加轻松地抬起双腿。

练习心理技巧

　　练习上文中所介绍的心理技巧，最终是为了帮助运动员制订心理上的比赛计划。运动员不应该在比赛当天使用新的进食策略或新的心理策略。运动员需要在训练的关键部分对心理策略加以练习。

　　进行针对心理技巧的练习可以测试哪一种技巧在特定的条件下最能发挥作用，或能在比赛中为运动员带来足够的自信。本章中最有价值的一课，一定是在制订训练计划的同时，也要制订完备的心理训练计划。如同许多技巧一样，运动员要熟悉地使用心理技巧需要花费大量时间，但只要打好基础，心理技巧的使用会成为运动员自然而然的本能，而且十分有趣！其实，这和跑步技巧的练习十分相似。起初，运动员需要在跑步机上花费大量时间。最终，所练习的技巧会自然而然地发生在跑步过程中。心理技巧的练习也是这样。以下是对于练习的相关建议。

设立目标

■ 写出下一次比赛想要达到的目标。指出3项可以帮助自己达成比赛目标的心理目标。最后，写出每周的心理技巧练习时间和练习方式。

■ 和其他人分享自己的目标，以确保目标的可信度。

想象

■ 每周设定3组10分钟的训练时间，设想自己的比赛表现。使用其中一组时间设想不理想的比赛状况和处理方法。

■ 在赛前针对比赛场地，设想在转换区所需的技巧。

■ 设想一个理想的比赛前早晨，从起床到发令枪响的过程中所需要做的事情。

自我肯定

■ 在自我评估中，为每次容易分心的地方想好2个或3个自我肯定语句。在可能触发负面思想的训练中挑选一种自我肯定的训练进行练习。在其他训练中重复其他自我肯定语句。在比赛开始前挑选出最适合自己的自我肯定语句。

■ 在重要的铁人三项比赛前一周，完成一个自我肯定语句列表，其可用于所有可能分心的比赛阶段。当负面思想、自我怀疑或紧张情绪出现时，重复这些自我肯定语句。

形象化

■ 找出自己在分心时会想到的画面。接着，通过找出与之相反的、自己想要看到的、强有力的画面来为自己带来积极的思想并克服分心的情况。使用自己的想象力，拓展思维，满怀创意地对画面进行创造。想出画面后，在主要的训练中对之加以练习。

■ 练习通过形象化的画面控制自己的情绪。选择一幅能够使自己准备就绪的画面和一幅能够使自己冷静下来的画面。训练中，在对自己来说并不容易、无法点燃热情的训练项目中，试着使用第一幅画面帮助自己变得兴奋；在非常紧张的项目练习中，试着使用第二幅画面帮助自己冷静。

运动员还可以使用自我肯定和其他方式相结合的方式进行练习。

■ 在训练中练习将形象化和自我肯定相结合。例如，在爬坡时使用膝盖上系着气球的画面，加上"我的腿在爬坡时十分轻松"的自我肯定。

- 练习将想象和自我肯定相结合。在脑海中对比赛进行排练时，也要使用自己在比赛中即将使用的自我肯定语句。
- 练习将设定目标和自我肯定相结合。为了成为第一名到达第一个浮标的选手，可以使用"第一个浮标是我的"这样的自我肯定语句。

除此之外，很多年轻运动员喜欢在训练过程中听音乐。音乐可以使人律动，也可以激励人，是很好的工具。但音乐也会使运动员的心理放松，使他们放空自己，无法使用心理技巧。运动员需要注意自己在训练中使用音乐的频率，因为在比赛中不允许听音乐。

使用上文中描述的训练技巧是获胜的关键。以下将会针对比赛周、比赛当天早晨以及比赛过程提出有用的建议，有助于运动员减少能量浪费，使运动员的比赛表现更好。

比赛周

比赛周是运动员需要对比赛计划进行巩固、对相应心理策略进行练习的一周。一切的基础是运动员的比赛计划。比赛计划是对于运动员比赛当天行为的具体描述。运动员需要在比赛前一周准备好该计划，并且在这一周内的每一天对其进行复习。运动员需要写下自己的战略，以便于进行复习，帮助自己集中于所能掌控的比赛部分。

把比赛计划写下来并和其他人分享更有助于确保计划的真实、可行性。此外，要记得记录好自己的比赛策略，以便于进行赛后评估和对未来的比赛进行更好的规划。以下是计划可能包括的项目。

- 如果比赛当天刮大风、下雨、下雪、炎热、寒冷、日晒严重或是阴天，自己会穿什么衣服，使用什么设备？
- 比赛当天早晨应该几点起床？
- 赛前应该吃些什么，喝些什么，几点进食？
- 在比赛当天早晨，自己想要几点到达比赛场地？
- 如何布置自己的转换区？
- 比赛过程中要使用哪些营养品？
- 在骑行中如何测量和管理自己的运动强度？是否要使用RPE、心率或力量测量？
- 无论使用什么工具，自己期望的运动强度是什么？在比赛中是否会发生改变？
- 如果被其他选手超越，如何应对？
- 如何在第一转换区和第二转换区高效迅速地行动？

除此之外，在比赛周可能会发生一些运动员无法控制的事情。例如，领导可能会忽然布置额外的工作、孩子可能会生病、运动员可能会反应过度并且开始担心自己的表现。虽然这些因素可能会在控制范围之外，但处理方法是可控的。学着在外界因素的影响下依然专心于可控的细节，可以使运动员保持注意力集中和赛前的冷静。

在可控范围内的细节包括自行车的包装、提早收拾行李、使用核对清单来确保不要忘记任何东西。当运动员已经了解了赛道的细节、赛前会议、从住处到场地的路线等，就可以保持足够的自信、减轻压力。压力会使运动员浪费体力、分散注意力。人的身体无法分辨心理压力和生理压力的区别。

比赛当天早晨

运动员可以通过写下比赛当天早晨的时间线来确保自己的注意力集中在几件事上，并对一些因素加以控制。时间线应该包括一定的必要活动，例如起床、前往比赛场地、热身和进食。

在赛前，每个人的个性表现会有所不同。有的运动员在紧张时会变得健谈而外向；有的运动员则变得内敛而寡言；还有一些运动员会在赛前封闭自己，进行自我反省。这些表现都没有问题，重要的是运动员需要忠于自己的个性。自我反省型的运动员可能想要避免任何交谈，即使他身旁有一位极其外向、健谈的运动员。

运动员应该把比赛看成开发身体潜力的运动。静下来一段时间，深呼吸，对比赛心怀感激，有利于运动员注意力的集中和身心的放松。享受比赛过程、加强自我肯定可以帮助运动员有一个漂亮的开始。

比赛过程

运动员对比赛所做的心理练习越多，积极的思想就越能自然而然地出现在脑海中，进而影响外在的生理状态。要对自己有足够的耐心，要知道想要使心理技巧成为第二本能，需要花费大量的时间和坚持不懈的练习。

通过关注当下，不去思考已经发生过的或即将发生的事情，运动员可以集中注意力在可控的因素上。以积极的心态尽力进行每一次展臂、每一次踩踏、每一次抬腿，这可以使运动员达到最好的比赛状态。思考对手的行动、天气状况或其他不可控的因素会分散运动员的注意力。

这时，计划和练习是运动员的主题。冠军选手意识到，当比赛完全根据计划进行时，是十分少有的可以享受的比赛。他们具有强大的适应能力。虽然他们极其享受与计划相符的比赛情况，但他们也能够顺利处理比赛中遇到的各种挑战。这些挑战可以使他们超越正常水平和可预测的表现，进而取得举世瞩目的优秀成就。挑战可以使运动员成长，并且能够了解自己超越铁人三项运动员标准的个人特质。每场比赛都是一场冒险。当以兴奋而好奇的心态面对比赛且准备充分时，运动员就做好了进入未知领域、超越自身潜力的准备。

我职业生涯中最出色的两场比赛都没有按照计划进行。在一场可跟骑式比赛中，我在游泳比赛部分感觉很不好，虽然我紧跟着领先骑手的步伐，但负面思想涌进了我的脑海，我想到了这一天会是多么漫长。接着，我马上用积极的自我肯定代替这种思想，我告诉自己，我已经进行了充分的练习，我是一名优秀的游泳运动员，我不能让这样的小事影响我的比赛。我继续进行了接下来的比赛，并且赢得了我职业生涯中最重大的奖项。在另一场可跟骑式比赛中，我的游泳小组在离开游泳比赛时分散了。我流落到了一群跑步者中间。在骑行比赛中，负面思想出现了：我明明有机会取胜，结果现在成了跑步选手之间的比赛了！我立刻使用了我的自我肯定语句："我可以面对各种挑战！"我想着，我哪一次真正做到了在骑行比赛结束后体力充沛地开始跑步比赛呢？我设想了针锋相对的跑步比赛，也知道自己可能会面对这样的情形。我开始为跑步比赛中的可能性感到兴奋。最终，我战胜了所有跑步选手，赢得了比赛。这两场比赛都存在着我必须适应和处理的挑战，而我练习过的心理技巧使我能够在比赛中保持注意力集中，哪怕我的比赛没有按照计划进行。

比赛后

　　运动员为了更好地完成训练需要对比赛表现进行评估，同时也应该对自己的心理策略进行评估。在一场比赛结束后，运动员可以判断自己的心理策略是否有助于自己突破训练水平，以及自己是否暴露出了新的弱点。为未来的比赛制订心理策略计划的第一步就是判断哪些策略发挥了作用，哪些没有。有时，某些心理策略对一场比赛来说有用，但很可能在下一场比赛中不会发挥作用。这是一个不断发展的过程。如果比赛结果很好，随之而来的

▶ 如何处理恐惧心理

　　很多运动员在比赛时内心都充满了恐惧，包括对失败的恐惧、对成功的恐惧、对他人看法的恐惧、对踏出舒适区所承担风险的恐惧。为了克服这些恐惧，运动员需要做的第一步就是对自己心中的种种假设表现出不在意的态度。运动员需要设想与自己的每种恐惧相关且可能发生的最糟糕的情况。忽视恐惧不会消除恐惧，抓住床下隐藏的怪兽的最好办法就是打开灯、面对它，最终你只会发现，它其实并没有多么可怕。

　　就算在比赛中失败了，又能如何？失败是什么样子？有些运动员认为"死在比赛中"就是失败。当然，这里的死不是指真正的死亡。运动员只是跨出了自己的舒适区，了解了自己身体水平的限制。失败是没能完成比赛吗？事实上，这可以帮助运动员为下一次比赛积累经验，并不是完全的失败。其他人可能产生的最糟糕的看法是什么？其他人会不会更加喜欢或更加看不起自己？事实上，真正在意运动员的人并不会根据他的比赛成绩而更爱他或不再尊重他。恐惧的解药是自信。一个自信的运动员在进行合理的体能和心理训练后，不仅在身体上做好了准备，更在心理上为比赛做好了准备。

胜利感可以作为运动员脑海中的一幅画面，在以后的比赛中加以使用。回忆胜利是一种激励自己的有效方法。在比赛后，运动员需要重新制订自己的心理策略，然后在下一场比赛开始前设立新的训练计划来加以练习。

超脱自身的某些特定目标参加比赛会为运动员带来更多乐趣。达成目标会让人感觉棒极了，赢得比赛也会让人欢欣鼓舞。但除了个人的目标，还有无穷无尽的原因能够促使铁人三项运动员进行训练和比赛。例如：为了纪念亲人；为了家人而减肥、让自己变得更加健康；为了激励自己的母亲来参加铁人三项比赛；为了某些原因而募捐；或为了带动更多的人热爱游泳、骑行和跑步。当运动员为了高于自身的目标而参加比赛时，他们充满牺牲精神的目标会激励自己达到超越平常的比赛水平。

第20章

前往比赛地点的旅途

乔·乌弗努尔

　　前往铁人三项比赛场地的旅途让人有些望而生怯，因为其中包含的物品搬运等并不简单。这一旅途并不是把所有东西装上车，接着在比赛当天早晨开车一到两个小时前往比赛场地那么简单。在与比赛场地完全不同的地区中，对比赛做准备需要提前做好周密的计划。虽然飞机是常见的交通工具，但是飞行和飞机着陆时产生的震动会对运动员的身体产生一定影响。因此，运动员必须一步一步事先做好计划，以确保自己用最好的状态面对比赛。在飞行中，运动员能够携带的物品是有限的，因此，需要做好计划，只携带必需品。打包自行车也是一项挑战，因为运动员不仅需要把自行车安全、妥当地放到包装箱里，还需要学习如何拆卸和安装自行车。几年来，我已经学会了比赛旅途中的必备知识和小窍门，这些知识可以帮助运动员保证旅途的质量和效率。

旅途准备

　　每一段旅途都有一定的目的，运动员应该关注旅途的首要目的。你的旅途仅仅是为了比赛吗？还是一次家庭度假，比赛只是内容之一呢？接着，运动员需要安排好自己的到达时间和出发时间，确保自己不会在旅途中超时。由于处于新环境，运动员的身体可能会感受到额外的压力，所以，最好在此时使用一些铁人三项比赛中的技巧：保持平常心，专注于当下，不要展望全局。运动员要查看比赛官网，这样才能获取重要信息以便于事先规划，包括赛前会议、赛道参观、提交自行车及设备的时间和赛后取回设备的时间等信息。

　　运动员还需要对目的地有一定的了解，弄清楚当地的气候特点，了解当地流行的饮食烹饪手法，还要了解目的地与家乡之间的时差。这些信息会让运动员知道自己应该携带的衣物、提前到达的时间和是否应该携带额外的食品以确保自己在比赛当天能够吃到熟悉的食物。如果运动员需要前往另一个国家,要记得查看自己护照的有效期,还要了解出国所需的签证手续和准备的时间限制。考虑购买额外的保险也不是没有必要的,因为很多国家都有不同的健康保险系统,可能与运动员所熟悉的有所不同。

当运动员确定时间安排后,就可以预订酒店。首先,根据比赛建议来进行预定是个明智的决定,运动员可以自己选择酒店的位置和价位。比赛主管安排的酒店通常都会有地理位置上的优势或有面向运动员的折扣。虽然选择一个距离比赛场地较近的酒店会很方便,但是选择一个远离喧嚣的酒店更有助于减少压力,也更有利于和家人一起出来旅行。当然,要记住自己的首要目的是什么。如果比赛才是首要目的,就应该选择最有利于比赛的酒店。

对于国内比赛,运动员需要在比赛开始2天前到达比赛地点;对于国际比赛,运动员则需要至少提前4天到达比赛地点。提前到达是为了尽早组装自行车,以便于有足够的时间修理自行车在旅途中损坏的地方。运动员还需要用这些时间来参加赛前会议以及完成准备工作。国际比赛所需要的额外时间是为了帮助运动员调整时差,也是为其处理各种问题留下充足的时间,毕竟运动员在异国他乡处理问题的效率通常较低。

为旅途打包行李

为铁人三项比赛打包行李就如同为一个假期旅行打包行李一样,但是除了正常物品之外,运动员还需要为了三项运动打包行李。幸好运动员大部分行动都是围绕这三项运动进行的,因此,可以很容易地对行李进行取舍。个人物品需要尽可能地压缩,以便于为比赛物品腾出空间。打包自行车是一项艰难的挑战,但如果事先做好计划,就可以轻易地完成这项工作。

个人物品

如果运动员专注于缩减可携带的个人物品,并且避免携带功能重复的物品(例如两套可以清洗并重复使用、体积庞大的速干内衣和袜子),就可以简单完成行李的打包。运动员需要知道,自己并不会经常遇到同一批人,因此,并不需要每天身着不同的衣服。运动员还可以购买小尺寸的旅行装洗漱物品和个人物品,例如卷发棒或吹风机。确保自己了解比赛地区当地的电压,如果需要,记得携带转换插头和电压转换器。商店里还有一些便于使用的打包管,可以减小衣物体积,帮助运动员更好地管理空间。要记得在离开的时候将比赛T恤随身携带,在回家的飞机上你可能会想要穿着它以示荣耀,而且它可能是你在那时剩下的唯一干净的衣服。

比赛物品

运动员应该为比赛物品的打包做好充分准备。使用检查清单是打包比赛物品的好办法。运动员可以把旅途中所需要的物品也加入清单中比较靠后的位置（如下文中检查清单所示）。携带必备的物品，把不必要的东西留在家里。不要为了早晨的比赛而携带体积很大的外套，运动员可以使用骑行用的手臂保暖套、腿部保暖套和冲锋衣进行赛前的保暖。此外，这些物品可以很容易地进行打包，运动员还可以在比较冷的比赛环境中使用它们。旅行装的婴儿爽身粉和比赛用润滑油也可以减少占用的空间。比赛物品包通常会保存在自行车包裹内，但运动员可以考虑将必需的比赛物品随身携带，例如铁人三项运动服、泳镜、跑鞋、骑行鞋。这样，如果自行车包裹没有按时到达比赛场地，运动员可以临时借用或租用其他自行车，并且成功保留自己身体已经习惯的特定装备。虽然这样运动员对自行车会有些陌生感，但运动员可以使用自己熟悉的运动装备对于比赛来说非常重要。

比赛物品检查清单

_____ 泳镜	_____ 自行车头盔	_____ 腿部保暖套
_____ 铁人三项运动服	_____ 骑行镜	_____ 冲锋衣
_____ 防寒泳衣	_____ 跑鞋	_____ 跑步手套
_____ 热身油	_____ 跑步帽或遮阳帽	_____ 保暖帽
_____ 骑行鞋	_____ 号码带	_____ 备用鞋带
_____ 防磨膏	_____ 防晒霜	_____ 能量补给食品
_____ 橡皮筋	_____ 手臂保暖套	

在了解了比赛当地的饮食情况之后，运动员可以把能够找到的食物和平时习惯的食物进行对比。运动员比赛当天早晨的饮食应该是固定不变的，因此，要记得带一些对自己最有帮助的食物。即食麦片、茶或咖啡可以在自己的房间里用普通的电水壶烧水冲泡。2008年前往北京奥运会的美国运动员都收到了赛方赠送的电水壶，以便于他们烧水冲泡这些食物和饮品。携带便携式食物有利于运动员在全新的环境下减缓压力。对于一些国家来说，电压转换器是必备的，因为在烹饪食物时，不同的电压可能会导致短路等问题。

自行车

前文介绍了个人物品的打包、比赛物品打包的准备以及需要携带的食物。除此之外，在运动员出发之前，需要确保自己最大型的设备——自行车的安全装载。

快递自行车

经济实惠地快递自行车在过去20年里变得越来越困难。由于日益攀升的燃油价格和航空公司对于额外收入的需求，快递的价格已经变成了过去的两倍甚至三倍。因此，在寻找自行车包装时，运动员有两种选择：重量更重、十分稳固和坚硬的包装，以保护自行车不被外力损坏；或体积更小、重量更轻，但保护能力较弱的包装。

硬包装非常稳固，可以抵抗几乎所有外部撞击，但运动员需要在快递时花更多的邮费。如果行李箱超过1.6米（高度+长度+厚度）或超过23千克，美国国内航班会收取额外的费用。很多国际航班会把重量限制降至19千克，尤其是欧洲境内航班。他们不接受超过32千克的行李箱。通过地面交通工具进行快递的花费较少，但运动员需要提前一周快递，以确保自行车可以按时到达比赛场地。花费标准和航空快递相似，都是依重量而定。因此，事先搞清楚不同重量和大小的快件的价格区别会对运动员有所帮助。出于以上原因，软包装成了运动员的普遍选择。如果包装的体积足够小、重量足够轻，使用软包装很有可能会避免额外的超重开销。如果适当地进行包装，软包装也可以像硬包装一样安全。总而言之，运动员可以根据个人情况进行选择。

如果运动员可以接受在赛前一周内无法使用自己的自行车，就可以选择国内快递。大多数的快递公司都有往返服务，可以帮助运动员寄出和寄回自行车。一旦运动员在赛后做好快递的准备，就可以把寄回的标签贴在包装表面并预定取货时间。为了节约开支，运动员可以选择商家之间的快递，让自行车在比赛酒店或自行车商店之间快递，这样的花费更低。只要事先预定，就可以选择这样的服务。

运动员还要知道，自行车箱是自己最大的行李，箱子里还可以放很多其他的东西。防寒泳衣（通常保存在上次比赛结束后使用的塑料袋内）和训练鞋是自行车箱中很合适的填充物。但是，运动员要注意箱子的重量，确保它低于23千克（注：中国是20千克），否则就需要为超重的部分支付额外的费用。对此，有一个好办法，运动员可以使用日常的体重秤测量箱子、自行车和填充物品的重量。一些快递公司会提供手提式的秤，以便于测量行李重量。

自行车的维修保养和拆卸

在出发前的2～4周，运动员需要把自行车带到当地的商店进行维修和保养。确保刹车、变速管、链条、轮胎和其他一切比赛所需要的设备都状态良好，并进行相应地更新和升级。提前进行维修保养可以为自己留出足够时间购买新零件和做好心理准备。

在出发之前，运动员需要学习如何拆卸自行车以将其放入自行车箱中。参加专业的维修课程是个好主意，但运动员可能还需要一定程度的自学，因为每辆自行车都有所不同。需要拆卸和移动的基础零部件包括座椅、踏板、轮胎和把手。除此之外，将自行车的后变速器拆除可以防止其在箱子中发生损坏。如果运动员有大型的把组，可能还需要将其整个从车身上拆除。事先对拆卸进行了解和练习可以节省时间和精力，有助于运动员更好地为旅途打包行李。

在拆卸自行车时，首先需要找到一个小的尼龙袋子，把拆卸时需要的所有工具、车轮横杆、踏板和一些链条油（确保把它放在两层塑料袋里，以免容器因气压变化漏出液体）放在里面。运动员需要的工具有一组六角扳手或多功能工具，以及为踏板准备的可调扳手。为了保护自行车框架不受损，运动员需要前往五金商店购买3米长的绝缘导管并将这些导管剪开备用。运动员还需要购买一卷小皮带，用来固定导管。皮带比胶布更加简单易用，并且可以重复使用。

拆卸自行车时，运动员需要先进行一些准备。运动员需要测量从车座顶端到曲柄中心的距离，也就是车座高度。运动员可以根据车座高度在组装自行车时调整车座，或在使用其他自行车时将车座调整至该高度以确保车座高度不会影响比赛表现。在记下车座高度后，运动员需要使用一支白色或灰色的记号笔或电子胶带标记座位杆进入自行车的位置。对于任何需要调整或挪动的零部件，运动员都需要记录下来，以确保在安装时杆子与插口的连接深度。这样可以使安装顺利进行，并且将自行车按照原状安装起来，可以确保安装后自行车的状态和训练中运动员已经熟悉的自行车状态保持一致。测量的任何改变都可能在比赛中影响运动员的表现。

拆卸自行车的第一步是将车链调至大飞轮，以防止轮轴被自行车箱损坏。接着，卸下踏板。使用六角扳手、月牙形扳手或踏板用扳手，从曲柄处开始拆卸。拧松零部件时，自行车左侧需进行顺时针旋转，右侧则需要逆时针旋转。一旦踏板和其他任何零部件被拆卸下来，立刻将它们放入一个单独的塑料袋中，避免与其他带有油污的物品接触。

在拆卸座位杆时，要确保自己在上面做出了正确标记。使用六角扳手拧松螺钉。剪下一截绝缘导管，包裹座位杆，并用皮带进行固定。将前轮拆下，把轮杆放到塑料袋里和踏板放在一起。剪下一截绝缘导管，包裹自行车前方框架露出的每根管子、前叉，用皮带对每根管子进行固定。

打包自行车时的两大问题区域分别为后三角区和前叉。如果不对其进行固定，即使是在最结实的自行车箱内也很有可能造成自行车损坏。为了解决这个问题，运动员需要使用一对旧轮毂，或两个长度足以支撑空隙的螺栓，以及两组蝶形螺帽。在拆下车轮后，运动员可以将旧轮毂固定在前叉和后三角区上，将车链放在后方轮轴上。

在卸下后车轮后，继续切割绝缘导管，用来包裹自行车后方的所有管子。包裹得越多，自行车就会被保护得越好。要注意，在飞行途中，安检人员会对箱子进行检查并移动箱内物品。导管可以确保在物品被移动的情况下自行车也能安全保存。

在到达比赛地点后打开自行车箱，发现在挂钩上的变速器在旅行途中扭曲变形或损坏，这绝不是运动员想要的结果。这样的结果可以通过使用六角扳手将变速器从挂钩上移除轻松避免。将变速器和自行车框架分开后，对其加以固定，并将车链固定，防止变速器扭曲变形。运动员还可以携带一个多余的变速器，以免变速器在箱子中被损坏。购买自行车的商店应该可以从生产厂家购买变速器。

拆卸的最后一步是将把手从横杆上拆下。如果运动员的自行车横杆和把手连接处有可移除的转盘，拆卸把手就如同拧松螺丝一样简单，然后拿下把手，将转盘拧紧以免丢失。运动员可能还需要拧松车横杆和驾驶杆之间的螺丝，以便于调整车杆方向，将自行车放入更小的箱子中。

拆卸大型的自行车把手会有所不同。拆卸的第一步是将车横杆和驾驶杆之间的螺丝拧松。然后将车横杆顶端的螺丝拧下并取下顶帽。在卸下驾驶杆前要注意横杆上方和下方垫片的安装方式。将一根旧车杆或垫片插入驾驶杆的管子中，调整垫片、顶帽和螺丝。这样可以防止前叉在旅途中因震动而松动，进而散落在箱子内。

将车把平行于自行车框架折叠固定。运动员可能需要拧松刹车线，以确保它可以放入较小的箱子内。使车把朝向下方，用皮带固定在自行车上，防止车把击打车身。在此处可以增加一些额外的导管，保护没有被包裹的部分。

接着，就可以将自行车放入箱子里。运动员可能在多次尝试后才能把车子放进箱子里，几乎无法一次成功。在放好自行车后，运动员需要挑选一到两处固定点，将自行车固定在箱子上，防止自行车在箱子内碰撞箱壁导致损坏。大多数自行车箱都有自带的固定装置，通常位于箱子底部，一些甚至还有用于固定前叉部分的快拆杆。如果运动员使用的是纸板箱，就可以使用自己的泳衣、工具袋、训练鞋或废旧报纸来隔开自行车和箱子以做固定。

轮子一般在放好自行车后再放进箱子里，可以放在软包装的任何一面，或放在车身上方，用一些厚海绵隔开。还可以使用轮子套包裹在轮子上来提供额外的保护。接着放入自行车打气筒，但不要将比赛用的充气钢瓶放入快递行李中，因为飞机上禁止携带此类物品，无论是托运还是随身携带。在自行车商店或比赛商店中都可以找到比赛用充气钢瓶。为什么要携带打气筒呢？因为在飞行前，航空公司会要求运动员将自行车胎放气，运动员需要携带打气筒，在赛前为车胎打气。

确保放松旅行

现在，自行车和行李已经打包完毕，是时候向比赛地点出发了。如果要携带自行车登机，要记得提前到达机场。可随身携带喜欢的食物或娱乐设备，以保持旅途的愉悦。将飞行看作一次难得的机会，这是很难得的一段时光，你不必完成任何训练任务，不用应答电话，也不用处理家庭琐事。可以利用这段时间读书或看一些平时没有时间阅读的杂志。运动员可以完全放松，不去在意其他任何事情。

在途中，还有一些方法可以增加旅途的舒适度。运动员可以携带一小瓶洗手液，在用餐前使用。要确保饮用足够的水，也可以饮用可以补充维生素C的饮料。通过将三联抗生素放在鼻子内防止疾病或鼻子干燥是个颇有争议的做法。大部分医生认为将石油提取类产品放在鼻子内并不是个好方法，因为它们会很快被吸收，并进入血液中。运动员可以通过使用鼻部喷雾解决鼻子干燥的问题。运动员还可以携带护手霜或身体乳，以使皮肤在干燥的机舱内保持舒适。

飞行时差由很多因素同时作用产生。首先，运动员的生物钟与新环境的时间不符。其次，在长途飞行和干燥的环境影响下，运动员的身体会感到不适。有很多方法可以处理这些问题。有些人认为，运动员应该在出发前几天提前调整生物钟，以适应目的地的时差。运动员可以选择以每天一小时的频率进行调整。有的比赛地点距离太远，一次性调整6个小时的时差很难实现。

在飞机上时，运动员可以在起飞时调好手表，开始适应目的地的时区。毕竟一旦踏上飞机，就不是在家里了。如果到达目的地时是夜晚，就尽量在飞机上睡觉。眼罩和降噪耳机或耳塞可以帮助运动员减少光和声音的影响。如果到达目的地时是白天，运动员就需要在飞机上保持清醒，可以读书或看电视。飞机内部非常干燥，运动员需要大量喝水，携带一些泡腾片可以让水更加好喝。不要摄取酒精或咖啡因，因为它们会加剧干燥。在清醒时，运动员可以在机舱内多多活动，拉伸或走动有利于保持清醒的状态。

在向东飞行时，大部分飞机会在下午越过大西洋，运动员到达大西洋另一端时是第二天早上，更加有利于在飞机上入睡。在到达目的地后，运动员需要尽全力不要在白天入睡。白天的睡眠会扰乱适应新时区的一切进程。跨过太平洋向西飞行对人体来说会更加轻松，因为大部分飞机在下午或晚上出发，在第二天的晚上到达。运动员需要在航行前半程入睡，在后半程保持清醒。到达目的地后，运动员可以立刻进入睡眠。另一条小建议是在飞行时穿压缩袜，以此减少肿胀，有利于运动员在飞行结束后快速恢复。

另外，适应有可能差别巨大的气候对比赛来说也很重要。运动员可以在出发前一周开始关注比赛当地的天气状况，以调整自己穿着的衣物。如果要前往更温暖的地方旅行，就穿薄一些衣服。如果要前往冷的地方比赛，就多穿一些衣服以增加温度。不要过度增减衣物，避免中暑或体温过低。在前往更温暖的地方时，还要记得摄取更多水分。

到达目的地

在到达目的地后，以最快速度组装自行车。按照上文介绍的方法，只不过是以相反的步骤。在安装变速器时，要注意不要拧动在管子后方挂钩上的螺丝。确保自行车正常运行，所有零部件都在正确的位置。如果有零部件不在正确的位置，运动员需要在比赛前解决这些问题。

要记住摄取充足的水分来保持湿润，摄取营养丰富的饮食，还可以在食物中多加一些盐分来补充身体中流失的盐分。如果运动员的时间充足，可以进行短途且轻松的跑步或骑行，以帮助自己从飞行状态中尽快恢复。这也是搞清地形、熟悉环境的好机会。运动员可以携带小型摄像机，在跑步或骑行途中拍摄照片。

不要因为新环境而在赛前太过兴奋。最重要的睡眠和饮食是赛前倒数第二天的睡眠和饮食。比赛前一天晚上很难休息好，因为运动员的注意力集中在第二天早晨的比赛上。所以，运动员需要在倒数第二天夜里充分休息，以弥补赛前一天晚上的睡眠不足。要记住，在比赛前要尽可能少尝试新东西。

另外，运动员可以在前一天晚上就收拾好第二天比赛需要的背包，以确保在比赛当天早上可以穿上铁人三项运动服就出发，这样会更加轻松。将自行车打气筒固定在背包上，以此确保轮胎能保持饱满。运动员可以在起床后进行10分钟低强度慢跑，以唤醒自己的身体系统。接着，享用少量的早餐，为身体提供能量。但要记住，在比赛开始前3小时结束进食，为肠胃提供消化的时间。由于在之前的跑步中已经对比赛环境有所了解，运动员应该可以轻松地找到开赛地点并为比赛做好准备。运动员要记住，自己已经尽力做到最好，并且对接下来的赛事抱有期待和享受的态度。

能够有机会前往其他国家或地区，还能够参与自己热爱的运动，对于运动员来说是一件无比快乐的事情。像准备比赛和练习一样准备这场旅途可以使运动员同时享受这两种快乐。运动员要知道在新的赛场需要面对的不同和挑战。要学着成为自己的自行车专家，轻松地运输自行车。要在比赛前、比赛中和比赛后照顾好自己，将这样的旅程变成自己最宝贵的经历之一。希望大家的旅途都快乐又安全！

第4部分

铁人三项运动员的生活状态及其他常见问题

第21章

忙碌生活中的铁人三项运动员

琳达·克利夫兰

对于大多数忙于工作的成年人来说，试图将铁人三项训练安排在自己繁忙的日程中并不容易。人们都想要在工作上尽己所能，并且有足够的时间和家人、朋友相处，但是同时也热爱着训练和比赛。那么，如何才能在处理好各种人际关系和职场工作后抽出时间进行训练呢？如果运动员已为人父母，就更难抽出时间保持体形、对自己的技能进行提升和改善，或为长距离比赛进行充分的训练。下面将会分享一些我曾经使用过的，以及从研究和采访中学习的方法和建议。

训练和日程

每个人都有不同的日程安排。无论是上学、在家陪伴孩子、在室外工作、在家工作，还是已经退休，运动员都需要找到最适合自己家庭情况和工作情况的训练时间。如果选择在一天工作开始之前早些起床来进行训练，晨间训练就是最合适的训练方式；如果不喜欢早起，但在午餐时间有时间进行训练，就可以进行午间训练；如果选择在一天工作结束后外出训练，以释放一天的压力、清空思绪，那么夜间训练是最合适的。无论选择哪一段时间进行训练，运动员都需要尽力使这段时间变成自己日程安排的一部分，进而变成自己日常生活的一部分。

晨间训练

你的工作是否有足够的灵活性？如果领导允许你晚1小时上班，你就可以早些起床，在上班前进行一段高质量的训练；如果是学生，那么可以尝试在上课前抽出时间进行训练，或第一堂课不在早上，那么晨间训练是个很好的选择。如果已为人父母，看护孩子、预约医生、陪孩子玩耍、疾病等会使每天的日程变得不可预测。

很多父母发现，在孩子醒来、一天工作开始之前，提早起床在骑行台上进行自行车训练，或在跑步机上进行跑步训练会更加容易。他们都知道一天可以有多忙，而工作上的各种项目，或生病的孩子会瞬间改变自己的日程安排。对于晨间训练来说，有很多地点可供选择，运动员可以去健身房或泳池、去室外或在室内进行训练。

很多泳池、健身房和俱乐部都会提供晨间的专业游泳训练设施。和朋友约好每周中的几天在泳池见面是激励自己早起进行游泳训练的好方法。如果和朋友有约，运动员会更愿意早起并进行训练，以确保不让朋友失望。运动员应该和朋友或训练搭档约好一起训练，以确保自己不会赖床或放弃训练。运动员还可以参加晨间训练课程，尤其是在无法进行户外训练的冬天。

夏天时通常早上5点天就亮了，运动员可以借此在开始工作前进行2小时的骑行训练，或90分钟的跑步训练。这时也可以寻找一个固定的训练搭档、教练或其他运动员，每周见面一次，一同进行晨间训练。如果家里养了狗，很多狗都喜欢早起陪伴主人跑步。这对狗来说很有益处，而有它们陪伴的运动员也能感到更加安全。谁规定训练搭档必须是人类呢？骑车或跑步去上班是一种增加训练量的方法。如果选择骑车上班，运动员可以随身携带一个电脑包，放上工作时要穿的衣服，或把衣服放在办公室里，以确保在到达公司时可以更换衣服。如果选择跑步去上班，运动员可以预先计划好，在跑步当天带好额外的衣物。如果选择跑步回家，就可以带好运动服，下班后换上运动服跑步回家。

冬天时，运动员可以使用自己购买的骑行台在天亮前就开始进行骑行训练。骑行台不会占用太大的空间，可以放在任何地方，如地下室、仓库、电视机前面。对于想要抓紧时间进行阅读或听新闻的人来说，可以一边在骑行台上进行骑行训练，一边看电视或读报纸、书籍。跑步机也很有用，尽管其会占用更大的空间，价格也更贵，但可以让运动员随时进行跑步训练，而不必担心路面结冰或黑暗的室外环境。

午间训练

如果运动员本身不喜欢早起，在经历一天的陪伴孩子、工作、上学或其他事情的忙碌之后，又没有精力进行训练，那么，午间训练也许是个不错的选择。

以我们办公室的同事为例。我们的办公室距离跑步机和骑行台很近，并且有储物间和沐浴间，这就使得午间训练变成一个不错的选择。我们和很多运动爱好者共事，他们都需要为铁人三项比赛、跑步比赛、骑行比赛或其他种类的比赛进行训练，同时也享受着在午休时间和同伴们一起训练的乐趣。有时，会议也会在和同事一起跑步时进行。午间训练可以让人大脑清醒，为下午更集中、更高效地工作做好准备。如果运动员所在公司有室内健身中心，或至少有一处可以为午间训练换衣服的地方，那真是太幸运了。如果没有舒适的室内健身房或沐浴间，那么运动员可以携带一些必要的清洁用品，在洗手间进行一定的自身清洁。

在午餐时间组织集体训练是促进所有职员保持健康和强健体魄的好办法。研究显示，通过健身和科学饮食而变得更健康的职员能完成更多的工作且效率更高。如果运动员本身的日程排满了各种会议和工作，可以选择在日程表上标出一小时的午休时间，这样，在别人安排会议时就可以发现运动员在中午没有时间开会。既然其他人可以使用一个小时外出吃饭，为什么不能用这段时间来进行训练呢？

夜间训练

早上5点钟起床也许不会是每个人的选择。有些人更愿意在下班后或放学后的晚上进行训练。这时，运动员就需要在家中安置一台骑行台或跑步机，或寻找固定的健身房，尤其是在冬天。在夏天，很晚才会天黑，因此，运动员可以在晚上进行几个小时的骑行训练或跑步训练（如果运动员选择骑车或跑步去上班，也可以同样骑车或跑步回家）。如果还没有成立家庭，运动员可以在下班后立刻开始训练。然而，如果已经有孩子，运动员可能会更愿意在晚上和他们共度一些时光。下文会对训练和家庭之间的关系进行讨论。

另一个选择是每周挑选几天提前到达办公室开始工作，这样就可以在下午进行更长时间的训练。但是运动员需要注意，工作中的项目和会议很有可能经常使自己无法按时离开办公室，也就会造成提前开始工作却无法获得更长的时间参与训练的情况。另一种方法是在晚上完成训练，吃完晚饭、在孩子们入睡后，再赶上工作进度，包括回复邮件或开展其他项目。

时间管理

任何训练项目成功的关键都是制订一个可管理的训练计划并严格执行。大部分铁人三项运动员都是A型选手，也就是优秀的时间管理者，但他们有时也会需要一些帮助。不管运动员是在生育孩子后想要恢复体形、为第一次比赛做准备，还是为第六次铁人三项比赛做训练，都需要制订管理时间的计划。下面是用于更好地管理时间的几种方法。

寻求教练的帮助

运动员可以考虑请一名铁人三项教练或私人训练师来帮助自己规划训练计划。教练可以帮助运动员为训练找出最大限度的可用时间（本书第23章将对教练的作用进行详细介绍）。

▶ 旅行中的训练

　　你的工作是否需要大量的旅行呢？我们都知道，旅行会扰乱睡眠、进食和训练日程。然而，运动员可以在旅行的路上做一些事情来保持强健的体魄。在预订酒店房间前，运动员需要确保酒店内设有室内健身中心。这样，如果运动员需要早起锻炼，或在结束工作后在晚上锻炼，可以有安全的环境。大部分酒店的健身中心都配有跑步机、自行车机、椭圆机和举重设施。运动员可以轻松找到相应器械进行骑行、跑步或力量训练。运动员还可以自己携带弹力带，在酒店房间内做一些简单的锻炼。如果酒店设有室内游泳馆，运动员还可以进行一些游泳训练。如果想要跑步，就和教练一起制订在旅程中针对跑步的训练计划。在一天的会议和晚餐中间通常会有休息时间，运动员可以使用一个小时放松自己并趁机进行训练。除此之外，还可以注意自己的航班时间，尽可能在出发去机场前的早晨进行一段跑步或骑行训练。也许这意味着早起，但是运动员至少有了训练的机会，而不会因为航班延误或无法按计划到达目的地而无法实施任何训练计划。

　　以下是一些旅行中可用的训练，运动员可以使用弹力带在酒店房间中进行训练。要注意，弹力带分为不同的力量水平，要选择一条具有挑战性但又可操作的弹力带。

坐式划船

　　运动员坐在地面上，弹力带从双脚绕过并交叉。双手拉住弹力带的两个把手（见图21.1A）。将肩胛骨向后缩，双手向右拉（见图21.1B），然后慢慢恢复初始状态。重复2组，每组15次，在两组之间进行20秒的休息调整。

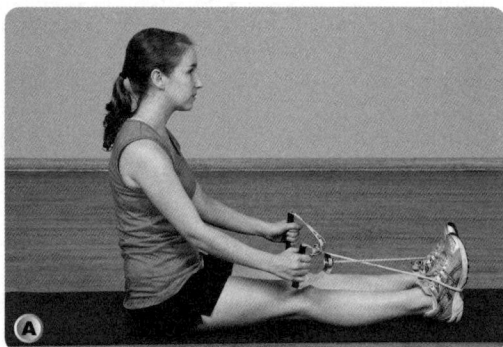
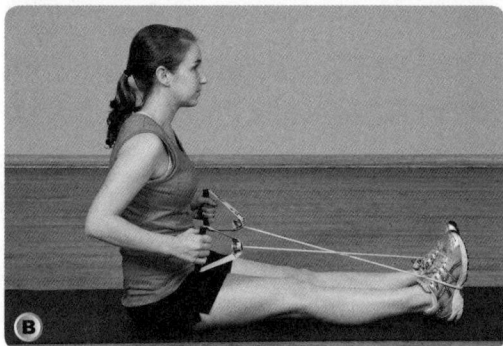

图21.1　坐式划船

图21.2　单臂拉举

单臂拉举

　　双脚踩住弹力带站立，双手握住弹力带的把手。每次使用一只胳膊，轮流开始进行拉举，手背朝上，直到手举至与肩膀同高（见图21.2），接着慢慢地降回原位。重复2组，每组15次，在两组之间进行20秒的休息调整。

肱二头肌弯举

　　双脚踩住弹力带站立，双手握住弹力带的把手（见图21.3A），手心朝上进行拉举，直到手部大致与肩膀同高（见图21.3B），接着慢慢地降至原位。重复2组，每组进行15次，在两组之间进行20秒的休息调整。

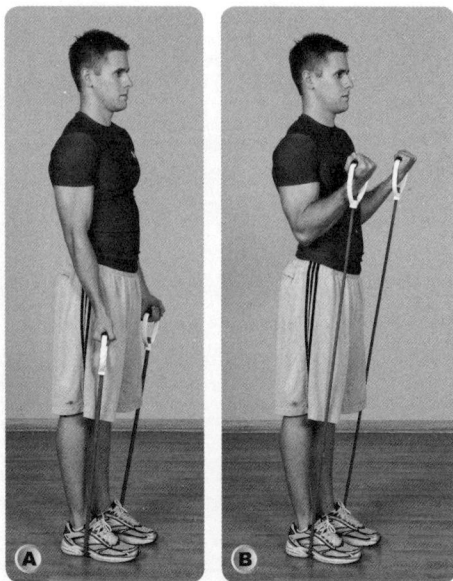

图21.3　肱二头肌弯举

▶ **旅行中的训练**（续）

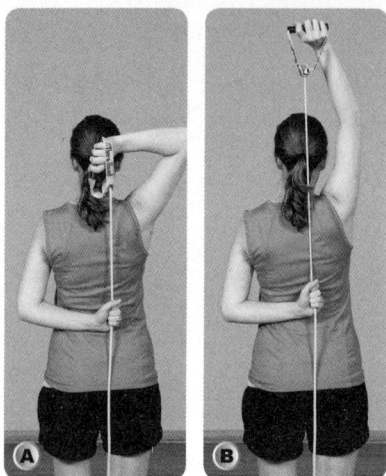

图21.4　肱三头肌拉伸

肱三头肌拉伸

在脑后拉住弹力带，呈站姿或坐姿。使用一只手在脑后拉住弹力带的把手，另一只手在腰部拉住弹力带（见图21.4A）。上方的手向上拉伸（见图21.4B），接着慢慢降至原位。重复2组，每组每侧胳膊进行15次，在两组之间进行20秒的休息调整。

胸推

将弹力带压在背部下方，身体呈仰卧姿势，双手握住弹力带的末端，双腿屈膝（见图21.5A）。运动员可以将弹力带末端缠绕在手上以确保弹力带有足够的弹性。双臂同时向上拉伸，直到双手拉伸至位于胸前正上方（见图21.5B），接着慢慢降至原位。重复2组，每组15次，在两组之间进行20秒的休息调整。

图21.5　胸推

旅行途中，运动员还可以在酒店房间内进行一些其他的常见锻炼，例如深蹲、弓箭步、高抬腿、俯卧撑、卷腹或仰卧起坐。在离开家时查看酒店健身中心的情况是一种明智的做法。

安排日程

在家人的帮助下，运动员可以在厨房放置一张家庭日程表，其中包括自己参与骑行台训练课程的日期、在下班后需要进行训练的日期和孩子们的足球赛或游泳练习日期。这样一来，每个人都能知道每一天谁更方便照顾孩子和准备晚餐。我丈夫最贴心的做法之一就是在他晚到家时，会主动买好比萨带回家当作全家的晚饭。晚饭是我最后一件需要担心的事情，这样一来，我就可以专心和孩子们相处。

分担工作量

在很多家庭中，父母双方都需要为铁人三项或其他比赛进行训练，因此运动员需要注意使双方有同等的时间进行训练。举例来说，与我的丈夫相比，我更愿意进行晨间训练。我愿意在早上5点钟起床训练，这时我丈夫可以照顾宠物狗，并为一天的开始做准备。他更愿意在下午或晚上进行训练，我需要在那时把孩子们从日托中心接回家，而他会外出进行骑行训练或跑步训练。如果我们都需要在上班前进行训练，我们中的一个人会选择在孩子们睡觉时在室内的骑行台上训练，另一个人就会去户外训练。按照具体日程，我们每周会互相调换训练时间1～2天。

利用周末和假期时光

周末也是进行调换的好时机。如果运动员每周六都想进行固定的骑行训练，就可以向伴侣提出建议，指出自己将在周六早上进行训练，而周日一整天会停止训练，这样伴侣就可以在周日早上进行训练，而周日晚些时候，一家人就可以聚在一起享受家庭时光。还有另一种利用周末或晚上的方法。如果自己的孩子年龄还小，需要小睡一下或很早上床睡觉，运动员就可以抓住这些时机进行训练。这可能需要运动员进行室内训练，但比起无法进行任何训练已经好多了。对我而言，在有了孩子后，我开始进行更多的骑行台训练。这样的训练非常方便，在孩子睡觉时我就可以进行训练。

让孩子也加入进来

当孩子长大后，运动员可以考虑置办一台拖车式自行车，让孩子也参与训练。这对于运动员来说是很好的锻炼，孩子们也喜欢在室外呼吸新鲜空气。运动员还可以使用跑步式儿童推车，和孩子一起外出跑步。但运动员需要等到自己的孩子足够强壮，有能力撑住自己的头部，等孩子长到更大，推车已经无法容纳他时（或孩子的体重太重，运动员推动推车跑步变得太过吃力），运动员就可以停止这种锻炼方式了。这是一种很好的锻炼方式，尤其是对于新手妈妈来说，这也是恢复身材的好办法。当孩子长大后，无法再使用拖车式自行车和推车，他们会希望自己骑自行车。这是一家人一起外出骑行的好时机，还可以在跑步时让自己的孩子在一边骑车跟随。如果孩子已经足够成熟，可能会想要和运动员一起游泳、骑行或跑步，这也是帮助孩子健康生活的好方法。

钟点保姆

有时运动员需要为远距离的比赛进行长于1小时的训练。运动员可以考虑找一名钟点保姆，每周末照顾孩子几小时，借此为自己腾出时间进行额外的训练。还可以和其他家庭一起共同雇用一名保姆，并和那些父母一起训练。孩子们可以一起玩耍，而大家也只需要找一名保姆。当然，家长们也可以每周末轮流照顾孩子们，这样就可以省下雇用保姆的开销。如上文中提到的，这样的方式只适合和自己的伴侣一起进行。祖父母、值得信赖的邻居和朋友也可以成为"钟点保姆"。在运动员和自己的伴侣进行训练时，祖父、祖母通常会很高兴和自己的孙子、孙女共度一天的时光。他们可以享受和孩子们在一起的时光，而两位运动员也可以进行正常的训练。这种办法的关键是安排对大家都可行的时间，还要留出时间和孩子相处。也就是说，很多铁人三项运动员都需要在早上5点出门训练，只为了在余下的时间里有和家人相处的时间。

时间管理是遵循训练计划的关键。运动员越能够坚定地遵循前面提到的训练策略，就越有可能达到自己的训练和比赛目标。懂得灵活变通也很重要，因为即使是完美的计划和安排也不一定永远可行。保持训练并不容易，生活中总是有些事情会对训练造成影响，但是只要运动员能够高效地管理自己的时间，并严格遵循训练计划，就非常有可能成功。

他人的支持

介绍了关于训练的知识，以下讲解运动员与其家人、朋友、工作中的同事和学校中的同学之间的人际关系。我知道很多运动员都为人父母，先是他人的伴侣、搭档、朋友、同事或同学，其次才是一名运动员。运动员的孩子、家庭、学业以及工作都应该重于训练。几乎没有运动员能够在缺少身边人支持的情况下取得成功。

运动员需要做的第一件事就是和他人分享自己的目标。举例来说，如果运动员想要在明年进行自己的第一场半程铁人三项比赛，就需要得到家人的支持，因为这会影响一家人的时间安排。那么，如果自己在乎的人没有参与铁人三项，或不愿意像自己一样训练，而自己真的需要对方的支持才能实现个人目标呢？这时，运动员可以选择把比赛和家庭度假结合在一起，选择在适合家庭度假的地点进行比赛，并带着全家人一起旅行。孩子们几乎都喜欢迪士尼乐园，但也不会拒绝在夏威夷岛上度假一周。如果想要离家更近，Xterra铁人三项比赛一般会在适合野营的地区举行，运动员可以带上帐篷等野营物品和全家人一起出发。当然，追求比赛成绩会对运动员造成一定压力，但是通过家庭旅行向孩子展示自己训练成果的机会是多么难得啊！

在向在乎的人寻求支持时，运动员可以适当为家庭做出牺牲。举例来说，运动员可以每周日下午照顾孩子，给另一半提供自由的时间；或每周多负责一天的晚餐，帮助伴侣分担压力。运动员还需要准备计划和安排，向家人展示自己帮助家人的方法。计划中可以包括事先计划好的钟点保姆或愿意提供帮助的祖父母。在管理训练计划和家人职责时要具有创造力。曾有一名铁人三项运动员告诉我，他把自己在骑行台上的自行车训练安排在孩子进行足球训练的同一时间，这样一来自己就可以边训练边观看孩子的练习，虽然有些父母可能不认可这种做法。

▶ 在母亲和运动员的角色之间保持平衡

在平衡工作和家庭的同时保持强健的体魄会为父母们增添额外的压力，尤其是对于女性来说。家庭和社会对于女性的普遍观念是：她们是付出者、厨师和家庭主妇，这有时会阻止女性相信自己能够抽出时间进行训练。如果运动员是一名新手妈妈，或还没有孩子，但是计划在未来的某一天成为妈妈，就需要寻求一些建议，学习如何在成为母亲后也能保持运动员的身份。

研究显示，锻炼有助于释放压力，而养育孩子是压力非常大的事情。孩子们确实很美好，当能够顺利照料他们时，他们会为你的生活增添无限的乐趣。然而，有着不稳定的睡眠和进食习惯的婴儿会使冷静、放松的母亲抓狂。另外，很多母亲需要进行全职工作（她们常常会因为离开自己的孩子并完全让别人照料他们而感到内疚）。很多女性运动员都会怀疑她们是否能够重新恢复强健的体魄并回归赛场，这是很常见的。她们是很可能完成这个目标的，只是会花费很多时间和精力，包括进行良好的时间管理和获得他人的支持。

在有了孩子之后应该怎样继续训练呢？当孩子们还小时，运动员可以使用跑步式推车、拖车式自行车、室内骑行台和跑步机，就如同前文介绍的一样。运动员还会惊喜地发现，很多人会愿意在自己进行短时间的游泳训练或其他训练时，为自己照看孩子。运动员还可以报名参加相关训练课程，把孩子和训练相结合。当孩子们逐渐长大，运动员可以以身作则，把运动和生活相结合，并鼓励自己的孩子也这样做。这时可以进行家庭骑行，让孩子们在自己进行跑步训练时骑车跟随。带着孩子和自己一起训练，就不会因为把他们剔除在外而感到内疚。关于这种内疚感，运动员需要知道，把自己的孩子留给值得信赖的成年人、自己的丈夫或孩子的祖父母照料是很正常的。这样，运动员才可以有自己的一些私人时间。这样做不是自私的行为。运动员还需要保持理智。锻炼会改善心情，自己越开心，就可以让身边的人以及孩子越开心。

另外，运动员或许还可以从孩子那里获得支持。提供儿童临时托管所或针对儿童的有趣活动的健身中心，是促使孩子们保持身体健康和健康生活习惯的好地方。这也有助于激发孩子们对运动的兴趣，他们尝试的运动越多，就会成为能力越平衡的运动员。另外，很多比赛都在成人比赛的前一天设有小铁人比赛，运动员不仅可以激励孩子参加比赛，还可以使他们也参与训练。运动员可以为孩子报名游泳课程，让他们学习游泳，或参加当地的游泳队。一些青年会和社区中心会提供青少年铁人三项项目。这是让孩子们学习铁人三项技巧、进行锻炼、成为团队的一名成员的好办法。即使孩子的年龄不足以参加铁人三项比赛或加入游泳队，他们也可以帮助运动员记录训练内容并前往赛场观看比赛。年龄大一些的孩子会兴致勃勃地制作标语，例如"妈妈加油"或"我爸爸是铁人三项运动员"。在有了孩子后还能完成铁人三项比赛也是一件值得骄傲的成就。拥有目标、遵循计划，并且成功地平衡生活和训练而带来的成就感使一切付出都变得有价值。

本章的目的是为运动员提供平衡家庭、工作和自己的训练日程的方法。本章内容的关键在于帮助运动员成为一名优秀的时间管理者，获得他人的支持，在训练上学会变通，和孩子们一起训练，以及介绍一些相关事例。运动员需要意识到，无论工作有多忙，自己也可以找到时间和家人相处、进行训练和比赛，并且拥有健康的生活状态，这一点十分重要。铁人三项比赛为运动员提供了变得更健壮、更快乐的方法，在自己的能力范围之内，大胆地拥抱训练和比赛的机会吧！

第22章

选择适宜装备

蒂莫西·卡尔森

从1974年9月25日在圣地亚哥的使命湾举办的第一场铁人三项比赛，到1978年2月举办的第一场夏威夷铁人三项比赛，对于这项由游泳、骑行和跑步组合而成的运动形式，都没有对其比赛设备设定相关的标准。对处于发展中的铁人三项比赛来说，为比赛设备设定相关的标准是非常有益于其长期发展的条件。

与之相反，骑行、游泳和跑步比赛都有着相当长的历史，并且具有严格的比赛设备规定。第一场铁人三项比赛是偶然间即兴开展的，源于一些具有创新精神的运动员试图进行一场非正式的挑战。起初，这些比赛只有一些简单的规则，运动员可随意着装，可以依照自己的能力适度参加比赛。"在长跑中也没有预先设定的铁人三项装备规定，这种创新的精神一直延续到了如今的比赛中"，两届铁人三项比赛冠军和技术专家乔丹·拉普说道。

铁人三项为运动员提供了发挥的空间，在早期参赛者中变成了一种十分流行的运动。聪明的运动员热切地搜寻并使用技术创新的新装备。有时，铁人三项的开拓者也会带领大家，还会帮助大家调整和改善原始创新装备。铁人三项运动员总是能够在其他领域找到很棒的装备并在铁人三项中加以使用。

铁人三项技术革新对比赛发展的关键作用

从一开始，达成不同距离的挑战带来的激动感就是铁人三项的吸引力之一，但是无论是铁人三项运动还是短跑运动，想要成为全世界范围内普及的运动就离不开关键的技术革新，这样才能使运动对于正常人来说易于参与。丹·恩普菲尔德发明的不仅保温还能增强浮力的游泳专用防寒泳衣，为不够强大的初级运动员带来了希望，让他们也可以在大海和风雨中的湖里游泳。

含有电解质的运动饮料和能量胶不仅可以帮助专业运动员提升速度，还可以使不够自信的运动员勇敢地完成长距离训练并且不必担心自己的身体无法承受。心率监测器和骑行功率计可以为运动员提供生理情况的反馈，帮助运动员达到理想的训练强度，使运动员的获胜率提高，确保他们不会落后。铁人三项运动员的训练专注于不可跟骑式比赛，比赛专用自行车的座椅、车把和车轮都是节约体力、提升速度的工具，可以使比赛变得更加舒适、更有乐趣，同时使自己的速度更快。总的来说，如果没有这些产品，铁人三项运动员的上升通道会变得更狭窄，对一些人来说，游泳、骑行、跑步相结合的比赛形式也会变成一种折磨。

铁人三项自行车

墨西哥金塔纳罗奥州的一个店主丹·恩普菲尔德在为比赛提供泳衣赞助时注意到，女性运动员很难找到带有合适把手的自行车。自行车从后车架到车轴的距离对于一些女性来说太长。恩普菲尔德由此萌发了缩小自行车设计上对于不同性别的差别的设想，他开始重新思考自行车的设计流程和铁人三项骑行比赛自行车的设计模具。他告诉铁人三项内部咨询人员杰森·萨姆纳："我曾经用过布恩·列侬的自行车车把骑行，我发现提高自行车速度的关键正是自行车车把。因此，与其将自行车车把设计成框架的一部分，为什么不将框架设计成能够使车把最优化的样子呢？"为了确保不出现问题，恩普菲尔德决定按比例缩小自行车整体并使用650毫米的车轮。

在骑行过程中，恩普菲尔德发现斯科特车把不够舒适，他还认为铁人三项自行车的踏板应该比普通的公路比赛自行车踏板更加靠前。1988年，恩普菲尔德决定将座椅角度调至更大。他的第一次尝试是采用金塔纳罗奥铁三车，它的座椅角度为80度，后来被改为78度。雷·勃朗宁是第一个使用超级车的运动员，并以显著优势获得了新西兰铁人三项比赛的冠军，获得了领先两大夺冠热门斯科特·廷利和理查德·威尔斯30分钟的好成绩。

自行车车把

1987年，自行车设计师和骑行比赛选手布恩·列侬修改并完善了由理查德·布莱恩制作的第一辆宽手把式自行车。克里斯·埃利奥特曾在1984年的穿越美国比赛中使用过这辆宽手把式自行车；在1986年，穿越美国比赛的冠军皮特·彭瑟尔斯对其进行了改善，他在车把前层增加了带有把手的肘托。列侬修改的版本使自行车的速度变化很大，骑手在这辆车上可以保持背部平直、肩膀放松，如同滑雪运动员进行下坡滑行时一样的舒适姿势。列侬为自己的车把设计申请了专利并将其卖给了斯科特公司。1988年，该公司大力开展营销，向顶级的专业铁人三项运动员提供产品赞助，例如迈克·皮格。1989年，格雷格·雷蒙德在最后一天的比赛中使用该车实现奇迹式反超，以8秒的优势赢得了环法自行车赛冠军。

能力范围内的优质轮组

虽然很多公司，例如J轮盘，都生产了平价的塑料轮圈来代替普通的自行车车轮，并且针对空气动力方面进行了改善，但仍然有像来自美国明尼苏达州的斯蒂夫·赫德这样的有创意的设计师选择使用碳纤维这样的航天科技材料制作价格合理、质量更轻的比赛利器。当意大利运动员弗朗西斯科·莫泽在1984年打破了1小时的骑行世界纪录时，赫德认为6 000美元一个的车轮对运动来说十分不利。赫德说："我担心富有的人占据太多优势。"接着，他开始研究更多不同的设计和材料，并将自己的第一款车轮定价为395美元（2007a）。赫德将自己的自行车店卖掉，开始经营自行车轮组生意并且亲手制作产品。他制作出了第一款高框轮组和多种正常框高的轮组，这些轮组在长达20年里都是铁人三项比赛和骑行比赛使用的标准轮组。

铁人三项比赛专用防寒泳衣（胶衣）

1987年，自行车和铁人三项运动员丹·恩普菲尔德注意到斯科特·廷利在极其寒冷的一天使用了一种又厚又大的压缩式冲浪泳衣，并且依然达到了他在温水中无泳衣时的游泳成绩。恩普菲尔德说道（2007b）："我逐渐发现，如果运动员使用专用的泳衣，就能够在冷水中更容易地游泳。"冲浪泳衣制作商维克托里允许恩普菲尔德自由参观自己位于亨廷顿比奇的工厂，恩普菲尔德在参观的过程中萌发了关于提升成绩的思考：泳衣需要在肩膀处使用更薄、更具灵活性的材料；在关键区域需使用更光滑、利于减少水中阻力、更厚的材料，以此增加浮力、帮助运动员改善不恰当的游泳姿势；使用穿着更轻松的开口并加紧脖颈处的包裹，以此确保减少进入泳衣的水量。在恩普菲尔德试用这款泳衣样品时，他告诉萨姆纳（2007b）："使用这件泳衣，我的100米游泳成绩提高了7秒。以后的数十年我都会继续使用这样的泳衣。"恩普菲尔德的金塔纳罗奥牌泳衣使运动员在冷水中也能舒适地游泳，并且游得更快，以此激励了无数新人加入这项体育运动。此外，在北京奥运会上夺人眼球，但随后被判定为不合规的鲨鱼皮泳衣就是使用铁人三项泳衣的基础理论研制出来的。

骑行功率计

1986年，SRM训练系统使测量能量输出成为可能，不仅在实验室中可以使用，它还能被应用于公路骑行中。在开发SRM系统之前，医药工程学博士乌尔里希·舒博尔花费了数年时间思考测量运动员在骑行时身体能量输出的方法。舒博尔设计了一种特殊的底部支架，这种支架能够测量每个时间点发生能量输出的数值，通过持续不断的测量可以得到在骑行过程中与速度、距离和心率相结合的能量输出的完整数据。骑行功率计在20

世纪90年代变得十分流行，兰斯·阿姆斯特朗将这种功率计作为训练和比赛的重要工具。从那时起，骑行功率计成了自行车运动员和铁人三项运动员的必备工具。

心率监测器

1978年，芬兰的极点能源公司研制出了第一款心率监测器，这款心率监测器带有电缆连接胸带。1984年，极点能源公司研制出了小型心率监测器，运动员可以将心率监测器像手表一样戴在手腕上，同时运动员的胸部需要连接信号发射机。这款划时代的心率监测器可以在训练中准确地测量心率，它改革了一切训练和运动工具。1984年，铁人三项运动员和教练成为首批使用这种宝贵仪器的人，心率监测器帮助人们测量出了效率最高的有氧和无氧训练水平。

电解质能量饮料

在20世纪60年代中期，罗伯特·凯德博士研制出了一款名为佳得乐的饮料，为美国佛罗里达大学的橄榄球队解决了运动员的脱水问题。1967年，佳得乐被斯塔克利公司买下并立即在美国全国范围内推广。1969年，圣地亚哥马拉松跑步运动员和生化学家比尔·古金对佳得乐进行了产品改良，使产品中含有的葡萄糖和金属离子（钠离子和钾离子）与运动员体内含有的这些物质更加贴近。他还在饮料中增加了镁离子和维生素C，使饮料的酸碱度更加平衡，防止运动员的胃部感到不适。他研制的饮料名为Gookinaid（现在称为Hydralyte），在圣地亚哥赛事俱乐部被广泛使用。这一产品的研制为现代电解质饮料，尤其是针对铁人三项持久型运动员的电解质饮料的改善和发展迈出了重要的一步。

能量胶

20世纪80年代早期，来自美国开普敦大学的运动生理学博士蒂姆·诺克斯研制出了一种具有较低渗透压的长链碳水化合物聚合物，它可以帮助运动员在高强度运动中吸收更多的水和能量。在进行了一些尝试后，诺克斯和勒平研制出了一种理想的聚合物形式：以塑料为容器的高浓度液体。从那以后，这种聚合物就装在撕拉式包装的塑料容器内，与快餐店内的番茄酱包装类似。很快，具有创新精神的铁人三项运动员开始购买这种营养补充剂。20世纪90年代中期，布莱恩·麦克斯韦在运动食品公司的搭档、来自美国伯克利大学的生物物理学和医药物理学博士威廉·沃恩进一步改良了上述营养补充剂的成分。

虽然这些关键的发明创造有利于运动项目的发展，但21世纪以来铁人三项运动项目运动量和运动强度急剧上升的势头并没有减弱。随着新材料和高科技、数字化概念的出现，铁人三项运动科技依然处于不断地更新发展之中。

选择与个人水平相符的比赛装备

即使运动员较为富裕，也不能随便走进一家高档的铁人三项用品商店，直接买下最贵的自行车、航天级别的心率监测器或骑行功率计、性能最好的骑行头盔、强化型跑鞋，以及最杰出和最富有经验的运动员研制出的先进的比赛工具。首先，所有水平的铁人三项比赛用具为运动员提供了多种选择，同时也可以适当提供基础、安全、合理的游泳、骑行和跑步工具，使每个运动员都有机会探索自己真正的需求，以解决许多关于舒适度和比赛表现的问题。

铁人三项比赛的一个优点是能够让运动员在第一次比赛中就感受到激动人心的情绪，这种心情绝不逊色于取得铁人三项比赛冠军的喜悦。不应当因为同场比赛的运动员更专业而放弃尝试。第一场铁人三项比赛可以使用一些常见工具来完成，不论是在车库里的工具还是在旧衣服堆里的衣物，都是一个很好的开始。但是，如果想要从初级比赛进入中级比赛，进而成为专业运动员，则需要购买一些专业的优质设备，这是日后会带来成绩提升的合理投资。

新手运动员

也许你曾观看过铁人三项新闻或奥林匹克铁人三项比赛；也许你曾看到自行车在当地小型铁人三项比赛中飞驰而过；或看到在城市铁人三项比赛中全副武装的游泳运动员、骑手和跑步运动员。当看到运动员到达终点线时的笑容和喜悦，多数观众都会不由自主地萌发出参与其中的渴望。无论是什么促使你参与铁人三项比赛，也许是短途铁人三项活动或把双脚浸入水中。这时，身为新手运动员的你需要什么样的装备？又应该到哪里购买这些装备？

铁人三项市场的统计报告显示，铁人三项运动员的收入中位数为6位数，而铁人三项运动员每年购买比赛装备的平均花费为2 000美元至5 000美元，大部分装备是进口高科技工具。那么，手头并不富裕的学生或工薪阶层、预算不足的人又如何参与铁人三项比赛？这并不是值得苦恼的问题。事实上，调查显示，美国铁人三项协会的135 000名成员中（2009），活跃的铁人三项运动员的平均花销如下：游泳装备150美元每年，骑行装备大约350美元每年（除去自行车），跑步装备200美元每年。

对于新手来说，只需要在当地找到一场报名时间宽裕的小型短途铁人三项比赛，就可以在不花费大量钱财的情况下快速满足自己的参与欲望。如果没有对比赛的焦虑和担心，那么比赛就会带来巨大的乐趣和喜悦。运动员需要掌握两种技能才能参加比赛：游泳和骑行。除此之外，铁人三项比赛的限制条件很少。如果水温不是太低，运动员可以身穿冲浪泳裤参加比赛，还需要一双旧运动鞋、旧的山地车、舒适的T恤衫，当然，还要戴着美国消费品安全委员会批准的自行车头盔,这也是美国铁人三项协会的安全规定之一。如果运动员想要购买更好的装备来完成比赛,有很多选项可供参考。首先,不要为了自己的第一场比赛大肆挥霍,因为在接受一定的训练后或参加了几次比赛后,运动员才会真正了解自己的需求。

体育项目和互联网的不断发展使人们可以更加轻易地找到当地比赛的具体信息。参加当地的铁人三项俱乐部也许是较好的方法。比赛规格从十几个爱好者的比赛到大城市俱乐部中1 000 ~ 3 000人参与的比赛不等。如果运动员生活在大型城市中,铁人三项俱乐部便是收集比赛信息和教练信息的良好渠道,也是购买二手设备的途径之一,因为成员们总会持续不断地更新自己的自行车。另一个渠道是铁人三项社群。铁人三项社群成员会在每个合理问题下分享自己的专业知识和建议。如果想要面对面地交流,运动员可以选择购买自行车商店、铁人三项运动用品商店的服务。虽然这些店家乐于向运动员销售物品,但大部分店家也会提供基础的建议,引导运动员购买正确的设备,这样也可以确保运动员成为回头客。除此之外,购物网站、分类广告单和铁人三项用品商店也会提供二手工具或短租工具。

新手的游泳装备

对于在温水中进行200米至500米游泳比赛的铁人三项运动员来说,可以选择穿着普通泳衣或骑行短裤进行比赛。对于很多铁人三项运动员来说,水温通常会在21摄氏度或低于21摄氏度,而铁人三项比赛专用防寒泳衣既能保暖又能增强浮力。较好防寒泳衣的价格为450美元至650美元,但运动员也可以选择从铁人三项用品商店为比赛专门租一件泳衣,只需要花费25美元至60美元。一些网站也会提供优质防寒泳衣的租赁服务并通过快递方式进行邮递,价格一般为45美元。他们还会出售二手泳衣,价格为50美元至150美元。如果运动员恰好有和自己身材相似并且同样参与铁人三项运动的朋友,也可以选择向他们借泳衣来参加比赛。在水温比较温暖时,无袖款泳衣是个好选择,因为这样的泳衣更容易脱下,但是这也会使水进入泳衣,让运动员完成游泳更加困难。如果水温在19摄氏度或以下,比赛距离又在800米以上,运动员就应该选择全身式泳衣。著名铁人三项教练乔·弗里尔曾说道:"在购买泳衣前,运动员必须搞清楚自己对泳衣的需求和喜好。"

运动员可以选择在游泳时不佩戴泳镜,但是实际上泳镜的性价比很高,一副护目镜的价格在12美元到35美元。为什么要选择佩戴泳镜?在游泳的过程中很有可能出现许多扰动的水流,如果佩戴泳镜,就不需要在这种情况下闭上眼睛,尤其是在咸水中。除此之外,泳镜还可以帮助运动员更清晰地找到浮标,并且确保含有消毒水成分的水不会刺激双眼。运动员应该试戴商店中各种品牌的泳镜,因为泳镜的舒适度对每个人来说都不相同。

新手的自行车装备

运动员可以选择使用自己的旧自行车或临时借来的自行车参加比赛，但是以合理的价格租用或购买一辆状态良好的二手自行车也是一个不错的选择。铁人三项专业运动员乔丹·拉普在一次电话访谈中曾提到，在做出决定前，应该先进行试骑，选择舒适的自行车。千万不要先买下自行车再试图把它变得舒适。对于新手来说，较好的策略是找到一家自行车商店或铁人三项用品商店，或多种类体育用品商店，找到专业的机械师帮助自己测量适合自己的自行车架的尺寸。如果选择租用自行车或购买二手自行车，运动员也需要从基础做起，需要大致测量自己的身高和内侧腿长。对于身材魁梧的运动员，例如身高为196厘米、内侧腿长为89厘米的运动员来说，一般需要选择60～62厘米的车架；身高为178厘米、内侧腿长为81厘米的运动员一般需要55～56厘米的车架；身高为152厘米、内侧腿长为74厘米的运动员则需要42～44厘米的车架。在完成第一次铁人三项比赛后，运动员可以寻找专业的自行车装配工、运动学实验室（如博尔德运动医学中心）里的技术人员或受训合格的专业自行车修理师对自己的自行车进行适当调整。此类花销都是值得的，因为这样不仅能使自行车保持良好的状态，还能降低受伤概率。

如果选择购买二手自行车，经验丰富的铁人三项运动员提出了自己的建议：运动员可以购买50美元的旧车，大概会有钢制的框架，踏板上会有平价的皮带踏脚套（新的价格为15～17美元），以便于运动员穿着跑鞋也可以使用；运动员也可以选择500美元以内的公路比赛用或铁人三项专用自行车，这一类车带有铝制的框架、可装配式的车把、优质的装配式踏板以及基本的硬式骑行鞋。在一次电话访谈中，乔·弗里尔建议，不要买新自行车，在为自己购买更好的自行车之前等待一年。对于购买二手自行车，Xlab USA公司老板、Nytro体育科技创始人、铁人三项设备专家克雷格·特纳在电话访谈中给出了自己的意见：购买时要注意查看自行车的变速器和轴承架，要注意轴承架的变化和垂直运动；也要注意查看整体的车架，确认没有严重裂痕，尤其是在车座底部的支撑部分。当然，如果卖家允许运动员将自行车带到当地的自行车店进行一次专业评估就更好了。

在铁人三项自行车租赁市场中，大部分主要城市都有设施完备的商店。在华盛顿一家颇受欢迎的商店里，带有车把的标准自行车一天的比赛租用费用为50美元，碳制车架的租用费用为75美元，碳制车架并带有优良配件和车把的自行车租用费用为100美元；而租用整个周末的费用为125～150美元，这样运动员可以有足够的时间在比赛前对自行车进行练习和适应。如果运动员需要去外地参加比赛，要注意150美元的高档自行车的租金，可能要比通过飞机快递自己的自行车所需要的费用更贵。

简单的骑行码表可以用于测量速度和距离，有利于运动员进行速度控制，但是对于第一次参加比赛的运动员来说它并不是必备工具。运动员应该专注面前的道路情况，避免因为不够熟练而驶入凹坑或者和其他选手发生碰撞。如果运动员对于比赛用的自行车操控得并不熟练，可以选择在比赛中尽量避免使用背部挺直的折叠式骑行姿势。另外，即使是对于经验丰富的运动员来说，在自行车架上放一瓶自己喜欢的电解质饮料也是十分提倡的行为。运动员应该把腰带式携带的饮品，例如挤压式瓶装饮料和能量胶，留到之后的更长时间的跑步比赛中使用。

新手的跑步装备

对于第一次参加铁人三项短途5千米跑步比赛的新手运动员来说，并不需要太多跑步装备。有趣的是，至少三分之一的铁人三项新手都有跑步比赛的经验并且有自己的跑鞋。在铁人三项的短途跑步比赛中，即使是新手也可以从简单的为了减轻压力的赛事转换策略中获利。这就是平价的自行车踏板踏脚套对于新手来说是个好选择的原因，运动员可以在骑行和跑步中使用同一双跑鞋。如果新手坚持使用更加先进的踏板和硬壳式的骑行鞋，那么可以选择使用带有松紧带的跑鞋来让鞋子的更换更加顺畅，也可以选择在正常的鞋带上使用鞋带锁。

在短距离比赛中，运动员可以选择身着跑步用或铁人三项专用的运动背心和可以进行游泳、骑行和跑步比赛的骑行短裤；也可以选择使用专业铁三服，可以节省更多时间更换衣服。如果新手运动员坚信自己会一直坚持从事这项运动，不同功能、款式、颜色的单件式和两件式铁三服是必备的。

虽然跑步帽和太阳镜对于奥运距离及更长距离的比赛来说可能是必备装备，但对于短途比赛来说，这些装备是可选的，对于追求简洁比赛的运动员来说可以忽略。太阳镜有可能发挥作用的地方是在骑行比赛中，它可以在运动员以32 ～ 40千米/时的速度前进的情况下防止灰尘进入眼睛。但是这样的作用并不值得新手花费150 ～ 250美元购买专门的运动眼镜。对于铁人三项比赛来说，运动员必备的一个产品是防水防晒乳。

进阶运动员

有趣的是，新手铁人三项运动员在前几次铁人三项比赛中，使用借来或租来的设备也能收获良好的比赛体验。当铁人三项运动员逐渐被铁人三项吸引并且开始想要尽更大的努力进行比赛时，他们会发现自己的自行车、运动短裤、运动鞋有一些不够舒适。这时，铁人三项爱好者开始想要探索自己的潜力所在。那么，这时可以选择的高效、价格合理的铁人三项装备有哪些？

在考虑购买更多的优质设备协助自己完成整个赛季或更多铁人三项比赛时，运动员需要制订一个长期的预算策略。首先，运动员可以卖掉自己价值500美元左右的二手自行车，尽量使卖出价格与购买价格差不多，还可以半价卖掉自己的第一件防寒泳衣。接着，开始购买中端的铁人三项专用自行车和其他设备，认为花销太高时可以想一想它们超过2

年或3年的利用价值。如果初期花销太高，可以把这些花销分散在1年或18个月中，按照重要程度依次购买。如果运动员无法购买所有想要的装备，铁人三项俱乐部的会员身份可能有助于找到一些比赛当天装备的售卖渠道。

调查显示，在教练、商店老板、专栏作者和运动员之间，存在一种关于购买铁人三项比赛设备简单的二级逻辑顺序。

进阶运动员的游泳装备

虽然进阶运动员的游泳装备可能不会像自行车装备那样贵且类型多，但随着游泳技能的增加，运动员也需要更大的花销。不是所有游泳比赛的支出都是关于游泳装备的，但是这些花销都相互关联。最重要的花销用于加入当地的专业游泳训练项目。接着是私人课程的花销，运动员需要找到一流的教练来调整自己的游泳姿势。在参与课程的同时，运动员还需要为训练购买脚蹼和划水掌。陆地训练和热身训练需要3米长的弹力绳。运动员还需要尝试不同的泳镜，寻找最适合自己的一副。最后，如果运动员感到自己游泳技能的快速提升已经达到了稳定状态，并且自己的预算仍有剩余，就可以考虑购买一件专业的450～650美元的低阻加速的防寒泳衣。

进阶运动员的骑行装备

进阶的铁人三项运动员可能会开始寻求一辆更好的自行车。当运动员开始寻找合适的自行车时，应该首先在商店试骑。如果运动员较为富裕，可以花费80～250美元聘请专家对自行车进行完整的调试。这样的花销是值得的，从长远来看可以有效预防受伤、增加速度，还可以使运动员更加轻松地骑行。同样，查看美国铁人三项协会成员间的调查也很有用，可以了解到成员们偏爱的自行车品牌。几乎所有的现代自行车都达到了性能和质量的相关标准，因此对运动员来说，了解流行的自行车品牌是做决定的一种捷径。

如果运动员对自行车的预算为500～1000美元，可供参考的选择就会被限制在铝制框架且带有基础配件的公路比赛自行车之中。对于1000～1500美元的预算来说，很多带有优质配件的铝制框架公路比赛自行车都是不错的选择。例如，十分流行的流畅变速自行车，并且它配有装配式车把、码表以及可以自行选择的踏板，例如棒棒糖形状的踏板（185美元）或加宽式踏板，还配有硬壳式的骑行鞋，有助于运动员骑行时发力。如果运动员必须把预算控制在1000美元左右，可以暂时不购买专业轮组，只使用带有常规轮胎和内胎的标准轮组进行训练和比赛。需要注意的是，如果运动员在考虑进行大量爬坡训练并且自身并不像阿尔伯托·康塔多或克里斯·勒托等专业运动员一样强壮，最好在自行车商店安装价值125～200美元的爬坡专用配件。

如果预算为1500～3000美元，也就是中端自行车能达到的最高预算，运动员的选择有很多。这一预算下，可购买带有流线型78度角座椅和带有末端变速开关综合把手等的铁人三项比赛专用自行车。更重要的是，这些自行车可以装配碳纤维车架，车身更轻，还可以比铝制车架承受更高的强度，更加有利于运动员进行长距离骑行。这样的预算下还可以购买比赛品质的专业配件，例如禧玛诺的飞轮套件或康帕纽罗的变速器。

这一预算水平意味着运动员需要进行规律的骑行训练，并且在不断提升自身技能时，应购买品质更高的比赛轮胎，例如马牌轮胎、维多利亚轮胎或米其林轮胎。如果运动员已经可以参加美国铁人三项协会的专业比赛或铁人三项世界锦标赛，还需要考虑购买一个后车轮或其他高框碳制轮组，这类状态良好的二手轮组通常价格为400美元一对，但顶级轮组的价格可高达2 500美元。除此之外，人们还生产了很多具有良好空气动力性的水壶，一般可放于座椅后方。

另一个关于空气动力性的小提示：如果想要防止水壶产生的空气阻力作用在自行车架上，可以选择减少阻力的碳纤维水壶架。

另外，在使用较快速度和实力相当的对手进行比赛时，骑行头盔会发挥重要的作用。如果运动员好胜心很强，并且愿意在骑行头盔上花费更多，可以选择带有较大通风口的综合式头盔来帮助散热，例如GIRO头盔、Bell头盔或闪电牌头盔。运动员还可以选择纯空气动力型头盔，这类头盔可以帮助运动员将速度提升2%，但是其缺少通风口，头盔内的高温会增加运动员脱水的风险。因为铁人三项是一项综合运动，即使使用气动式头盔赢得了一定的时间，也很有可能因为它对跑步状态的影响而失去更多时间。

在进阶阶段，请教练是十分高效和合理的选择，不论是当地面对面的教练，还是通过网络进行培训的教练。一个不具备记录时间和其他数据功能的简易心率监测器是个不错的工具，价格一般在80～120美元。如果想要更加完整的数据，例如锻炼间隔时间、训练的平均心率或GPS和海拔图像，很多品牌都有优质的高端心率监测器，价格在120～450美元。一些教练会更加信赖自行车上的功率计，间接测量版本的价格在300美元左右，而完全功能版本的价格高达4 000美元，例如CycleOps牌、Garmin牌和SRM生产的功率计。

另外，冬季天气太过寒冷，运动员无法外出进行骑行训练时，无论是120美元的滚筒骑行台，还是功能完备的功率骑行台都可以帮助运动员维持训练。骑行台连接电脑手机可以改变踩踏阻力并且模拟著名铁人三项比赛地的影像。功率骑行台的价格大约为1 200美元，它们可以准确地测量运动员的能量输出，并且帮助运动员在寒冷的冬天保持强健的体魄。

进阶运动员的跑步装备

运动员在建立规律的跑步训练计划后，可以开始考虑购买更加先进的跑步装备。

首先需要购买的是跑鞋。随着赤脚跑步的逐渐发展或相对保守的简易跑鞋的流行，是时候通过查看各大品牌跑鞋的流行情况来开始认真研究这一趋势的意义，包括赤足跑鞋的流行和各大简易跑鞋生产商的销售情况。虽然其中的很多跑鞋和传统的轻便式跑鞋相差不远，但简易跑鞋的原理有所不同，跑鞋上的微型气垫可以帮助运动员更轻盈地落脚和使用更自然的步伐，在提升速度的同时更有利于运动员的身体健康。但是，简易跑鞋的选择必须在跑步教练的指导下进行。还要注意，也可以选择加厚气垫版的跑鞋，很多跑步运动员和铁人三项运动员都在使用这样的跑鞋。

一些铁人三项运动员还会选择使用长筒压缩袜，这样的袜子会让成熟的跑步运动员看上去有点像校园里的学生。其原理是在长跑时通过袜子的压缩防止过多血液积在下肢，很多专业运动员对这种方法都深信不疑。另外，如果运动员想要拓展自己的运动范围并且考虑参加距离更长的赛事，例如半程或全程铁人三项比赛，可以携带水瓶和便携式营养补给的腰带，这是训练和比赛中的有利工具。在比赛中，分体或连体铁人三项运动服是速干的，可以排掉长跑过程中的汗水；铁三服在水中可以减小水的阻力，在骑行中可以减小空气阻力，衣服的设计看上去也很不错。这样的运动服价格为75 ~ 175美元。

在制订了长期规律的跑步计划后，运动员还需要开始记录有价值的数据，例如心率、里程数、海拔和跑步频率。运动员可以使用传统的纸、笔记录数据，也可以用自己计算机中的训练项目或图表记录数据。高端的心率监测器可以保存这些数据、记录圈数和次数，还可以计算与心率对应的每一段训练的总体成绩、平均成绩以及成绩区间。一些监测器还可以测量气温、海拔，甚至热量消耗数据。

如果运动员有跑步教练，那么教练通常会使用摄像机来分析运动员的步态。如果运动员选择使用计算机记录大部分数据，摄像机或便携摄像机（价格为100 ~ 350美元）对于记录步态来说会很有帮助，运动员可以记录自己整个赛季的状态，以此进行缜密的步态评估。如果运动员通过网络与教练联系，这样的方式会更加实用，教练可以通过观看运动员的录像进行专业的观察判断，分析其跑步姿势，帮助运动员调整技巧。

专业水平运动员

专业水平意味着铁人三项运动员具有丰富的经验、高超的技巧和取胜的志向，很多赞助商愿意帮助其完成比赛。如果比赛类型是赛车，对应的赞助价格可能会没有上限。很多谨慎的专业水平运动员会在这些赞助产品中做出自己的抉择。

专业铁人三项自行车

很多专业铁人三项自行车的价格高达3 000美元，包括使用新科技的空气动力型自行车。铁人三项杂志的员工亚伦·赫斯在电话访谈和邮件中曾提到，现阶段自行车架形状的最大改变是顶部的管架变得长于并且细于过去20年的自行车制作标准。

赫斯指出，在过去20年中，大部分铁人三项自行车架都使用美国国家航空咨询委员会给出的相关标准中的扁平形状，这一形状具有固定的弧度、链条位置和最大宽度。赫斯说，铁人三项自行车架的新趋势摒弃了传统的较窄、较深的扁平形，选择了更宽、更浅的形状，并且将顶部横管的靠后部分缩短了40%。

车轮

许多年来，车轮生产商都认为窄胎是车轮的最好形式。但随着新理论的发展，更宽的自行车胎和轮组形状的革新同时出现了。互为竞争对手的车轮生产商HED和ZIPP也加入了这一革新项目。赫斯解释道，很多年来19毫米宽的轮胎都配有较窄的刹车夹器，这是工厂的制作标准。由HED和ZIPP共同设计的新轮胎摒弃了19毫米的刹车轨道，将其改造得更宽。其他公司也尝试着跟上这一潮流，开始制造21～22毫米宽的轮胎。但是HED和ZIPP把自己的车轮设计成了25～27毫米宽。

这样做的原因是为了充分利用空气动力学。高框轮组不仅仅是顺应潮流，其形状还十分符合空气动力学。问题是，旧式车轮较窄的刹车轨道无法和新式高框轮组吻合。这一轮组呈数字8的形状，降低了风阻，尤其是在逆风时。赫斯在一次电话访谈中说道，"新一代的宽式车轮将刹车夹器和车轮圈融合在了一起，组成了密不可分、使速度更快的形状"。

这些新式车轮的转动速度非常快，价格也很贵。一组HED轮组的价格在2 100～2 200美元，而一个HED封闭轮需要1 600美元。一组ZIPP轮组的价格在1 900～2 100美元。

电子变速器

禧玛诺、康帕纽罗和SRAM都持续不断地改善自己的变速器，而禧玛诺已经制作出了一种特有的套件系列，其看上去就像一级方程式赛车的一部分一样。禧玛诺变速系列Di2是一款由电动机驱动的电子变速器，价格在4 000～5 000美元。为什么价格如此昂贵？因为骑手可以使用这种变速器进行电子变速。这种变速更容易操作，变速也更快捷、更精准，不会像传统驱动链一样常出现调节失灵的问题。由于昂贵的价格，并没有很多运动员选择使用电子变速器。两次获得铁人三项世界锦标赛冠军的克雷格·亚历山大非常喜欢赞助商提供的电子变速器样品。这种变速器已经上市很多年，并且已被证实是可以信赖的产品，它的重量仅比传统的变速重150克。

专业功率计

对于专业水平的运动员来说，功能完备的价值4 000美元的CycleOps功率计和根据自行车改造的SRM功率计值得进行投资。在兰斯·阿姆斯特朗使用功率计之后，功率计开始在专业运动员中变得非常流行，教练也把它们当作重要且高效的辅助工具。对于高水准的比赛表现来说，至关重要的标准是乳酸阈。乳酸阈反映了运动员肌肉能量供给满足能量需求的能力。乳酸阈由能量输出计算得来，是判断短距离比赛和铁人三项比赛中运动员运动表现的十分重要的生理数据。更确切地说，功能性阈值功率是一名运动员能够在稳定状态下运动1小时，且不会感到疲惫的最高能量输出功率。功率计的功能就是在不进行血样采集的情况下测量乳酸阈和功能性阈值功率。在室内骑行训练机上，或在室外骑行时，或在比赛中获得的信息对于运动员的目标制订来说至关重要。虽然很多年长的专业运动员都使用专业的精确功率计，但年龄处于平均水平且收入一般的运动员可以选择使用价格合理的基础版功率计进行估算。

▶高科技含量或低科技含量：目光要放得长远

科里·福克是一名52岁的铁人三项运动员，他已经完成了47场铁人三项比赛和21场铁人两项比赛。福克是一名十分幽默的建筑师和运动员，同时他也非常擅长短距离运动。在运动员对高科技工具感到困惑、无法理解它们是否是铁人三项运动的一部分时，或对传统科技十分执着、无法理解高科技工具的妙处时，福克是一个很好的倾诉对象。他在铁人三项运动兴起的前20年就开始参与运动，直至现在仍然是一名出色的运动员。福克完成了夏威夷铁人三项比赛，当时他赤脚骑行一辆价值200美元的荧光绿色27千克重的施文山地自行车，头盔上用尼龙扣贴着泡沫做的火焰图案。他还曾使用价值12 000美元的现代自行车完成过同样的比赛。在两次比赛中，他都收获了乐趣和独特的意义。

福克在1996年挑战了铁人三项比赛，那一年吕克·范莱尔迪创下了8小时4分钟8秒的大铁比赛纪录。福克说道："使用破旧的装备参与像铁人三项这样的比赛，最大的好处就是完全没有压力。在骑行中，就如同随时可以坐直身体享受比赛一样，当然这也是我唯一的选择。当运动员可以完全摆脱自己平时的个性，不再担心装备的性能时，挑战变成了限时完成比赛。在骑行比赛中，常常会有某个瞬间让我忽然意识到，我尝试做的事情远远超出了我的能力范围，也许我无法成功。这是一种很棒的感觉。那时候，完成比赛并不是每个人都能做到的，而我总是尝试进行挑战，这正是我参加铁人三项比赛的原因。"

"我的12 000美元的自行车是一辆很好的自行车，拥有这种装备的快乐是无以言表的。它是那么精确又便于操作。事实上，对我自己来说，我觉得能够操控两种顶级水平的装备真的非常了不起。在操控过那辆破旧的老自行车后，我发现了两者的不同。"福克的山地自行车和现代的先进自行车都在他位于夏威夷开卢阿科纳的公寓内存放着。"我的12 000美元的自行车是一辆很好的自行车，拥有这种装备的快乐是无以言表的。"福克激动地又说了一次。

福克对于现代科技赞赏有加。2005年，他进行了一次反应性髋关节置换手术，这使他从休养中解脱出来，在手术后又开始能够参加一些铁人三项比赛和铁人两项比赛。

发力曲柄

有一种高端的工具叫作发力曲柄，其由弗兰克·戴设计研发。他毕业于美国海军学院，具有一定工程学基础，并且是1978年最初12名铁人三项比赛完成者之一。发力曲柄是一种独立的自行车曲柄，可以代替自行车或训练机上的普通曲柄。这里的"独立"是指运动员无法使用单腿操纵踏板的运动。想要操控自行车，运动员不能仅仅停在踏板上休息，而是需要使用髋关节和大腿肌肉主动抬起踏板。这一改变确保运动员的腿部肌肉能平衡发展（左侧和右侧、前部和后部），并且训练了其他肌肉的协调能力。这对于健康来说十分重要，还可以改善运动员的运动表现。发力曲柄需要运动员使用几乎完美的姿势骑自行车。部分公司声称，发力曲柄可以改善运动员的骑行和跑步状态，环法自行车赛的骑行运动员就是例子，马拉松运动员、教练艾尔伯托·萨拉扎尔和很多铁人三项运动员，包括葆拉·纽比·弗雷泽、克里斯·麦考马克、米琳达·卡弗拉和康拉德·斯托尔茨，他们都试图采用完美的骑行姿势。发力曲柄的价格从999美元（基础款）到1 299美元（X版）不等。

高原帐篷

通过限制氧气含量，高原帐篷可以模仿高原生活和训练带来的影响，从1 600米海拔到9 000米海拔。身体对这些情况的适应促进了红细胞的自然生成，从而增强运动表现。10年前，这些帐篷和低氧空气生成器的价格大约为10 000美元，但是现在已经有更具竞争力的公司的产品定价低至2 500美元。有什么证据能证明这些工具的有效性？这些工具高效到国际自行车联盟甚至认真考虑过禁止使用这些工具。

总之，在铁人三项运动中，有很多装备供运动员选择。对于很多运动员来说有时无法抗拒它们的诱惑。应该购买哪种自行车？是否需要一个功率计？应不应该购买比赛专用车轮和车把？很多的装备选择都取决于运动员自身的经验水平和具体预算。我希望本章的内容可以帮助运动员更好地选择真正适合自己的游泳、骑行和跑步工具。

第23章

教练的选择

琳达·克利夫兰

美国铁人三项协会成员和运动员常向我提出的问题是："我为什么要雇用一名铁人三项教练？教练可以帮我做些什么我自己无法做到的事情吗？"很多铁人三项运动员都可以成功地自己进行训练，但很多人的训练项目并不完善。这些问题小至营养进食，大到低效率的、影响游泳成绩的姿势。除非运动员曾经就读过专门教授解剖学、生物力学、营养学或训练科学的大学，否则其了解自己的身体状况和制订针对某种能量系统的训练计划非常困难。如果对训练周期不够熟悉，则运动员很难使用周期训练计划为重要的比赛做好准备。面对一份全职工作和家庭带来的各种杂事时，运动员会发现把周期训练整合起来并不容易。在过去的时间里，我在培训教练的同时也从教练和他们负责的运动员身上学到了很多。本章将会讲述运动员在选择铁人三项教练之前需要考虑的相关事项，以及教练如何帮助运动员发挥全部潜能。

教练的基本条件

在运动员的训练和比赛中，教练可以在多个方面提供帮助。同时，在选择教练前，运动员也需要考虑教练的一些基本条件。

学历和背景

首先，运动员需要了解教练的教育背景。例如，他是否在训练科学、训练生理学或生物学方面拥有学士学位或硕士学位？这些学位的教育集中在解剖学、生理学、生物医学、运动试验、运动处方和营养学方面，通常需要4年的学习，包括课堂学习、实验室研究和实际应用。如果教练在相关领域拥有硕士或博士学位，那么他很有可能已经完成了与训练相关的研究论文和学术演讲，并且在期刊上发表了自己的结论和相关论述。因此，拥有相关学位的人对能量系统、人体构造、如何设计训练和如何达到预期目标有良好的知识基础。

除了教练的教育背景，他还持有什么相关的证书吗？他是否已经通过了国家运动官方组织的认证？例如，美国铁人三项协会、美国自行车协会、美国游泳协会和美国田径协会。这些协会都提供相关的教练认证课程。

如果一名教练声称自己可以提供一定营养学方面的建议，运动员需要确保该教练是一名已认证的营养学专家。如果想要确保自己的教练具有和运动员共同工作的经验，可以寻找身为运动营养师的教练。营养师证书证明了持证人拥有至少2年的营养师工作经验和至少1 500小时的专业实践经验。如果运动员患有一些新陈代谢方面或心脑血管疾病，选择一名专业营养师作为教练非常有必要。"营养师"一词变得越来越常见，但相关机构对于声称自己是营养师的人缺乏相关的管理和严格的规定。因此，运动员要确保自己挑选的教练是一名已认证的营养学专家或运动营养师。

无论教练声称自己有什么证书，运动员都应该要求亲眼看到并确认证书的真实性。上文中列出的所有证书都需要教练获得持续、长期教育的学分，以此提升他们的技巧和知识。这需要他们定时参加会议、研讨会或网络研讨会，以此获得足够的学分。这可以帮助运动员确定自己的教练是否愿意花费时间和金钱学习新的知识，并保持自己的证书持有权，进而确定他们是否能够更好地帮助自己。

经验

运动员如何判断自己的教练是否拥有与自己合作的必备技能？首先，运动员可以询问他们与不同运动员的合作经历。教练是否曾与新手运动员合作准备他们的第一场比赛，或是否帮助过已经具有一定经验的运动员提升能力，或是否训练过参与长距离的半程或全程铁人三项比赛的运动员。对于考虑参加或决定参加国际铁人三项联盟赛的运动员来说，还要考虑自己的教练是否拥有与这类运动员合作的经历。他是否了解洲际杯的比赛标准？如果运动员的目标是参加世界锦标赛，尤其是奥运会，确认自己的教练是否了解国际铁人三项联盟的计分规则也十分重要。如果运动员本身非常积极勤奋并且为获得专业运动员资格证而努力，寻找一名了解相关条件要求和比赛选择的教练对于获得运动员资格证来说会有极大的帮助。运动员还可以寻找一名专门和新手运动员或专业级运动员合作的教练；另外还可以选择曾和多种多样的运动员合作过的教练。运动员可以考虑，教练是否具有和某个特定年龄段的运动员合作的经验？他是否帮助过一些专业运动员进行训练？为专业运动员进行短期培训的教练和为拥有全职工作的运动员进行长期培训的教练是非常不同的。一些不同之处包括日常的训练时间、完成训练里程的时间安排、身体能力和专业技巧、训练目标以及具体的训练科目。

运动员还可以向教练询问一些他目前或以往合作过的运动员的不同比赛项目成绩。这些信息可以帮助运动员了解教练的成就记录。另外，很多专业运动员会在职业生涯中或快要退役时选择成为一名教练，但这并不代表他们一定是优秀的教练。在教练尝试向运动员解释一些技巧性的知识时，其具备的专业比赛经验确实非常重要，但是运动员需要的是一名拥有教育背景和相关证书的优秀教练。

个性

想要和一名运动员亲密合作并且帮助他达成目标，教练的个性必须和运动员的个性互补。至少，教练和运动员需要相互尊重，并且能够友好相处。大部分铁人三项运动员都是A型人格，并且需要教练来告诉他们进行各种训练的原因，当事情与预期不符时给予诚实的反馈，不断鼓励和激励他们达到自己的最佳水平。运动员应该和教练进行面试或较长时间的交谈，以此来判断双方是否能够友好相处。

教练身上应该具有的其他品质还包括诚信和信任。他是否对于自己的工作经历和工作方法足够坦诚？他是否预先和运动员探讨了目标的可行性？运动员会花费大量的时间和金钱来和教练进行合作，因此应确定能够信任他，并和他分享自己的个人信息，确保他在其他运动员或竞争者面前会为自己的信息保密。教练有很多不同的训练风格，而运动员对于不同的训练风格会有不同的反馈。如果运动员需要一名坦诚的教练来指出为什么自己过去无法进步，或告诉自己已设定的10小时成绩对于现有能力来说根本无法实现，就要在面试过程中向教练询问相关问题。

一些运动员和自己的教练可以愉快合作长达几年，而一些运动员会频繁更换不同的教练，不断寻找真正适合自己的教练。运动员应该在和教练的相处中感到舒适，如果双方合作并不愉快，一定要开诚布公地进行谈话。有时候，一些运动员辞退教练，或教练离开某名运动员，正是因为他们无法愉快地相处或对事物有不同看法。这种情况在优秀运动员身上更加常见，他们可能没有达到自己最好的运动表现并且尝试寻找解决方法，于是常常会把失败的原因归结在教练身上，并不断地寻找可以解决自己的问题的教练。

理论体系

在雇用一名教练之前，运动员要确保自己了解该教练的理论体系。他是否相信恢复期在训练中的作用？他是否愿意迁就你的工作时间和家庭事务？他是否想要你在训练的同时享受过程？如果你生病了，他是会建议你立刻休息还是会让你为错过一天的训练而倍感愧疚？在运动员和教练之间应该存在双向的沟通。教练应该询问运动员对于该赛季的目标，然后根据运动员目前的身体状况、技巧和可用时间来安排训练，让运动员知道自己的目标是否切合实际。教练应该对运动员足够诚实，让运动员知道在没有训练基础的情况下，通过每周仅仅5小时的训练就报名参加第一场铁人三项比赛是不现实的。这种情况下，教练应该建议运动员更改自己的目标，并暂时专注于短距离比赛。很多教练会坚决拒绝帮助年轻运动员进行长距离比赛的训练，因为这对运动员的身体来说很有风险。这样的教练正是运动员所需要的，比起达到比赛目标，他们会把运动员的健康和安全放在第一位。有些教练可能会愿意向运动员提供他们所要求的训练，但是归根结底，教练的职责应该是确保运动员进行安全的训练，并且不在训练中受伤。

训练项目

在选择教练时，运动员需要决定是面对面和教练合作，还是通过网络、电话和教练合作。面对面的合作能够带来很多益处。教练能够分析运动员的游泳姿势、骑行技巧和跑步姿势，并且在训练中帮助运动员改善自己的姿势，给予运动员实时反馈。很多教练都会为所执教的运动员提供每周一次的小组训练，运动员可以借此机会和其他运动员一起训练。和教练面对面合作的另一个好处是教练可以通过运动员的表情和肢体语言判断他是否已经为艰难的训练做好准备，或是否应该减轻训练难度或放假一天。很多运动员都很喜欢教练在泳池旁、共同骑行的过程中或跑道边为自己提供实时反馈。

虽然面对面的训练可以带来很多好处，但同时也带来一些挑战。其中一个挑战就是时间的协调。如果运动员的时间表和教练的时间表很难重合，或运动员常常前往外地，设定一对一的训练课程会变得十分困难。另一个挑战是金钱的消耗。面对面的训练通常是收费的，如果运动员预算不足，那么可以和教练商议是否可以每个月碰面几次，以讨论训练计划并且通过邮件保持沟通，从而节省一些面对面训练的费用。另一种选择是参加每一次教练组织的小组训练课程，以此来获得性价比更高的面对面训练课程，同时感受小组训练的积极氛围。

除此之外，在选择教练时，运动员还应该注意教练提供的训练项目和交流方式。很多教练会设定多种水平的训练项目和训练计划。高水平的训练允许运动员每个月进行无限的电话沟通和邮件沟通，并且可以自由调整自己的训练项目，但通常价格会更高。较低水平的训练项目包括一项量身定做的训练计划，但是也许每周会有沟通电话或电子邮件数量的限制。因此，运动员需要考虑自己是否可以负担所需服务的费用。如果运动员想要教练陪同参加自己的第一次长距离比赛，要做好为教练支付旅行费用的准备。有的教练会为一对一的训练课程收取额外的费用，因此，运动员需要考虑自己是否需要教练对自己的游泳姿势、骑行姿势或跑步姿势进行生物力学分析。

另外，如果运动员需要一名教练帮助自己将可用时间最大化并且安排一系列的训练，以此来帮助自己达成目标，就应该在预算范围内找到符合要求的教练。很多教练都会在网络上提供训练计划，运动员可以通过在网上支付费用来制订训练计划，无须和教练直接沟通。虽然这种方式对于一些积极上进的运动员来说很有用，但是运动员需要保持谨慎的态度，因为这些训练计划很有可能并不是量身定做的。运动员都不想因为遵守并非为自己量身定做的训练计划而训练过度或受伤。要记住，教练的训练是一种专业技能，很多教练都是以全职教练这一身份生活的，因此，不要相信那些每个月收费20美元的"教练"为你提供的任何服务。

社交和引荐

很多教练还可以为运动员提供在运动圈内的社交和引荐服务。很多教练都加入了由当地很多职业教练或运动员组成的社交网络，即使是在他们自己并不擅长的领域。运动员可以向教练询问是否有可以向自己引荐的医生、按摩师、运动心理学家、专业营养师或自行车调试专家。通常来说，其他领域的专家可能曾被运动员的教练帮助过，并且乐于接受他的引荐。举例来说，部分教练非常善于制订训练计划，并且会帮助运动员进行基础的身体测试。然而，如果运动员需要具体的饮食建议或需要针对顽固损伤的专业意见该怎么办？问问你的教练，他应该有办法帮助你。

▶ 向教练提问

以下是运动员可以向考虑雇用的教练提出的问题。

- 训练计划是否为我的需求而量身定做的？
- 重新考虑训练计划的频率是多久一次？
- 计划能否更改？如果能，多久更改一次？
- 每隔多久可以发邮件或电话沟通？
- 是否需要最低训练时间限制？
- 是否提供关于受伤期间的训练建议？
- 是否需要签订合同？
- 费用中是否包括任何其他服务？
- 一对一的训练费用是多少？
- 营养学方面的建议如何收费？

- 我的训练项目中具体包括了什么？
- 我的付款频率是多久一次？（例如，每月一次、每三个月一次）
- 你合作过的最成功的一些运动员都有谁？你是如何帮助他们达成目标的？
- 你的训练理论体系是什么？
- 你目前在和多少运动员合作？
- 你是否可以陪同参加我的比赛？如果可以，由谁支付旅行费用？
- 你的教育背景是什么？所持证书有哪些？

另外，大部分教练都有自己的网站，上面常常会有运动员发表训练感言。运动员可以阅读这些感言，了解其他运动员对该教练的评价。另一种了解教练的好方法是通过与他处于合作中的运动员来进行了解。这种方法很简单，运动员可以在某节训练课上询问同学他们的教练是谁，或和当地跑步俱乐部的人谈话，询问他们是否在和某名教练合作。运动员

通常会乐于跟他人分享诚实的评价，并且通常会提供教练的联系方式。

教练能够提供的帮助

为一场包含三个项目的体育比赛进行训练非常复杂。大多数运动员都有全职工作、家庭生活和社交生活，因此，运动员需要利用自己的自由时间进行训练（详情见本书第21章"忙碌生活中的铁人三项运动员"）。也许你已经15年没有游过泳，或上次骑车时还是个小孩子，并且不知道该如何开始训练。这时，一名优秀的教练可以为你提供全面的帮助，无论是训练计划的制订，还是战胜在开放水域游泳的恐惧。

身体素质

教练可以分析运动员的游泳姿势、骑行姿势和跑步姿势。这是帮助运动员走上正轨的第一步。优秀的教练可以制订结构清晰的训练计划，以此强化运动员的弱点，帮助运动员平衡训练和个人生活及微笑着穿过终点线。其制订的训练计划可以使运动员保持积极的态度、被挑战的乐趣和对训练的兴奋感，使得运动员甘愿在早上5点钟起床，以在上班前进行一段时间的训练。有人为自己量身定制符合自己生活情况的训练计划通常会让运动员感觉很好，并且使运动员不必为每天的训练内容倍感压力。运动员需要的教练应该懂得灵活变通，并且了解训练计划是一项可以随时更改的文件。即使是有决心和毅力的运动员也会临时有事发生，例如工作中的项目、孩子生病或一场家庭度假，这些事情会妨碍运动员完成自己预期的训练计划。

具有训练科学教育背景的教练会对运动员身体因训练而产生的生理变化有更好的理解和认识，他们更加了解应使用何种压力源来帮助运动员的身体达到更高水平并迅速适应。举例来说，如果你希望在下一次半程铁人三项比赛中把游泳时间缩短10分钟，教练可能会让你进行一组游泳测试来查看现有成绩和目标成绩的区别，以此判断你每周进行训练时所需要达到的游泳速度。他可以制订一系列的训练计划，包括在期望速度下进行的游泳训练。在你保持训练并且有针对性地增强游泳能力和身体素质后，就很有可能达成目标。

教练可以为运动员提供基础的营养学建议，以帮助运动员为训练补充体力，并且做出更健康的进食选择。如前文中提到的，任何患有新陈代谢方面或心脑血管疾病的运动员都需要专业营养师的营养学建议。教练应该能够为健康的运动员提供基本的营养学建议，例如选择哪一种食物群，哪一种食物由于含有过多的纤维素而在长跑或长距离比赛前应该避免食用，或如何在训练中保持身体内有足够的水分。美国铁人三项协会专业诊所向教练传授了他们向运动员提供的一切知识，以及如何计算出汗率的方法，以此来判断运动员在训练和比赛中所需要的液体类型。此外，向相关领域的专家寻求帮助可以把训练计划中的不确定因素一一排除。

心理技巧

你上一次在冰冷、浑浊的公开水域游泳是什么时候？如果运动员对游泳感到紧张不安，尤其是在公开水域中，建议寻找一名可以在泳池中、湖里或海里进行一对一训练的教练来帮助自己缓解对游泳的恐惧。运动员需要克服为第一次比赛做准备时出现的心理障碍。也许最初想到自己要每周进行两次或三次的游泳、骑行和跑步训练时，会感到一些压力。如果运动员已经很久没有进行过多的训练，教练可以激励运动员进行训练并且设定一些具有一定挑战性但仍在运动员能力范围之内的训练内容。如果运动员已经训练或参加比赛一段时间，但是对自己的比赛成绩并不满意，教练可以帮助运动员寻找训练中的限制因素，包括心理障碍。拥有一名优秀教练的一个好处是，教练可以为运动员讲解整个训练计划和每种训练背后的原因，并且可以为运动员提供建议，帮助他们克服负面思想。此外，教练可以和运动员一起制订口号，口号可以在艰苦的训练中或运动员失去动力时用来提醒他们自己的最终目标。

很多教练会自己制订训练计划，然后要求运动员记录完成训练的时间、完成情况以及当天的感受。这可以帮助教练了解运动员的疲惫感、心情以及过度训练的征兆。有几种调查问卷可以帮助教练了解运动员的训练是如何影响他们的心情和总体表现的。一种问卷叫作运动员专用压力测试（Kellmann & Kallus, 2001）。这一问卷要求运动员回答与情绪相关的问题，运动员需要通过排序的方式为问题的答案排名，教练以此判断运动员是否训练过度。这是一种非常有效的工具，可以帮助教练判断是否需要为运动员减轻训练强度，或为运动员提供更多的休息时间或恢复时间。美国铁人三项协会在教练资格训练中加入了心理技巧训练，教练可以学习到在运动员的训练中会运用到的具体知识。

身体情况评估及测试

大多数教练在要求运动员完成健康历史调查问卷后做的第一件事是让运动员完成一些基础测试，以此判断运动员当下的身体情况。这不仅可以帮助教练了解运动员的情况，还可以通过重复的训练确保训练处于正确的方向，或根据情况对训练内容进行一定调整。一名优秀的教练明白，向运动员展示他们的进步的好方法是在训练开始前进行测试，接着在训练一段时间后再进行相同的测试，以此向运动员展示可见的身体素质的提升。能够在实验室或健身房中完成的测试包括乳酸阈测试、最大摄氧量测试、人体数据测量和力量测试。如果运动员没有固定的健身房或实验室，那么教练可以在运动员进行游泳、骑行和跑步训练时进行现场测试。教练最初可能会使用的现场测试是一场赛道上的5千米计时跑步训练。运动员简单进行一段热身跑，接着开始在赛道上进行5千米跑步训练，并为自己计时或请教练为自己计时。在几个月的训练后，运动员应该可以用更短的时间完成同样的5千米跑步训练。

时间管理

在和教练合作时，教练可以为运动员管理他们的训练时间。运动员的每次训练都会有特定的目标，并且可以花费更少的时间进行更高质量的训练。大部分情况下，运动员需要提前和教练讨论自己可用的训练时间、自己每天的日程安排和自己何时能够开始更长距离的训练。运动员常常会高估自己每周的可用时间，因此，查看自己的日程安排并确认真正贴近现实的可用时间对运动员来说非常重要。运动员还需要告诉教练哪些天更适合进行游泳训练、哪些天自己无法从其他事务中脱身（例如孩子每周的足球比赛）。

> ### ▶ 在哪里寻找教练
>
> 现在，如果运动员已经决定雇用一名教练来帮助自己完成第一次铁人三项比赛、在下一次铁人三项比赛中打破个人纪录，或仅仅是想通过锻炼身体来改善体形，该去哪里寻找合格的教练？有几个地方是很好的选择。美国铁人三项俱乐部在官方网站上提供寻找教练的方式，其中列出了铁人三项俱乐部认证并且提供了联系方式的教练信息。如果运动员想要寻找一名和自己生活在同一地区的教练，可以选择通过地区分类查找或通过"附近的人"功能查找。运动员还可以选择进行网络搜索，网络搜索会提供比想象中更多的选择。为搜索加上地区限制、身体限制和教育背景限制则会使查找到的教练更符合自己的需求。另外，运动员可以前往当地的游泳馆、健身中心或健身房，尝试寻找铁人三项项目或俱乐部。很多地方都会提供铁人三项项目，并且会有一名教练对项目进行管理、制订训练计划和组织小组训练。
>
> 另一种寻找教练的好办法是口碑相传。运动员可以询问运动伙伴是否有教练，可以和朋友谈话，或在比赛中和竞争对手对话，通过这些方式来了解他们是否在与某名教练合作。有趣的是，一些参加美国铁人三项俱乐部专业教练培训的教练正是因为一些人试图寻找一名当地的教练，因此，他们才会决定成为一名官方认证的铁人三项教练。一些教练公司也会提供网络课程或根据运动员的住址提供一对一的教练课程。有的运动员可以通过网络教练的帮助进行训练，但有的运动员则需要与教练面对面互动。选择哪一种互动方式取决于运动员个人的需求。

本章的目的是向运动员展示一名合格的铁人三项运动教练能够为他们的训练提供怎样的帮助以及如何寻找一名合适的教练。教练应该具有的基本素质包括取得相关学位及证书、具备训练理论体系和提供符合要求的训练项目。一名优秀的教练可以帮助运动员管理时间、安排训练计划、测试训练进程，并且提供生理方面和心理方面的建议。他不仅可以为运动员提供可靠的训练项目，还可以激励运动员达成自己的目标，为运动员构建充满乐趣的训练环境。运动员要向教练提问，并且确保自己的个性和教练的个性互补，自己可以充分信任他。

第24章

培养青少年铁人三项运动员

卡尔·里肯

一名青少年铁人三项运动员的母亲找到执教其孩子的教练并说道："为什么你们要对我的女儿进行足球训练？我想要她成为一名奥林匹克铁人三项运动员！"教练回答道："你说的没错。如果你的孩子想要成为一名奥林匹克铁人三项运动员，她的确不需要学习踢足球或学习关于使用胸口挡球、避免双手碰球的技巧。但是，她需要在可以轻松掌握技能的年纪学习如何快速对外界行为做出反应。假如你的女儿正在参加下一届奥林匹克比赛的最后一轮资格赛，她正在骑行，而一名竞争对手从侧面对她进行撞击。这时，她在6岁时的足球训练中学到的控球技巧所带来的身体记忆就可以让她在24岁时的这场比赛中保持平衡。"

培养青少年铁人三项运动员并不仅仅是教会这些孩子们如何游泳、骑行和跑步。大多数成功的成年专业铁人三项运动员在年轻时并不是这方面的专家。10岁时，马特·齐拉波特并没有参加任何铁人三项培养队。他只是和朋友们一起打曲棍球，并且每周在芝加哥的郊区送一次报纸（Chrabot, 2011）。事实上，在他完成送报纸的路线后，总是会拿起曲棍球棒和旱冰鞋去朋友家里。在那时，齐拉波特每天乐于搭建堡垒、打电子游戏和外出玩耍。他们一家人后来搬去了东海岸，齐拉波特开始在高中的游泳队游泳，平时也会自己外出冲浪。在齐拉波特高三时，想要成为专业运动员的念头第一次出现了他的脑海中。当时，游泳队换了新的教练，这个教练非常严格并且要求队内的运动员拿出最好状态。在游泳训练后，教练会要求这些青少年运动员进行3千米或5千米的跑步训练。也就是说，齐拉波特在17岁时才真正成为一名铁人三项运动员。在那之前，他只是一个喜欢运动并且受到父母支持的小男孩。这样的经历常常出现在世界级专业运动员的身上，他们也往往是比赛的赢家。

本章将介绍如何按照人成长的过程来培养青少年铁人三项运动员。首先，必须以孩子的标准来对待孩子。其次，他们有足以成为运动员的能力。最后，他们可能擅长某种体育项目。我们也和一些现役铁人三项运动员进行了联系，来了解他们青少年时期的发展，以此探究他们成功的基础。

鼓励童年时期的运动

现如今，过于程序化的生活会使人很容易忘记应该将孩子的天性放在第一位，把他们的运动员、音乐家或演员的身份放在第二位。青少年的迷人之处是自然而然地玩耍和竞争的天性，而成年人往往会失去这种天性。外出玩耍以及和朋友一起在放松的环境中玩耍可以为孩子提供发展自身技能的机会，并且可以在开发潜在能力的同时巩固现有的、自然发掘的能力。以奥林匹克运动员萨拉·哈斯金斯为例，在萨拉选择铁人三项作为自己的运动项目之前，她总是持续不断地寻求竞争机会（Haskins, 2011）。她回忆道，8岁时，她就开始向上高中的堂兄挑战，在街道上比赛。在接近终点线时，她逐渐开始接近他，并且开始用手肘攻击他以确保自己能够获胜。在奥林匹克比赛中，运动员不能使用这样的招数，但是萨拉在少年时期的街道比赛中培养起的竞争意识在比赛中可以发挥作用。不论是她在商店时向自己的兄弟们比赛谁能更快地跑到车上，还是在路边开始的追击比赛，这些都是现如今让她成为一名运动员的基础。

孩子们在很小的时候进行的一场简单的追击比赛，可以培养有氧运动基础、无氧力量、速度、灵活度和身体协调性。这可能等于或超过了一场有组织的训练活动，甚至最好的教练能够带来的益处。为什么会这样？因为追击游戏具有现实世界中的不可预测性和竞争性。孩子们只有两个选择：被抓到或保持比抓人者更快速、敏捷的动作来避免被抓到。这个游戏很简单，规则简单易懂，目的也清晰明了。当然，有一名教练或其他成年的监护人来确保孩子们的安全也至关重要。然而，对于这些青少年运动员来说，他们应该关注的重点就是享受运动员的快乐。其实，在大约7岁的最佳培养阶段，明智的教练就会让这些运动员开始接触各种各样技巧性和策略性的体育活动，包括足球、游泳、保龄球或棋牌类游戏。

在青春期开始培养式训练的运动员在向最优运动状态努力时会经历3个阶段。这些阶段被训练生理学家以不同的名字命名并且很好理解。每个阶段会和每种运动的不同年龄段相对应，但是它们的原理是一样的。

练习阶段

这一阶段，青少年运动员会在运动和探索各种体育项目中获得乐趣。他们会在玩耍中逐渐发现伴随着良性竞争的体育运动。这时他们会了解大概的体育运动，开始建立生物力学和能量系统，为接下来的其他阶段打下基础。

专业化阶段

当青少年运动员们开始参与有组织的体育组织，例如足球俱乐部、游泳队、网球队或棒球队时，会开始学习各项运动所需要的独特技能。这些技能不仅仅只是简单的体育运动，而是更加具体化的技巧，如果运动员决定了自己未来想要坚持从事的项目，这些技巧可以帮助他们变得更加强壮、速度更快、更加敏捷。在这一阶段，运动项目会变得更加具有竞争性。另外，对于大部分体育项目来说，这一阶段的运动员正处于青春期，也就是说运动员会在这一阶段以不同的速度成长。对于青少年运动员来说，在良好的竞争环境和教育环境中开始对某一种体育项目进行专业化训练非常重要。

执行阶段

这是青春期培养式训练的最后一个阶段。在这一阶段，运动员会开始接触高级别的体育项目。但是，运动员必须在此之前完成之前的2个阶段，成为一个充满活力的小孩、一个热爱运动的青少年，并且选择想要进一步学习的体育项目。在青少年时期学习的所有技巧和技能都会被利用起来。

要记住，并不是每个运动中的孩子都会有朝一日成为一名专业运动员。但是，我们也应该知道，体育运动是一个让孩子们了解身体健康的重要性、运动的乐趣和生活竞争的绝佳途径。它所带来的成熟思考会融入孩子们的生活中，包括校园生活、家庭生活、与他人的相处和其他课外活动。

开始铁人三项运动

当运动员进入专业化早期阶段，很多懂得体育运动的父母会开始让他们参加一些训练项目，例如足球训练、空手道训练或游泳训练。这些都是青少年运动员培养良好体育技能的好选择。青少年运动员变得越来越多，针对青少年运动员训练项目的需求也随之增加。很快，这些铁人三项训练项目就如同上文提到的运动一样，在青少年运动员中变得流行起来。也就是说，对于青少年运动员来说，接触这项运动并学习其中技巧的机会增多了。

经过有专业知识和实用技巧的教练的训练，青少年运动员可以在青年时期开始参加铁人三项比赛，并且参与自己选择的各种体育活动。在这一阶段找到一名优秀教练十分重要。好的教练会知道如何合理培养青少年运动员，带领他们参加或深入研究某一项运动。但一名更加优秀的教练还会知道如何带领青少年运动员在体育训练之外对体育项目进行深入了解。

游泳

撇开所有体育运动的梦想和抱负不谈，每一个青少年运动员都应该学会游泳并且享受游泳。当然，本部分的关键在于确保青少年运动员们能够顺利完成游泳训练，但是如果不对预防溺水的必备知识进行讲解，那么这样的介绍是不完整的。在幼年时期，孩子们就需要开始和水接触，能够安全地在水中玩耍并且享受这个过程。也就是说，儿童时期（基本是在开始学习如何自己上厕所的时期）的运动员应该尽早参加游泳训练课程。游泳课程不仅可以给孩子和父母充足的在水域附近游玩的信心，还可以为孩子提供和朋友玩耍的环境，这样可以鼓励孩子发现其中的乐趣和竞争机会。

　　一流铁人三项儿童培养专家之一——鲍勃·塞博尔指出，无论男孩还是女孩，游泳练习都可以在7岁左右开始。从那时起，运动员就可以学习到游泳的技能和技巧，为以后的竞争性游泳打好基础。如今的大多数专业运动员都会指出在青少年时期掌握熟练的游泳技巧非常重要。其实，各个年龄组的铁人三项运动员大多都会同意在青少年时期学习游泳是成功成为铁人三项运动员的关键。如果在年轻时没有学过游泳，在45岁才开始学习是非常痛苦的。阅读本书的各个年龄段的读者要记得：什么都可能发生，只要我们足够优秀。常常会有世界级的跑步运动员怀着想要在铁人三项运动中成功的希望，前往位于美国科罗拉多州的斯普林斯奥林匹克训练中心，和现役铁人三项运动员一起训练。他们认为自己可以在几个月或一年的时间内学习足够的游泳技巧，并且在比赛中占有优势。尽管具有非凡的体育才能，但他们通常会发现，早期没有对游泳技巧进行学习，在发育成熟后才开始学习游泳具有极大的障碍，而且有些障碍甚至无法克服。

　　在铁人三项的三种运动中，游泳是运动员首先需要精通的运动，它可以为发育期的运动员带来极大的益处。在游泳时，青少年时期的运动员可以为未来形成较强的有氧能力打下基础。一名优秀的教练会将运动员的短期练习集中在技巧方面，这样一来，在运动员未来的发展中就建立起适应负荷的有氧能力。打个比方，如果法拉利把所有的调查研究和投资都用于制造最好的引擎上，却不愿意为汽车的框架和底盘花费任何资源，那么汽车在引擎发动到高动能之前就会散架。青少年运动员需要在年纪很小时就掌握良好的游泳动作，为以后进行加速训练做好准备。

　　随着运动员逐渐成长，训练和练习会逐渐接近专业化。虽然一般来说最终会由教练决定队伍的构成，但青少年游泳运动员通常会根据严谨的年龄组合（出生日期）和成长情况（身体成熟情况）分组。美国铁人三项协会青少年教练手册上注明，青少年运动员（7～15岁）应该按照年龄分为4组（USA Triathlon，2011）。每个年龄组都有不同的针对性训练。

- 7～8岁：每周进行1或2次时长为30分钟的训练，通常集中在夏天。主要目的是使运动员享受游泳过程，并学习基础的游泳技巧，例如呼吸和在水中保持平衡。
- 9～10岁：每周进行2或3次时长为30分钟的训练，通常集中在夏天。主要目的是使运动员享受游泳过程、精通基础技能、对更加高级的技巧进行练习，例如潜水。

- 11～12岁：每周进行2或3次时长为30～45分钟的训练，通常为全年制训练。每组训练的距离更长，主要目的仍然是使运动员熟悉游泳技巧。

- 13～15岁：每周进行3或4次时长为45～60分钟的训练，通常为全年制训练。主要目的是使运动员熟悉技巧并建立能量系统。

对以上各种训练，尤其是13～15岁这一年龄段的训练来说，拥有一名优秀的教练来指导每位运动员的学习过程十分重要。在13～15岁的年龄段，运动员正在经历青春期的身高变化。此时也是运动员重要的发展时期，拥有一名专业的、对运动员成长情况有足够知识储备的教练对于运动员未来的成功不可或缺。

骑行

几乎所有孩子都会学习骑自行车，即使仅仅是为了和邻居的孩子们一起玩耍。在学会骑自行车后不久，孩子之间可能就会进行非正式的骑行比赛，比如"看谁先骑到这条街的尽头""看谁先从公园骑到家里"。但是，这样的比赛并不能让孩子学会骑行的必备技能，他们无法参加与20个骑手一起进行的真正的骑行比赛，比赛中身边的骑手可能会通过忽然转弯来躲避路上的坑洞。不仅仅是对可跟骑式比赛而言，在很多不可跟骑式比赛中骑手即使在没有人在自己身边的情况下，也会发生撞击，正是因为他们在青少年时期没有学习恰当的自行车操控技巧。在进行专业化的骑行之前，运动员需要学习正确的技巧并且培养自信心。通常来说，运动员需要掌握的技能包括但不限于以下几种。

- 在直线骑行时抓住水瓶并喝水。
- 换挡。
- 避开或驶过障碍物。
- 转弯（急转弯）。
- 单手操控。
- 使用不同的车把位置操控（公路比赛自行车上的车把和下方手把，计时赛自行车上的车把和动力车把）。

骑行是一项比较晚期专业化的运动。也就是说，运动员如果过早地进行专门化训练，可能不会得到太多的益处，甚至可能会有一些负面的影响。*Total Training for Young Champions*（Bompa, 1999）的作者图德·邦帕在其他现代训练生理学文学领域具有广泛影响力的书中也曾指出，运动员不应该在12岁以前开始骑行练习。在大部分情况下，孩子们会在12岁之前就学会如何骑自行车，并且会接触上文提到的一些技能。虽然这些技能可以为各个水平的运动员带来益处，但是很多成年运动员会难以掌握和学习它们。同时，在青少年运动员加入铁人三项俱乐部时，或和朋友们进行比较专业的比赛时，他们一定会变得更加强健，但在参加越来越多的比赛的同时，也需要学习一定的技能来提高自己的速度和操控的安全性。这样一来，他们可以在16岁时开始进行专门化的骑行训练，并且在18岁后，或自身成熟时达到骑行能力的顶峰状态。

跑步

假设你现在只有8岁，你会做些什么？想一想你经常玩的游戏和经常参加的活动。你喜欢做什么？喜欢和朋友们一起做什么？如果让我来猜一猜，我想答案绝不是"我会和我的训练搭档进行3个小时的跑步训练，并且进行营养进食的练习。我们一起为即将参加的目标成绩为4小时的马拉松比赛完成了慢跑训练"。

其实，我甚至不用猜测就可以知道这些问题的基本答案，它们大概都是相似的。在8岁时，学校会有休息时间，孩子们一般会在操场上玩耍，可能会进行追击比赛。而父母会让孩子们参加课余的足球队。在足球队训练时，孩子们和队友们会在足球场上追赶足球。但是，孩子们在训练中行为不当时会发生什么？一般来说，教练会要求他们跑几圈作为惩罚。在被要求跑几圈时，并不是教练要求孩子们进行任何接力赛或有趣的跑步比赛。幸运的是，在教练对青少年心理学加以了解后，这种惩罚已经逐渐改变，但是现在仍然存在着"跑步和惩罚有关"的普遍思想。问不喜欢运动的成年人（甚至一些喜欢运动的成年人）对于长跑或对于其他类型的跑步的看法，有很多人会回答"跑步感觉像是自我折磨"。

想要鼓励青少年运动员接受"跑步是一项值得享受的活动"这一想法，跑步就必须真的值得享受。要注意，这并不意味着每节跑步训练课程都必须充满乐趣和各种游戏，只是需要在乐趣、竞争、技能发展和学习过程之间找到一个健康的平衡点，以确保尽可能多的青少年运动员可以加强自己的跑步能力。

国际著名跑步专家鲍比·麦基指出，家长和教练应该把青少年运动员看作"26岁的、正在学习中的运动员"，而不是一名现役的具有高超跑步能力的竞争者，这样的做法十分重要（McGee, 2011）。麦基指出了跑步无法带来积极成果，还可能带来体力透支的各种可能性，包括跑步过度、距离过长或时间过长。出于上述原因及其他很多超出本章范围的生理学方面的原因，跑步是三种运动中可以最晚开始专业化训练的项目。事实上，图德·邦帕指出，运动员甚至不应该在13岁之前进行跑步训练（Bompa, 1999）。也就是说青少年运动员们应该在16岁以后开始专业化的跑步训练，而跑步状态的顶峰在至少22岁时才能显现出来。

成为冠军

两届奥林匹克比赛运动员亨特·肯佩尔说道："我认为世界上最酷的事情就是报纸报

道了我的名字。"他在1986年赢得了自己的第一个铁人三项青少年比赛冠军,并且开始热衷于看到自己的名字出现在佛罗里达州奥兰多当地的报纸头条上。获得了这样的知名度使他意识到了自己很擅长铁人三项运动。这是否意味着所有家长的目的都应该是看到自己孩子的名字因为各种小事而出现在报纸上?答案当然是否定的。亨特指出,知名度只是运动员需要获得的东西之一。他讲述了父亲为自己购买第一辆比赛专用自行车的故事。他记得父亲让自己做出保证,以后会花费时间和经历来确保这项投资是值得的。"自行车都很贵,"亨特回忆到,"我想让我的父母为我而骄傲。"亨特努力、勤奋的态度正是源于幼年时期父母对他的教育。亨特的父亲想让他知道,如果他想要做一件事,就一定要百分之百做好它。早期对骑行的熟悉和比赛的成功帮助亨特成了世界级铁人三项运动员。

成功在每个人的成长过程中都扮演着重要的角色,但是成功必须通过努力得到。如果想要提升而非保持现有的能力,那么为青少年运动员的每一步努力做出简单的奖励已经不足以发挥这样的作用。积极的强化训练过于简化。积极的强化训练的确可以让运动员获得成功,但其实它只是会引起更多的行为,而这些行为会带领运动员走向成功(Luiselli & Reed, 2011)。让我们来看看亨特的经历。首先,亨特参与了多种多样的体育项目,这使他发现了自己擅长的项目。他是一名比较成功的游泳运动员和足球运动员。但是当他看到自己的名字被发表在报纸上时,他才真正意识到自己真的很擅长运动。而这样的意识让他倍感兴奋并且乐于参加铁人三项比赛。青少年运动员需要找到自己的动力,无论是因为他们对体育的擅长、可以和朋友们一起运动而对体育项目的享受,还是因为运动的本质。

这时,就需要开始进行发展性训练。教练和家长需要和青少年运动员一起回答困难的问题。举例来说,假如有一个叫作詹姆斯的小男孩。他今年12岁,是当地游泳队的一员,也是中学足球队的一员。他在学校的成绩很好。在游泳队里,詹姆斯通常可以在自己参与的比赛中保持前10%的名次,并且在过去的两次比赛中获胜。假如他的教练很优秀,但是他需要管理人员很多的队伍,很难针对某名运动员进行单独指导。另外,詹姆斯的中学足球队在当地的排名比较靠后。因为他善于跑步并且总是努力提升自己,他成了队伍中最优秀的队员,教练也常常为他的表现喝彩。但是,他的队友们缺乏对运动的热情。最近学校开始削减足球队的开支。詹姆斯常常因为足球队的表现而失落,因为他知道他们可以做得更好。另外,詹姆斯是一名优等生,但也有几名同学在一些考试上会超过他的成绩。老师往往对那些拿到满分的学生更加关注,而不是像詹姆斯这样偶尔会答错一两道问题的学生。

现在,我们已经了解了詹姆斯的基本信息和他的成长环境,但是很难预测他最终到底会选择哪一个方向专注发展。他在各个项目的表现都不错,但没有特别擅长某个项目。

让我们继续假设。一天,詹姆斯从学校回到家里,并告诉自己的妈妈他在一场自行车比赛中打败了自己最好的朋友，虽然那位朋友的速度真的很快。他为自己的胜利而感到十分兴奋。妈妈建议詹姆斯参加几周后在附近开展的青少年铁人三项比赛。詹姆斯却有些抗拒，因为他的小伙伴都不会参加这个比赛。他更愿意在足球队踢球，因为他所有的好朋友都在踢球。他因为想要和队友待在一起而被足球吸引，因为即使他们不是最好的，他们也一起经历了很多时光。

环境对青少年运动员的影响是值得思考的问题。想想我们自己在12岁时的生活。回忆一下自己享受的生活片段和激励自己的生活片段。也回忆一下自己不喜欢或感到不舒服的记忆。对于每一位青少年来说，他们所处的环境和队伍都非常重要。在判断出自己享受的、可以受到鼓舞的记忆和自己不喜欢的记忆后，想一想为什么这些感受会和这些记忆相连。现在，让我们和詹姆斯换位思考。

他和他的家人可能会用各种方法来解决他面临的问题。他可能会继续在足球队中扮演最棒的队员，但是在高中再也没有踢足球的机会，因为他的足球队并没有什么名气。他可能在数学考试或某场比赛中发挥得很好，老师开始对他多加留意。他可能也参加了青少年铁人三项比赛并且获胜，继而成了一名铁人三项运动员。以上情况都有可能发生。我们需要从中了解的是，青少年会对身边的事物做出反馈。他们会逃避自己不喜欢的事情，并且被自己喜欢的事情吸引。的确，选择从事哪项活动最终应该由青少年自己决定，但是他们的决定会受环境、自身经历的影响。这取决于父母、老师、教练、朋友、兄弟姐妹或生活中的任何一个人，他们需要为青少年的成长发展构建起良好的环境，这样，一个孩子才能成长为青少年运动员，进而成为一名运动员。

从生理上来说，青少年在成为某项运动的专家之前，都是多项全能选手。构建良好的运动基础对于最终成为一名成功运动员来说至关重要。鼓励每一个孩子热爱运动是他们最终选择成为运动员时，通往成功的重要因素。无论你在孩子的生活中扮演着什么样的角色，尤其关于运动的角色，基础的观念都应该是一致的：尽可能为他们提供和构建最好的环境。专业级运动员需要同样的奉献精神、对体育的热情和对有价值的细节的关注来获得各个领域的成功。如果在青少年时期就培养了这些价值观念，孩子们就可以掌握在自己选择的领域获得成功的有利工具。

第25章

处理常见伤病

苏珊娜·阿特金森（医学博士）

运动员在铁人三项的训练中或比赛中会经历一些伤病。虽然其中很多人都曾经是跑步运动员、骑行运动员或游泳运动员，但成为一名铁人三项运动员并不会降低受伤的风险。事实上，受伤的风险可能会比开始从事铁人三项运动之前更高。

交叉训练带来的累积压力

与单项运动员相比，铁人三项运动员倾向于每周进行更多的训练。强度太高或强度太低的铁人三项训练都会引发伤病，也就是说训练中存在一个平衡点，在这一点上，伤病发生的可能性最低。一项关于业余铁人三项运动员的研究显示，每周进行8～10小时的训练会将受伤的可能降到最低（Shaw et al., 2004）。

总的来说，比起单项运动项目，训练过度导致的伤病在铁人三项中更加常见，因为运动员需要承受同时对三种运动进行训练的累积压力（Tuite, 2010）。约75%的铁人三项运动员在开始从事这项运动后都经历过至少一次受伤（Vleck, 2010; Egermann, 2003）。在国际比赛中，长距离铁人三项运动员伤病复发的频率是奥林匹克比赛距离铁人三项运动员的2倍（Vleck, 2010）。一项关于夏威夷铁人三项完成者的调查研究显示，在赛事开始前的一年时间内，运动员的受伤概率高达90%（O'Toole et al., 1989）。

另外，铁人三项运动员常常会带着小伤坚持训练，如疼痛比较微弱的伤病或1级肩部脱臼这样的损伤，而这会引起更加严重的伤病或伤病的复发。铁人三项运动员想要通过其他活动增加训练的时间，而不是在养伤时减少训练的总时间。很多因骑行训练过度引发的伤病也会由跑步训练引发，尤其是膝盖部位的损伤，反之亦然。当跑步造成身体损伤时，增加骑行训练对伤病不会有任何改善（Tuite, 2010; Vleck, 2010）。

令人惊讶的是，在调查一组德国铁人三项比赛完成者时发现，拥有教练和特需医疗护理并没有对运动员的受伤率带来任何改变。艾格曼（2003）发现，有教练和没有教练的运动员的受伤率没有任何差别。虽然教练可以帮助运动员改善运动技巧和设计更好的训练计划，但运动员必须对自己的身体状况加以留意，如果出现任何受伤的情况，那么应该尽快进行康复治疗。

另外，比起单项运动员，铁人三项运动员更可能具有不标准的运动姿势或运动装备（Tuite, 2010）。在成年后开始学习某项新的运动，使运动员很难像已经进行训练很多年的运动员一样培养良好的肌肉记忆。游泳应该是最有力的例子，不同水平的铁人三项运动员和游泳运动员之间使用的游泳技巧具有一定差距。年轻的游泳运动员得益于每天的实地训练和教练对每个动作的亲身指导。而在成年后开始进行游泳训练的运动员通常不会有如此有益的训练效果。

伤病的种类

铁人三项运动员的受伤情况和其他运动员的受伤情况很相似。一项对于英国专业运动员队伍展开的调查研究将距离和受伤情况进行了对比（奥林匹克比赛距离和铁人比赛距离），结果显示大部分伤病和跑步有关（65%和60%），接着是骑行（26%和32%），最后是游泳（15%和16%）。有些运动员的伤病不止和一项运动有关（Vleck, 2010）。

伤的位置一般因不同比赛的不同训练距离而变化。针对奥林匹克比赛距离的铁人三项比赛进行训练的专业级运动员常常抱怨自己背部下方（18%）、跟腱（14%）和膝盖（14%）的伤病。而长距离的铁人三项运动员常常指出膝盖（44%）、小腿（20%）、大腿（20%）和背部下方（20%）的伤病。在其他运动小组中，膝盖也在超过一半的伤病情况报告中出现（Tuite, 2010）。

游泳伤

游泳造成的伤病在铁人三项造成的所有伤病中占5%～10%（Tuite, 2010）。自由泳需要使用对肩关节造成压力的两个动作，包括举臂和关节内旋。这会造成三种因过分使用而产生的伤病，使游泳者的肩部产生疼痛，包括肩峰下撞击综合征、肩袖肌腱炎和游泳运动员特有的肩部损伤。肩部由活动性很强的球窝关节组成，其有时会被称作"球座里的高尔夫球"。肱骨的上端部分形似一个球体。这个球体嵌在凹穴内，位于锁骨下方、肩胛骨前方，与形似小茶杯的肩臼相靠。肩臼也被称为"高尔夫球座"。

肩峰下撞击综合征

撞击是指肩袖肌腱在肱骨和延伸至肩关节上方的肩胛骨之间的碰撞和摩擦。举臂动作、溜肩和上臂内旋会不断压缩这一部位的空间，进而反复对肌腱造成刺激。肩峰下撞击综合征带来的疼痛感在运动员使用动力姿势骑行时会更加强烈（Tuite, 2010）。

肩袖肌腱炎

肩袖肌腱炎是一种常见的肩袖肌腱的发炎和肿胀。因为肩袖肌腱的肌肉组织要比带动双臂举过头顶（三角肌）、划过胸前（胸肌）、拉至两侧（背阔肌）的肌肉小很多，这些较大的动作会引起球窝关节一起移位，尤其是当肩袖肌腱比较薄弱时。在游泳中，如果拉力强于肩袖肌腱稳定关节的能力，就会造成肩袖肌腱炎。肩袖肌腱炎常常会在运动员举臂或放下手臂时引发疼痛。有的运动员甚至只能将双臂举高至距身体几厘米的位置。

游泳运动员特有的肩部损伤

游泳运动员特有的肩部损伤在游泳运动员中更加常见。这种损伤是指肩峰下撞击综合征和肩袖肌腱炎加上肩关节松动的混合损伤。游泳运动员常常会对肩关节进行过度拉伸，进而引发肩关节的松动。

如果运动员在游泳时开始出现肩部疼痛的现象，那么一定不要忽略它。如果在一段休息时间后刚刚开始重新进行游泳训练时出现上述现象，那么运动员可以考虑停止训练、休息几天。重新开始训练时应该减少训练内容、减小训练强度，在训练过程中逐渐增加训练的内容和强度。游泳中常见的错误之一是在向下划水时将手臂完全伸直（例如在游泳时双臂朝前进方向的墙壁伸直），这会使肩关节承受过大的压力。运动员应该改掉这种常见的错误，以此来缓解肩关节的疼痛和压力，将游泳变得更加令人愉快。

以下是关于保持肩部健康的一些建议。

■ 首先，运动员应该对自己的游泳姿势进行评估，寻找其中的常见错误。

■ 对疼痛的部位进行冰敷。通常的冰敷方式为冰敷20分钟后休息20分钟，如此反复进行3组。也有人建议每隔1小时进行一次20分钟的冰敷。

■ 考虑在短期内使用非处方止疼药物。要选择药效比较好的药物。

■ 在缓解了初期的疼痛后，运动员应该在训练中没有游泳训练的日子里加入肩部维稳训练。也就是说，如果不想自寻烦恼，就不要在健身房对肩袖肌肉进行针对性力量训练后再继续进行游泳训练。

■ 如果运动员的疼痛在7～10天（扭伤和拉伤的持续时间）内仍然没有缓解，应该立即寻求专业的医疗帮助。

骑行伤

骑行伤在铁人三项运动员的伤病中占10%～20%。大部分骑行伤是由过度劳损引起的，但是每年大概有三分之一的骑行运动员会在训练或比赛中从自行车上摔下来。这一部分将对骑行时常见的外伤和过度使用造成的损伤进行介绍。

骑行外伤

骑行外伤通常是从自行车上跌落或发生碰撞导致的。无论是和其他骑手发生碰撞而受伤、因摔到赛道上而受伤，还是和汽车发生碰撞而受伤，这些伤害都有可能导致轻微擦伤甚至重伤。运动员可以通过改善操控技巧、和骑行搭档练习沟通技巧和在车流中谨慎地进行骑行训练来降低骑行外伤的受伤风险。我认识的一名骑手会在每个路口向司机招手，以确保他们能看见自己。

骑行外伤包括皮肤伤、扭伤和骨折。如果运动员在关节处有一定的疼痛感和肿胀感，或在摔倒后变得动作迟缓，需要立刻进行医疗评估。

皮肤伤

皮肤是人体最大的器官，它可以保护人体不受外界因素的影响。皮肤可以防水，并且阻止细菌进入身体。它可以锁住体内水分，通过排汗来控制体温。皮肤中存在着腺体使自身保持湿润。皮肤中还有毛囊。常见的骑行导致的皮肤伤包括擦伤和割伤。本部分也会对晒伤和皮肤癌进行一定的介绍。

擦伤

擦伤是身体在高速运动中和地面接触导致的。皮肤和路面的摩擦会割破皮肤，有时伤口会很深。"路疹"一般是指在高速运动中跌落导致的大面积皮肉擦伤，伤口通常位于髋部、大腿、小腿、肩膀或肩胛骨处。路疹和擦伤的治疗是每一名骑行运动员都应该熟练掌握的技能。

1. 清洁伤口及其周围皮肤。

第一步是使用肥皂和清水对受伤区域进行清洁。在找到自来水后，立刻用水流对伤口进行几分钟的冲洗来为受伤区域去污。温和的肥皂有助于清除嵌入皮肤内部的微小颗粒。运动员不应该将过氧化氢和碘直接用于伤口上，因为它们会损害健康的、需要恢复的皮肤细胞。运动员可以使用这两种液体清洗伤口周围的完好皮肤，或用水对其进行稀释后再用于伤口上。运动员需要对伤口周围的皮肤进行清洁和擦洗。

2. 进行三层包扎。

下一步是对擦伤区域进行保护，以免进一步的污染，让身体的自然恢复能力发挥作用。

第一层：非黏性包扎层。因为张开的伤口会在起初的几天渗透出透明或微黄色的液体，运动员需要使用非黏性的包扎层作为伤口包扎的第一层。如果没有可用的材料，运动员可以将薄薄的一层抗生素药膏涂抹在纱布上，然后盖在伤口处，在保护伤口不被细菌感染的同时也能避免粘连。

第二层：吸收层。使用一层平坦的纱布包裹整个受伤区域。这一层包扎的目的是吸收伤口渗出的液体。如果液体呈浑浊、白色或绿色，很可能伤口已经感染，运动员需要立刻寻求专业的医疗帮助。

第三层：固定层。可以使用纸带来固定纱布的边缘。对于较大的伤口，可以使用ABD胶带。ABD胶带是面积较大的粘贴式绷带，常常用于在腹部手术后固定纱布边缘。弹性管状网对于胳膊和腿部来说非常适用。弹性管状网有不同的直径，可以根据需求切割成不同的长度。运动员可以使用它包裹住整个受伤区域，对其他包扎层起固定作用。

3. 持续治疗。

运动员需要每天使用水和肥皂对伤口进行清洗，按照自身需要更换纱布。在确保伤口不会过于干燥或结痂的情况下，伤口可以愈合得更快。新的细胞在生长时需要湿润的表面并逐渐从边缘生长至伤口中间。伤口底部浅红色的表面代表着健康和正常的伤口情况，意味着没有被感染。但是，如果伤口周围出现了浅红色或粉色的皮肤就可能代表着已经被感染，运动员需要寻求医生的帮助。

割伤

割伤也被称作撕裂伤，一般在骨骼处发生，包括下巴、肘部或是膝盖处，通常会导致叠加的皮肤开裂。割伤也可能由外界因素导致，例如碎玻璃、金属或马路上的其他碎片。

一旦发生割伤，应该立刻进行快速失血的评估，如果伤口正在快速失血，需要立刻对患处施加大约10分钟的牢固的、直接的压力，直到出血被止住。如果没有无菌纱布，可以使用干净的布料帮助施压，包括运动衫或T恤衫。用手指隔着布料直接压紧流血的伤口处。有时，运动员可能需要对伤口附近的动脉施压，以减慢流血速度。这里并不推荐使用止血带，因为其他的止血方法已经足以达到目的。如果无法止血，运动员应该继续稳定地按住伤口并拨打急救电话，或寻求医疗救助，例如急诊室和急诊中心。

在出血被控制后，如果有必要，那么应该使用流水对割伤进行清洁，并除去伤口的碎片。

当伤口停止流血并且进行清洁后，运动员有几个小时的时间来寻求医疗救助，尽快缝合伤口。当运动员觉得伤口可能需要缝合时，一般就真的需要缝合。另外，如果有必要，诊所和急诊室的医务人员可以麻醉伤口以进行进一步的清洁，并且可以对伤口进行诊断和评估。

晒伤和皮肤癌

从事户外运动的运动员患上皮肤癌的风险更高。太阳光造成的紫外线辐射是多种皮肤癌的最大诱因。研究显示，在骑行和铁人三项运动中，运动员会承受强烈的紫外线辐射。另外，在参与这些运动时出汗会增加皮肤对紫外线的敏感程度。研究发现，运动员长时间暴晒的后果包括黑色素细胞痣（非天生的、后天生成的痣）和晒斑（平坦的、较暗的色素沉积，通常被认为是由太阳光引发的色斑）。虽然这两种结果本身都没有害处，但是它们都是黑色素瘤（一种皮肤癌）的诱因。

运动员应该使用防晒系数至少为 30 的防晒霜，尤其是在紫外线依然存在的寒冷天气里；还要使用带有防晒功能的唇膏，在骑行中需要频繁重涂。如果皮肤发生变化，要记得寻求专业的医疗帮助，包括新的痣、斑点、颜色沉积，尤其是在它们的面积不断扩大的情况下。

扭伤

通常会发生扭伤的部位为肩膀和手腕。肩部脱臼就是一种肩锁关节的扭伤，这时锁骨和肩胛骨会在肩膀上部边缘处相碰。腕部扭伤会在很多情况下发生，主要取决于腕部的位置和跌落时的外部撞击情况。以手掌张开的形式跌落是常见的造成扭伤的情况。

肩部脱臼

肩部脱臼是用于固定锁骨末端以避免其上移至肩部上方边缘处的小部分组织（韧带）的损伤。当铁人三项运动员倒向一侧并直接用肩膀外缘着地时，会对这一部分韧带造成不同程度的拉伤。轻微的肩部脱臼是韧带发生了不严重的扭伤，并没有发生任何撕裂。这会立刻引发肩锁关节的疼痛，还可能会在举臂时引发疼痛。针对这一症状的治疗方法是进行休息、冰敷和服用消炎药。

更严重的肩部脱臼是支撑锁骨的韧带的撕裂，这会造成锁骨末端肿胀，而撕裂的韧带已经无法固定锁骨和肩胛骨的连接。治疗这一损伤的方法通常和治疗轻微的肩部脱臼的方法相似，但是前一种损伤痊愈所需的时间更长。几乎没有肩部脱臼需要进行手术治疗。

如果运动员认为自己发生了肩部脱臼或相关的肩部或锁骨的损伤，应该将手臂用悬带吊起，让手臂充分休息，并且尽快寻求医疗救助。对剧烈疼痛的部位进行冰敷可以减缓疼痛、减轻肿胀。

跌落后的腕部疼痛

跌落后的腕部疼痛需要进行更特殊的介绍说明。手腕处的舟骨是拇指底部的一个小的三角形骨头。这块骨头可以支撑拇指进行各种活动。对这一区域损伤的治疗格外重要。

舟骨和其他大部分骨头不同，因为它有一个较窄的腰部，并且只能从骨头末端获取所需的血液。如果在骨头的腰部处出现损伤，可能会很难愈合。如果运动员跌落后在腕部有持续的疼痛感，需要立刻寻求医生的帮助。如果X线检测显示腕部不存在骨折，运动员可能会被置于人形板上，并且接受骨科矫正医生的治疗。

骨折

常见的骨折包括腕部骨折、肘部骨折和锁骨骨折。很多人在骨折时会立刻意识到自己发生了骨折，因为他们听到了折断的噼啪声、感受到了骨头的断裂或看到骨头或关节处有明显的畸形出现。但是，某些位置的微小的断裂可能不会非常明显。骨折一般都会立刻引发疼痛，但是有些时候骨折会在几小时后甚至第二天才开始引发疼痛。

如果运动员不能使用关节进行正常的活动、骨头或关节处有明显的畸形或手臂处或腿部较长的骨头上出现了尖角，就有可能发生了骨折。骨头呈凸出形状或在皮肤表面呈尖角形状的明显骨折需要专业医生立刻进行治疗，运动员需要前往急诊室寻求医护人员或骨科医生的帮助。如果治疗不够及时，弯折或开放的挫伤（骨头刺破皮肤）可能会引发永久的神经损伤或感染。另外，即使并没有畸形出现，没有减弱趋势的严重疼痛或持续性疼痛也意味着运动员最好进行X线检测。

应立刻对骨折进行的治疗包括测量脉搏、评估四肢的动作情况以及使用临时夹板或悬吊固定受伤区域。这些治疗可以借助很多物品完成，例如使用打气泵或袖套固定胳膊或腕部，直到得到专业的医疗救助。

骑行过度使用损伤

铁人三项运动员通常会和自行车骑手患有同样的膝盖损伤。虽然骑行姿势很重要，但在骑行中的姿势比游泳和跑步中的姿势要单一得多。如果自行车不能很好地适配骑手，重复的动作会对髋部、膝盖、脚腕和脚造成不断累积的压力，而膝盖正是铁人三项运动员受伤率特别高的区域（Tuite, 2010）。

膝盖　膝盖是一处枢纽关节，虽然它做出的动作很简单，但结构有些复杂。除了和腿部上方及下方骨头（股骨和胫骨）的连接区域，关节两端还有两个叫作半月板的软骨，有一块保护性的髌骨嵌入股四头肌内，关节两边和中间还有韧带，还有很多腿部上方和下方不同的肌群与之相连。

骑手膝盖疼痛的常见原因是对膝关节的过度使用、不合适的自行车或两者结合。三种最常见的膝盖损伤是髌腱炎、髌股关节综合征和髂胫束综合征。

髌腱炎

髌腱炎是髌骨下方的肌腱发炎。当股四头肌因下蹬自行车踏板而收缩时，力量由髌腱传输至胫骨尖端，此时膝盖呈直线形。这会对髌腱造成刺激，尤其是在春季，热情高涨的骑手会过快地开始进行距离过长、强度过大的骑行训练。

髌股关节综合征（PF综合征）

髌股关节综合征是指髌骨和股骨末端凹槽之间的错位。骑行导致的PF综合征也被称作骑手特有的膝盖损伤。当同样的症状是由跑步引起时，就被称作跑步者特有的膝盖损伤。PF综合征是由过于强壮的侧面（外侧）股四头肌引起的。髌骨会因骑手对自行车踏板的踩踏而被拉向膝盖外侧。

长此以往，重复的磨损和撕扯会造成疼痛。这种情况在女性骑手中更加常见，因为她们从盆骨至膝盖的股骨呈更大的角度。其治疗方法包括对鞋子的矫正和通过康复训练来增强腿部中间或内侧的股四头肌。

髂胫束综合征

髂胫束综合征也被称为ITBS或IT带综合征。IT带是一条很厚的组织带，由髋部连接至膝盖下方。在骑行过程中，下蹬踏板时，IT带会和大腿骨外侧在膝盖上方的位置发生摩擦。太高或太过靠后的车座会使情况变得更糟（Tuite, 2010; Farrell et al., 2003）。

头部和脊柱 头部、颈部和背部下方是人体的中枢区域。颅骨和脊柱是大脑和脊髓的所在地，由它们搭建起了人体的中枢神经系统。在预防外伤和过度使用损伤的同时，保护大脑和脊髓对于铁人三项运动员来说十分重要。

下背部疼痛

一项关于铁人三项运动员伤病情况的研究显示，17%～20%的铁人三项运动员在过去一年的训练中上报了自己下背部的疼痛。比起奥林匹克比赛距离的铁人三项运动员，有更多的长距离铁人三项运动员上报了这种疼痛。这也许和过度的训练有关（Vleck, 2010）。另一项对夏威夷铁人三项比赛完成者展开的研究显示，72%的运动员在过去的一年中出现了下背部疼痛的现象（Villavicencio, 2007）。对于所有铁人三项运动员来说，找到下背部疼痛的评估、治疗和预防措施非常重要。

颈部疼痛

几乎45%的铁人三项运动员都在某一阶段经历了颈部疼痛（Villavicencio et al., 2007）。颈部疼痛的来源可能是下背部中的任何一处。疼痛可能由跌落时造成的损伤或在休息把位弓背骑行时（脊柱过度前凸）努力向前看时的扭伤导致。具有运动伤病史的铁人三项运动员和长期参加铁人三项运动的运动员具有更高的出现颈部疼痛的风险。

如果运动员感到下背部和颈部疼痛，首先应该停止几天的训练和任何引发疼痛的活动。可以考虑使用消炎药并在48小时内进行冰敷治疗。如果疼痛非常剧烈，并且没有因休息和消炎药物而减弱，那么运动员的医生可能会建议运动员在短期内服用类固醇并选择性地使用肌肉松弛剂。

运动员应该通过专业或具有相关知识的朋友或教练对自己的自行车适配度进行评估。如果运动员在最近几周内使用了铁人三项比赛专用自行车，可以考虑换为综合训练型山地自行车或长途旅行自行车，以此来保持身体健康。

即使是对于经验丰富的医生来说，探究颈部疼痛和背部疼痛的根源也并不容易。虽然这样的疼痛一般来说并不剧烈，但仍然存在着一些提醒运动员应立刻就医的信号。四分之三的铁人三项运动员正在经历背部疼痛，通常在几周后，疼痛会自行消失。大约四分之一的铁人三项运动员会经历长于3个月的下背部疼痛，大约10%的运动员会经历长于3个月的颈部疼痛（Villavicencio et al., 2007）。

超过3个月的疼痛一般是由组成脊柱的关节引起的。随着人们年龄的逐渐增长，腰椎间盘等会开始变得脆弱并开始出现微小的裂痕。如果情况比较严重，这些裂痕可能会引起腰椎间盘渗出液体并对脊神经产生压迫。这种症状通常被称为椎间盘突出症（HNP）。

如果运动员感到脊柱和四肢出现尖锐的刺痛、麻木或虚弱感，应该立刻寻求医生的帮助，对身体状况进行评估，因为这可能意味着椎间盘突出对脊神经产生了压力。背部疼痛的危险信号包括排尿困难、大小便失禁或肛门麻木。这些情况比较少见，但是一旦出现，运动员需要立刻前往最近的急诊室进行诊断。

头部受伤和脑震荡　大脑是人体中非常重要的器官。头盔可以通过分散跌落时对头颅产生的撞击来预防头部受伤。脑震荡会因脑部损伤而引发多种多样的症状，并且无法通过X线检测、计算机断层扫描或核磁共振成像诊断出来。它引发的症状包括与记忆力、判断力、反应能力、表达能力、平衡能力、协调能力和睡眠状况相关的问题（PubMed Health, 2011）。

如果出现以下一种或多种症状，应该立刻就医。以下列表并不详尽，具体情况应前往医院咨询。

- 持续不断的呕吐。
- 持续性意识丧失。
- 协调能力下降。
- 表达困难。
- 视力下降。
- 癫痫。
- 瞳孔大小不一。
- 耳鼻喉流出透明或带有血丝的液体。

当排除严重的脑部损伤后，例如脑出血或颅骨骨折，对脑震荡进行治疗的方法为脑部测试。运动员需要进行安全的骑行并避免头部发生撞击。运动员要在骑行时戴好头盔，在没有车辆来往的小路上也是如此；要对路况进行预先判断，不要在车流和自行车道中频繁进出；要学习手部交通信号；要对路况留心观察；要穿着颜色鲜艳且反光的衣服；在夜间骑行时要使用LED闪光灯。

脚踝 骑行造成的常见踝部损伤是跟腱炎。跟腱是一条厚厚的纤维状组织带，连接着小腿肌肉（腓肠肌和比目鱼肌）和跟骨。跟腱负责为下蹬动作传输力量。

在铁人三项运动中，除了骑行，游泳也会造成跟腱的疼痛。在游泳过程中，跟腱呈缩短状，因为脚趾在游泳时会保持伸直状态。在转换为骑行比赛时，跟腱马上被拉伸，这可能会对其造成刺激。严重的跟腱炎会引起疼痛的肿块或肿胀，如果没有处理得当则可能会有断裂的危险（Tuite, 2010）。

如果运动员正在经历跟腱疼痛，那么除了要多加休息、冰敷相应部位和服用消炎药，还应该对自行车适配度进行评估，确保座椅高度、前后踏板的位置合适，不会继续造成跟腱扭伤。

跑步伤

因为每次跑步落地时脚都要承受整个身体的重量，所以比较容易引起长期损伤或过度使用造成的损伤。四分之三的铁人三项运动员都曾经历过跑步伤。

膝盖

如同骑行一样，膝盖是跑步中受伤率非常高的部位。跑步是铁人三项运动中三分之一过度使用伤的诱因。膝盖在跑步中的伤病情况分布和骑行中的情况分布很相似，也在骑行伤部分进行了一定的介绍，包括髌股关节综合征、髂胫束综合征和髌腱炎。

除了在骑行部分介绍过的因素，引发跑步伤的因素还包括以下三点。

- 在山上跑步（髌股关节综合征）。
- 在斜坡状的路面上跑步（髂胫束综合征）。
- 在坚硬的路面进行持续的长距离训练（髌腱炎）。

脚和脚踝

脚踝是连接脚和下肢的枢纽关节。踝部损伤可能是急性损伤（如脚踝扭伤）或慢性损伤（例如跟腱炎）。踝部损伤在跑步者和铁人三项运动员中十分常见，占铁人三项运动员上报的跑步伤的15%～25%。脚部损伤包括跖骨痛和足底筋膜炎。

跖骨痛

跖骨痛是发生在脚长骨处的常见疼痛，通常发生在脚趾后方的脚底部位。跑步或骑行都可以引发这种损伤。足骨（跖骨）会吸收很多能量，而重复的压力会对骨头造成过多的压力。有时还会引发压力性骨折。骑行也会对此区域增加压力、加重疼痛。使用更大面积进行踩踏和骑行有助于减缓疼痛。跖骨痛和压力性骨折的治疗方法是选择不会因底部压力而扭曲变形的鞋子，这也是很多高端骑行鞋必备的性能。骑行时，穿着稳定的鞋子完成接触面积更大的踩踏运动和骑行动作是在跖骨痛痊愈时期进行综合训练的好办法。

足底筋膜炎

足底筋膜炎在跑步伤中的脚部和踝部伤中约占50%（PubMed Health, 2011）。足底筋膜是一层极具韧性的组织，跟随脚底一起运动，帮助脚保持拱起的形状，为脚吸收撞击，并且产生弹力反冲、为移动脚步提供能量。当足底筋膜发炎红肿时，会引发遍布脚底的疼痛和灼烧感，尤其是在脚跟的右前方位置。这种疼痛在早上尤其严重，尤其是刚刚下床开始走路时，但会随着时间的推移而逐渐缓解。

对足底筋膜炎进行治疗的方法是穿着带有足弓支持功能的鞋子，尤其是在早晨刚刚下床时或半夜需要起床时。运动员可以通过在网球或饮料罐上滚动脚底来对足底筋膜进行拉伸。在冰箱中常备的易拉罐装饮料可以用于同时进行冷敷治疗和拉伸运动。

紧张的小腿肌肉也会引起疼痛，因为小腿肌肉对脚跟的拉力，双脚会在睡觉时自然地指向下方。在这种情况下可以使用夜用固定夹板。它们可以使足底筋膜整晚保持自然的拉伸。

小腿

小腿损伤在铁人三项运动员的伤病中占10%。小腿由两根骨头组成，胫骨和腓骨。小腿常见的两种损伤是外胫炎和腓骨应力性骨折。

外胫炎

外胫炎会引发胫骨前方的疼痛。这种疼痛由胫骨周围被称为骨膜的组织受到刺激和肿胀引发，肌肉在此处相连。踏步时，胫骨处肌肉相连的位置会产生拉力，并使连接处的组织变得脆弱、肿胀。常见的炎症位置通常在胫骨中部的内部边缘处。治疗方法包括休息、更改训练活动（可以选择骑行和游泳训练）、冰敷和服用消炎药。

腓骨应力性骨折

如果没有加以治疗或进行适当的休息，外胫炎有时会导致腓骨应力性骨折。这样的疼痛会非常尖锐并且集中在很小的区域。区别腓骨应力性骨折和外胫炎需要使用核磁共振成像。对于腓骨应力性骨折的治疗方法是进行4～6周甚至更长时间的休息。

大腿、髋部和腹股沟

大腿、髋部和腹股沟的损伤在铁人三项运动员的伤病中占10%～20%。髋关节是一处杵臼关节，比另一处杵臼关节——肩关节具有更好的稳定性。

这一区域运动员需要了解的常见损伤是股骨应力性骨折。由过度使用引发的应力性骨折可能会发生在股骨颈处，骨头在进入髋关节之前会在此处忽然变窄。未确诊的股骨应力性骨折会引发髋部的长期损伤。有时运动员甚至需要进行髋关节置换手术，以恢复髋部的完全运动功能。

股骨应力性骨折在长距离和超长距离的跑步运动员和铁人三项运动员中十分常见。这些运动员常常在身体不舒服的情况下跑步，当疼痛开始出现时，他们很难确定自己的运动情况。当股骨应力性骨折被确诊后，运动员将无法进行任何跑步运动，直到完全康复。一般这个过程为6周或6周以上。

铁人三项运动中出现的伤病和单项运动中出现的伤病几乎是一样的。铁人三项运动员通常需要进行各种交叉训练，因此也具有比单项运动员更高的受伤率。最低受伤率的铁人三项训练时长为每周8～10小时。少于8小时或多于10小时的训练会带来更高的受伤率。希望这些对于铁人三项中出现的不同伤病的简短介绍，可以帮助运动员在出现这些症状时发现诱因并在需要时及时就医。

第26章

耐力运动员的营养进食

鲍勃·塞博尔

大部分铁人三项运动员都知道，比赛当天的能量补给计划非常重要，但是运动员还应该知道，日常训练中的营养进食也非常重要，并且会对运动员对于比赛当天的适应和准备情况产生影响。运动员需要找到一个合适的平衡点，以决定自己应该吃什么、喝什么、什么时候进食，并知道为什么要选择这样的食物以及如何使用营养计划，以此来满足自己的健康和生理需求。运动营养学在过去几年中有了一定的发展，现在，运动员需要以长远的眼光看待营养计划对于身体健康和理想运动状态的重要意义，以及营养计划和训练计划的相互配合。将合理的周期化营养计划与周期化身体训练相结合可以使运动员保持更好的健康水平和运动状态。

营养周期化是指将营养学融入运动员的训练安排中。运动员摄入的食物应该是多种多样的，并且应该以配合训练计划的需求为目标，以此确保运动员可以充满能量和有充足的水分完成训练，为接下来的训练快速恢复体力。无论是短距离还是长距离的铁人三项比赛，营养周期化都可以帮助运动员达到更好的状态。营养进食有助于训练的进行，正如我常说的一句话——为训练而进食，而不是为进食而训练。

使用营养周期化概念

如果运动员并没有在训练开始前做好营养进食的准备，就无法像其他关注自己的进食内容、进食时间、食量和进食原因的运动员一样获得有益的训练适应能力。大部分铁人三项运动员都使用着相似的训练周期，其通常包括准备阶段（构建身体基础）、赛前阶段、恢复阶段（比赛当天）和过渡阶段（赛季停止后）。本章将会介绍营养周期化的定量方法，主要用于在营养进食计划中对数据的使用。但定性方法（并不是仅仅依据热量和重量进行计算）等方法也同样值得使用。这些方法会使用饥饿感和饱腹感作为分析依据，同时会教会运动员关于生物学、日常习惯和情绪性饥饿的知识。根据自己的情绪进食的运动员比根据数据进食的运动员更愿意使用这种方法来制订营养进食计划。

量化方法可以指出运动员每天需要食用多少碳水化合物、蛋白质和脂肪。这一数据范围由一项关于骑手、跑步者、游泳者或铁人三项运动员每天需要的营养素的调查研究提供。营养素有很大的范围，因为它们涉及从短距离、低强度运动员到长距离、超高强度运动员的所有运动员的身体需要。营养素范围会为运动员提供一些背景信息，包括如何实施营养周期化计划以及实施计划的原因。我将营养素范围按照不同的训练时期分开，这样读者就可以根据自己训练内容的变化和目的的变化更好地了解如何改变营养素的摄取。要记住，运动员首先必须理解营养周期化的量化部分的内容，但这部分内容的功能是有限的，因为其无法教会运动员进食与这些量化概念的关系，例如进食与身体的饥饿感和饱腹感的生理联系。最终，运动员需要使用越来越少的数据信息，进而使用更多的定性方法来培养进食习惯。

以下是与营养周期化概念相关的一些目标，可以帮助运动员更好地对其进行理解和认识。

- 控制体重。一些铁人三项运动员会有减重的目标，而这也是营养进食计划的主要目的之一。
- 控制身体成分。一些铁人三项运动员会有目标体脂比，并且会根据这一目标制订自己的营养进食计划。
- 改善新陈代谢效率。营养周期化可以改善人体在训练中将体内脂肪转换为能量并同时储存足够碳水化合物的能力。
- 建立健康的免疫系统。实施一个健康的营养进食计划可以支持免疫系统的建立，尤其是在进行强度较大的训练时。
- 配合身体的周期化训练。营养进食计划可以帮助运动员在训练中适应由各种强度和内容的训练带来的身体波动，因此，营养计划的周期化应该是运动员开始注重自身营养需求时的首要目标。

作为一名运动营养师，我几乎从未见到一名铁人三项运动员没有自己的减重目标或增肌目标。这些目标在铁人三项运动员中十分常见，而营养周期化可以很好地帮助运动员实现这些目标。要记住，这一概念代表着运动员需要根据自己的训练情况改变摄取的食物，以在训练时期控制体重和身体成分。有的运动员在训练内容增加、对能量的需求加大的情况下，仍然坚持食用同等数量的食物；或在训练内容减少、有增重的可能性时依然坚持食用同等数量的食物。这两种情况都不符合营养周期化的理念。运动员应该在训练减少或改变的同时对营养进食情况做出相应的调整。

以下是具体的数据。科学研究显示，耐力运动员每天需要摄取的营养素包括3～19克/千克体重碳水化合物，1.2～2.0克/千克体重蛋白质和0.8～3.0克/千克体重脂肪。如果运动员使用磅作为体重单位，就将体重的数字除以2.2来得到自己以千克为单位的体重。然后，将本章提供的营养素范围使用在自己的营养计划之中。这些范围很广，它们是对以下信息的巩固：运动员应了解耐力运动员的每日进食计划不能在训练的一年中始终保持不变或具有很大的变化。运动员如何对这些数据加以利用十分重要。运动员需要进行的第一步就是对自己的身体训练计划进行深入的了解。

根据身体计划进食

在使用营养周期化之前，运动员必须对自己所有训练日程的身体目标有深入的了解。运动员需要决定自己是否要遵从传统的身体训练周期化项目，包括在基础训练中对增强耐力、灵活度和力量的训练，以及之后在构建身体基础阶段逐渐增加的耐力训练、能量训练以及速度训练，或是否要尝试在基础训练阶段提升自己的速度。在与营养学相关的章节对自己的身体训练目标进行探究可能听起来有些奇怪，但是要记住，营养学是以支持身体训练为目标的。因此，运动员必须在建立自己的营养进食计划之前了解自己的身体训练目标。具体的水分摄取策略会在下一章进行详细讲述，本章将不会对其进行介绍。

准备阶段的进食

在准备阶段（基础阶段），运动员会开始尝试提升自己的耐力、力量、灵活度和运动技巧。运动员还有可能会开始尝试减重或减脂，因为基础阶段的训练通常会在假期之后开始。这些目标代表着运动员必须对营养进食进行周期化，以此来支持训练。起初，营养进食周期化的开展可能会有些困难，因为在使用传统的周期化训练计划时，运动员的训练负荷（包括内容和强度）在本阶段的初期并不会过重。也就是说，运动员需要慢慢地随着训练负荷的增加而增加自己的食量。要记住，营养进食是为了配合每日的身体训练。如果运动员在本阶段早期不需要进行过多的训练，就不应该摄取过多的食物。如果食量和训练负荷不符，运动员的体重将会增加。这种情况常常出现在对营养饮食计划不了解的新手铁人三项运动员身上。

以下是具体数据。准备阶段的营养周期化要求运动员摄取3～7克/千克体重碳水化合物。在训练时间增加至每次3小时以上之前，运动员都不需要增加食量。运动员应该试着从水果和蔬菜中获取碳水化合物，同时它们还可以提供充足的维生素、矿物质、抗氧化剂和纤维素。此时，运动员并不需要考虑使用运动类营养产品，例如能量棒、能量凝胶和运动饮料。在开始更多的训练之前，运动员并不需要储存多余的能量。

蛋白质的建议摄取量为1.2～1.7克/千克体重。蛋白质的选择比较困难，因为有的蛋白质食品的脂肪含量较高。运动员应该尝试选择脂肪含量较少的蛋白质食品，例如低脂产品或没有皮和可见脂肪的瘦肉。非动物类食品也是很好的选择，例如豆腐、毛豆、坚果和豆子。脂肪并不是饮食控制的敌人。人体需要一定数量的健康脂肪来保持正常运作。运动员可以尝试使用少量至中量的脂肪，例如0.8～1.0克/千克体重。同时要确保摄入的大部分为健康脂肪，包括单不饱和脂肪酸（鳄梨、橄榄、坚果）和多不饱和脂肪酸，例如ω-3脂肪酸（鲑鱼、鳟鱼、核桃、亚麻籽）。运动员还需要努力减少对加工食品、零食和高脂肪肉类中的饱和脂肪酸和反式脂肪酸的摄入。

如果运动员在本阶段的主要目标为减重或改变身体成分，就意味着他正处于一个很大的集体中，因为这正是铁人三项运动员中非常流行的目标。想要减重，运动员需要改变计划中的某些数字，将碳水化合物的摄取量降至每日3～4克/千克体重，将蛋白质的摄取量提升至每日1.8～2.0克/千克体重，并将脂肪的摄取量保持在每日0.8克/千克体重。关键在于在安全范围内将碳水化合物的摄取量尽量减少，并且增加蛋白质摄取量以改善血糖情况、增加饱腹感维持的时间。

稳定和控制血糖还可以提升人体的新陈代谢效率，这对于任何年龄、任何水平的铁人三项运动来说都十分有益。新陈代谢效率是指在强度不同的训练中运动员体内的碳水化合物氧化（燃烧）和脂肪氧化之间的关系。随着训练的强度提升，运动员的身体也会需要更多的碳水化合物来为训练提供能量。虽然这种理论是完全正确的，但是这并不代表运动员每天或训练时需要摄取过量的碳水化合物（尤其是糖）。持续食用大量碳水化合物可能会导致不良的健康问题。例如：因抗胰岛素性而出现糖尿病；可能造成血脂含量异常，如患高甘油三酯血症；还可能导致增重。在控制血糖的同时平衡自己的每日饮食是保持身体健康的关键。运动员可以通过营养进食计划的周期化来解决这一问题。

从长远来看，提升身体使用脂肪的能力可以让运动员更好地使用身体内储存的脂肪，并为身体训练甚至比赛过程提供充足的能量。这会减少运动员在训练中对热量的需求，进而减少肠胃不适的风险。这对于长距离比赛（半程铁人三项比赛或更长距离的比赛）运动员来说十分重要，因为这些运动员常常会在骑行比赛中为了为骑行和跑步提供充足的能量而进食过多。这是不正确的进食方法，通常会导致呕吐或腹泻等形式的肠胃不适。这对于短距离比赛（短途比赛和奥林匹克级别比赛）运动员来说同样重要，因为这些比赛的强度更大，运动员在比赛中对食物的消化能力也会随之减弱。这是由于运动中身体产生的分流反应，血液被输送到了正在运动的肌肉当中（为动作提供能量），远离内脏。然而，如果人体处于高强度的运动中，急需大量的能量，身体就必须将血液从肌肉中输送回内脏中，使内脏对食物进行适当消化。当这种情况发生时，运动员就会容易发生肠胃不适。因此，无论是针对长距离还是短距离铁人三项比赛进行训练，运动员都应该（为了健康和更好的运动状态）提升新陈代谢效率，以使身体使用更多的体内脂肪并且保留更多的碳水化合物，直到必须使用碳水化合物来获取能量（在高强度运动中）。通过对身体进行这样的训练，可以提高高强度运动时的脂肪燃烧率，运动员也就能够使用更多的脂肪为高强度的训练提供能量。

除了进行有氧训练，提升新陈代谢效率的另一个简单的方法就是进行合理的营养进食。准确来说，是制订一个配合训练内容增加或减少的周期化营养进食计划。有很多运动员选择食用超过自己训练负荷的高碳水化合物食物。这会导致身体使用越来越多的碳水化合物作为能量来源并且同时储存脂肪，有时还会引起体重的增加。使用碳水化合物过多的食谱会导致身体中碳水化合物氧化的增加，进而导致身体分解脂肪的能力下降，因为高血糖会引起较强的胰岛素反应，进而阻止脂肪的氧化。因此，为了培养身体高效使用脂肪的能力，应该在本阶段初期开始降低碳水化合物的摄取量。这并不意味着运动员应该使用碳水化合物含量低的食谱，而是应该通过恰当的血糖控制来平衡碳水化合物、蛋白质和脂肪的摄取量，以此保持良好的新陈代谢。

在本阶段的训练中，通过平衡每日的营养摄入以及选择从蔬菜、水果中摄取低脂蛋白质和纤维素，运动员可以在4周以内有效提升自己的新陈代谢效率。身体不需要太长时间就可以学会如何将脂肪作为能量来源。然而，要记住，一旦开始培养身体的这种能力，就需要一直保持下去。这和保持身体运动水平非常相似。在训练项目的初期，运动员通常会以提升有氧能力为目标，在接下来的一年中，运动员会通过进行不同的训练来保持有氧能力。提高新陈代谢效率和进行训练使身体为比赛做好准备所使用的原理是相同的。这不是一夜之间就可以掌握的能力，而是在掌握后常常会被遗忘的一种能力。这就是需要把营养进食周期化的原因，这样才能帮助运动员完成一年中的所有身体训练。

准备阶段训练时期的进食

运动员需要在每次训练中都铭记的一件重要的事情就是：在一年中，自己在训练前、训练中和训练后需要摄取的能量是不同的。运动员的能量需求会因以比赛目标为标准的训练负荷的变化而发生改变。大多数短途或奥林匹克级别比赛的训练项目每次训练不会超过3小时，而半程铁人三项比赛和铁人三项比赛的训练一般会超过3小时。但是，在本阶段的前期至中期，即使是长距离的训练日程也不会有过高的训练强度，因此在训练中也不需要摄取过多的能量。

人体通常会储存足够的碳水化合物以支持2~3小时中等强度的训练。因此，对于本阶段的任何一段少于3小时的训练日程来说，运动员并不需要消耗能量。运动员需要确保自己在训练开始前摄取有助于提升新陈代谢效率的主食或零食（例如炒蛋配水果、花生酱配酸奶），然后根据自身情况摄取一定的水或电解质饮料。

如果运动员需要为长距离比赛进行超过3小时的训练，仍然应该在训练开始前选择有助于提升新陈代谢效率的主食和零食。以下是运动员可以在训练超过3小时的时候参考的建议。首先，每小时摄入10～50克碳水化合物。这个范围区间比较广，因为训练中存在着很多由训练强度和新陈代谢情况决定的多变因素。目前的运动营养学研究建议运动员每小时摄取30～90克碳水化合物，但是研究并没有加入营养进食周期化的理念。如同上文中提到的，运动员在准备阶段的训练中并不需要摄入过多的能量，因为本阶段训练的能量消耗并不多。另外，如果运动员已经有较高的新陈代谢效率，就不需要在训练中摄取很多能量，因为此时身体已经可以在低强度的训练中主动使用更多的脂肪作为能量来源。由于每个人消化系统的敏感程度不同，运动员可以从多种多样的食物中做出自己的选择，例如饼干、香蕉、坚果、三明治。在本阶段的训练中运动员并不需要食用一些高热量的运动营养产品。运动员可以在强度更高、能量消耗也更多的下一训练周期中食用这些产品。其次，一些铁人三项运动员想在训练中摄取蛋白质。由于准备阶段的训练非常基础，运动员根本没有必要摄取蛋白质，因为训练的能量消耗较低，身体并不需要更多的能量。最后，除非是在超过6小时的超长距离训练中，否则运动员不需要摄取任何脂肪。

在结束本阶段的大部分训练后，运动员应该选择一顿营养均衡的主食或零食。进食内容应该是瘦肉蛋白质、水果蔬菜、少量碳水化合物、低脂肪食物，以提供运动员所需要的一切营养素，尤其是运动员正在为短途铁人三项比赛进行训练时。在少于3个小时的非高强度训练课程结束后，遵照剧烈运动后的营养食谱进食是没有必要的。运动员可以选择营养均衡的零食或在完成训练1小时内用餐。这样做就足够了。

比赛阶段的进食

对于铁人三项运动员来说，比赛阶段意味着高强度的运动。无论是进行泳池中的短途训练、爬山运动、乳酸阈或最大摄氧量训练，还是进行赛道训练，身体的温度都会随之上升，在训练中也会消耗更多的能量。短途铁人三项比赛不会增加太多的训练内容，但长距离的铁人三项比赛会将训练课程延长至4～5小时。这一阶段的训练目标通常是改善速度、能量和身体消耗情况。这会对身体造成更大的压力并且增加能量消耗，同时也使进食时间变得更加重要。

铁人三项运动员在本阶段常犯的错误就是摄取过量的能量（没有使用周期化的营养进食计划）和选择食用不利于新陈代谢的食物。在比赛季中最糟糕的选择就是改变自己的营养进食计划。身体健壮程度、周围环境或比赛时间的微小改变不会产生较大的影响，但是日常计划较大的改变会引发严重的后果。

由于高强度、高频率的糖原消耗性训练，运动员可以将碳水化合物摄取量提升至 5～10克/千克体重。但是，这取决于具体的训练课程。例如，在恢复期或强度较低的训练课程中，运动员就不需要摄取更多的碳水化合物，并且不该控制血糖和体重。运动员应该根据每日的训练内容决定营养素的摄取。高强度的训练可能需要更多的碳水化合物，反之亦然。这就是周期化的营养进食计划配合比赛阶段的训练日程的方法。蛋白质的摄取依然保持在中等水平：1.4～1.6克/千克体重。运动员应该主要摄取低脂食品和富含支链氨基酸的食品，这类食品通常为动物制品，例如肉制品、奶制品，以及蛋白粉类食品。

除了为超长距离比赛进行训练外，运动员所需要的脂肪摄取范围和准备阶段的范围基本相似。超长距离比赛意味着距离大于铁人三项比赛的距离。由于超过8小时的长时间训练会导致较多的能量流失，运动员需要在饮食中加入额外的脂肪，此时的日常脂肪摄取量可以提升至1.5克/千克体重。脂肪提供的能量更多，并且可以帮助运动员更高效地保持能量平衡。当然，运动员应该主要选择比较健康的脂肪，例如多不饱和脂肪酸（尤其是 ω-3脂肪酸）和单不饱和脂肪酸，以及少量的饱和脂肪酸和反式脂肪酸。

比赛阶段训练时期的进食

在比赛阶段，强度更高的运动不仅会带来能量消耗急剧增加，还会导致前文中提到的肠胃不适的风险剧增。在本阶段训练和比赛中的进食目的主要是防止或减少肠胃不适的发生，以及从高强度的训练中恢复营养。从之前的训练阶段中，运动员应该已经能够判断出比较适合自己的食物组合，运动员也应该继续在这一阶段食用这些食物。在之前的阶段效果较好的一些主食和零食组合对于高强度的训练课程来说可能不会有同样好的效果。有一些运动员的内脏会在速度和能量训练中变得更加敏感。这时，运动员可以在运动前的1～2小时内吃液态的有助于新陈代谢的主食和零食，例如奶昔。这样可以减少训练中发生肠胃不适的风险。如果运动员的内脏极其敏感，可以尝试在运动前3小时吃液态食物。

在高强度的训练后为身体补充能量非常重要，但更重要的是了解补充能量的时机。运动员不需要在每次训练结束后都服用恢复型营养液。补充糖原储备和水分是运动后营养进食的主要目的。但是，要记住，糖原储备可以在24小时内通过正常的饮食充分补充，运动员也许并不需要在每次训练结束后都通过使用运动营养产品来摄取额外的能量。以下是在完成超过4小时的训练课程或超过90分钟的高强度训练后，可以使用的运动后营养进食计划，以为当天的第二次训练或第二天一早的训练做好准备。

在运动后的60分钟内，运动员需要摄取1.0 ~ 1.2克/千克体重碳水化合物。这通常可以提供50 ~ 100克碳水化合物或200 ~ 400千卡（约837 200 ~ 1 674 400焦耳）热量。另外，还需要摄取6 ~ 20克低脂蛋白质（必要的氨基酸）。运动员需要确保在刚刚完成训练后将脂肪摄取量降至最低，因为脂肪会影响碳水化合物的吸收。在完成初期的能量补充后，可以在2 ~ 4小时后回归正常的血糖控制型营养进食。在不追求质量的训练日程（没有确切的运动强度或时间要求）中或在追求质量的训练日程中，当运动员在24小时以内不需要恢复糖原储备时，可以使用平时的每日营养进食计划。

转换阶段的进食

对于大多数铁人三项运动员来说，转换阶段是他们非常喜欢的阶段，因为此时运动员可以进行充分的休息和恢复，一般没有固定的训练日程。不幸的是，这一阶段也是运动员们常做出错误营养进食选择、造成体重和体脂急剧上升的时期。运动员在转换阶段的进食计划的首要目的是通过改变摄取的营养素来控制进食量。运动员不能继续沿用前几个阶段的进食习惯，因为运动员已经停止了训练项目，每天不再需要消耗过多的能量。此时，控制血糖含量变得非常重要，饮食计划的主要目标是选择食用低脂蛋白质，将水果蔬菜作为日常进食的主要食品。因为运动员已经停止训练，也应该停止食用一切在运动时期服用的运动营养产品。运动员应该减少类似的食品摄取，食用真正的食物来控制血糖含量。

运动员的每日碳水化合物摄取量应该减少至3 ~ 4克/千克体重，碳水化合物主要由水果、蔬菜和少量的谷物淀粉提供。由于能量消耗的减少，运动员不再需要保持训练时期的碳水化合物摄取量。蛋白质摄取量为1.6 ~ 2.0克/千克体重，而脂肪摄取量依然保持较低的范围：0.8 ~ 1.0克/千克体重，主要由健康的 ω–3脂肪酸提供。

转换阶段运动时期的进食

这一阶段的进食计划非常简单。运动员不需要像之前一样使用系统的进食计划。要记住，本阶段的运动是为了运动员的乐趣，也可能是为了提升运动技巧并且从比赛中恢复。运动员应该在运动前通过营养平衡的少量主食或零食来摄取充分的营养。运动员在运动过程中不应该摄取除了水分以外的任何食物。在运动后，并不需要使用任何特殊的、剧烈运动后的营养进食计划。可以选择在运动后的2小时以内吃一点零食或计划一顿主食。

表26.1为基于训练阶段的建议营养素摄入量。

表26.1

基于训练阶段的建议营养素摄入量

训练阶段	碳水化合物	蛋白质	脂肪
准备阶段	3～7克/千克体重（减重时3～4克/千克体重）	1.2～1.7克/千克体重（减重时1.8～2.0克/千克体重）	0.8～1.0克/千克体重（减重时0.8克/千克体重）
比赛阶段	5～10克/千克体重	1.4～1.6克/千克体重	0.8～1.5克/千克体重
转换阶段	3～4克/千克体重	1.6～2.0克/千克体重	0.8～1.0克/千克体重

使用与制订训练计划同样的方法来执行全年的营养进食计划可以使运动员获得更好的健康状况、更优秀的运动状态、更均衡的身体成分和更合适的体重。运动员的进食情况应该根据训练情况的改变而变化，这样身体摄取的营养才能配合训练的需要，进而更好地维持良好的身体状态。好好享受训练时期营养进食计划周期化和新陈代谢高效化的过程吧！

第27章

训练和比赛中的水分补充

阿莉西亚·肯迪格

水分对于高水平的训练和比赛能力来说是非常重要的因素。然而，它也是难以控制和保持的因素。各种项目、各种年龄以及各个水平的运动员都在试图寻找满足自己水分需求的平衡点。想要更好地理解运动员的需求，就需要了解人体中水分发挥的作用。

水的生理作用

水分在人体健康中扮演着重要的生理角色，水分的重量在人体体重中占据了大部分。肌肉中的水分含量为65%～75%，脂肪中的水分含量为10%左右。人体总体重的40%～70%为水分的重量，具体数据由个人的身体成分决定。

在人体的各个地方都可以找到水分的存在，其中60%处于细胞中（细胞中的水分），40%处于细胞外部（细胞外的水分）。细胞外的水分包括血浆、眼睛里的液体、消化系统的分泌物、脊柱周围的液体以及由肾脏和皮肤产生的液体。血浆在细胞外的水分中占有较大比例（大约20%）。当运动员的身体逐渐冷却时，大部分的水分流失是细胞外的水分以汗液的形式排出的。因此，人体水分的含量是不断变化的。

身体中水分的作用如下。

- 人体中所有的气体交换都发生在被水润湿的细胞膜上。
- 为支持肌肉运动和分泌物（尿液和粪便）流失而发生的氧气和营养物质的输送需要水分的参与。
- 水分和一些其他成分可以润滑关节和保护重要器官。
- 水分的密度保持不变，可以为肌肉和其他身体组织构建起结构稳定的环境。肌肉和身体组织也因此需要水分来保持自身大小和完整性。

■ 水分对温度的抵抗力可以帮助人体抵抗内部和外部的温度变化。如果水分可以轻易改变温度，那么人体将无法在高温中进行训练，因为极有可能发生体温过高的现象。在过低的气温下训练也是如此，人体将会过快地降温。水分作为人体的主要组成成分，有助于人体处理很多环境问题。

水合正常，也就是正常水平的液体平衡状态，会确保人体各项功能可以高效而顺利地发挥作用。如果在饮食中可以摄取充足的水分和电解质，就可以保持健康的身体状态并对水分的保存和排出加以控制。电解质能够以带电离子的形式为每个细胞的内部和外部保持电离平衡。也就是说，它们可以通过帮助人体细胞保持充足的水分来平衡水分流失。这些带电离子还可以促进神经脉冲对肌纤维的激活。这一连串的反应对于运动和运动状态来说非常重要，而这些电解质，尤其是钠离子的平衡对于维持生命来说至关重要。单纯摄入不含关键性电解质的液体来补充水分对于运动员来说是致命的。钠离子、钾离子和氯离子是细胞中的3种非常重要的电解质，它们都可溶于体液当中。钠离子和氯离子是血浆和细胞外水分中的两种重要电解质，它们可以保持人体细胞的水分平衡。

运动员的水分需求

运动员的水分需求因个人情况而异。不同的运动员，除了遗传基因不同，还有一些已知的身体条件不同。对于刚刚开始运动的运动员来说，女性运动员具有比男性运动员更低的排汗率。这主要是由于女性皮肤面积更小，体形更小。女性运动员的肌肉也更少，因此会产生更少的热量，不需要以汗液形式排出太多的水分来保持合适的体温。一些研究显示，女性的水分利用率要高于男性，从而导致更多的尿液排出和为补充水分流失而增加水分需求。此外，在女性中还有比男性中更多的低钠血症案例。这可能出于多种原因，包括生理原因和心理原因。低钠血症是摄取了过多的不含电解质的水分，体内水分不平衡造成的（本章将在后文中对此进行更详细的介绍）。

年龄也是一个重要的因素。随着年龄的增加（65岁以上），逐渐减少的口渴感会导致脱水风险上升。除此之外，上了年纪的运动员也有一定的对于恢复时间的需要，因为他们需要花费比年轻运动员更多的时间来从脱水状态中恢复过来。老年运动员受损的健康状况和肾脏功能可能会导致水潴留和高血压的发生。对于分龄组中的运动员来说，青春期之前的排汗率要低于成熟后的排汗率。运动员应该对这一因素进行思考，尤其是在温度高、湿度高的环境中开展训练和比赛的情况下。

▶ 脱水

理想情况下，运动员可以在训练中、比赛中和日常生活中永远保持水合正常状态。但是，实际生活中，不同程度的脱水状况常常会由于不平衡的排汗量和水分摄取量而出现。耐力运动员常常会在运动中出现脱水情况，也许是因为上次训练后恢复不当、缺乏对身体需求的感知或是减重伴随而来的结果。

为了应对水分下降带来的压力，人体会通过生物标记来发出警告。这会引起体温上升、心率上升、每搏输出量（随每次心跳泵出的血液量）下降和运动感知率下降（会在精神上更难感受到运动带来的感觉）。总体的脱水程度越严重，这些压力信号就会越强烈。

多项关于受训运动员的研究结果显示，当运动员体内的水分含量降低到最低水平时会引发对于运动状态的不利影响。沃尔什等人（1994）曾指出，体重下降2%会导致运动状态下降44%。当脱水量达到3%（排尿过多）时，会导致1 500 ～ 10 000米的跑步比赛用时增加3% ～ 5%。一些研究显示，合理受训的运动员可以承受一定程度的脱水。劳尔森等人发现，合理受训的运动员可以在铁人三项比赛中承受高至3%的脱水量，并且不具有体温调节失败的风险。此处的百分比范围代表着观察对象的平均水平。运动员的运动状态会受到大量因素的影响，例如外界温度、目前的运动任务和运动员独特的身体条件。这些因素并非彼此孤立，它们会共同作用并对运动员的运动状态产生影响。

脱水导致的身体功能变化会影响人体的认知功能和运动水平。在铁人三项运动中，保持适当的水分含量至关重要。脱水和中暑会降低水分含量，后者的影响程度更甚。脱水带来的负面影响包括短期记忆力障碍、工作记忆障碍和视觉运动能力障碍（Cian et al., 2000）。

在判断人体所需的水分时，首先需要使用静止时的人体标准作为基础标准。静止时，人在处于没有压力的环境中时每日大概需要2.5升水。如上文中所提到的，具体数据主要以人的体形和身体成分而定。静止时，男性每日需要大概3升水，因为他们的体形更大、肌肉含量更高，因此体内含有更多的水分。静止时，女性每日需要大概2升水。人体每日的平均水分流失量为2 ～ 3升，其中50%以尿液形式排出。一个活跃运动的人可能会通过汗液排出更多的水分；而居住在高海拔地区的人可能会通过呼吸排出更多的水分。

在温暖潮湿的环境中运动的人具有更高的排汗量和水分流失量，他们每日一般需要5 ～ 10升水。在高强度训练中，静止的人每天流失的2 ～ 3升水可以在1小时的训练中排出。排汗量具体因每个运动员的个人情况而发生变化，即使是在身体水平、训练强度和环境因素极其相似的情况下也会有所不同。运动员的排汗量变化很大，其影响因素包括个人身体状况和环境因素。一项澳大利亚的研究显示，水球运动员的平均排汗率为每小时0.29升，而网球运动员的排汗率为每小时2.60升。以下是不同运动项目中运动员的排汗情况（USDA, 2010）。

- 男性水球运动员在训练中的排汗率为每小时0.29升，在比赛中的排汗率为每小时0.79升。
- 男性半程马拉松运动员在冬季比赛中的排汗率为每小时1.49升。
- 男性和女性铁人三项运动员在缓和的骑行中的排汗率为每小时0.81升，在缓和的跑步中的排汗率为每小时1.03升。

如果想要使身体保持最好的运动状态，尤其是对于铁人三项运动员来说，补充水分是关键。没有充足的水分，身体就无法正常运作，更无法达到最佳的运动状态。因此，运动员不仅需要在比赛中听取关于水分补充的建议，在日常的训练中也应该如此。以下是关于训练和比赛前、训练和比赛过程中、训练和比赛后的水分补充建议。这些建议都是为了帮助运动员达到水合正常和水分平衡的状态。

训练和比赛前

在运动前进行恰当的水分补充十分重要。想要达到水合正常的目标，运动员需要在开始运动前通过摄取水分和食物来达到正常的电解质含量水平。但是，如果对于上一次训练的恢复不足（小于8小时），耐力型运动员很可能会在脱水的状态下开始下一次的训练。为了防止这种情况发生，运动前的水分补充非常有必要。尤其是对于铁人三项运动员来说，在训练过程中摄取足够的水分并不容易。因为剧烈运动造成的水分流失难以通过水分摄取来补充。恰当的水分补充可以通过降低体温的上升程度、减少排汗量、改善在高温环境中的运动状态来改善人体的温度调节能力。

美国运动医学院（Swaka et al., 2007）建议运动员在运动前摄取的水分为5～7毫升/千克体重。通常来说，在4小时的准备时间内需要摄取400～600毫升水。因此，一名体重为75千克的运动员需要将75乘5来计算水分摄取的最低量（等于375毫升）；将75乘7来计算水分摄取的最高量（等于525毫升）。这样的方法是为了帮助运动员尽可能达到水合正常状态。在这种计算方法中并没有包括尿液的排出或食用高浓度的产品，否则还需要摄取额外的水分。在运动开始2小时后，建议运动员摄取的水分为3～5毫升/千克体重。按照同样的计算方法，一名75千克的运动员将需要225～375毫升水分。通过计算运动前所需的水分，运动员可以确保正常的排尿不会过多地影响体内的水分含量。

在运动前的水分摄取中加入电解质对于长距离的训练非常重要，尤其是对于排汗量较大的运动员来说。运动员需要在每升液体中额外加入500～1 000毫克钠离子（大约四分之一汤匙的盐），或选择吃一块含盐的零食，以此帮助身体为运动做好准备。如果没有摄取这些电解质，同时伴随着较高的排汗量，将会增加运动员脱水的风险。试图通过饮用可以增大细胞内部和外部空间的液体（甘油或大量的水）来补充水分将会增加应该避

免的风险，因为人体的内部吸收能力会因此受限。研究已经显示，水中毒不一定能带来
生理上和运动状态上的优势。水中毒会在运动开始前稀释血浆中的钠离子。

训练和比赛过程中

训练中的水分补充依然是为了保持人体的水合正常状态。美国运动医学院建议运动
员将体重的流失控制在2%之内（Sawka et al., 2007）。另外，水分的流失也伴随着电解质
的流失，因此运动员需要在电解质饮料中获取额外的钠离子。运动员具体需要的水分和
电解质含量以个人的排汗量和训练时长为准。因此，运动员需要监测自己的排汗情况，
尤其是对于超过3小时的训练来说。运动的时间越长，水分和电解质的摄取量就越有可能
不够充足，进而导致运动状态的衰弱。

关于训练中的水分补充建议以训练中的水分流失为基础。训练中的水分流失主要受
气候、身体状况、适应环境情况、预先补充水分状况以及运动服装等影响。由于有如此
多的变量，所以很难简单地给出建议。运动员每小时的排汗量为0.4 ~ 1.8升。由于这一
范围较大，运动员必须对自己的排汗情况进行监测，以判断自身对不同训练情况的反馈
并且建立自己的水分补充计划，以避免水分流失超过2%。

监测排汗情况的方法如下。

1. 运动前，在穿戴衣物和佩戴设备之前进行体重测量。

2. 记录运动过程中的水分摄取量。

3. 运动后脱去所有衣物和设备并测量体重。

4. 计算运动过程中损失的体重。

5. 将损失的体重数与运动中的水分摄取量相加，得出运动所需的水分消耗量。

对于超过60分钟的运动，钠离子和碳水化合物不仅可以补充水分流失，还可以为持
续的运动提供能量。水分吸收率和饮品的碳水化合物含量有关。过多的碳水化合物会减
慢水分的吸收。在伴有糖分和钠离子的情况下，肠壁对水分的吸收率更高。含有碳水化
合物和钠离子的运动饮料比水或含有钠离子的饮料更好吸收。研究显示，如果想要达到
理想的水分吸收情况并预防低钠血症，理想的运动饮料中碳水化合物含量（克/毫升）应
该达到5% ~ 8%，钠离子含量应该达到10 ~ 30毫摩尔/升。因此，运动饮料对于超过60
分钟的运动来说十分有益。

虽然大部分的铁人三项运动员都了解补充水分的必要性，但铁人三项运动中包含的
复杂因素使能量补充和水分补充变得并不容易。在游泳过程中补充水分几乎是不可能的。
有时运动员需要在脱水状态下开始第二阶段的骑行比赛，具体以转换时间而定。因为运
动员在跑步比赛中无法携带足以满足身体需求的液体，在骑行中恰当地补充水分就变得
至关重要。

在试图平衡流失的水分时，运动员需要了解，水分不仅会通过尿液和汗液排出，还会通过呼吸排出。在短途比赛中以呼吸形式排出的水分比较少，但是在铁人三项比赛中以呼吸形式排出水分的量还是值得注意的。一项针对铁人三项运动员的调查研究显示，每小时以汗液形式排出的水分大约为940毫升，以尿液形式排出的水分大约为41毫升，以呼吸形式排出的水分大约为81毫升。因此，运动员在比赛过程中需要每小时摄取大约1升水。

▶ 补充消耗的钠离子

排汗引起的钠离子消耗主要由人体的排汗率和水分的含量决定。汗水中的钠离子浓度一般为每升250 ～ 1500毫克。由于每个运动员的排汗率不同，对于钠离子的需求也有很大的区别。不过有一件事情是确定的：如果每天需要进行数小时的铁人三项训练或比赛，人体对钠离子的需求要比人们想象的大得多。参与耐力型或超长距离运动的运动员需要监测自己摄入钠离子的情况，并且谨慎地对钠离子进行补充。除了钠离子，其他必需的电解质也有可能发生流失。汗液中的电解质包括钾离子、钙离子、镁离子和氯离子。虽然这些营养元素在饮食中是必备的，但通过汗水流失的电解质的量并没有运动饮料中的电解质含量那么多。当比赛的时长会导致电解质完全消耗时，运动员需要使用液态食物进行补充。

公共资料中的大部分饮食建议都是针对不进行剧烈体育运动的人群而言的。美国农业部2005年发布的饮食指南中指出，人体每日的钠离子摄取量应该控制在2 300毫克以内。美国农业部每5年会对这一指南进行更新和修改。由于慢性病例（如糖尿病、心脏病和肥胖症）的持续增多，钠离子的建议摄取量在2010年的指南中被改为了1 500毫克/天。据美国农业部估计，美国人在每天的饮食中会摄取平均值为3 400 ～ 4 000毫克的钠离子。

患有慢性病的人和从事耐力运动的运动员对于钠离子的需求是不同的。在大多数人看来，耐力型运动员的饮食需要更加健康，并且比不进行剧烈运动的人具有更低的钠离子含量。事实上，这种看法并不正确。一天中，正常的饮食中只含有1500毫克钠离子，而这些钠离子只能支撑铁人三项比赛运动员进行不到1小时的高强度运动。

铁人三项比赛中的骑行部分是改善体内水分平衡的最好时机。在这一部分的比赛中，运动员可以方便地摄取水分。但是，与休息状态相比，高强度的运动会减慢身体对水分的吸收。一项由罗宾逊等人（1995）进行的研究表明，在运动员进行强度较高的训练时，胃部对水分的消化速度需要限制在0.5升/小时。如果有过多的水分残留在胃部，运动员将会有饱腹感。

训练和比赛后

在运动过后进行恢复对于身体健康来说至关重要，对运动员为下一次训练做好准备也同样重要。在高温、高湿度的环境中训练或比赛会对人体施加很多压力。训练后的高效水分补充需要运动员大量摄取水分和钠离子。仅仅通过水来进行水分补充的效率比较低。

美国运动医学院（Sawka et al., 2007）建议运动员通过饮用液体来补充150%的汗液流失，以此进行充分的水分补充。摄取超过排汗率的液体是为了产生尿液。摄入超过1000毫克的钠离子可以帮助运动员增加水分储存量并达到细胞内部、外部的水分平衡。

运动饮料中的钠离子是对运动员有益的，同时也可以为饮料增添风味。对于很多运动员来说，含有过多钠离子的饮料可能并不好喝。因此，运动员应该尝试多种不同的运动饮料，找出既能够提供身体所需的补充水分的营养物质又符合自己口味的运动饮料，帮助自己在预期时间内恢复体能。

脱水对健康的危害

很多运动员都知道补充水分的基本方式，但是对其重要性的原因和忽略后可能造成的严重后果缺乏思考。多项研究显示，对于保持最佳运动状态或防止因水分流失和脱水造成的运动状态衰退来说，维持一定的水分补充水平十分重要。如果身体自然调节热量的能力受损，将会对身体健康产生负面影响。末梢血管舒张，或者说皮肤表面增加的血流量，会提升人体的散热能力，但同时也会减少中枢神经系统的供血量。汗液的分泌会增强人体的散热能力，但同时也会提高脱水的风险。汗液中的钠含量会增加人体出现电解质不平衡现象的风险。根据以上情况可知，运动员身体中的水分扮演着至关重要的角色。

下面总结慢性脱水可能带来的结果，以及运动员需要加以注意、以免脱水情况脱离控制的对应症状。以下情况按照从轻微到严重排序。

热疾病

适当的水分摄取是运动员的共同目标，不仅仅是对于训练和比赛而言，更是对于每天的日常生活而言。正如前文中所提到的，脱水症状或缺水症状一旦出现，就会立刻对运动状态造成不良影响。如果不能通过适当地补水来冷却身体，各种程度的热疾病会在时间较长的运动或短时间的高强度运动中出现。大家通常会认为这些疾病只会在闷热、潮湿的环境中出现，其实它们也可能出现在低温、干燥的环境中。

热疾病具有连续的分级，从轻微疾病，到抑制身体性能的疾病，再到危及生命的疾病，例如中暑。哪些运动员更容易受到中暑虚脱的影响是很难判断的。但并不能确定所有轻微程度的热疾病都会不可避免地引发中暑。虽然关于这一领域的研究仍在继续，但所有的耐力型运动员都应该对热疾病的症状和信号加以了解。

中暑水肿

中暑水肿是指脚、脚踝和手部的明显肿胀。一般是人体试图把热量从运动的肌肉传输至皮肤导致的。这种末梢血管舒张现象会导致组织液在末端肢体处（例如腕部、踝部、双手和脚）不断累积。体温不会受这种情况的影响，但是运动员需要对这一症状加以了解，尤其是在症状不断加剧的情况下。年龄比较大的运动员和因水土不服而状态不佳的运动员具有较高的患病风险。

痱子

痱子是人体试图通过分泌大量汗液进行排热而产生的一种现象，也被称为热痱子。痱子会在衣服阻碍了汗液排出时出现，对皮肤表皮产生刺激。常见的出现痱子的位置包括躯干、腹股沟、脖子以及女性内衣包裹的区域。痱子通常会在大量出汗和有痱子病史的运动员身上频繁出现，并且具有一定的复发性。

热性晕厥

热性晕厥是指休息后、坐下后或躺下后出现的虚弱无力感和眩晕感。体温在此时保持正常。这一症状通常会在运动结束后立刻出现。由持续的末梢血管舒张引发的低血压会减少中枢神经系统的供血量，从而引起晕厥或精神错乱。在高强度运动后进行长时间站立或发生从坐姿到站姿的姿势转变时通常会出现这一症状。忽然停止运动并保持站立会使静脉堵塞。在发觉这些症状后，运动员需要立刻躺下，快速增加脑供血量，以缓解症状。

中暑性痉挛

中暑性痉挛是痛苦的肌肉收缩症状，通常发生在小腿部位和股四头肌部位。运动员可以通过休息、完全恢复以及拉伸来缓解该症状。体温在此时保持正常或有轻微上升。肌肉痉挛和抽筋是运动员可以注意到的热疾病早期信号。这些痉挛通常会在身体缺少水分和没有及时补充电解质时出现。此时，肌肉开始痉挛，伴有重复性的痛苦的肌肉收缩。钠离子的流失会加剧这一症状，但是其他电解质对其产生的影响还不明了，例如镁离子、钾离子和钙离子。产生中暑性痉挛的其他原因还包括慢性脱水和肌肉无法承受的过度收缩刺激。

中暑虚脱

中暑虚脱是指体温上升至40摄氏度以上。不适、疲劳和头晕都是中暑虚脱的典型症状，同时还会伴有恶心、呕吐、头痛、昏厥、虚弱、寒战以及皮肤湿润等现象。

中暑

中暑是非常危险的一种热疾病，是指人体体温高于40摄氏度以上的情况。皮肤此时变得滚烫，却只分泌很少的汗液。运动员会出现精神异常甚至昏厥的症状。易怒、共济失调（协调性丧失）、神志不清和昏迷都是有可能出现的结果。这些症状通常会非常严重，及时发觉并立刻进行治疗对于恢复来说至关重要。

中暑按照引发原因的不同分为两种，一般性中暑和疲劳性中暑。一般性中暑通常是由环境因素引起的，例如外界的高温和妨碍人体通过蒸发散热的较高的湿度。疲劳性中暑则主要是由于肌肉收缩造成的体内热量过剩而引起的，通常在高强度的运动中发生。虽然引发两种中暑的原因有很大不同，但它们的治疗方式都是相同的。

低钠血症

大量缺乏必要电解质的水分摄取会引起叫作低钠血症的体液营养不平衡现象。低钠血症从本质上讲是一种水中毒。血浆中过低的钠含量会引发血脑屏障的渗透失调，使过多的水流向大脑。这会引起大脑水肿，造成例如头疼、意识丧失、恶心、抽筋等症状。

随着参与超强耐力运动（超过3小时）的人数的上升，运动员出现低钠血症的情况也在逐渐增多。通常来说，运动员在运动中更加关注脱水和水分流失情况。对于缺乏必要电解质的水和运动营养品的依赖会最终导致体内电解质的稀释或导致低钠血症的发生。

以下人群具有更高的患上低钠血症的风险。

■ 排汗率较高的运动员，尤其是在高温、高湿度环境中进行比赛的运动员。
■ 水土不服、钠离子消耗较快的运动员。
■ 食用钠离子含量较低的食品的运动员。
■ 因高血压而服用利尿剂的运动员。
■ 在长时间运动（超过3小时）中饮用不含钠离子的饮品的运动员。

横纹肌溶解症

人体中的水分发挥着重要的作用，例如保持细胞膜的完整性和促进运动肌肉的正常反应。因此，脱水对于肌肉造成的细胞级的损害是可以想象的。横纹肌溶解是一种对肌纤维造成分解和破坏的综合征。这一症状一般会发生在刚刚开始训练的运动员、进行难度较大的训练的运动员以及训练过度的运动员身上。临床证据表明，脱水有可能导致这一症状出现。

临床上，肌酸激酶水平升高（是正常水平的5倍）和肌肉疼痛是该症状的主要现象。脱水、热量压力和新的训练模式会引发严重的健康问题。士兵和服役人员需要时刻为突发的运动做好准备，尤其是在体能训练中，却常常缺乏适当的水分补充，因此常常会出现横纹肌溶解症。这种情况可能会导致肾衰竭，需要通过血液透析进行治疗。中暑、横纹肌溶解症和急性肾功能衰竭也会造成死亡。

对于所有运动员来说，在训练中和比赛中进行适当的水分补充是保持良好运动状态的必要行为。在训练和比赛前、过程中和结束后进行水分和电解质的补充可以确保运动员的身体和心理状态与现实环境相吻合。但是具体的水分和营养素，尤其是钠离子的需求量需要依照每名运动员的自身情况而定。通过了解补充水分的重要性，铁人三项运动员可以对自己的水分流失情况进行监控和评估，并为自己量身定制补水计划。

第28章

其他类型的多项运动

凯蒂·贝克

　　每个运动员在比赛生涯中都会到达一个认为每日的游泳、骑行和跑步训练单调无味的时间点。当这种状态出现时，运动员就需要做出一些改变。这是将额外的多项全能项目综合到一起的绝佳时机。运动员可以借此机会让精神和身体从单调的训练中休息一下。

多项全能是什么

　　多项全能是指将多种运动项目综合到一起的运动。在这种运动中，运动员需要持续不断地经历多种阶段，例如腿部运动和在两种项目中迅速转换，并且需要在一定时间内完成整个运动系列。多项全能比赛通常是耐力型比赛，包括游泳、骑行、跑步、冲浪和皮划艇比赛。铁人三项是最常见的多项全能运动，包括不同距离（从短途到铁人三项比赛级距离）的游泳、骑行和跑步比赛。而多项全能不仅仅限于这三种运动，它正处于不断综合多种体育项目的发展阶段当中。现如今，美国和国际上都有多种多样的多项全能比赛。比较常见的多项全能比赛包括铁人两项比赛（跑步、骑行、跑步比赛）、越野铁人三项赛（游泳、山地骑行、越野跑步比赛）和冬季铁人三项比赛（冰雪环境内的跑步、山地骑行、滑雪比赛）。另外，多项全能的项目并不限于常见的三种项目。运动员可以找到多于三种运动项目的、具有更强冒险精神的多项全能比赛。这些比赛旨在组合多种多样的运动形式，包括但不限于皮划艇、攀岩、越野、山地骑行和徒步旅行比赛。

　　奥林匹克比赛中的一些比赛项目通常不被认定为多项全能比赛，例如五项全能、十项全能和现代五项比赛，因为每个运动项目并不是连续发生的。参与多项全能比赛是学习新的运动项目、改善身体基础和发展可以应用于其他多项全能项目中的运动技能的好方法。不同的运动项目之间常常存在着交叉点。事实上，很多参加高级别冬季铁人三项比赛的运动员和站在越野铁人三项比赛领奖台上的运动员都是同一批人。

2010年，身为美国国家级铁人三项比赛和多项全能比赛的组织者，美国铁人三项协会批准了2 265场比赛，其中26%的比赛不包括游泳、骑行和跑步这三种比赛项目。这26%的比赛中包括所有非传统的比赛。非传统比赛具有一定多项全能比赛的特质，但是并不符合上述的任何一个种类的描述（例如5千米沙滩跑、6.4千米划船比赛和6.4千米冲浪比赛）。显然，这样的比赛和正常比赛的差别很大，因此被划分为非传统比赛。2010年，美国铁人三项协会批准了156场越野比赛。这些越野比赛既包括铁人三项比赛又包括铁人两项比赛。另外，还有专门向青少年开放的28场类似的比赛。

每一年，多项全能比赛都在持续地变化和发展，为耐力型运动员提供了展示自己才能的机会，包括简单的山地骑行赛、越野滑雪赛、岩石攀爬赛，以及跨水域皮划艇赛。无论是什么样的运动项目，多项全能比赛都在不断地扩充运动内容。本章将会对多项全能比赛的历史进行介绍，例如铁人两项比赛、越野铁人三项赛、冬季铁人三项比赛和探险速度赛。除此之外，本章还会对这些比赛的必备装备进行介绍并提供训练建议。

多项全能的种类

很多单项运动的耐力运动员都会参与多项全能比赛，有的是为了放松精神，有的仅仅是想要尝试新事物、用全新的方式来挑战自己。以下是一些常见的多项全能比赛形式。

铁人两项

铁人两项由跑步和骑行组成，通常的形式是从跑步到骑行，再到另一轮的跑步，有时第二轮的跑步比赛距离会更短。这种比赛形式比铁人三项更加受欢迎。很多铁人三项运动员表示，铁人两项会使人更加疲惫。运动员首先需要进行激烈的跑步比赛，在开始骑行比赛时，他们比完成游泳比赛更加疲惫。接着，他们还需要完成另一轮和第一部分同样距离（或稍短距离）的跑步比赛。运动员通常认为比起同样时长的铁人三项比赛，铁人两项比赛需要更长的恢复时间。比赛组织者有时会发起只有跑步和骑行比赛的活动，除去第二轮的跑步部分，以此确保运动员不会因难度过高而拒绝参加比赛。

2010年，美国铁人三项协会批准了383场铁人两项比赛。银子弹啤酒系列比赛是最初的美国铁人两项比赛活动之一，在各大城市都有相应的赛场，包括凤凰城、芝加哥和丹佛。常常会有知名度很高的铁人三项运动员参与这样的比赛活动，娱乐体育节目电视网也会录制他们的比赛过程。银子弹啤酒系列比赛可以为运动员提供赛场经历、收入和曝光率。其他一些美国著名的铁人两项比赛还包括亚拉巴马州的Powerman比赛和亚利桑那州的沙漠太阳两项全能比赛。达能系列铁人两项比赛为铁人两项运动员提供了频繁参与国内最具竞争性的铁人两项比赛的机会。

很多运动员想要参加瑞士佐芬根的世锦赛，它也是世界上非常受欢迎的铁人两项比赛。比赛由山径上10千米坡地跑、150千米（三轮各为50千米）坡地骑行比赛和坡度极高的30千米山地跑组成。身为6次夏威夷铁人三项比赛的冠军得主，马克·艾伦公开表示瑞士佐芬根的Powerman比赛是他参加过的难度最大的比赛。

很多运动员选择参加铁人两项比赛的原因是他们本身就是专业的跑步运动员或骑行运动员，但并不善于进行水中运动。格雷格·沃森是2004年铁人两项比赛的世界冠军。他在1988年应用自己的跑步经验开始参与铁人两项比赛。他是冬季两项运动队的一员并负责跑步部分，他的队友则负责骑行部分。在几次胜利后，格雷格决定单独发展并试图独自完成跑步和骑行两项运动。他很快从中获得了乐趣和成功并且将目光放在了1991年在棕榈泉召开的铁人两项世界锦标赛，他在这场比赛中赢得了整个年龄组中的冠军头衔。接下来的一年，格雷格决定成为一名专业运动员。

铁人两项比赛装备

幸运的是，铁人两项比赛的装备需求并不像其他多项全能比赛那样复杂。运动员仅仅需要一辆自行车和一双跑鞋。运动员可以选择使用任何种类的自行车来参加比赛。在我的第一次和最后一次铁人两项比赛中，我都选择使用12岁生日那年收到的一辆重量为18千克的十速赫夫自行车。我就这样完成了我人生中参与过的最使人筋疲力尽的比赛，而我的自行车装备如此平平无奇。在选择参赛要使用的自行车时，了解赛道情况十分有必要。如果赛道有一定的坡度，运动员可能需要选择公路比赛用自行车；如果赛道比较平坦，运动员可以选择计时赛用自行车；而参加越野赛的运动员可能需要选择一辆山地自行车。

铁人两项训练

在所有的多项全能比赛类别中，铁人两项训练可能要比其他形式的训练更加结构清晰，因为训练仅仅包含两种运动项目：跑步和骑行。具体的训练计划以运动员的自身水平、期望目标以及比赛的距离为准。

对于新手来说，训练可能会比较简单、有趣。运动员仅仅需要针对跑步和骑行进行训练，因此不需要承担其他单项运动项目可能引发的过度使用伤的风险。随着运动员运动能力的提升，训练可以变得越来越频繁，训练强度也可以逐渐提升。高水平的铁人两项运动员每周会进行97千米跑步训练和483千米骑行训练。具体训练内容受多种因素的影响，包括可用时间、运动员自身的目标和运动员的身体承受能力。表28.1展示了平均水平的训练周计划，有助于运动员保持强健的体魄和稳定的体重。运动员不仅需要照顾家庭，还需要每周进行40小时的训练，并参加美国铁人三项协会召开的国内铁人两项锦标赛（5千米跑步比赛、35千米骑行比赛、5千米跑步比赛）。

表28.1

多项全能训练周计划

项目	周一	周二	周三	周四	周五	周六	周日
骑行	90分钟低强度旋转训练	休息	60分钟中等强度爬坡骑行训练	分段练习:20分钟热身运动;6组3分钟山坡反复跑训练,每组在下坡时进行2分钟恢复性运动;20分钟低强度冷身运动	休息	组合训练:60分钟骑行训练,其中至少30分钟的强度保持为85%～90%;10分钟低强度冷身慢跑运动	休息
跑步	休息	分段练习:20分钟热身运动;5组1千米以比赛速度为准的跑步训练,每组伴有2分钟恢复性慢跑;15分钟冷身运动	低强度的45分钟跑步训练,最后10分钟进行10组30秒加速运动;跑步训练在骑行训练之前进行(例如,上午进行跑步训练,下午进行骑行训练)	休息	节奏跑:15分钟的热身运动;25分钟的以10千米跑步速度为准的跑步训练;10分钟的冷身运动		长跑:90分钟的跑步训练,中间的45分钟需要采用半程马拉松的速度

越野铁人三项赛

越野铁人三项赛通常被称为Xterra,这也为比赛的风格奠定了基础。Xterra是这一系列比赛的冠名赞助商。Xterra每年会在16个国家进行100场比赛,这一数量还在持续上升。每年10月,世界Xterra铁人锦标赛都会在夏威夷的毛伊岛召开。

在Xterra前曾存在着一种山地骑行铁人比赛,这种比赛没有规定的距离或具体的规则。运动员需要在难度极高的赛道上进行骑行比赛,并在结束骑行后直接骑向大海,最后跳进水里洗去污泥。最终,该比赛中加入了部分跑步比赛,于是,越野铁人三项赛诞生了。越野铁人三项赛的出现主要是为了满足骑行运动员的需求,而公路铁人三项比赛对于跑步者来说更加有利。在公路铁人三项比赛中,运动员需要花费50%～55%的时间来骑行,在越野赛中这一百分比变为了60%。跑步比赛在公路铁人三项比赛中占有35%的比重,在越野铁人三项赛中的比重降至25%。

越野铁人三项赛装备

越野铁人三项赛所需要的装备和公路铁人三项比赛所需要的装备很相似，因为三种运动项目是相同的：游泳、骑行和跑步。游泳部分的装备保持不变。像其他游泳比赛一样，运动员需要泳镜和泳衣。越野铁人三项赛常常会在高海拔地区进行，也就是说当地的水温会比较低。美国铁人三项协会规定，运动员可以在水温低于26摄氏度时使用防寒泳衣。因此，运动员可能需要购买一件美国铁人三项协会认证的泳衣。在没有防寒泳衣的情况下进入冷水中游泳，感受会非常不好。正如上文中的分析一样，骑行运动员在越野赛中占有极大的优势，因此运动员可能需要一辆山地自行车来进行骑行比赛。运动员需要考虑自己应该选择全减震款自行车还是无减震款自行车，具体情况应该根据赛道的难度而定，有些赛道可能要比正常的赛道难度更高。一辆全减震款自行车的车身更重，可能会为攀爬部分增加难度，但对于崎岖不平、伴有碎石和碎片的下坡路段来说十分理想。

两种自行车都是参加越野赛的好选择，运动员可以根据自身情况做出判断。鞋子的选择则根据运动员的山地骑行专业度而定。比较专业的山地骑手可能会选择特殊的山地骑行鞋以及卡式踏板；其他运动员可能更愿意选择使用舒适度更高的带有铁笼式固定装置的踏板。如果运动员选择了后者，就可以穿着跑鞋参加骑行比赛，以此避免浪费在两个项目之间更换跑鞋的时间。比赛规则指出，运动员在骑行中必须戴骑行头盔。一些运动员还会选择佩戴骑行手套，尤其是对于难度较高的山地骑行赛道来说，运动员比较容易从车上跌落。对于跑步来说，运动员可以选择为难度较高的赛道换上比较专业的跑鞋，但正常的跑鞋也可以满足比赛需求。

越野铁人三项赛训练

运动员有时会想要参加越野铁人三项赛，以此暂时逃离公路铁人三项比赛的紧张氛围。越野铁人三项赛运动员通常会选择以轻松的心态比赛，因此，他们的训练中可能缺少竞争。一天的生活结束后，运动员是时候开始享受训练带来的乐趣。如上文中所提到的，骑行运动员更愿意参加越野铁人三项赛，因为比赛的距离更加有利于他们发挥自身优势。大部分运动员会进行大量的骑行和跑步训练，对于公路铁人三项比赛和越野铁人三项赛而言都是如此，同时花费很少的时间进行游泳训练。当然，这并不代表这就是最佳的针对越野铁人三项赛的训练方法。具体的训练应该以运动员的情况和目标为准。表28.2是越野铁人三项赛的训练周计划示例。

表28.2

越野铁人三项赛训练周计划

项目	周一	周二	周三	周四	周五	周六	周日
游泳	60分钟低强度游泳训练	休息	休息	90分钟分段式游泳训练	休息	休息	休息
骑行	休息	45分钟公路骑行旋转训练	90分钟爬坡骑行训练，包含一组提速训练	休息	公路骑行分段训练：20分钟热身运动；5组5分钟高强度骑行训练，每组伴有3分钟恢复性骑行；20分钟中等强度骑行；10分钟冷身运动	休息	180分钟的长距离山地自行车骑行
跑步	休息	10分钟低强度热身；3组10分钟以比赛速度为准的跑步训练，每组伴有5分钟恢复性慢跑；10分钟冷身运动	30分钟低强度跑步训练	分段训练：20分钟热身；8组400米跑步训练，每组伴有200米恢复性慢跑；10分钟冷身运动	休息	90分钟长距离跑步训练	骑行后立刻进行15分钟强度为85%的跑步训练

*每周可选择性进行2次或3次游泳训练。运动员可以选择第三次训练的内容，如选择60分钟低强度游泳训练或根据自身情况和感受而定的90分钟分段训练。如果运动员感到过于疲惫，就可以选择60分钟低强度游泳训练，主要针对游泳技巧进行练习。如果运动员很健壮，但是缺乏一定的速度，就可以选择分段训练或增加速度训练。

冬季铁人三项比赛

对于喜爱寒冷天气并且在赛季淡季更具竞争力的运动员来说，冬季铁人三项比赛是较好的选择。冬季铁人三项比赛包括在冰雪路面上进行5～8千米跑步比赛、10～15千米山地雪路骑行比赛以及8～12千米越野滑雪比赛。冬季铁人三项比赛在20世纪80年代自欧洲传入美国，当时的法国和西班牙也举办过类似的冬季铁人三项比赛。直到1997年，美国国际科技大学召开了第一届冬季铁人三项世界锦标赛。在首届比赛中，运动员们在柏油马路上进行比赛，并且没有进行任何滑雪比赛。最终，在经历了一些尝试和错误后，比赛场地移到了雪地中。但是，自然界是变幻无常的，一些比赛有时还是需要在无雪的场地上进行，尽管这并不理想。

2010年，身为2006年冬季奥林匹克比赛越野滑雪运动员的美国运动员丽贝卡·迪索获得了第一个冬季铁人三项锦标赛冠军头衔。当时，丽贝卡的运动员朋友布莱恩·史密斯招募她来尝试参加冬季铁人三项比赛并加入世界队，尽管她已经长达几个月没有进行骑行和跑步训练。她丰富的运动经验为她在2008年的德国科德宝锦标赛的世界队中争取到了一个位置。于是，尽管从没有参加过冬季铁人三项比赛，刚刚生下孩子不到14个月的丽贝卡还是接受了挑战。在一次与丽贝卡的谈话中得知，那一年的比赛是没有雪的。对于第一次参与比赛的人来说，那是一次残酷又奇妙的接触。"除了探险速度赛，我从没有参与过任何多项全能比赛。同时我也因为可以测试自己的耐力型技巧而感到兴奋。之所以说它有些残酷，是因为我已经很久没有进行过跑步训练。对于当时的我来说，在又干又硬的路面上跑步是很痛苦的。同时在极其干燥的跑道上骑行对于力量不足的运动员来说也并不容易。我比较善于攀爬，因此，那场比赛对于我来说是极大的挑战。我等着参与下一年的比赛，以搞清楚自己真正掌握的冬季跑步技巧的水平如何和冬季骑行技巧的水平如何。最后，那场比赛我拿到了第六名的成绩，这是我的第一次冬季铁人三项比赛体验。我也因此开始盼望下一次的比赛。我知道，伴随正确的训练和良好的赛道状况，我总有一天可以成为世界冠军。"

冬季铁人三项比赛装备

根据具体的情况，运动员可能需要选择以下的装备，以使自己获得理想的冬季铁人三项参赛体验。对于跑步比赛来说，运动员可以选择任何种类的跑鞋。很多竞争性较强的运动员可能会选择一些专业的跑鞋为自己提供更好的动力。一些运动员甚至会选择使用越野赛用钉鞋或配有3毫米金属螺丝的比赛专用平底鞋。运动员需要考虑路面的冰雪硬度比较大还是比较疏松以及路面的冰雪深度，并以此来决定什么类型的跑鞋可以为自己提供比赛优势。对于擅长骑行的运动员来说，可以选择操控山地自行车参加比赛，虽然大部分运动员可能会选择使用公路越野赛用自行车。要记得和活动的组织者确认比赛规则，包括轮胎尺寸要求和宽度限制，因为每个比赛的要求可能会有所不同。考虑到雪地较软的表面，运动员可以对山地自行车使用10～20的压力值。使用低胎压参加比赛可以帮助运动员更好地处理冰雪路面带来的不可预测的路面情况。运动员可以选择使用骑行鞋或正常的跑鞋，视自身情况而定。骑行头盔是必备装备，因为运动员无法预测轮胎何时会出现故障，进而导致自己从车把上越过并跌倒。

至于滑雪部分，运动员可以使用滑冰鞋或滑雪板。冰鞋滑雪是速度更快、效率更高的越野滑雪形式。但是，它并没有看上去那么容易。因此，很多运动员更愿意使用常见的滑雪板参加比赛，尽管这会花费稍微长一些的时间。运动员需要根据自己的竞争力水平、舒适感和目标来做出选择。大部分情况下，进行难度较高的挑战时，运动员的目标几乎都是顺利完成比赛，哪怕是取得了最后一名。因此，舒适感非常重要。大部分冬季铁人三项运动员会在越野中心进行比赛，因此，运动员不需要自己购买滑雪装备，可以在购买前选择先租用滑雪装备，以此来确保自己对装备的舒适度和使用感满意。

迪索提醒运动员不要因装备而感到不安。"在比赛中，一切都会顺其自然地发生。你只需要接受自己并不完美的事实。如果你能够在很多方面做得很好，那么你一定能拿到不错的成绩。你应该轻松地面对种种问题，例如轮胎的选择、胎压的控制、跑鞋的选择、技巧的练习、力量控制、体力控制、营养进食、转化、平衡、爬坡、下坡、平地等。在对这些因素进行考虑后，就可以找到自己的方式。"

冬季铁人三项训练

冬季铁人三项训练和许多多项全能训练一样极具吸引力，因为训练的内容是多种多样的，因此能够培养出能力平衡的全能型运动员。运动员在这一训练中很少出现其他运动中经常出现的因过度使用而引起的损伤。

运动员应该尽快开始训练，因为没人知道冬季奥林匹克比赛在什么时候会增加冬季铁人三项比赛项目。美国国际科技大学正在努力劝说国际奥委会增添这一项目。如果冬季铁人三项比赛真的加入了冬季奥运会比赛，铁人三项将会成为首个在夏季和冬季奥运会中同时出现的比赛项目。国际奥委会主要的担忧是冬季铁人三项比赛还不够国际化，他们想要的是广泛流行的体育项目，至少需要4个大洲超过25个国家参与。不幸的是，冬季铁人三项比赛还没有发展到这个程度。但是随着参与度的不断提升和铁人三项比赛的主流化，有朝一日，冬季铁人三项比赛有可能被纳入奥林匹克比赛的范围。表28.3提供了冬季铁人三项比赛训练周计划的示例。

探险速度赛

探险速度赛也是多项全能比赛的一种，虽然它并不由美国铁人三项协会管理。美国探险速度比赛协会负责对探险速度赛进行管理。当听到探险速度赛这个词语时，人们大多会想到类似原始追求赛和Eco挑战赛之类的比赛。但是，它们和多项全能比赛不同，因为它们加入了团队竞争元素。根据比赛的具体情况而定，运动员可能会组成5人以内的小组，因此运动员永远不会单独领先最弱的对手。

麦克·克劳泽是一名多项全能运动员。麦克取得的荣誉包括4次探险竞速赛世界冠军、3次Eco挑战赛冠军和5次原始追求赛冠军以及多项国内冒险竞速赛荣誉。2003年10月13日，体育画报将麦克称为"勇敢者"。

巴里·斯弗是多项全能运动中的另一个传奇。当被问起自己是否认为探险竞速赛是多项全能比赛的一种时，他回答道："它确实是一种多项全能运动。它的定义正是多项运动或活动的综合体。我们需要爬山、在丛林中艰苦跋涉、跑步、进行山地骑行、划动巨

表28.3

冬季铁人三项训练周计划

项目	周一	周二	周三	周四	周五	周六	周日
跑步	休息	在滑雪训练开始前进行30分钟低强度跑步训练	45分钟赛道或雪道跑步训练	休息	组合训练：15分钟热身跑；5分钟跑步+10分钟骑行+5分钟滑雪，强度为85%，重复3组，每组伴随5分钟恢复性运动；20分钟低强度冷身滑雪运动	90分钟长跑，最后25分钟内采用10千米跑步比赛的速度进行训练	休息
骑行	60分钟低强度旋转训练	休息	90分钟的中等强度训练	分段训练：20分钟热身运动；4组强度为90%的10分钟骑行训练，每组伴随5分钟恢复性旋转训练；10分钟冷身运动		60分钟爬坡骑行训练	45分钟中等强度骑行训练
滑雪	休息	分段训练：20分钟热身运动；5组强度为95%的5分钟滑雪训练，每组伴随3分钟恢复性滑雪；10分钟冷身运动	休息	在完成自行车训练后进行30分钟低强度滑雪训练		休息	在完成自行车训练后进行120分钟长距离滑雪训练

大的皮划艇、进行越野滑雪、游泳、蛙潜、套马，甚至更多。"探险速度赛对于运动员来说有什么吸引力？斯弗在一次电话访谈中谈到，他正是因为这项运动的多样性而被深深吸引。他说："我每天早晨起来后都会和我的队友丽兹通话，我们会共同确定当天进行的训练项目。没有事先的规划、没有任何规则和固定的日程安排。我们只是每天进行两种运动，并且从中获得乐趣。训练时长为每天2～5小时。"

探险速度赛装备

大部分的探险速度赛会根据比赛涉及的具体项目为参赛者提供必备和建议的装备清单。以下是一个装备清单的范例。

必备装备

补水系统	皮划艇
紧急型毛毯	皮艇桨
自行车头盔	指南针

自行车	手机
登山背带	地图和网格
绳索下降装置	指南手册和护照
救生衣	

强烈建议携带的装备

防寒泳衣或皮艇夹克和裤子	顶头灯
轮胎泵	用于装地图和齿轮的干燥袋
刀或多功能工具	雨具和分层布
打火机	镜子
备用管道、补丁包、自行车工具	口哨
自行车手套和皮划艇手套	急救药箱
聚丙烯材料的长袖或羊毛上衣	

从以上的清单可以看出，探险速度赛需要大量的装备，以确保运动员可以安全地完成比赛。

探险速度赛训练

探险速度赛的迷人之处在于训练内容的多样性。根据运动员所准备的比赛的具体情况，训练内容可能包括从山地骑行到皮划艇再到攀岩的种种运动项目。此时运动员可以使用同样的训练原则，试着每天进行两种项目的训练。每天进行的每种训练的强度、频率和时长应该不断变化。运动员可能需要在训练中加入一些举重训练，因为力量在大量活动中都会发挥作用。尤其是在运动员每周没有足够的时间对各种项目进行反复训练的情况下，举重训练可以帮助运动员更加高效地利用有限的训练时间。

多项全能运动不限于铁人两项运动、冬季铁人三项运动、越野铁人三项运动和探险速度运动等类型。其他种类的多项全能运动一直在不断地出现。人们都说，多变性是生活不可或缺的情趣，那为什么不让训练也变得有趣起来？赶紧参加一项全新的多项全能运动吧！

第29章

铁人三项的长期发展

戈登·拜恩

    铁人三项是可以一生从事的运动。无论运动员何时开始训练和比赛，恰当的长期发展都是长久参加铁人三项运动的关键。长期发展对于运动员达到自己的理想状态和防止运动状态止步不前来说都十分重要，因此，在刚刚开始铁人三项训练时，运动员也应该同时发展游泳、骑行和跑步的相关技巧和对应的身体素质，这样才能在多年后依然做一名成功的运动员。在长期发展中，铭记运动员的本质十分重要。大部分的运动员不需要复杂的运动组织和计划，他们会在简单、直接的训练中受益，这也正是本章即将介绍的内容。

发展和改善身体素质

以下是可能对运动员的发展产生影响的因素。

1. 运动技巧和快速使用技巧的能力。

2. 有氧耐力阈值，也就是常说的耐力。

3. 专项力量，或者说高效使用力量的能力。

4. 乳酸阈，或运动员可以持续进行有氧运动的最大速度、最大能量和最长时间。

5. 功能性阈值，或者说运动员在最佳运动状态下进行60分钟高强度运动的运动表现。

6. 最大摄氧量情况，也就是运动员进行5分钟最高强度运动时的速度和能量。

    这些是成为拥有强健体魄的运动员的基础。运动员出现技巧失误或在比赛当天没有达到训练水平的原因通常是运动技巧、耐力和力量发展不足。最后三项基础素质主要为运动员形成比赛级别的体魄而服务，并且帮助运动员为某项比赛做好准备。一种看待运动员级别和比赛专用级别的方式是：在运动员能够接受运动功率训练之前，必须培养的身体能力，简单来说就是"培养运动功率之前的必备能力"。

▶ 运动状态的限制因素

当运动员针对某一场目标比赛进行训练时，通常会有一些限制自身运动状态的因素出现。为了证实这一理论，我将每项运动的限制因素与铁人三项进行了匹配，同时也希望大家记住，这些限制因素可能出现在任何一种体育项目之中。（本章稍后会列出用于判断运动员现在处于何种发展阶段的具体运动。）

游泳是对技巧性要求很高的运动项目，因此，运动员的长期发展训练必须包括对游泳的持续训练和对相关技巧的不断改善。虽然运动员应该限制游泳训练的总时间，但是一年中的大部分时间里，运动员都应该从训练中获得尽可能多的收获，因为可用的训练时间是有限的。运动员可以通过频繁的训练（练习）和观看视频解析（直接的技巧提升）来尽快改善游泳技巧。当熟练掌握技巧后，铁人三项运动员还需要一定的力量和强健的体魄，这有助于提升游泳表现。

通过了解游泳者的游泳时长和速度，包括50米、400米和1 500米游泳，教练可以更好地判断运动员的限制因素，同时也可以了解适合运动员的身体类型和健壮程度的游泳姿势。体型较小、比较健壮的运动员应该进行高频率划水训练（功能性阈值和动作技巧会影响他们的游泳表现）。反之，体型较大、不太健壮的运动员应该针对每次划水的距离进行训练（具体的力量和动作技巧会影响他们的游泳表现）。

按照训练的回报来看，骑行是铁人三项中十分公平的运动项目。骑行的技巧成分和受伤风险要比游泳和跑步低得多。虽然体型会对骑行产生一定的影响，但是更重要的是运动员要对具体运动表现和目标比赛对骑行的要求进行深入理解，包括地形和距离。运动员应该在整个铁人三项赛季（总时间，游泳—骑行—跑步）中对骑行进行持续训练，在单独的骑行赛季（总距离，自行车）中也是一样。想要实现这些目标，运动员需要对每天（总消耗量）和每小时（消耗率）的能量消耗情况进行密切关注。运动总量限制因素在长距离比赛中的体重较重的运动员身上比较常见（例如，体重为91千克的运动员参加时长为14小时的比赛）。自行车功率限制因素则在参与距离较短的体型较小且经验丰富的运动员身上比较常见。

通常来说，当人们谈起体能时，多是指有关功率的各种数据，也就是指运动员能够达到的能量和速度。但是，对于运动员来说，赛事的总运动量有时也是重要的限制因素，尤其是对于业余爱好者来说，具体情况以运动员的体型、运动消耗情况、新陈代谢率和赛事时长为准。通常体型较大的运动员因体格健壮，所以在比赛当天能满足身体的能量消耗需求。能量供应限制因素可能在骑行中出现。骑行中，运动员可以轻松地通过功率计对自己的总运动量和骑行功率进行计算。

长期发展跑步需要运动员长时间进行频繁的跑步训练。运动员，尤其是高度活跃的铁人三项运动员一般都急于进行高强度的跑步训练。在开始高强度的训练之前，运动员需要思考，追求极端的速度是否会对自己的运动表现带来限制。

虽然在铁人三项的跑步运动中，痛苦、艰难的训练会对运动员有内在的吸引力，但是对痛苦的承受能力并不是运动表现的限制因素。以下是我提出的一些建议。

■ 加强相连的人体组织的力量，并且通过频繁的跑步运动、力量训练（小腿上提和臀桥）以及适当的肌肉张力训练（拉紧肌肉，而不是使肌肉紧张）来找出自己的生理限制。

■ 改善自身技巧、速度、运动消耗和敏捷度。运动员需要在低压力、低强度的环境中学习技巧并逐渐加入速度和压力训练。

■ 训练自身高效运作的能力，包括使用第9章指出的所有能量系统，主要集中在有氧耐力系统上。重要的是，运动员需要以稍微高于比赛速度的标准要求自己。在实际训练而不是目标训练中使用比赛速度，同时也要确保自己的训练项目以实际情况为基础。

■ 在对运动表现的思考中加入对身体成分的关注。当身体成分限制了长期发展时，运动员需要为自己减压（训练压力和生活压力），以此为新运动习惯的建立留出空间。运动员需要知道，耐力运动可能会引起进食紊乱，必要时需要专业的医疗帮助。

通过持续不断地对三种运动（游泳、骑行、跑步）进行平衡训练，同时针对性地以提高自身健壮水平为目标进行训练，运动员可以逐渐达到理想的运动状态。另外，在训练和比赛中付出110%的努力，从长远来看也可以增加运动员在其运动生涯中获胜的可能性。

想要通过发展阶段取得进步，运动员需要使用各种技巧来提升身体素质。以下是运动员可以用于打造强健体魄并长期使用的5种方式。

变量刺激

运动员应该在保持进步的情况下坚持使用相同的训练项目。当训练的效果不再提升时，可以选择通过增加运动负荷来提升训练效果。虽然这是在经验丰富的运动员中比较高效的选择，但事实上，训练效果的改善可以通过改变压力而不是增加压力来实现。这种方法对于感到疲惫或有受伤倾向的运动员来说十分重要。

饱满的精神

改善需要一定的时间，而不断进行改善则需要足够的动力。在这种方式中，运动员需要在训练课程中和训练课程之间加入变量，以此来保持动力。

超负荷训练

总的来说，铁人三项运动员，尤其是正在运动中的铁人三项运动员常常会缺少可以带来明显效果的、针对单项运动的训练。另外，达到较高水平的运动表现要比达到新水平的运动表现简单得多。因此，合理使用超负荷训练可以帮助运动员突破维持了整个赛季的运动表现，进而达到更高的运动表现水平。

运动员的长期运动

运动员和教练都需要考虑并判断影响长期成功的运动素质。敏捷度、灵活度、肌肉平衡情况和最大力量可能不会对短期内的运动表现产生影响，但是缺乏这些运动素质会削弱长期的运动表现，尤其是对于年龄较大的运动员来说。在美国，铁人三项运动员的年龄的中位数比较大。在成年运动员群体中，运动员应该进行思考，弄清楚自己在10年、20年、30年以后需要达到的运动水平。运动员应该谨慎地选择训练策略，因为这可能决定了未来的运动水平。大多数人都有一个共同的弱点：总是会因短期回报而忽视长期结果。

有氧训练

对于大多数铁人三项运动员来说，运动表现的最大限制因素就是比赛状态下的耐力表现水平。参与铁人三项的运动员通常积极性很高，他们往往不愿意在针对力量和耐力的训练中花费过多的精力。教练可以使用长期结果来吸引运动员进行训练，进而帮助他们在短期获得很大提升。

虽然之前的方式都集中在发展运动能力上，但是运动员需要牢记目标比赛中三种运动项目的目标成绩与进步过程息息相关。

1. 在几天内完成比赛距离。

2. 在一天内完成比赛距离。

3. 在一天内不间断地完成比赛距离。

4. 在一天内不间断地完成比赛距离，并且使用理想的比赛速度以达成目标成绩。

这一过程中的每一步都应该在运动员改善自身能量消耗情况的同时达成，同时运动员也需要锻炼自己的心理技巧，以获得最佳的比赛体验。

评估运动能力

我所知道的保持持续进步最好的方式是不间断地进行训练。这一训练计划应该包括均衡的游泳、骑行和跑步训练，并且主要集中于提升运动员自身的运动水平。

业余运动员常常由于缺少稳定的训练负荷而导致训练效果止步不前。为不稳定的训练计划增加变化性和强度，会将运动员的精力从构建稳定训练这件真正重要的事情上分散出去。理想的训练策略应该是坚持使用一个简单的、平衡的训练计划，不要添加任何会削弱运动能力的选择。那么，这个训练计划应该侧重于哪些方面？运动员又如何展开训练？想要找到这些问题的答案，运动员首先需要考虑以下几个问题。

■ 我现在处于哪个发展阶段？

■ 我的目标是什么？

- 我可用的训练时间有多少？
- 在处理好个人生活的情况下，对铁人三项付出更多的精力是否现实？

运动员需要确保自己对于以上问题的回答是符合实际且不会改变的。在花费大量精力改善运动状态之前，运动员需要确保铁人三项能够符合自己的总体生活目标。

运动员和教练可以通过以下方式来评估运动能力，同时也可以了解进行提升的基础标准。在确定运动表现基准时，一定要将目标比赛的时长和目标表现结合。中等强度的有氧运动表现可以当作每日训练的基准。高强度的最佳运动表现每隔3～6周测试一次就足够了。

为了更轻松地完成评估，运动员需要了解和有氧运动相关的5种运动强度水平。

1. 低强度。
2. 稳定强度。
3. 中等强度。
4. 阈值强度。
5. 达到最大摄氧量（最高强度）。

这5种运动强度水平对应第9章介绍的各能量系统，有助于运动员判断每次训练应选择的强度。表29.1为RPE评分对应情况。

表29.1

RPE评分对应情况

RPE评分	呼吸频率/说话能力	费力程度	协调情况
1	休息	非常轻	轻松
2	可以轻松地说话	轻	轻松
3	可以轻松地说话	中级	稳定
4	可以说话，但有些费力	有些困难	稳定
5	可以说话，但有些费力	困难	中等困难
6	呼吸有些困难/不想说话	困难	中等困难
7	呼吸有些困难/不想说话	非常困难	达到阈值
8	呼吸困难/讲话困难	非常困难	达到阈值
9	呼吸困难/讲话困难	极其困难	达到最大摄氧量
10	无法保持较长时间	最大值	达到最大摄氧量

游泳评估1：400秒和200秒递减运动

这一训练评估可以使运动员了解自己的速度控制能力和不同强度下的速度基准值。进行这一游泳评估，运动员需要通过分段游泳从低强度达到最高强度。虽然描述中标注有10～15秒的休息时间，但受到良好训练的游泳运动员可以通过使用5～10秒的休息时间来进行更准确的评估。

- 12组25秒低强度游泳，每组伴随10秒休息。
- 6组50秒稳定强度游泳，每组伴随10秒休息。
- 4组75秒游泳（25秒低强度游泳、25秒中等强度游泳、25秒稳定强度游泳），每组伴随10秒休息。
- 3组100秒稳定强度游泳，每组伴随10秒休息。
- 5组400秒阈值强度游泳，每组伴随不超过15秒的休息。
- 5分钟低强度游泳。
- 5组200秒最高强度游泳，每组伴随10秒休息。
- 冷身运动。

游泳评估2：200秒的速度变化运动

这一运动评估方法可以使运动员了解自身的速度控制能力和不同强度下的速度基准值。使用评估1中的速度标准，来设定每段（其中包括多组200秒的运动）主要运动之间的时间间隔。时长较长的运动组会帮助运动员了解自己的游泳水平和保持速度的能力。受到良好训练的游泳运动员可以将最后200秒中每段运动的速度设为理想速度，并为每组运动增加10秒的时长，进而得到准确的基准值。举例来说，一名健壮的运动员如果最后想要得到2分40秒的成绩，就需要将5组200秒的运动组的时间设为3分20秒、3分10秒、3分、2分50秒和2分40秒。另一种设定的方法是在每200秒的运动后进行10秒休息。

- 16组50秒游泳，每组伴随10秒休息。包括3组低强度，1组阈值强度，1组稳定强度，1组中等强度，1组低强度，1组阈值强度，重复2遍。
- 运动员可以选择性地进行200秒放松游泳。
- 5组200秒低强度游泳，每组伴随10秒休息。
- 4组200秒稳定强度游泳。
- 3组200秒中等强度游泳，每组伴随10秒休息。
- 2组200秒阈值强度游泳，每组伴随10秒休息。
- 200秒最高强度游泳。
- 冷身运动。

游泳评估3：长距离分段递减运动

这一评估方式可以帮助运动员在长时间比赛中保持有氧控速能力。运动员需要使用前文中的速度数据作为基准，并据此设定目标速度。在完成5 000米的耐力型游泳训练后，使用400秒、600秒或800秒作为分段游泳的标准。大部分运动员应该从低强度速度开始，再到中等强度速度，最后再到最高强度速度。受到良好训练的游泳运动员可以使用从低强度到阈值强度的速度。

- 5组1 000秒包含强度1～强度5的游泳运动，每组伴随15秒休息。
- 第一组，使用中等强度速度，伴随15秒休息。
- 第二组，使用比第一组更快的速度，伴随15秒休息。
- 第三组，使用比第二组更快的速度，伴随15秒休息。
- 第四组，使用比第三组更快的速度，伴随15秒休息。
- 第五组，使用比第四组更快的速度，伴随15秒休息。

以下为另一种可选的形式，每组的速度都有所提升。

- 10组100秒游泳，伴随着5秒休息。
- 8组125秒游泳，伴随着10秒休息。
- 4组250秒游泳，伴随着15秒休息。
- 2组500秒游泳，伴随着20秒休息。

游泳评估4：100秒规定速度运动

前3种游泳评估主要用于评估运动员的游泳速度和控制速度的能力。这一种评估方法会使运动员了解自己保持阈值强度或最高强度的速度所需要的时长。为了进行评估，总运动时长需要设定为40～60分钟。运动员需要使用固定的与阈值强度的速度相同的初始速度。举例来说，如果阈值强度的速度为1分27秒每100米，那么1分30秒每100米就是合适的选择。要知道大部分运动员都会高估自己的阈值速度并且选择接近最高强度的速度。如果运动员想要训练自己的最高强度的速度，就可以选择时长为12～30分钟的运动组，并且为其中35%～100%的运动组搭配休息时间。例如，如果最高强度的速度为1分20秒每100米，那么合适的运动组组成应该为12组100米训练，以1分20秒每100米的速度开始，1分40秒每100米的速度结束。

- 500秒低强度游泳，伴随着20秒休息。
- 4组100秒速度递减游泳，伴随着15秒休息。
- 4组75秒（25秒提升速度、25秒稳定强度、25秒低强度）游泳，伴随着10秒休息。
- 4组50秒阈值强度游泳，伴随着15秒休息。
- 100秒低强度游泳。
- 12～40组100秒既定速度游泳和休息。
- 冷身运动。

骑行评估1：渐进式骑行测试

这一评估的目的是确认运动员的有氧能力范围和最佳运动水平。测试可以通过最大强度或略低于最大强度的强度完成。如果运动员没有功率计或其他功率测量装置，较好的方法是以每分钟低于有氧心率10次的心率开始运动，并密切观察每次踩踏的前行距离。在测量步伐长度时，需要以每分钟5次的心率逐渐递增，直到超过心率阈值。

首先，运动员需要对自己的功能性阈值功率进行大致估计。接着，进行20～30分钟热身运动，同时将功能性阈值功率控制在50%以下。真正的测试将在功能性阈值功率到达50%时开始。这是一项有目的的低强度运动。为了得到清晰的有氧能力范围和突破点，运动员需要从低强度开始运动。在测定基准时常出现的错误是过早进行评估，这会造成数据混乱。

如果运动员的功能性阈值功率低于125瓦，就应该选择10瓦的节奏；若运动员的功能性阈值功率为125～174瓦，那么应该选择15瓦的节奏；若运动员的功能性阈值功率为175～249瓦，那么应该选择20瓦的节奏；若运动员的功能性阈值功率为250～349瓦，那么应该选择25瓦的节奏；而若运动员的功能性阈值功率为350瓦以上，那么应该选择30瓦的节奏。步伐长度是另一领域的指标，在此处把它们混为一谈会使实验数据不准确。如果步伐长度过大，运动员可能会脱离重要的突破点和训练区。因此，运动员最好使用自己可以确定的较小步伐。

在进行测试时，每个步骤应该持续5分钟。运动员需要每隔1分钟记录一次心率。需要记录的主要数据包括心率、能量消耗和感受。在运动员比赛能力范围之内的这些数据都非常重要。运动员的进步空间由自己的情况而定。进行技能测试可以带来益处，也可能带来失败（记录疲惫值和极端心率），但是，这样的测试并不用经常进行。如果运动员常常进行这样的测试，就会每4个月经历一次挫败感。其他时间可以用于进行功能性阈值功率的控制训练。

骑行评估2：递增的场地运动评估

这一测试的目的是帮助运动员了解自己在长距离比赛中的运动过程。如果运动员有功率计，就可以使用基准距离来进行本次测试。运动员不需要使用既定时间，但需要使用既定距离的赛道和计时器来完成测试。测试并不是完美的，但是在稳定的一天，运动员的平均速度基本会是准确的。

热身运动需要大概45分钟，包括15分钟稳定强度运动和4组2分钟提速运动。在提速运动中，运动员需要将运动强度从稳定强度提升至稍微低于功能性阈值的强度。在热身运动的间隙进行轻松地骑行。主要运动组为45分钟三段式持续运动。运动员的目标是在保持有氧阈值、乳酸阈和功能性阈值的同时进行15分钟运动，45分钟对于耐力型运动员来说是很短的运动时长。比赛和长距离训练可以使运动员意识到自己与基准运动水平的差距。当运动员具有良好的耐力时，就可以在大概7%的比赛和长距离训练中保持基准水平。

另一种完成测试的方法是制订目标基准心率。运动员需要使用和有氧阈值、乳酸阈和功能性阈值对应的心率值。运动员需要5分钟来逐渐达到每个目标心率。如果运动员没有功率测量计，就可以使用目标心率方式，并对运动距离进行测量。虽然距离可能受风力和风向的影响，但运动员还是能够收集到有用的数据。这些场地数据对于递增骑行组数据和室内骑行数据的对比来说十分有用。

骑行评估3：长距离递增分段运动

这一运动的目的是使运动员通过赛事和高强度运动带来的影响来了解自己的有氧运动耐力程度。为了进行测试，运动员需要进行10分钟低强度速度骑行，接着开始2小时持续骑行，其中40分钟为稳定强度骑行、20分钟为中等强度骑行。最后进行5分钟低强度骑行，然后开始跑步运动。

另一种方法是由10分钟低强度训练开始，接着进行2小时持续骑行运动，其中第1个小时由40分钟稳定强度骑行和20分钟中等强度骑行组成；第2个小时由20分钟稳定强度骑行、10分钟中等强度骑行和30分钟每段10分钟的三段式稳定强度至中等强度至阈值强度骑行组成。在阈值强度骑行结束后，立刻开始20分钟稳定强度骑行，运动员需要使用比正常的计时赛速度略快的踩踏频率进行骑行以逐渐降低心率。

跑步评估1：递增式跑步测试

这一评估的目的是确认运动员的有氧能力范围和最佳运动水平。测试可以通过最大强度或略低于最大强度的强度完成。测试需要在跑道上进行。跑道一圈的距离为400米，总测试距离为10～12千米，测试过程中运动员需要持续地跑完对应距离。

为了完成测试，运动员需要进行15～20分钟恢复强度跑步或骑行、重复地进行2 000米加速跑步。运动员需要以心脏每分钟跳动20次的频率（低于标准的心率）完成前2千米的跑步，并在接下来每隔2千米将心脏每分钟跳动的次数增加10次。运动员需要记录自己在每段1 000米跑步中的平均速度、最大心率和平均心率，直到自己达到功能性心率阈值。

如果运动员可以进行乳酸测试，那么可以选择在最后2千米内进行。如果运动员选择进行乳酸测试，那么基础的乳酸值需要达到1.5毫摩尔。如果乳酸水平较低，那么可以在进行10分钟低强度热身运动后，再进行测量。如果乳酸保持低于1.5毫摩尔的水平，那么运动员可能需要另选时间来进行精确的乳酸测试。如果大部分步骤需要花费10分钟以上的时间，那么运动员需要把分段运动的距离调整为1 600米；如果大部分步骤需要花费12分钟以上的时间，那么运动员需要把分段运动的距离调整为1 200米。

跑步评估2：长距离递增分段跑步

这一运动的目的是让运动员对自己的长距离比赛过程有所了解。这一评估需要在场地上进行，不能在跑步机或赛道上进行。运动员可以选择一条自己可以轻松完成评估的跑道。精确的距离限制并不是最重要的。当我自己进行这一测试时，常常会使用一条小小的绕湖路作为测试地点。

为了成功完成测试，运动员可以把这场跑步想象为5组12分钟跑步。

- 12分钟低强度跑步。
- 12分钟稳定强度跑步。
- 12分钟中等强度跑步。
- 12分钟阈值强度跑步。
- 12分钟稳定强度跑步。
- 最后以一段快速行走结束运动。

运动员需要知道，自己可以通过延长最后一段稳定强度跑步的距离来评估自己与基准运动水平的差距。对于长距离的基准速度运动来说，运动员需要重复主运动组2次，然后使用第一次运动的强度和第二次运动的心率作为最终结果。运动员可以通过计算两种方法下测得的平均速度来得到准确的速度水平。

本章是为了帮助运动员发展最佳的运动表现。事实上，我的任务正是向运动员分享我在这一课题上的所了解的知识。但是，我在我的教练生涯中发现，训练策略常常会限制运动员的比赛表现。

大多数运动员都有自己的动力，其中不仅仅只有对比赛当天运动表现的期望，而运动带来的价值也绝不仅仅只是穿过终点线的那一瞬间。在制订长期发展计划时，教练和运动员应该对个人发展和运动发展进行全面的考虑，包括与他人相关的表现、与自己相关的表现、长期个人健康情况和运动带来的生存能力等。即使是在专业比赛中，竞争的价值也是通过激励运动员达到自己的最佳状态而实现的。在学习最大限度地开发自己的运动潜能时，运动员可以学习到一些宝贵的技能并且还可以在结束体育竞争的生活中加以运用。

附录

美国铁人三项大学

美国铁人三项大学致力于结合各个组织的教育功能。美国铁人三项大学将自己的教育功能发展到了新的方向；为教育功能建立了全面的质量标准；出版了纸质和网络资料以支持多种多样的教育项目；参与了关于美国铁人三项协会的多个公众教育项目；并且激励运动员参与多种体育活动。美国铁人三项大学的项目包括教练教育项目、比赛总监认证项目、体育调查项目和多项体育运动发展项目。

教练教育项目包括一至三级教练资格证、初级和中级教练资格证、社区教练资格证、在线研讨会、精英教练指导课程、艺术和科学，以及美国铁人三项协会认证的运动表现和训练中心。比赛总监认证项目包括俱乐部和一些发展中的大众级别的比赛种类，例如铁人两项、水陆铁人两项和越野铁人三项赛。体育调查项目主要侧重于对美国铁人三项所有相关信息的调查。多项体育运动发展项目包括医疗救助资格证和青少年课程。

美国铁人三项大学的目的是为美国铁人三项的发展提供一站式的教育服务，包含上述课程或项目。美国铁人三项大学将持续发展，并为乐于参与多项体育运动的人提供各种教育项目。

参考文献

第1章

Bompa, T., and G. Haff. 2009. Periodization: *Theory and methodology of training*. Champaign, IL: Human Kinetics.

USA Triathlon. 2000. Level I coaching clinic manual. Colorado Springs, CO: USAT.

第2章

American College of Sports Medicine. 2009. Nutrition and athletic performance. *Med Sci Sports Exerc* 41(3):709–31.

Bangsbo, J., T.P. Gunnarsson, L.N. Wendell, and M. Thomassen. 2009. Reduced volume and increased training intensity elevate muscle Na+/K+ pump {alpha}2–subunit expression as well as short– and long–term work capacity in humans. *J Appl Physiol* 107(6):1771–80.

Benardot, D. 2006. Gender and age: The young athlete. In *Advanced sports nutrition*, 199–204. Champaign, IL: Human Kinetics.

Bernhardt, G. 2008. *Bicycling for women*. Boulder, CO: VeloPress.

Clapp, J.F., III. 2002. *Exercising through your pregnancy*. Omaha: Addicus Books.

Edwards, S. 1992. *Triathlon for kids*. New York: Winning International.

Fournier, M., J. Ricci, A.W. Taylor, R.J. 1982. Skeletal muscle adaptation in adolescent boys: Sprint and endurance training and detraining. *Med Sci Sports Exerc* 14(6):453–6.

Friel, J. 2009. *The triathlete's training bible*. Boulder, CO: VeloPress.

Gandolfo, C. 2004. *The woman triathlete*. Champaign, IL: Human Kinetics.

Habash, D.L. 2006. Child and adolescent athletes. In *Sports nutrition: A practical manual for professionals*, ed. M. Dunford, 229–68. Chicago, IL: American Dietetic Association.

Kowalchik, C. 1999. *The complete book of running for women*. New York: Pocket Books.

LeBlanc, J. 1997. *Straight talk about children and sport: Advice for parents, coaches, and teachers*. New York: Mosaic Press.

Lepers, T., F. Sultana, C. Hausswirth, and J. Brisswalter. 2010. Age–related changes in triathlon performances. *Int J Sports Med* 31(4):251–6.

Marti, B., and H. Howald. 1990. Long–term effects of physical training on aerobic capacity: Controlled study of former elite athletes. *J Appl Physiol* 69(4):1451–9.

Nelson, S. 2007. *Nutrition for young athletes*. 5th ed. Falls Church, VA: Nutrition Dimension. O' Toole, M., and P.S. Douglas. 1995. Applied physiology of triathlon. *Sports Med* 19(4):251–67.

Petersen, S.R., C.A. Gaul, N.M. Stanton, and C.C. Hanstock. 1999. Skeletal muscle metabolism in short–term, high intensity exercise in prepubertal and pubertal girls. *J Appl Physiol* 87(6):2151–6.

Ratey, J.J., and E. Hagerman. 2008. Spark: *The revolutionary new science of exercise and the brain*. Boston: Little, Brown.

Sharkey, B.J., and S.E. Gaskill. 2006. *Sport physiology for coaches*. Champaign, IL: Human Kinetics.

Shephard, R.J. 1982. *Physical activity and growth*. Chicago: Yearbook Medical.

Taaffe, D. 2006. Sarcopenia: Exercise as a treatment strategy. *Aust Fam Physician* 35(3):130–4.

Trappe, S., D.L. Costill, M.D. Vukovich, J. Jones, and T. Melham. 1996. Aging among elite distance runners: A 22–year longitudinal study. *J Appl Physiol* 80(1):285–90.

Tudor, B.O. 2000. *Total training for young champions*. Champaign, IL: Human Kinetics.

Weinberg, R., and D. Gould. 2007. *Foundations of sport and exercise psychology*. Champaign, IL: Human Kinetics.

Williams, M. 2008. Nutrition for the school aged child athlete. In *The young athlete: The encyclopaedia of sports medicine*, ed. H. Hebestreit and O. Bar-Or, 203–17. Vol. XIII. Malden: Blackwell.

第4章

Aagaard, P., and J.L. Andersen. 2010. Effects of strength training on endurance capacity in top-level endurance athletes. *Scand J Med Sci Sports* (Suppl 2):S39–47.

Aspenes, S., P.-L. Kjendlie, J. Hoff, and J. Helgerud. 2009. Combined strength and endurance training in competitive swimmers. *J Sports Sci Med* 8:357–65.

Bell, G.J., S.R. Petersen, J. Wessel, K. Bagnall, and H.A. Quinney. 1991. Physiological adaptations to concurrent endurance training and low velocity resistance training. *Int J Sports Med* 12(4):384–90.

Bentley, D.J., G.J. Wilson, A.J. Davie, and S. Zhou. 1998. Correlations between peak power output, muscular strength and cycle time trial performance in triathletes. *J Sports Med Phys Fitness* 38(3):201–7.

Chtara, M., K. Chamari, M. Chaouachi, A. Chaouachi, D. Koubaa, Y. Feki, G.P. Millet, and M. Amri. 2005. Effects of intra-session concurrent endurance and strength training sequence on aerobic performance and capacity. *Brit J Sports Med* 39(8):555–60.

Cronin, J., and G. Sleivert. 2005. Challenges in understanding the influence of maximal power training on improving athletic performance. *Sports Med* (Auckland, NZ) 35(3):213–34.

Durell, D.L., T.J. Pujol, and J.T. Barnes. 2003. A survey of the scientific data and training methods utilized by collegiate strength and conditioning coaches. *J Strength Cond Res* 17(2):368–73.

Ebben, W.P., A.G. Kindler, K.A. Chirdon, N.C. Jenkins, A.J. Polichnowski, and A.V. Ng. 2004. The effect of high-load vs. high-repetition training on endurance performance. *J Strength Cond Res* 18(3):513–7.

Folland, J.P., C.S. Irish, J.C. Roberts, J.E. Tarr, and D.E. Jones. 2002. Fatigue is not a necessary stimulus for strength gains during resistance training. *Brit J Sports Med* 36:370–3.

Girold, S., D. Maurin, B. Dugue, J.C. Chatard, and G. Millet. 2007. Effects of dry-land vs. resisted- and assisted-sprint exercises on swimming sprint performances. *J Strength Cond Res* 21(2):599–605.

Hoff, J., J. Helgerud, and U. Wisloff. 1999. Maximal strength training improves work economy in trained female cross-country skiers. *Med Sci Sports Exerc* 31(6):870–7.

Izquierdo, M., J. Ibanez, J.J. Gonzalez-Badillo, K. Hakkinen, N.A. Ratamess, W.J. Kraemer, D.N. French, J. Eslava, A. Altadill, X. Asiain, and E.M. Gorostiaga. 2006. Differential effects of strength training leading to failure versus not to failure on hormonal responses, strength, and muscle power gains. *J Appl Physiol* 100(5):1647–56.

Jung, A.P. 2003. The impact of resistance training on distance running performance. *Sports Med* (Auckland, NZ) 33(7):539–52.

Kraemer, W.J., and K. Häkkinen. 2010. Strength training in endurance runners. *Int J Sports Med* 31(7):468–76.

Kraemer, W.J., N. Ratamess, A.C. Fry, T. Triplett-McBride, L.P. Koziris, J.A. Bauer, J.M. Lynch, and S.J. Fleck. 2000. Influence of resistance training volume and periodization on physiological and performance adaptations in collegiate women tennis players. *Am J Sports Med* 28(5):626–33.

Kraemer, W.J., and R.U. Newton. 1994. Training for improved vertical jump. *Sports Sci Exchange* 7(6):1–12.

Li, L. 2004. Neuromuscular control and coordination during cycling. *Res Q Exerc Sport* 75(1):16–22.

Marx, J.O., N.A. Ratamess, B.C. Nindl, L.A. Gotshalk, J.S. Volek, K. Dohi, J.A. Bush, A.L. Gomez, S.A. Mazzetti, S.J. Fleck, K. Hakkinen, R.U. Newton, and W.J. Kraemer. 2001. Low-volume circuit versus high-volume periodized resistance training in women. *Med Sci Sports Exerc* 33(4):635–43.

Mikkola, J., H. Rusko, A. Nummela, T. Pollari, and K. Hakkinen. 2007. Concurrent endurance and explosive type strength training improves neuromuscular and anaerobic characteristics in young distance runners. *Int J Sports Med* 28(7):602–11.

Mikkola, J.S., H.K. Rusko, A.T. Nummela, L.M. Paavolainen, and K. Hakkinen. 2007. Concurrent endurance and explosive type strength training increases activation and fast force production of leg extensor muscles in endurance athletes. *J Strength Cond Res* 21(2):613–20.

Millet, G.P., B. Jaouen, F. Borrani, and R. Candau. 2002. Effects of concurrent endurance and strength training on running economy and V • O2 kinetics. *Med Sci Sports Exerc* 34(8):1351–9.

Nader, G.A. 2006. Concurrent strength and endurance training: From molecules to man. *Med Sci Sports Exerc* 38(11):1965–70.

Paavolainen, L., K. Hakkinen, I. Hamalainen, A. Nummela, and H. Rusko. 1999. Explosive–strength training improves 5–km running time by improving running economy and muscle power. *J Appl Physiol* 86(5):1527–33.

Paavolainen, L.M., A.T. Nummela, and H.K. Rusko. 1999. Neuromuscular characteristics and muscle power as determinants of 5–km running performance. *Med Sci Sports Exerc* 31(1):124–30.

Paton, C.D., and W.G. Hopkins. 2005. Combining explosive and high–resistance training improves performance in competitive cyclists. *J Strength Cond Res* 19(4):826–30.

Rhea, M.R., S.D. Ball, W.T. Phillips, and L.N. Burkett. 2002. A comparison of linear and daily undulating periodized programs with equated volume and intensity for strength. *J Strength Cond Res* 16(2):250–5.

Spennewyn, K.C. 2008. Strength outcomes in fixed versus free–form resistance equipment. *J Strength Cond Res* 22(1):75–81.

Spurrs, R.W., A.J. Murphy, and M.L. Watsford. 2003. The effect of plyometric training on distance running performance. *Eur J Appl Physiol* 89(1):1–7.

Stone, Michael H., M.E. Stone, W.A. Sands, K.C. Pierce, R.U. Newton, G.G. Haff, and J. Carlock. 2006. Maximum strength and strength training: A relationship to endurance? *Strength Cond J* 28(3)44–53.

Sunde, A., Ø. Støren, M. Bjerkaas, M.H. Larsen, J. Hoff, and J. Helgerud. 2010. Maximal strength training improves cycling economy in competitive cyclists. *J Strength Cond Res* 24(8):2157–65.

Taipale, R.S., J. Mikkola, A. Nummela, V. Vesterinen, B. Capostagno, S. Walker, D. Gitonga, B.R. Rønnestad, E.A. Hansen, and T. Raastad. 2010. Effect of heavy strength training on thigh muscle cross–sectional area, performance determinants, and performance in well–trained cyclists. *Eur J Appl Physiol* 108(5):965–75.

Tanaka, H., and T. Swensen. 1998. Impact of resistance training on endurance performance: A new form of cross–training? *Sports Med (Auckland, NZ)* 25(3):191–200.

Taylor–Mason, A.M. 2005. High–resistance interval training improves 40–km time–trial performance in competitive cyclists. *Sportscience* 9:27–31.

Turner, A.M., M. Owings, and J.A. Schwane. 2003. Improvement in running economy after 6 weeks of plyometric training. *J Strength Cond Res* 17(1):60–67.

Willardson, J.M., L. Norton, and G. Wilson. 2010. Training to failure and beyond in mainstream resistance exercise programs. *Strength Cond J* 32(3):21–29.

Yamamoto, L.M., R.M. Lopez, J.F. Klau, D.J. Casa, W.J. Kraemer, and C.M. Maresh. 2008. The effects of resistance training on endurance distance running performance among highly trained runners: A systematic review. *J Strength Cond Res* 22(6):2036–44.

第 6 章

Allen, H., and A. Coggan. 2010. *Training and racing with a power meter*. 2nd ed. Boulder, CO: VeloPress.

Friel, J. 2006. *Your first triathlon*. Boulder, CO: VeloPress.

Friel, J. 2009. *The triathlete's training bible*. Boulder, CO: VeloPress.

Friel, J., and G. Byrn. 2009. *Going long*. Boulder, CO: VeloPress.

第 8 章

Allen, H., and A. Coggan. 2010. *Training and racing with a power meter*. 2nd ed. Boulder, CO: VeloPress.

Allen, M. 2010. Working your heart.

Björling, C. 2008. Welcome.

Borg, G. 1998. *Borg's perceived exertion and pain rating scales*. Champaign, IL: Human Kinetics.

Goss, J. 1994. Hardiness and mood disturbances in swimmers while overtraining. *J Sport Exerc Psychol* 16:135–49.

Kellmann, M. 2002. Underrecovery and overtraining: Different concepts, similar impact? In *Enhancing recovery: Preventing underperformance in athletes*, ed. M. Kellmann, 3–24. Champaign, IL: Human Kinetics.

Kellmann, M. 2010. Preventing overtraining in athletes in high–intensity sports and stress/recovery monitoring. *Scand J Med Sci Sports* 20(Suppl 2):S95–102.

Kellmann, M., and K.W. Kallus. 2001. *The Recovery-Stress Questionnaire for Athletes: User manual.* Champaign, IL: Human Kinetics.

Kellmann, M., T. Patrick, C. Botterill, and C. Wilson. 2002. The Recovery–Cue and its use in appliedsettings: Practical suggestions regarding assessment and monitoring of recovery. In Enhancing recovery: Preventing underperformance in athletes, ed. M. Kellmann, 301–11. Champaign, IL: Human Kinetics.

Kenttä, G., and P. Hassmén. 1998.Overtraining and recovery. *Sports Med* 26:1–16.

Kenttä, G., and P. Hassm é n. 2002. Underrecovery and overtraining: A conceptual model. In *Enhancing recovery: Preventing underperformance in athletes*, ed. M. Kellmann, 57–79. Champaign, IL: Human Kinetics.

Löhr, G., and S. Preiser. 1974. Regression und Recreation: Ein Beitrag zum Problem Streß und Erholung [Regression and recreation: A paper dealing with stress and recovery]. *Zeitschrift für experimentelle und angewandte Psychologie* 21:575–91.

McNair, D., M. Lorr, and L.F. Droppleman. 1971/1992. *Profile of Mood States manual*. San Diego: Educational and Industrial Testing Service.

Peterson, K. 2003. Athlete overtraining and underrecovery: Recognizing the symptoms and strategies for coaches. *Olympic Coach* 18(3):16–17.

Selye, H. 1974. *Stress without distress*. Philadelphia: Lippincott.

第9章

Armstrong, L. 2000. *Performing in extreme environments*. Champaign, IL: Human Kinetics.

Austin, K.G., and B. Seebohar. 2010. *Performance nutrition: Applying the science of nutrient timing.* Champaign, IL: Human Kinetics.

Bompa, T., and G. Haff. 2009. *Periodization: Theory and methodology of training*. Champaign, IL: Human Kinetics.

Foster, C. 1998. Monitoring training in athletes with reference to overtraining syndrome. *Med Sci Sports* Exerc 30(7):1164–8.

Gibala, M.J., and S.L. McGee. 2008. Metabolic adaptations to short–term high–intensity interval training: A little pain for a lot of gain? *Exerc Sport Sci Rev* 36(2):58–63.

Kellmann, M., ed. 2002. *Enhancing recovery: Preventing underperformance in athletes*. Champaign, IL: Human Kinetics.

Laursen, P.B. 2010. Training for intense exercise performance: High–intensity or high–volume training? *Scand J Med Sci Sports* 20(Suppl 2):S1–10.

Sleivert, G.G., and D.S. Rowlands. 1996. Physical and physiological factors associated with success in the triathlon. *Sports Med* 22(1):8–18.

Snyder, A.C., A.E. Jeukendrup, M.K. Hesselink, H. Kuipers, and C. Foster. 1993. A physiological/psychological indicator of over–reaching during intensive training. *Int J Sports Med* 14(1):29–32.

第10章

Al Haddad, H., P.B. Laursen, S. Ahmaidi, and M. Buchheit. 2010. Influence of cold water face immersion on post–exercise parasympathetic reactivation. *Eur J Appl Physiol* 108:599–606.

Ali, A., M.P. Caine, and B.G. Snow. 2007. Graduated compression stockings: Physiological and perceptual responses during and after exercise. *J Sports Sci* 25:413–9.

Almeras, N., S. Lemieux, C. Bouchard, and A. Tremblay. 1997. Fat gain in female swimmers. *Physiol Behav* 61:811–7.

Armstrong, L.E. 2006. Nutritional strategies for football: Counteracting heat, cold, high altitude, and jet lag. *J Sports Sci* 24:723–40.

Armstrong, L.E., and C.M. Maresh. 1991. The induction and decay of heat acclimatisation in trained athletes. *Sports Med* 12:302–12.

Armstrong, L.E., C.M. Maresh, J.W. Castellani, M.F. Bergeron, R.W. Kenefick, K.E. LaGasse, and D. Riebe. Urinary indices of hydration status. *Int J Sport Nutr* 4:265–79.

Banister, E.W., J.B. Carter, and P.C. Zarkadas. 1999. Training theory and taper: Validation in triathlon athletes. *Eur J Appl Physiol Occup Physiol* 79:182–91.

Bosquet, L., J. Montpetit, D. Arvisais, and I. Mujika. 2007. Effects of tapering on performance: A meta?analysis. *Med Sci Sports Exerc* 39:1358–65.

Bringard, A., R. Denis, N. Belluye, and S. Perrey. 2006. Effects of compression tights on calf muscle oxygenation and venous pooling during quiet resting in supine and standing positions. *J Sports Med Phys Fitness* 46:548–54.

Bringard, A., S. Perrey, N. and Belluye. 2006. Aerobic energy cost and sensation responses during submaximal running exercise: Positive effects of wearing compression tights. *Int J Sports Med* 27:373–8.

Buchheit, M., J.J. Peiffer, C.R. Abbiss, and P.B. Laursen. 2009. Effect of cold water immersion on postexercise parasympathetic reactivation. *Am J Physiol Heart Circ Physiol* 296:H421–7.

Burke, L.M., G. Millet, and M.A. Tarnopolsky. 2007. Nutrition for distance events. *J Sports Sci* 25 (Suppl 1):S29–38.

Busso, T., H. Benoit, R. Bonnefoy, L. Feasson, and J.R. Lacour. 2002. Effects of training frequency on the dynamics of performance response to a single training bout. *J Appl Physiol* 92:572–80.

Busso, T., R. Candau, and J.R. Lacour. 1994. Fatigue and fitness modelled from the effects of training on performance. *Eur J Appl Physiol Occup Physiol* 69:50–54.

Butterfield, G.E., J. Gates, S. Fleming, G.A. Brooks, J.R. Sutton, and J.T. Reeves. 1992. Increased energy intake minimizes weight loss in men at high altitude. *J Appl Physiol* 72:1741–8.

Casa, D.J., R.L. Stearns, R.M. Lopez, M.S. Ganio, B.P. McDermott, S. Walker Yeargin, L.M. Yamamoto, S.M. Mazerolle, R.W. Roti, L.E. Armstrong, and C.M. Maresh. 2010. Influence of hydration on physiological function and performance during trail running in the heat. *J Athl Train* 45:147–56.

Cheung, K., P. Hume, and L. Maxwell. 2003. Delayed onset muscle soreness: Treatment strategies and performance factors. *Sports Med* 33:145–64.

Cheuvront, S.N., R.W. Kenefick, S.J. Montain, and M.N. Sawka. 2010. Mechanisms of aerobic performance impairment with heat stress and dehydration. *J Appl Physiol* 109:1989–95.

Coutts, A.J., K.M. Slattery, and L.K. Wallace. 2007. Practical tests for monitoring performance, fatigue and recovery in triathletes. *J Sci Med Sport* 10:372–81.

Farr, T., C. Nottle, K. Nosaka, and P. Sacco. 2002. The effects of therapeutic massage on delayed onset muscle soreness and muscle function following downhill walking. *J Sci Med Sport* 5:297–306.

Fein, L.W., E.M. Haymes, and E.R. Buskirk. 1975. Effects of daily and intermittent exposure on heat acclimation of women. *Int J Biomet* 19:41–52.

Fitz–Clarke, J.R., R.H. Morton, and E.W. Banister. 1991. Optimizing athletic performance by influence curves. *J Appl Physiol* 71:1151–8.

French, D.N., K.G. Thompson, S.W. Garland, C.A. Barnes, M.D. Portas, P.E. Hood, and G. Wilkes. 2008. The effects of contrast bathing and compression therapy on muscular performance. *Med Sci Sports Exerc* 40:1297–1306.

Garet, M., N. Tournaire, F. Roche, R. Laurent, J.R. Lacour, J.C. Barthelemy, and V. Pichot. 2004. Individual interdependence between nocturnal ANS activity and performance in swimmers. *Med Sci Sports Exerc* 36:2112–8.

Halson, S. 2008. Nutrition, sleep and recovery. *Eur J Sport Sci* 8:199–126.

Hickson, R.C., C. Kanakis, Jr., J.R. Davis, A.M. Moore, and S. Rich. 1982. Reduced training duration effects on aerobic power, endurance, and cardiac growth. *J Appl Physiol* 53:225–9.

Hilbert, J.E., G.A. Sforzo, and T. Swensen. 2003. The effects of massage on delayed onset muscle soreness. *Br J Sports Med* 37:72–75.

Hirai, M., H. Iwata, and N. Hayakawa. 2002. Effect of elastic compression stockings in patients with varicose veins and healthy controls measured by strain gauge plethysmography. *Skin Res Technol* 8:236–9.

Ibegbuna, V., K.T. Delis, A.N. Nicolaides, and O. Aina. 2003. Effect of elastic compression stockings on venous hemodynamics during walking. *J Vasc Surg* 37:420–5.

Ingjer, F., and K. Myhre. 1992. Physiological effects of altitude training on elite male cross–country skiers. *J Sports Sci* 10:37–47.

Jakeman, J.R., C. Byrne, and R.G. Eston. 2010. Efficacy of lower limb compression and combined treatment of manual massage and lower limb compression on symptoms of exercise–induced muscle damage in women. *J Strength Cond Res* 24:3157–65.

Kimber, N.E., J.J. Ross, S.L. Mason, and D.B. Speedy. 2002. Energy balance during an Ironman triathlon in male and female triathletes. *Int J Sport Nutr Exerc Metab* 12:47–62.

Kraemer, W.J., J.A. Bush, R.B. Wickham, C.R. Denegar, A.L. Gomez, L.A. Gotshalk, N.D. Duncan, J.S. Volek, M. Putukian, and W.J. Sebastianelli. 2001. Influence of compression therapy on symptoms following soft tissue injury from maximal eccentric exercise. *J Orthop Sports Phys Ther* 31:282–90.

Lind, A.R., and D.E. Bass. 1963. Optimal exposure time for development of heat acclimation. *Fed Proc* 22:704–8.

Mancinelli, C.A., D.S. Davis, L. Aboulhosn, M. Brady, J. Eisenhofer, and S. Foutty. 2006. The effects of massage on delayed onset muscle soreness and physical performance in female collegiate athletes. *Phys Therap* 7:5–13.

Millet, G.P., A. Groslambert, B. Barbier, J.D. Rouillon, and R.B. Candau. 2005. Modelling the relationships between training, anxiety, and fatigue in elite athletes. *Int J Sports Med* 26:492–8.

Millet, G.P., B. Roels, L. Schmitt, X. Woorons, and J.P. Richalet. 2010. Combining hypoxic methods for peak performance. *Sports Med* 40:1–25.

Minors, D.S., and J.M. Waterhouse. 1981. Anchor sleep as a synchronizer of rhythms on abnormal routines. *Int J Chronobiol* 7:165–88.

Moraska, A. 2007. Therapist education impacts the massage effect on postrace muscle recovery. *Med Sci Sports Exerc* 39:34–37.

Mujika, I., A. Chaouachi, and K. Chamari. 2010. Precompetition taper and nutritional strategies: Special reference to training during Ramadan intermittent fast. *Br J Sports Med* 44:495–501.

Mujika, I., A. Goya, S. Padilla, A. Grijalba, E. Gorostiaga, J. Ibanez. 2000. Physiological responses to a 6–d taper in middle–distance runners: Influence of training intensity and volume. *Med Sci Sports Exerc* 32:511–7.

Mujika, I., J.C. Chatard, T. Busso, A. Geyssant, F. Barale, and L. Lacoste. 1996. Use of swim–training profiles and performances data to enhance training effectiveness. *J Swim Res* 11:23–29.

Mujika, I., and S. Padilla. 2000. Detraining: Loss of training–induced physiological and performance adaptations. Part I: Short term insufficient training stimulus. *Sports Med* 30:79–87.

Mujika, I., and S. Padilla. 2003. Scientific bases for precompetition tapering strategies. *Med Sci Sports Exerc* 35:1182–7.

Mujika, I., S. Padilla, and D. Pyne. 2002. Swimming performance changes during the final 3 weeks of training leading to the Sydney 2000 Olympic Games. *Int J Sports Med* 23:582–7.

Mujika, I., T. Busso, L. Lacoste, F. Barale, A. Geyssant, and J.C. Chatard. 1996. Modeled responses to training and taper in competitive swimmers. *Med Sci Sports Exerc* 28:251–8.

Pandolf, K.B. 1998. Time course of heat acclimation and its decay. *Int J Sports Med* 19(Suppl 2): S157–60.

Pedlar, C., G. Whyte, S. Emegbo, N. Stanley, I. Hindmarch, and R. Godfrey. 2005. Acute sleep responses in a normobaric hypoxic tent. *Med Sci Sports Exerc* 37:1075–9.

Pichot, V., F. Roche, J.M. Gaspoz, F. Enjolras, A. Antoniadis, P. Minini, F. Costes, T. Busso, J.R. Lacour, and J.C. Barthelemy. 2000. Relation between heart rate variability and training load in middle–distance runners. *Med Sci Sports Exerc* 32:1729–36.

Pitsiladis, Y.P., C. Duignan, and R.J. Maughan. 1996. Effects of alterations in dietary carbohydrate intake on running performance during a 10 km treadmill time trial. *Br J Sports Med* 30:226–31.

Pyne, D.B., I. Mujika, and T. Reilly. 2009. Peaking for optimal performance: Research limitations and future directions. *J Sports Sci* 27:195–202.

Reilly, T., G. Atkinson, W. Gregson, B. Drust, J. Forsyth, B. Edwards, and J. Waterhouse. 2006. Some chronobiological considerations related to physical exercise. *Clin Ter* 157:249–64.

Reilly, T., and J. Waterhouse. 2007. Altered sleep–wake cycles and food intake: The Ramadan model. *Physiol Behav* 90:219–28.

Reilly, T., J. Waterhouse, and B. Edwards. 2005. Jet lag and air travel: Implications for performance. *Clin Sports Med* 24:367–80, xii.

Reilly, T., J. Waterhouse, L.M. Burke, and J.M. Alonso. 2007. Nutrition for travel. *J Sports Sci* 25(Suppl 1): S125–34.

Reilly, T., and P. Maskell. 1989. Effects of altering the sleep–wake cycle in human circadian rhythms and motor performance. Proceedings of the First IOC World Congress on Sport Science, Colorado Springs, CO.

Rusko, H.K., H.O. Tikkanen, and J.E. Peltonen. 2004. Altitude and endurance training. *J Sports Sci* 22:928–44; discussion 945.

Shepley, B., J.D. MacDougall, N. Cipriano, J.R. Sutton, M.A. Tarnopolsky, and G. Coates. 1992. Physiological effects of tapering in highly trained athletes. *J Appl Physiol* 72:706–11.

Sherman, W.M., D.L. Costill, W.J. Fink, and J.M. Miller. 1981. Effect of exercise–diet manipulation on muscle glycogen and its subsequent utilization during performance. *Int J Sports Med* 2:114–8.

Thomas, L., I. Mujika, and T. Busso. 2008. A model study of optimal training reduction during pre–event taper in elite swimmers. *J Sports Sci* 26:643–52.

Thomas, L., I. Mujika, and T. Busso. 2009. Computer simulations assessing the potential performance benefit of a final increase in training during pre–event taper. *J Strength Cond Res* 23:1729–36.

Thomas, L., and T. Busso. 2005. A theoretical study of taper characteristics to optimize performance. *Med Sci Sports Exerc* 37:1615–21.

Trenell, M.I., K.B. Rooney, C.M. Sue, and C.H. Thompson. 2006. Compression garments and recovery from eccentric exercise: A 31P–MRS study. *J Sport Sci Med* 5:106–14.

Walker, J.L., G.J. Heigenhauser, E. Hultman, and L.L. Spriet. 2000. Dietary carbohydrate, muscle glycogen content, and endurance performance in well–trained women. *J Appl Physiol* 88:2151–8.

Waterhouse, J., A. Nevill, B. Edwards, R. Godfrey, and T. Reilly. 2003. The relationship between assessments of jet lag and some of its symptoms. *Chronobiol Int* 20:1061–73.

Waterhouse, J., G. Atkinson, B. Edwards, and T. Reilly. 2007. The role of a short post–lunch nap in improving cognitive, motor, and sprint performance in participants with partial sleep deprivation. *J Sports Sci* 25:1557–66.

Waterhouse, J., T. Reilly, G. Atkinson, and B. Edwards. 2007. Jet lag: Trends and coping strategies. *Lancet* 369:1117–29.

Weber, M.D., F.J. Servedio, and W.R. Woodall. 1994. The effects of three modalities on delayed onset muscle soreness. *J Orthop Sports Phys Ther* 20:236–42.

Weerapong, P., P.A. Hume, and G.S. Kolt. 2005. The mechanisms of massage and effects on performance, muscle recovery and injury prevention. *Sports Med* 35:235–56.

Wendt, D., L.J. van Loon, and W.D. Lichtenbelt. 2007. Thermoregulation during exercise in the heat:

Strategies for maintaining health and performance. *Sports Med* 37:669–82.

Wenger, H.A., and G.J. Bell. 1986. The interactions of intensity, frequency and duration of exercise training in altering cardiorespiratory fitness. *Sports Med* 3:346–56.

Wilson, J.M., and G.J. Wilson. 2008. A practical approach to the taper. *Strength Cond J* 30:10–17.

第14章

Bentley, D.J., G.R. Cox, D. Green, and P.B. Laursen. 2008. Maximising performance in triathlon: Applied physiological and nutritional aspects of elite and non–elite competitions. *J Sci Med Sport* 11(4):407–16.

Bentley, D.J., S. Libicz, A. Jougla, O. Coste, J. Manetta, K. Chamari, and G.P. Millet. 2007. The effects of exercise intensity or drafting during swimming on subsequent cycling performance in triathletes. *J Sci Med Sport* 10(4):234–43.

Chatard, J.C., and B. Wilson. 2003. Drafting distance in swimming. Med Sci Sports Exerc 35(7):1176–81. Chatard, J.C., D. Chollet, and G. Millet. 1998. Performance and drag during drafting swimming in highly trained triathletes. *Med Sci Sports Exerc* 30(8):1276–80.

Delextrat, A., J. Brisswalter, C. Hausswirth, T. Bernard, and J.M. Vallier. 2005. Does prior 1500–m swimming affect cycling energy expenditure in well–trained triathletes? *Can J Appl Physiol* 30(4):392–403.

Delextrat, A., T. Bernard, C. Hausswirth, F. Vercruyssen, and J. Brisswalter. 2003. Effects of swimming with a wet suit on energy expenditure during subsequent cycling. *Can J Appl Physiol* 28(3):356–69.

Delextrat, A., V. Tricot, C. Hausswirth, T. Bernard, F. Vercruyssen, and J. Brisswalter. 2003. Influence of drafting during swimming on ratings of perceived exertion during a swim–to–cycle transition in well?trained triathletes. *Perception and Motor Skills* 96:664–6.

Delextrat, A., V. Tricot, T. Bernard, F. Vercruyssen, C. Hausswirth, and J. Brisswalter. 2003. Drafting during swimming improves efficiency during subsequent cycling. *Med Sci Sports Exerc* 35(9):1612–9.

Delextrat, A., V. Tricot, T. Bernard, F. Vercruyssen, C. Hausswirth, and J. Brisswalter. 2005. Modification of cycling biomechanics during a swim–to–cycle trial. *J Appl Biomech* 21(3):297–308.

Guezennec, C.Y., J.M. Vallier, A.X. Bigard, and A. Durey. 1996. Increase in energy costs of running at the end of a triathlon. *Eur J Appl Physiol* 73:440–5.

Hausswirth, C., A.X. Bigard, and C.Y. Guezennec. 1997. Relationships between running mechanics and energy cost of running at the end of a triathlon and a marathon. *Int J Sports Med* 18(5):330–9.

Hausswirth, C., A.X. Bigard, M. Berthelot, M. Thomaidis, and C.Y. Guezennec. 1996. Variability in energy cost of running at the end of a triathlon and a marathon. *Int J Sports Med* 17(8):572–9.

Hausswirth, C., Y. Le Meur, F. Bieuzen, J. Brisswalter, and T. Bernard. 2010. Pacing strategy during the initial phase of the run in triathlon: Influence on overall performance. *Eur J Appl Physiol* 108(6):1115–23.

Heiden, T., and A. Burnett. 2003. The effect of cycling on muscle activation in the running let of an Olympic distance triathlon. *Sports Biomech* 2:35–49.

Hue, O., A. Valluet, S. Blonc, and C. Hertogh. 2002. Effects of multicycle–run training on triathlete performance. *Res Q Exerc Sport* 73(3):289–95.

Hue, O., D. Le Gallais, A. Boussana, D. Chollet, and C. Prefaut. 1999. Ventilatory responses during experimental cycle–run transition in triathletes. *Med Sci Sports Exerc* 31:1422–8.

Levine, B.D., L.D. Lane, J.C. Buckey, D.B. Friedman, and C.G. Blomqvist. 1991. Left ventricular pressure?volume and Frank–Starling relations in endurance athletes: Implications for orthostatic tolerance and exercise performance. *Circulation* 84(3):1016–23.

Millet, G., D. Chollet, and J.C. Chatard. 2000. Effects of drafting behind a two– or a six–beat kick swimmer in elite female triathletes. *Eur J Appl Physiol* 82(5/6):465–71.

Millet, G.P., and D.J. Bentley. 2004. The physiological responses to running after cycling in elite junior and senior triathletes. *Int J Sports Med* 25(3):191–7.

Millet, G.P., G.Y. Millet, M.D. Hofmann, and R.B. Candau. 2000. Alterations in running economy and mechanics after maximal cycling in triathletes: Influence of performance level. *Int J Sports Med* 21(2):127–32.

Peeling, P.D., D.J. Bishop, and G.J. Landers. 2005. Effect of swimming intensity on subsequent cycling and overall triathlon performance. *Br J Sports Med* 39(12):960–64; discussion 964.

Privett, S.E., K.P. George, N. Middleton, G.P. Whyte, and N.T. Cable. 2010. The effect of prolonged endurance exercise upon blood pressure regulation during a postexercise orthostatic challenge. *Br J Sports Med* 44(10):720–4.

Whyte, G., N. Stephens, R. Budgett, S. Sharma, R.E. Shave, and W.J. McKenna. 2004. Exercise induced neurally mediated syncope in an elite rower: A treatment dilemma. *Br J Sports Med* 38(1):84–85.

Winter, E.D., A.M. Jones, R.C. Davison, P.D. Bromley, and T.H. Mercer. 2009. *Sport and Exercise Physiology Testing Guidelines*. New York, NY: Routledge.

第16章

Silva, A.J., A. Rouboa, A. Moreira, V.M. Reis, F. Alves, J.P. Vilas–Boas, and D.A. Marinho. 2008. Analysis of drafting effects in swimming using computational fluid dynamics. *J Sports Sci and Med*. 7(60–66).

第18章

Cosgrove, A. 2005. Metabolic power training for MMA.

第22章

Sumner, J. September 2007. Industrial revolution: Three innovators who changed triathlon. *Inside Triathlon*. 22(9): 48–51.

USAT John Martin provided survey material.

第23章

Kellmann, M., and K.W. Kallus. 2001. *The Recovery-Stress Questionnaire for Athletes: User manual*. Champaign, IL: Human Kinetics.

第24章

Bompa, T. O. 1999. *Total Training for Young Champions*. Champaign, IL: Human Kinetics.

Chrabot, M. 2011, February. (K. Riecken, Interviewer) Colorado Springs, Colorado.

Haskins, S. 2011, February. (K. Riecken, Interviewer) Colorado Springs, Colorado.

Kemper, H. 2011, February 10. (K. Riecken, Interviewer) Colorado Springs, Colorado.

Luiselli, J. K., & Reed, D. D. (Eds.). 2011. *Behavioral Sport Psychology: Evidence-Based Approaches to Performance Enhancement* (1st Edition ed.). New York, New York: Springer.

McGee, B. 2011. Developing the Run. *USA Triathlon Youth & Junior Coach Certification Course*. Colorado Springs, CO.

USA Triathlon. 2011. *Youth & Junior Coaching Manual*. Colorado Springs, CO: USA Triathlon.

第25章

Egermann, M., D. Brocai, C. A. Lill, and H. Schmitt. 2003. Analysis of injuries in long–distance triathletes. *Int J Sports Med*. 24(4): p. 271–6.

Farrell, K.C., K.D. Reisinger, and M.D. Tillman. 2003. Force and repetition in cycling: possible implications for iliotibial band friction syndrome. *The Knee*. 10(1): p. 103–109.

Moehrle, M. 2008. Outdoor sports and skin cancer. *Clin Dermatol*. 26(1): p. 12–5.

O' Toole, M. L., W. D. Hiller, R. A. Smith, and T. D. Sisk. 1989. Overuse injuries in ultraendurance triathletes. *Am J Sports Med*. 17(4): p. 514–8.

PubMed Health. 2011. Concussion. 2011 Jan 11, 2011 [cited 2011 September 26th].

Shaw, T., P. Howat, M. Trainor, and B. Maycock. 2004. Training patterns and sports injuries in triathletes. *J*

Sci Med Sport. 7(4): p. 446–50.

Tuite, M.J. 2010. Imaging of triathlon injuries. *Radiol Clin North Am*. 48(6): p. 1125–35.

Villavicencio, A. T., T. D. Hernandez, S. Burneikiene, and J. Thramann. 2007. Neck pain in multisport athletes. *J Neurosurg Spine*. 7(4): p. 408–13.

Vleck, V.E., D. J. Bentley, G. P. Millet, and T. Cochrane. 2010. Triathlon event distance specialization: training and injury effects. *J Strength Cond Res*. 24(1): p. 30–6.

第 26 章

Seebohar, B. 2011. *Nutrition periodization for athletes*. 2nd ed. Boulder, CO: Bull.

第 27 章

Armstrong, L.E., D.L. Costill, and W.J. Fink. 1985. Influence of diuretic induced dehydration on competitive running performance. *Med Sci Sports Exerc* 17:456–61.

Bergeron, M.F., C.M. Maresh, L.E. Armstrong, J.F. Signorile, J.W. Castellani, R.W. Kenefick, K.E. LaGasse, and D.A. Reibe. 1995. Fluid and electrolyte balance associated with tennis match play in a hot environment. *Int J Sport Nutr* 5:180–93.

Burke, L. 2007. *Practical sports nutrition*. Champaign, IL: Human Kinetics.

Cian, C., N. Koulmann, P.A. Barraud, C. Raphel, C. Jimenez, and B. Melin. 2000. Influence of variation in body hydration on cognitive function: Effect of hyperhydration, heat stress and exercise–induced dehydration. *J Psychophysiol* 14:29–36.

Cox, G.R., E.M. Broad, M.D. Riley, and L.M. Burke. 2002. Body mass changes and voluntary fluid intake of elite level water polo players and swimmers. *J Sci Med Sport* 5:183–93.

Howe, A.S., and B.P. Boden. 2007. Heat related illness in athletes. *Am J Sports Med* 35:1384–95.

Laursen, P.B., R. Suriano, M.J. Quod, H. Lee, C.R. Abbiss, K. Nosaka, D.T. Martin, and D. Bishop. 2006. Core temperature and hydration status during an Ironman triathlon. *Br J Sports Med* 40:320–5.

Maughan, R.J., and R. Murray. 2001. *Sports drinks: Basic science and practical aspects*. Boca Raton, FL: CRC Press.

McArdle, W.D., F.I. Katch, and V.L. Katch. 2009. *Exercise physiology: Energy, nutrition, and human performance*. Philadelphia, PA: Lippincott Williams & Wilkins.

Robinson, T., J. Hawley, G. Palmer, G. Wilson, D. Gray, T. Noakes, and S. Dennis. Water ingestion does not improve 1–h cycling performance in moderate ambient temperatures. *Eur J of App Phys* 71:153–160.

Sawka, M.N., L.M. Burke, E.R. Eichner, R.J. Maughan, S.J. Montain, N.S. Stachenfeld. 2007. Exercise and fluid replacement. *Med Sci Sports Exerc* 39:377–390.

United States Department of Agriculture. 2005/2010. Dietary reference intakes: Recommended intakes for individuals.

Walsh, R.M., T.D. Noakes, J.A. Hawley, and S.C. Dennis. 1994. Impaired high intensity cycling performance time at low levels of dehydration. *Int J Sports Med* 15:392–8.

关于美国铁人三项协会

  美国铁人三项协会（USA Triathlon，USAT）成立于1982年，致力于为全美范围内的铁人三项运动服务。USAT拥有超过4 000种比赛活动批准权，包括从大众级别的比赛到高端的国际比赛。USAT致力为各类项目吸引运动员并提升各类项目的参与度，同时，还提供露营、医疗、比赛和教育资源。USAT的150 000名成员由各年龄段的运动员组成，这些运动员的身份涉及教练、赛事总监、职员、父母和多项运动爱好者。

  在运动专业方面,USAT负责挑选和训练能够代表美国参与国际比赛的铁人三项队伍，包括世界锦标赛、泛美运动会和奥运会。它与美国国内的露营地和诊所有一定的合作关系，并且可以提供针对教练的教育项目。同时，在运动发展方面，USAT致力于大众级别运动的发展，这样的运动也受到了各个年龄组的运动员、铁人三项俱乐部、教练和赛事总监的支持。美国全国和地区的铁人三项锦标赛会按照运动员的年龄对其进行分组。

  USAT的任务是鼓励、支持并促进多项体育运动在美国的发展，同时鼓励人们通过运动获得更高的健康水平、更顽强的竞争精神和对卓越的不断追求。

关于撰稿人

　　琳达·克利夫兰，医药科学硕士，美国国家体能协会（National Strength and Conditioning Association，NSCA）认证的体能训练专家。她是USAT认证的二级教练和USAT的教练发展经理。她在美国威斯康星大学奥什科什分校获得运动健康管理学士学位和健康学辅修学位，并在美国亚利桑那州立大学攻读运动和健康医药科学硕士学位。同时，琳达也是亚利桑那州立大学的助理教职人员。她在凤凰城的摩托罗拉公司从事健康方面的工作，并在2004年开始担任铁人三项、骑行和跑步教练。

　　琳达2005年成为USAT的成员。作为教练发展经理，她负责对教育部门的多种项目方案进行总体审查，包括教练资格证课程、与精英教练的交流机会、教练表现的时事沟通、美国铁人三项大学、在线研讨会以及青少年医疗服务等项目方案。在加入USAT后，琳达将教练教育项目改善成了美国国内赞誉极高的项目之一。琳达为高水平的教练提供了学习的机会，他们可以借此了解与世界级运动员合作需要的知识。她还在多项国际电联比赛中担任总教练一职，包括洲际杯、世界杯和世界锦标赛系列比赛。

　　琳达通过指导各个年龄组的运动员和参加铁人三项训练来保持自己对运动技巧的熟悉度。琳达和她的丈夫一起带着他们的儿子和两条宠物狗住在科罗拉多山上。她很喜欢徒步旅行、露营、山地骑行、滑雪、雪鞋竞走、钓鱼和其他室外活动。

　　阿莉西亚·肯迪格，医药科学硕士，注册营养师，私人营养师。她曾经与多个美国国家管理机构、美国奥林匹克委员会和美国反兴奋剂机构合作，向运动员传授关于运动营养学和膳食补充学领域的知识。她在美国俄亥俄州的凯斯西储大学获得了营养学本科学位和公共健康营养学硕士学位。身为一名大学运动代表队的游泳运动员，她在担任助理教练期间，曾为许多运动员和团队分享过关于运动和营养方面的经验。阿莉西亚通过能量的补充来改善运动员的运动状态，并以此帮助了各个年龄、级别以及不同背景的运动员实现了他们的目标。她现在是一名冬季运动组的运动营养师，并且担任美国奥林匹克委员会的运动员性能实验室协调员。阿莉西亚喜爱游泳、公路骑行、山地骑行、跑步、爬山和滑雪运动。

　　巴布·林德奎斯特是美国铁人三项运动的最佳运动员之一。作为一名参赛10年的精英级运动员，她在2003年至2004年的世界级比赛中连续排名第一。她是美国铁人三项名人堂的成员之一。在巴布参加过的134场不同距离的精英级比赛中，她有33次赢得了冠军，86次站上了领奖台。自从2005年退役后，巴布开始从事教练工作并且在USAT兼职招募大学生运动员。她和她的丈夫洛伦教练住在美国怀俄明州。

鲍勃·塞博尔是一位通过职业认证的运动营养学专家、运动生理学家、力量体能教练，USAT认证的专业级运动员以及具有竞争力的耐力型运动员。塞博尔是美国佛罗里达大学的运动营养系主任，在2008年北京奥运会上，担任美国队的运动营养师。

克里斯蒂娜·帕姆奎斯特，医药科学硕士，工商管理学硕士。她是一名USAT认证的三级教练。克里斯蒂娜毕业于美国康奈尔大学并在大学期间担任了4年的桨手。在芝加哥的美国国际商用机器公司工作了一段时间后，克里斯蒂娜在美国西北大学获得了医药科学硕士学位并且开始了教练生涯。在有了自己的孩子之后，克里斯蒂娜对自己的教练和写作生涯进行了拓展，并最终成了乔·弗里尔创建的TrainingBible Coaching培训机构的教练。在那里，她成了一名地区经理，负责对新教练进行辅导。同时她自己也成了一名精英级教练。克里斯蒂娜也是多项全能铁人疯狂小队的教练，她负责辅导芝加哥郊区年龄为7～19岁的青少年运动员。自1994年起，克里斯蒂娜就开始为《芝加哥业余运动员》（*Chicago Amateur Athlete*）和《芝加哥运动员》（*Chicago Athlete*）杂志撰稿。目前，克里斯蒂娜是《芝加哥运动员》（*Chicago Athlete*）的特约编辑。另外，她还为许多杂志撰稿，并且为USAT的青少年锦标赛指南和教练培训手册的编写做出了自己的贡献。

乔治·达勒姆，是位于美国普韦布洛的科罗拉多州立大学运动健康学、健康学、创意学教授。他从1981年开始参加铁人三项赛，在1996年发起了美国铁人三项国家队项目并开始为众多专业级美国铁人三项运动员担任教练、生理学顾问和咨询师。达勒姆博士指导的运动员包括国家专业运动员、各年龄组比赛的冠军、奥林匹克运动员、泛美运动会获奖者、世界级年龄组比赛冠军，以及世界知名铁人三项男运动员亨特·科姆佩。达勒姆博士曾参与多项调查研究，对铁人三项及糖尿病风险评估进行了多方面的分析。他是多篇关于训练原理的文章的作者，同时，他也常常外出演讲并在运动相关的话题领域进行专业的创作。他也曾为《跑者世界》（*Runner's world*）等提供资料。

戈登·拜恩是一名生活在美国科罗拉多州的铁人三项运动员。他是夏威夷铁人三项比赛的冠军得主以及Endurance Corner的创始人。

格拉哈姆·威尔逊，医药科学硕士，USAT认证三级教练，USAT国家教练委员会主席，USAT认证的赛事工作人员。他有长达25年的参赛和执教经验，并且已经完成了超过200场铁人三项比赛。在搬到美国之前，他是英国铁人三项队的成员之一。格拉哈姆帮助他的每个委托人激发他们的运动潜能。他年纪最大的委托人在72岁时参加了铁人三项比赛，并且两次在奥运距离赛上赢得了世界锦标赛的冠军。

伊恩·默里，教龄超过12年的全职铁人三项教练。他是由USAT、美国自行车协会（USA Cycling，USAC）、美国游泳教练协会（American Swimming Coaches Association，ASCA）三方认证的专业级教练。伊恩是《铁人三项训练系列》（*Triathlon Training Series*）DVD的创作者和LA Tri Club的总教练。2006年，伊恩获得了USAT年度最佳教练的荣誉。

伊尼戈·穆吉卡，肌肉运动生物学、物理运动和运动科学博士。他的研究方向包括训练方法、运动恢复、细节分支、抑制训练和训练过度。伊尼戈在生物学领域发表了众多关于耐力运动学表现的调查研究，包括80篇论文、2本书和13本书的部分章节。他在各大国际会议上进行了160次演讲。伊尼戈是澳大利亚体育学院的高级生理学家，西班牙电信车队的生理学家和教练，以及毕尔巴鄂竞技足球俱乐部的研发总监。他是USP运动医疗中心的生理学和训练学总监，西班牙游泳协会的生理学专家，以及西班牙巴斯克大学的副教授。

杰基·多德斯韦尔，出生于英国，并在英国获得了生理学和生物化学的荣誉学位。杰基热衷于保持强健的体魄和鼓舞他人。她是一位喜欢参与当地比赛的铁人三项运动员。杰基是USAT认证的二级教练、ASCA认证的二级教练、USAC认证的三级教练、美国运动委员会（American Council on Exercise，ACE）认证的私人教练及生活方式和体重管理咨询师。杰基还有许多运动上的成就，包括2009年和2010年的皮茨福德女子铁人三项比赛总冠军、2008年短途美国国内锦标赛中的本年龄组第四名，2008年中级距离美国国内锦标赛和2007年、2010年的普莱西德湖村铁人三项比赛完成者。

杰斯·曼宁，运动员，教练，Bricks MultiSport and Fitness公司的创始人、合伙人和首席执行官，布瑞克斯队的总教练。作为一个企业领导者，杰斯常常会激发其他运动员探索自己的潜能。作为USAT的赛事总监，杰斯为所有有能力的运动员提供了许多比赛和运动的机会。他是USAT认证的二级教练、USAC认证的私人教练和骑行指导。他为众多精英级和青少年多项全能运动员提供过辅导。他个人的运动成就包括3次终极铁人三项比赛冠军、波士顿马拉松完成者、速度最快的首次铁人三项参赛者、新泽西创世纪短途铁人三项完成者、速度最快的首次超长距离铁人三项参赛者、福特依格曼铁人三项比赛完成者，以及佛罗里达铁人三项比赛完成者。

乔·弗里尔，医药科学硕士，从1980年开始为耐力型运动员执教。他的客户来自世界各地，包括全国冠军、世界冠军竞争者和奥运会运动员。他是11本关于耐力型运动员训练的图书的作者。他持有运动科学硕士学位，并且是USAT国家教练委员会的创立者和前任主席。

乔·乌弗努尔，1997年成为一名专业的铁人三项运动员。他是USAT认证的一级教练。他的比赛成就包括2008年亚洲水陆铁人两项锦标赛冠军、2008年美国国家精英级锦标赛季军、2001年铁人三项世界锦标赛第11名、三次夏威夷铁人三项比赛的完成者（1994年第53名完成者）、2004年科纳布鲁克纽芬兰铁人三项世界杯第2名，以及世界杯完成者十二强之一。

卡尔·里肯，美国佛罗里达大学健康学和应用运动生理学硕士。在本科期间，他是一名越野跑运动员，但他在毕业前就爱上了铁人三项运动。卡尔曾在美国游泳协会和USAT的体育表现部门工作，并且在科罗拉多斯普林斯奥林匹克训练中心负责研究和协助指导世界级运动员的工作。他一直担任USAT精英发展训练营项目和青少年铁人三项项目的助理教练一职。卡尔还为先锋铁人三项提供关于教练教育的指导，同时也与各个年龄段的运动员和教练进行合作。卡尔拥有NSCA、USAT、美国田径协会、USAC、美国举重协会和美国公路跑步俱乐部的认证证书。

凯蒂·贝克于2011年开始为美国奥委会工作，担任体育表现总监一职，并担任美国奥委会和包括USAT在内的多个管理机构之间的联络人。在加入美国奥委会之前，凯蒂曾以多种身份受雇于USAT长达11年，包括会员协调员、国家队项目协调员和国家队项目经理。在担任国家队项目经理期间，凯蒂同时担任了冬季两项、长距离铁人三项比赛的领队。她还曾担任2008年北京奥运会美国铁人三项队队长。凯蒂拥有美国印第安纳大学的新闻学学士学位和美术辅修学位以及北科罗拉多大学的体育管理学硕士学位。凯蒂在高中游泳队担任教练，并与当地的儿童铁人三项俱乐部展开了合作。她还是USAT认证的二级教练。

克丽丝塔·奥斯汀，博士，NSCA认证的体能训练专家。她是一位杰出的生理学家和营养师，曾在美国奥委会工作，并为顶级田径运动员、USAT和美国跆拳道协会提供咨询服务。她的专业领域包括运动训练、营养学、膳食补充学、肥胖症、糖尿病和训练精英运动员。作为英国体育学院和英格兰板球队的高级营养师，她在工作中取得了巨大成功。作为美国运动医学会（American College of Sports Medicine, ACSM）和NSCA的成员，奥斯汀为很多行业出版物撰稿并服务于多个科学期刊。

克丽丝滕·迪芬巴赫，博士，她是美国西弗吉尼亚大学的一位运动教育学助理教授，并且已经通过了应用运动心理学协会的认证。她是美国骑行教练教育委员会的咨询师。克丽丝滕是一位拥有一级骑行执照的专业教练，她也是美国田径协会认证的二级耐力分析师。她曾在高中、大学和精英级别比赛中从事超过15年的教练工作。

库尔特·佩勒姆是一位耐力型运动员和教练。作为一位优秀的自行车运动员，库尔特在1990年开始转型为多项全能运动员。他在多种骑行比赛运动中赢得了冠军。库尔特从事教练职业已经5年。他在运动方面获得的荣誉包括铁人三项世界比赛冠军、年龄组世界比赛奖牌获得者和美国国家公路越野赛冠军。他拥有USAT和USAC认证的最高级别的教练证书。他指导过的运动员遍布世界各地。

马修·威尔逊是一位任职于卡塔尔一家矫形外科和运动医学医院的心血管运动生理学家。他是英国伍尔弗汉普顿大学运动科学研究中心的研究室主任。同时，他也在奥林匹克药物协会的运动心脏学测试中心担任了5年的放射科主任。马修和沙玛教授、怀特教授合作测试了超过10 000名运动员的心脑血管情况。

迈克尔·克尔曼是德国鲁尔大学运动心理学部门的负责人。迈克尔曾在德国运动心理学协会执行董事会任职6年，他的研究包括预防训练过度、提高运动恢复效率、运动心理诊断和训练中的行为研究，以及教练在体育运动中的个性和表现能力。迈克尔的研究成果已经由多个出版机构出版。

迈克尔·里奇是USAT认证的三级教练。从1989年开始，他一直为耐力型运动员执教。迈克尔是来自世界各地的多项全能运动员、游泳运动员和跑步运动员的教练。迈克尔是科罗拉多大学的三项全能运动队D3队（2010年美国全国冠军队）的主教练。自博尔德铁人三项俱乐部成立以来，迈克尔就在该俱乐部担任田径教练。迈克尔已经指导过数百名运动员参加他们的第一次铁人三项比赛，其中70人获得了可以被称为"铁人"的完赛资格认可。迈克尔还为2003年到2009年的美国世界锦标赛撰写了训练项目资料。

塞奇·朗特里是USAT认证的教练。她多次为《跑者世界》（*Runner's world*）供稿，同时也是卡勃罗瑜伽公司的股东之一，负责指导来自她的家乡北加利福尼亚州教堂山的铁人三项运动员进行训练。塞奇参与过各种距离的铁人三项比赛，并且在2008年的短距离铁人三项世界锦标赛中作为美国国家队的一员出战。

萨拉·麦克拉蒂是铁人三项中速度非常快的游泳运动员。她参与了15次的美国佛罗里达大学和专业铁人三项国家锦标赛。在2004年雅典奥运会的400米自由泳比赛中失利之后，萨拉在5 000米公开水域游泳的世界锦标赛中获得了一枚银牌。萨拉正在为获得奥运会资格进行训练，同时也为铁人三项杂志撰写游泳训练专栏，并且在美国国家训练中心对来自克莱蒙特和佛罗里达的铁人三项运动员进行指导。

斯科特·施耐茨斯潘已经在USAT从事教练工作10多年。他在USAT中提供各种各样的志愿服务并身兼数职，包括担任2006年至2010年赛季的运动表现总监。他还负责精英级铁人三项运动员和教练的发展项目，并且是2007年泛美运动会和2008年北京奥运会的领队。斯科特从铁人三项委员会转移到美国奥委会，并任高强度运动表现总监，主要负责监督铁人三项、骑行比赛和其他的一些耐力型运动。

塞尔吉奥·博尔赫斯是一名分年龄组的顶级铁人三项运动员。自1994年以来，他一直致力于研究铁人三项训练的艺术和科学。他参加过几百场不同距离的比赛，包括世界各地的20场铁人三项比赛和50多场半程铁人三项比赛。他获得过7次参加夏威夷铁人三项比赛的资格。塞尔吉奥被USAT 6次提名为美国优秀铁人三项运动员。塞尔吉奥是USAT认证的三级教练和USAC认证的二级教练。他在2003年瑞士的世界铁人两项比赛和2004年的U23铁人三项国家队中担任美国精英运动员和青年精英运动员的教练。他曾参与USAT专业国家露营项目及招募运动员项目。他还曾做过关于一级和二级的教练医疗学辅导演讲，并且为3个体育杂志撰稿。塞尔吉奥是儿童XTeam铁人三项俱乐部的创办人。

沙龙·阿哈龙持有运动科学硕士学位。他是USAT认证的三级教练，Well–Fit Triathlon & Training公司的创始人和总教练。沙龙从1988年开始从事针对耐力型运动员的教练工作，在过去几年中，主要专注于对专业级别运动员的训练。

史蒂夫·塔皮尼安是Total训练公司的总裁。该公司是一家关于游泳、骑行、跑步和铁人三项等项目的健康咨询公司。他是USAT国家教练委员会的成员之一，还是一位USAT认证的二级教练。

苏珊娜·阿特金森，医学博士。她是一名急诊医师，于2005年创立了斯蒂尔城耐力赛。她一直从事着指导铁人三项运动员、骑行运动员和游泳运动员的教练工作。这些运动员参与的比赛包括超短途比赛、铁人三项比赛、耐力骑行赛等各种距离的比赛，例如24小时赛和莱德维尔100赛。她在匹兹堡成立了两个女子自行车骑行车队，并且专门进行游泳姿势和划水力学的分析，以及公路骑行运动员和铁人三项运动员的自行车骑行技能发展分析。她获得的认证包括USAT二级教练认证、

USAC二级教练认证和完全式专业教育认证。苏珊娜曾于1991年至1998年在英国的奥特瓦德学校任教，之后就读于美国匹兹堡大学医学院。

蒂莫西·卡尔森完成了40次铁人三项比赛，其中包含6次半程铁人三项比赛。他写了一系列关于设备和训练策略的专栏采访，以此向刚刚开始从事铁人三项运动的运动员提供建议。他还参加过几十次公路比赛，完成了10场马拉松比赛，并且写出了自己成功获得波士顿马拉松参赛资格的过程，其中包括在国际知名教练迪克·布朗的帮助下进行的心率训练。

扬·勒·默尔，博士，就职于法国国家体育研究所的专业运动研究部门。他在法国尼斯大学获得了运动生理学博士学位，主要研究课题是奥林匹克比赛距离的铁人三项比赛。他的研究集中在运动员性能分析、疲劳程度和运动恢复等领域。默尔博士曾在体育与运动科学领域著名的期刊上发表过关于体育和运动的文章。他曾参与了多支法国奥运队的训练工作，包括铁人三项比赛队、越野骑行队、花样游泳队、现代铁人五项运动队和骑行队。